# GESTÃO PÚBLICA

## A PERÍCIA CRIMINAL EM FOCO

# GESTÃO PÚBLICA

## A PERÍCIA CRIMINAL EM FOCO

FLAVIO CARVALHO DE VASCONCELOS
JOAQUIM RUBENS FONTES FILHO
MÁRCIA AIKO TSUNODA
(ORG.)

Copyright © Flavio Carvalho de Vasconcelos,
Joaquim Rubens Fontes Filho e Márcia Aiko Tsunoda

Direitos desta edição reservados à
EDITORA FGV
Rua Jornalista Orlando Dantas, 37
22231-010 | Rio de Janeiro, RJ | Brasil
Tels.: 0800-021-7777 | 21-3799-4427
Fax: 21-3799-4430
editora@fgv.br | pedidoseditora@fgv.br
www.fgv.br/editora

Impresso no Brasil | *Printed in Brazil*

Todos os direitos reservados. A reprodução não autorizada desta publicação, no todo ou em parte, constitui violação do copyright (Lei nº 9.610/98).

*Os conceitos emitidos neste livro são de inteira responsabilidade dos autores.*

1ª edição — 2014

Coordenação editorial e copidesque: Ronald Polito
Revisão: Marco Antonio Corrêa e Tarcísio de Souza Lima
Projeto gráfico e capa: Luciana Inhan

FICHA CATALOGRÁFICA ELABORADA PELA
BIBLIOTECA MARIO HENRIQUE SIMONSEN/FGV

Gestão pública : a perícia criminal em foco / Flavio Carvalho de Vasconcelos, Joaquim Rubens Fontes Filho, Márcia Aiko Tsunoda (orgs.). - Rio de Janeiro : Editora FGV, 2013.
412 p.

Inclui bibliografia.
ISBN: 978-85-225-1436-6

1. Perícia (Exame técnico). 2. Peritos. 3. Criminalística. 4. Produtividade – Indicadores. 5. Padrões de desempenho. 6. Aprendizagem organizacional. 7. Descentralização administrativa. I. Vasconcelos, Flavio Carvalho de. II. Fontes Filho, Joaquim Rubens. III. Tsunoda, Márcia Aiko. IV. Fundação Getulio Vargas.

CDD – 352.367

# Sumário

09   **Apresentação**

17   Capítulo 1
     **Proposta metodológica de perícia contábil para o crime de apropriação indébita previdenciária**
     Álan Teixeira de Oliveira
     Ricardo Lopes Cardoso

39   Capítulo 2
     **A influência das especificidades das organizações públicas na implementação da gestão de processos**
     Claudete Terezinha Trapp
     Joaquim Rubens Fontes Filho

61   Capítulo 3
     **A modernização organizacional da criminalística brasileira: uma proposta**
     Cláudio Jorge da Costa Lima
     Deborah Moraes Zouain
     José Maria Machado Gomes

83   Capítulo 4
     **Indicadores de produtividade aplicados à criminalística da Polícia Federal**
     Clênio Guimarães Belluco
     Roberto da Costa Pimenta

107 Capítulo 5
**Determinantes do desempenho em laudos de criminalística no Departamento de Polícia Federal: uma abordagem multinível**
Fernando Fernandes de Lima
Rafael Guilherme Burstein Goldszmidt

131 Capítulo 6
**As contribuições da interação entre os órgãos públicos para a efetividade do sistema de justiça criminal: uma análise segundo as teorias de redes**
Jodilson Argôlo da Silva
Joaquim Rubens Fontes Filho

155 Capítulo 7
**Interação interdisciplinar e cadeia de custódia nos espaços dos Setores Técnico-Científicos da Polícia Federal**
José Alysson Dehon Moraes Medeiros
Joaquim Rubens Fontes Filho
Luis César Gonçalves de Araújo

181 Capítulo 8
**A autonomia da perícia criminal oficial no âmbito da Polícia Federal: percepções e reflexões dos profissionais do sistema de justiça criminal**
José Viana Amorim
Valderez Ferreira Fraga

209 Capítulo 9
**O papel de uma universidade corporativa no sistema de ensino policial do Brasil: um estudo de caso da Academia Nacional de Polícia**
Lúcio Batista Mata
Deborah Moraes Zouain

239 Capítulo 10
**O processo de construção da identidade do profissional perito criminal federal**
Márcia Aiko Tsunoda
Ricardo Lopes Cardoso

263 Capítulo 11
O choque de gestão na prática: a situação do Instituto de Criminalística
Márcio Jacinto de Souza e Silva
Deborah Moraes Zouain

289 Capítulo 12
Modernização na criminalística do Departamento de Polícia Federal — o Projeto Pró-Amazônia/Promotec no Instituto Nacional de Criminalística
Maurício Siqueira Fagundes
Paulo Roberto Motta

313 Capítulo 13
Descentralização administrativa: o caso da Coordenação Regional de Polícia Técnica do Planalto (BA)
Maurício dos Santos Mendes
Armando Santos Moreira da Cunha

339 Capítulo 14
Competências e habilidades relevantes para um chefe de unidade descentralizada de perícia da Polícia Federal
Odair de Souza Glória Junior
Deborah Moraes Zouain
Valderez Ferreira Fraga

363 Capítulo 15
Redes nas organizações públicas: o problema de controle
Osvaldo Silva
Joaquim Rubens Fontes Filho

375 Capítulo 16
A eficiência da descentralização na computação forense do Departamento de Polícia Técnica do estado da Bahia
Saulo Correa Peixoto
Sylvia Constant Vergara

401 Os autores

# Apresentação

Durante dois anos, tivemos a satisfação de compartilhar com 30 alunos, oriundos de diversos estados do país, do mestrado em administração conduzido pela Escola Brasileira de Administração Pública e de Empresas da Fundação Getulio Vargas (FGV/EBAPE). Esses alunos, peritos criminais federais e dos estados brasileiros, tinham em comum, além do interesse, competência e dedicação ao curso, um profundo conhecimento da área de criminalística, na qual atuam. É de suas pesquisas na elaboração das dissertações que resulta este livro.

Ao longo do curso, nas interações entre alunos, professores e especialistas envolvidos nas pesquisas, tornou-se clara a carência de estudos ou publicações que direcionassem os aspectos mais particulares da área da criminalística no Brasil. Inúmeras questões e dúvidas dos alunos nos debates ocorridos nas disciplinas evidenciaram a necessidade de se buscar novas referências teóricas e abordagens práticas para sua compreensão.

Aprendemos todos, ao longo do curso, a importância da criminalística para a persecução penal. Aprendemos que a boa técnica utilizada pelos especialistas na criminalística está inserida em um entorno caracterizado pelas pressões e interesses das partes envolvidas, pelo rigor metodológico das análises, pelos protocolos e pelos avanços científicos que exigem do perito disciplina e conhecimento. Aprendemos também que, como elemento fundamental para a efetivação da justiça, a criminalística desempenha um expressivo papel nos sistemas democráticos. Tornar realidade este livro é, portanto, tanto uma contribuição ao conhecimento quanto à própria democracia.

O livro está organizado em 16 capítulos. Em cada capítulo é apresentado o resultado do estudo para a conclusão do curso de mestrado realizado por um dos especialistas. As ideias expostas visam sintetizar a dissertação, em linguagem mais fluida, de forma a difundir os estudos junto ao público especializado e estimular a leitura por todos aqueles que possam se interessar pelo tema. Os capítulos são escritos em parceria com os respectivos orientadores, reconhecendo e registrando o esforço intelectual de ambos, e buscando estimular a continuidade do interesse na pesquisa em torno dos temas apresentados.

Diversos são os temas tratados no livro, refletindo os também diversos interesses em pesquisa dos autores. Assim, optamos por não buscar uma estrutura subjacente ou categorias similares para apresentar os trabalhos. A ordem alfabética dos autores foi, então, a melhor forma encontrada para essa organização.

O livro inicia com o estudo de Álan de Oliveira e Ricardo Cardoso sobre o crime de apropriação indébita previdenciária e a proposição de uma metodologia para orientar o trabalho da perícia contábil. Baseados no estudo de 79 laudos contábeis emitidos pela criminalística da Polícia Federal, os autores desenvolvem metodologia para realização de exames periciais contendo o conjunto probatório considerado essencial para a materialização do crime de apropriação indébita previdenciária.

Claudete Trapp e Joaquim Fontes Filho tratam de um tema recorrente na administração pública, qual seja, suas semelhanças e diferenças para com a administração privada, investigando de que forma as características das organizações públicas demandam adequações na utilização das práticas da gestão de processos. De fato, com base na análise da literatura e consulta a especialistas realizada no estudo, infere-se que as diferenças significativas entre esses contextos podem impactar no sucesso da transposição de técnicas administrativas, em especial por prejudicar a participação e motivação dos servidores envolvidos nas melhorias contínuas nos processos organizacionais.

Cláudio Lima, Deborah Zouain e José Gomes desenvolvem análise sobre a estrutura da Perícia Oficial Brasileira de Natureza Criminal, tendo como base a natureza da atividade pericial e ampla pesquisa aplicada junto aos presidentes de associações e sindicatos de peritos criminais. O estudo dos autores traz interessantes contribuições para o desenvolvimento de um modelo mais adequado à estruturação dos órgãos oficiais da Perícia Criminal brasileira.

"Quem não mede não gerencia." Essa máxima da literatura de administração foi, certamente, considerada por Clênio Belluco e Roberto

Pimenta ao decidirem estudar as formas de mensurar a produtividade do trabalho na área de criminalística. No capítulo que apresentam, trazem sugestões para a construção de uma proposta de indicador de produtividade adequado para avaliar a eficiência de unidades de criminalística, e tecem considerações sobre os desafios relacionados à sua implementação.

O tema do desempenho é também tratado por Fernando de Lima e Rafael Goldszmidt. Baseados em técnicas estatísticas, em particular a técnica da regressão multinível, o tempo de realização dos processos na criminalística é examinado, conforme disponível na base de dados da Diretoria Técnico-Científica da Polícia Federal, com vistas à definição de indicadores de desempenho que permitam um melhor acompanhamento dos processos e a adoção, quando necessário, de ações de gestão.

Jodilson Argôlo e Joaquim Fontes Filho partem das teorias de redes interorganizacionais para examinar a interação entre os órgãos públicos envolvidos no sistema de justiça criminal. Com base em entrevistas em profundidade realizadas com 10 gestores desses órgãos — peritos e delegados da Polícia Federal, auditores do Tribunal de Contas da União, analistas da Controladoria-Geral da União e procuradores da República —, o estudo permitiu evidenciar a importância da articulação dos atributos da gestão de redes para a efetividade desse sistema.

José Alysson Medeiros, Joaquim Fontes Filho e Luis César de Araújo direcionam as análises para a influência do ambiente físico dos Setores Técnico-Científicos da Polícia Federal (Setecs) para a melhora da interação entre peritos e para o projeto de cadeia de custódia. O esforço de pesquisa envolveu a visita e análise *in loco* de sete Setecs instalados nas várias regiões do país, e permitiu identificar lacunas na comunicação entre os grupos internos e necessidades relacionadas à gestão de infraestrutura e instalações, e ao alinhamento e atualização dos projetos dos ambientes físicos.

A autonomia da Perícia Criminal motivou diversos estudos do grupo de alunos, e o trabalho realizado por José Amorim e Valderez Fraga é um exemplo desse interesse. A autonomia da Perícia Oficial é considerada no estudo segundo suas quatro dimensões: funcional, técnico-científica, administrativa e orçamentário-financeira. Utilizando metodologia baseada na análise do conteúdo aplicada ao material produzido em entrevista com especialistas, os autores identificam e discutem as motivações e resistências à consolidação dessa autonomia: um processo cuja discussão é importante para que a atuação da justiça criminal se desenvolva de um modo cada vez mais preciso, célere e justo.

A contribuição de Lúcio Mata e Deborah Zouain foca a formação profissional policial no Brasil, analisando especificamente esse processo conforme conduzido no âmbito da Polícia Federal para os profissionais atuantes no cargo de perito criminal federal. Baseado em questionário eletrônico respondido por 277 peritos, o trabalho avança na discussão sobre as possibilidades da configuração de uma Universidade Corporativa no Sistema de Ensino Policial do Brasil, além de uma análise geral sobre o sistema atual de formação desses peritos. Cabe destacar dos resultados, como observado pelos autores, que as ações de capacitação na área pública se caracterizam por ocorrerem de forma isolada no tempo e no espaço, e sujeitas às interrupções ou reduções nas mudanças políticas, o que certamente pode comprometer sua continuidade e efetividade.

A construção da identidade do perito criminal federal é analisada no capítulo de Márcia Tsunoda e Ricardo Cardoso. O estudo que realizaram permite uma profunda reflexão sobre o papel desempenhado pelos peritos na sociedade e a formação de sua identidade para o fortalecimento da democracia. É discutida a importância das histórias de vida, das verdades e valores resultantes do ambiente social e profissional de atuação de cada perito para a construção dessa identidade, ao mesmo tempo que é trazido um alerta sobre a dificuldade na percepção do resultado efetivo do trabalho e a dissonância entre o ambiente organizacional atual e aquele proposto por recomendações internacionais e nacionais, particularmente no que tange à autonomia do perito para a execução de sua atividade para uma maior garantia de isenção e neutralidade da prova e, em última instância, da própria justiça.

"Choque de gestão" é, certamente, um tema de grande repercussão na administração pública contemporânea, impulsionado pelas ideias gerencialistas e pela busca por eficiência propalada pela denominada *New Public Management*. As aplicações e consequências desse "choque de gestão" ao Instituto de Criminalística de Minas Gerais, estado onde a própria proposta de governo esteve associada à expressão,

são avaliadas por Márcio Jacinto de Souza e Silva e Deborah Zouain. Examinando tanto a bibliografia quanto os referenciais e diretrizes da proposta estadual, complementado por pesquisa de campo baseada em observação participante, entrevistas e *survey*, o estudo discute a estruturação do projeto "Choque de Gestão" e aponta possíveis caminhos para melhorar sua implementação.

Maurício Fagundes e Paulo Motta desenvolvem avaliação dos resultados do processo de modernização na administração pública, tendo como objeto de análise as mudanças ocorridas no Instituto Nacional de Criminalística ao longo dos 10 anos de realização do Projeto Pró-Amazônia/Promotec, destinado ao reaparelhamento da Polícia Federal brasileira. O estudo envolveu tanto aspectos instrumentais referentes à aquisição dos equipamentos como também impactos sobre os relacionamentos interpessoais, processos de incorporação das novas tecnologias e mudanças nas condições de trabalho e das instalações proporcionadas pela implantação do Projeto.

Maurício Mendes e Armando Cunha retomam o tema da descentralização administrativa no setor público examinando o caso ocorrido na Coordenação Regional de Polícia Técnica do Planalto, no estado da Bahia. Combinando técnicas de entrevista semiestruturada e questionários, aplicados a coordenadores e peritos, observam a existência ainda de um distanciamento entre o proposto no projeto e o realizado.

Odair Junior, Deborah Zouain e Valderez Fraga propõem um perfil de competências gerenciais e habilidades sociais para os chefes das Unidades descentralizadas de Criminalística da Polícia Federal no Brasil, nos Setores Técnico-Científicos (Setecs) e Unidades Técnico-Científicas (Utecs), tendo como base a teoria de competências. Apoiados em extensa pesquisa teórica e de campo, identificaram a ocorrência de lacunas existentes para um modelo de excelência em gestão nessas unidades, em torno das quais elaboram suas propostas.

Osvaldo Silva e Joaquim Fontes Filho analisam como o paradigma ou referencial das redes interorganizacionais pode ser utilizado para compreender um processo de atuação conjunta na área da segurança pública. Vistas como uma nova abordagem à solução de problemas complexos da administração pública contemporânea, as redes trazem fluidez, descentralização e flexibilidade à atuação das organizações, mas podem tornar mais frágeis os processos de responsabilização, *accountability* e controle. A partir da identificação dos diferenciais do modelo em rede, o estudo discute a função controle nesse modelo, considerando dificuldades encontradas na confrontação das características de operação das redes aos aspectos formais da função controle, em particular no âmbito estatal.

Processos de centralização e descentralização administrativa se sucedem, com frequência, tanto nas organizações públicas quanto privadas. Longe de uma panaceia, essas opções devem ser consideradas à luz das vantagens e dos riscos que trazem, segundo dado momento e contexto. É com essa perspectiva que Saulo Peixoto e Sylvia Vergara analisam os resultados da descentralização em uma das áreas de atuação da perícia criminal, a computação forense, na Polícia Técnica da Bahia. A eficiência resultante do processo de descentralização foi avaliada com base no atendimento às demandas de perícias oriundas das unidades do interior do estado. Ao contrário do que seria esperado com as propostas de descentralização, os autores observaram a ocorrência de ineficiência, morosidade, inadimplência, além de realidades discrepantes entre capital e interior. Observaram também insatisfação e desmotivação nas equipes, resultados que avaliam como fruto da centralização do poder decisório gerada no processo.

São esses 16 capítulos que trazem parte dos resultados e das ideias fomentados ao longo do curso de mestrado. Certamente, significam muitos avanços, propostas e contribuições de melhoria, mas, como é fundamental em um bom trabalho acadêmico, trazem à tona também dúvidas, dilemas e questionamentos para trabalhos futuros. Novos passos são necessários.

A concretização deste livro representa a possibilidade de retornar à sociedade, à academia e aos especialistas em criminalística um material de referência que atende a uma lacuna nesse campo do conhecimento. Destacamos que os textos aqui apresentados representam versões sintéticas dos trabalhos de dissertação realizados. Tanto a versão completa dos trabalhos, como ainda as demais dissertações realizadas pelos mestres egressos dessa turma estão disponíveis nos arquivos da biblioteca da Fundação Getulio Vargas, no Rio de Janeiro, ou no site da EBAPE (www.ebape.fgv.br).

Enfim, esperamos que o livro traga uma efetiva contribuição ao conhecimento na área da criminalística no Brasil. Considerando a dedicação, o esforço e a competência dos participantes, estamos certos de que ao menos parte dessa contribuição já está assegurada. Boa leitura.

FLAVIO CARVALHO DE VASCONCELOS
Diretor da Escola Brasileira de Administração Pública e de Empresas
(FGV/EBAPE)

JOAQUIM RUBENS FONTES FILHO
Coordenador adjunto do Mestrado em Administração Pública
com ênfase em Criminalística da FGV/EBAPE

MÁRCIA AIKO TSUNODA
Perita criminal federal do Departamento de Polícia Federal

Capítulo 1

# Proposta metodológica de perícia contábil para o crime de apropriação indébita previdenciária

Álan Teixeira de Oliveira
Ricardo Lopes Cardoso

No decorrer dos últimos anos vem ocorrendo uma demanda crescente da utilização de serviços periciais nos mais diversos campos. No campo contábil, especificamente no contexto dos crimes previdenciários, a gama de serviços periciais contábeis prestados às lides forenses aumenta a cada dia que passa. Este capítulo trata da perícia contábil como meio de prova para materialização do crime de apropriação indébita previdenciária. O desenvolvimento do tema foi efetuado a partir da pesquisa feita por Oliveira (2012), que comprovou a relação existente entre tipo penal e prova pericial contábil. A pesquisa-base deste capítulo teve por objetivo a proposição de metodologia para realização de exames periciais que visam a comprovação do cometimento do crime de apropriação indébita previdenciária. A pesquisa empírica foi realizada num total de 79 laudos contábeis emitidos pela criminalística da Polícia Federal no período de junho de 2006 a junho de 2011, envolvendo os exames periciais sobre o crime de apropriação indébita previdenciária, para verificar a natureza das provas utilizadas nestes exames e, por conseguinte, reunir o conjunto probatório utilizado. Como resultado da pesquisa, foi apresentada uma metodologia para realização de exames periciais representada pelo conjunto probatório considerado essencial para a materialização do crime de apropriação indébita previdenciária.

## 1. Introdução

Nas mais diversas culturas jurídicas o fato é visto como a finalidade fundamental da prova (Taruffo, 2005:89). Os fatos que se mostram importantes para a justificação da decisão judicial é que devem ser o objeto de prova.

Sendo o processo o instrumento utilizado pela justiça para determinar a culpabilidade de uma pessoa suspeita da prática de uma infração penal, a sua essência é exatamente a atividade probatória.

A demonstração da certeza de realidade de um crime é peça primeira e fundamental no processo penal. A prova da existência do crime é a tipicidade penal no seu aspecto processual, ou seja, concretiza-se a tipicidade no âmbito do processo por meio da materialidade demonstrada da infração penal (Nucci, 2011:41).

E a materialidade do crime também se denomina *corpo de delito*. Assim como o corpo humano constitui a estrutura física dos homens, visível e detectável, o corpo de delito compõe a estrutura objetiva das infrações penais, tornando-as perceptíveis e manifestas.

A perícia criminal trabalha na adequação do caso concreto ao tipo penal em abstrato, ou seja, a tipicidade (Silva, 2009:2).

Todos os delitos comportam a prova de sua existência, mas há diversos modos para se compor a tipicidade concreta processual. Dessa forma, se o processo penal se constitui basicamente na apresentação e consequente admissão e valoração das provas, o que se busca, no fundo, é demonstrar a ocorrência de fatos que, a princípio e em tese, podem ser configurados como condutas típicas, isto é, criminosas.

Isso significa que se busca, antes e acima de tudo, "reconstruir" ou "reconstituir" os fatos. Claro que, reconstruí-los não significa reavivá-los, mas reproduzi-los hipoteticamente de forma a entender os questionamentos que os envolvem. Como aconteceu? Por que aconteceu? De que forma aconteceu? Qual foi a razão e o motivo que levaram o agente a agir dessa forma? Tudo isso implica a análise da conduta do suspeito ou imputado e terá repercussões penais. Essa é a linha de raciocínio que busca reconstruir uma história, a história do crime (Mendroni, 2010:32).

Considerando que as partes apresentam suas versões sobre o fato jurídico em questão, com o objetivo de melhor persuadir o juiz em sua decisão, na realidade, pode-se dizer que o laudo pericial, lastreado e embasado nas provas periciais nele examinadas, atua como um redutor da assimetria informacional entre a verdade (fato jurídico) e a justiça (sentença).

Isto porque, segundo Matida (2009:56), "as partes envolvidas no processo sabem melhor do que o juiz quais fatos importam ser examinados".

Nos casos que envolvem o domínio dos conhecimentos da ciência contábil, as dúvidas de interpretação só podem ser resolvidas pela apreciação imparcial do contador. A ele é confiada a matéria em litígio para que possa informar, mediante exame do objeto em questão, e opinar tecnicamente sobre a existência e o estado de elementos patrimoniais ou situações do direito e/ou econômico-jurídicas.

Sua conclusão se dá por meio da elaboração de um laudo pericial que discriminará e definirá os interesses das partes em oposição e, ao mesmo tempo, situará a questão em seus justos termos. Todo esse procedimento é possível devido à existência da técnica denominada perícia, que utiliza diversas informações, inclusive a contábil, para a resolução das lides propostas.

A perícia é o exame de alguma coisa ou de alguém, realizado por técnicos ou especialistas em determinados assuntos, que podem fazer afirmações ou extrair conclusões pertinentes ao processo penal, ou seja, o exame do corpo de delito é a prova pericial focada na materialidade da infração penal, examinando-se o vestígio material do delito, sob o critério científico e técnico (Nucci, 2011:49).

O art. 160 do Código do Processo Penal (CPP) prevê que "os peritos elaborarão laudo pericial, onde descreverão minuciosamente o que examinarem, e responderão aos quesitos formulados (...)". Assim, o laudo pericial representa o ápice do trabalho do perito, devendo ser fundamentado e apresentar as conclusões compatíveis com o desenvolvimento da motivação, e deve haver resposta a todo quesito formulado pelas partes.

André Silva (2009:1-2) considera que "a qualidade da prova produzida é um fator crucial na efetiva e adequada responsabilização penal". E continua: "tal qualidade encontra-se diretamente relacionada à boa pertinência dos quesitos elaborados, uma vez sejam incorretamente redigidos, podem levar à inadequada responsabilização no âmbito penal".

Para uma melhor contextualização do caminho percorrido até este ponto e visualização da inserção do estudo apresentado nesta pesquisa, foi utilizado o seguinte esquema proposto por Oliveira (2012:13):

Figura 1
Esquema representativo das áreas de pesquisa para a perícia

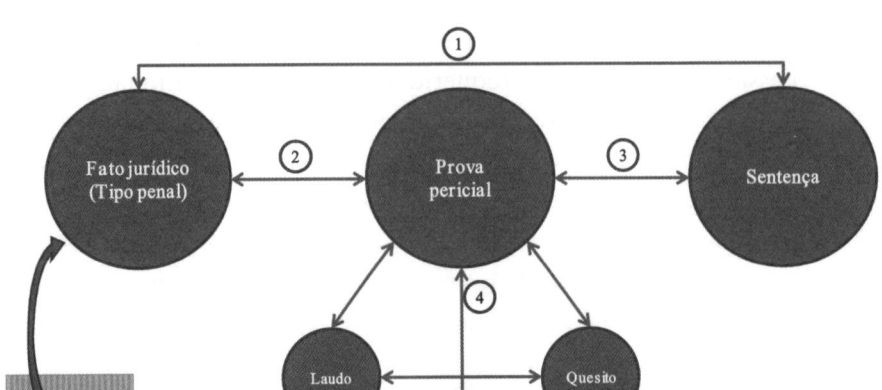

Fonte: Oliveira (2012:13).

A relação representada pelo numeral **1**, entre o fato jurídico e a sentença, é baseada no princípio da correlação entre o pedido e o objeto de decisão no processo penal.[1] Esse princípio é estritamente pertencente ao campo do direito, fugindo ao escopo de pesquisa na área contábil. A relação representada pelo numeral **2**, entre o fato jurídico (tipo penal) e a prova pericial, é onde está inserido o objeto desta pesquisa. A relação representada pelo numeral **3**, entre a prova pericial e a sentença, é fundamentada na necessidade do magistrado para proferir sua sentença de auxílio (do perito) quando a matéria em discussão envolver conhecimento técnico especializado. O fato a ser provado é materializado por meio dos exames realizados com base nas provas, e tudo isso, descrito e apresentado no laudo. Ainda, a produção da prova pericial

---

1. A descrição realizada na denúncia deve estar completamente adequada aos fatos inseridos na lei penal como delito, para que assim possa o magistrado julgar e verificar tipicidade, ilicitude e culpabilidade, a fim de aplicar a pena ou afastar a pretensão punitiva estatal, por via da absolvição própria (art. 386, I a VII, CPP).

deve obedecer às regras impostas pelo CPP. As relações representadas pelo numeral **4** podem ser subdivididas:
- Em relação ao **laudo**: referente à sua estrutura, tanto formal, quanto de conteúdo, sua aderência a um determinado conjunto de normas (p.ex., Normas do CFC[2]), sua qualidade. Pode ainda versar sobre a linguagem utilizada verificando o processo de comunicação apresentado nos laudos;
- Em relação ao **perito**: relativo ao seu perfil, às competências necessárias, à formação requerida, à educação continuada. Com respeito à formação acadêmica, podem envolver a análise curricular dos cursos oferecidos pelas instituições de ensino superior e sua adequação às necessidades e demandas do mercado para a profissão do perito-contador;
- Em relação aos **quesitos**: referente à pertinência da quesitação efetuada em relação ao fato jurídico, ou, ainda, se são devidamente respondidos ou atendidos pelos peritos.

Os aspectos essenciais da prova pericial, embora independam da especialização que o fato exige, provocam a devida fundamentação jurídica no laudo entregue e, consequentemente, sobre a perícia executada. A busca pela verdade dos fatos que exigem prova pericial é um dos fundamentos que se deve priorizar no trabalho pericial, uma vez que o maior dever de auxiliar a justiça é perceber o nexo causal do objeto da ação promovida com a prova requerida a ser materializada nos autos pelo laudo.

Foi exatamente a partir dessas considerações apresentadas até aqui que surgiu a inquietação que deu origem ao problema desta pesquisa.

Vejamos: segundo Oliveira (2012:15), "para cada tipo penal pressupõe-se haver um conjunto de provas que são determinantes e capazes de demonstrar sua materialidade, uma vez que a concretização do tipo penal no âmbito do processo se dá pela materialidade demonstrada da infração penal". Este autor continua: "Ainda que nesse conjunto de provas, haja provas que possam ser utilizadas para determinar a materialidade de mais de um tipo penal, considera-se aqui que, para cada tipo penal, esse conjunto de provas seja 'específico' para sua demonstração".

---
2. Conselho Federal de Contabilidade.

Dessa forma, considerando-se os tipos penais que necessitam de conhecimentos de domínio da contabilidade para sua comprovação, pode-se depreender que, para cada um desses tipos, há um conjunto específico de exames periciais contábeis necessários para a determinação de sua materialidade. Assim, entende-se que o conjunto de exames periciais contábeis necessários para a determinação da materialidade de um crime de sonegação fiscal seja distinto do que para o crime de licitações (Oliveira, 2012:15).

## 2. Problema de pesquisa, seus objetivos e justificativas

No âmbito do Departamento de Polícia Federal, especificamente na área de perícias contábeis e financeiras, dentre os crimes examinados pela perícia criminal federal, o crime de apropriação indébita previdenciária é um dos que mais apresenta exames com características "genuinamente" contábeis.

A apuração precisa desses fatos, que vai caracterizar a materialidade da acusação, no caso de sua positividade, bem como a identificação exata dos verdadeiros responsáveis penais, será feita por meio de perícia contábil a ser realizada pelos peritos oficiais do Estado, no caso, pela perícia criminal da Polícia Federal.

Para isso, o perito criminal deve elaborar um laudo que deve cumprir com determinados requisitos formais e de conteúdo. No que se refere ao conteúdo, em se tratando de um tipo penal específico, no caso, o crime de apropriação indébita previdenciária, conforme já apresentado anteriormente, se pressupõe que haja um conjunto probatório específico para sua materialização, para que este laudo se apresente como subsídio para formação da convicção sobre seu cometimento ou não.

Dada a carência de estudos técnicos nesse sentido, este trabalho se apresenta como um primeiro esforço para análise de um problema atual, de âmbito nacional, ampliando o foco do estudo da perícia criminal contábil, uma vez que ainda não foram propostas metodologias de elaboração de trabalhos periciais na esfera criminal.

Partindo dessas inquietações e seguindo os ensinamentos de Kerlinger (1980:36), que sugere a formulação do problema em forma interrogativa, a pesquisa pretendeu responder a seguinte situação-problema: *Qual o conjunto de exames periciais contábeis realizados pela perícia criminal federal para materialização do crime de apropriação indébita previdenciária?*

Complementando a pergunta da situação-problema de pesquisa, pode-se fazer o seguinte questionamento: *Com base na produção da prova pericial apresentada pela perícia criminal federal nos laudos periciais contábeis que tratam do crime de apropriação indébita previdenciária, é possível formular uma proposta metodológica de exames periciais?*

Dessa forma, o principal objetivo da pesquisa foi o de formular proposta metodológica para a realização de perícia contábil nos casos envolvendo a produção de prova para o cometimento do crime de apropriação indébita previdenciária.

Em face dos objetivos apresentados, justificou-se o presente trabalho, visto que procurou propor metodologia para a realização de trabalhos pela perícia criminal federal em relação ao crime de apropriação indébita previdenciária. Tal é a importância para avançar na produção científica deste tema, que ainda está bastante incipiente em termos de literatura contábil. Alguns trabalhos acadêmicos têm abordado temas ligados à perícia contábil, entretanto, esta pesquisa apresenta um tema que pode ser mais explorado no meio acadêmico, como também na literatura existente, pois, com base na pesquisa bibliográfica realizada, excetuando-se a pesquisa realizada por Oliveira (2012), não foram identificadas obras relativas à averiguação envolvendo laudos periciais contábeis no âmbito dos processos criminais federais.

De acordo com Santos, Schmidt e Gomes (2006:4), há poucas obras sobre o assunto perícia contábil. Citam que "o espaço existente para obras neste campo específico do conhecimento é imenso, pois poucos foram aqueles que, em algum momento, deixaram sua contribuição para os que se iniciam nesta carreira".

Nesse sentido, Sá (2007:11) afirma que "a escassa literatura sobre o assunto, quer em livros, quer em artigos, não só no Brasil, mas também internacionalmente, muito responsabiliza a nós, autores de livros sobre assuntos periciais, para que possamos manter abrangência e atualidade como metodologia de base".

Alguns expressivos trabalhos especificamente sobre a apropriação indébita previdenciária foram produzidos na área do direito, relacionados aos problemas legais relativos à discussão dogmática e jurisprudencial desse crime. Entretanto, conforme já explanado, a produção acadêmica sobre o assunto na área das ciências contábeis no Brasil é praticamente inexistente, bem como não foi encontrada, na literatura nacional, a publicação de trabalhos científicos que abordem a perícia criminal federal além da tese de doutoramento de Oliveira (2012). Na área internacional, como já abordado na revisão da literatura, a perícia criminal é considerada pelo termo *"Forensic Accounting"*.

A presente pesquisa se propôs a ser uma contribuição para o melhor entendimento desse relevante serviço do governo — o serviço pericial criminal. A criminalística não é um tema muito explorado nas pesquisas acadêmicas no Brasil, menos ainda na área da contabilidade. Pode-se confirmar isso pela não existência de um curso superior no Brasil exclusivo para as disciplinas da criminalística, como ocorre em outros países. Portanto, esta pesquisa pretende também contribuir para o avanço do conhecimento da contabilidade nessa área (Oliveira, 2012:27).

Outro aspecto destacado por Oliveira (2012), que denota a relevância deste estudo, foi o esforço verificado por parte do governo federal no combate aos crimes previdenciários de uma forma geral, com a criação da Força-Tarefa Previdenciária, integrada pelo Ministério da Previdência Social, Departamento da Polícia Federal e Ministério Público Federal, uma vez que, quanto aos crimes previdenciários, o órgão governamental brasileiro responsável pela investigação e apuração destes crimes é o Departamento de Polícia Federal (DPF).

## 3. Metodologia da pesquisa

A metodologia adotada na pesquisa depende diretamente do objeto em estudo, de sua natureza, da amplitude e dos objetivos do pesquisador. Em geral, a intenção dos pesquisadores em ciências sociais não é só descrever, mas compreender os fenômenos e, para tanto, torna-se necessário recolher dados que mostrem o fenômeno de forma inteligível (Quivy e Campenhoudt, 1992:41).

Vergara (2009:41-43) propõe dois critérios básicos de classificação das pesquisas: um quanto aos fins e outro quanto aos meios de investigação. Quanto aos fins, a pesquisa pode ser: exploratória, descritiva, explicativa, metodológica, aplicada ou intervencionista. Quanto aos meios de investigação, a pesquisa pode ser: de campo, de laboratório, documental, bibliográfica, experimental, *ex post facto*, participante, pesquisa-ação ou estudo de caso.

Para a classificação desta pesquisa, tomou-se como base a taxionomia apresentada por Vergara (2009:41-42): quanto aos fins, o presente estudo classifica-se como exploratório e descritivo. Exploratório porque, embora o Departamento de Polícia Federal seja uma instituição de tradição e alvo de pesquisas em diversas áreas de investigação, excetuando-se a pesquisa de Oliveira (2012), não se verificou a existência de outros estudos que abordassem sua área de criminalística, especificamente em relação ao estudo dos laudos emitidos pela perícia criminal federal em relação a um determinado assunto. Além da tese de doutoramento de Oliveira (2012), foi identificado apenas um artigo sobre a perícia criminal federal que abordava sua importância entre os demais cargos da Polícia Federal (delegados, agentes e escrivães). Descritivo, porque visa descrever, por meio dos laudos contábeis, os exames periciais realizados pela perícia criminal federal em relação ao tipo penal do crime de apropriação indébita previdenciária.

Quanto aos meios, este estudo foi bibliográfico e documental. Bibliográfico, porque para a fundamentação teórica do estudo ou revisão da literatura (pesquisa bibliográfica) tem seu papel bem definido como fundamento que orienta a pesquisa e é um componente indispensável a qualquer tipo de pesquisa. Ancorando-se nesse entendimento, foi realizada inicialmente uma pesquisa bibliográfica prévia para justificar os limites e contribuições da própria pesquisa, acompanhada da intenção de situar o objeto central do estudo em relação à questão teórica formulada (qual o conjunto de exames periciais contábeis realizados pela perícia criminal federal para materialização do crime de apropriação indébita previdenciária). Além disso, toda a fundamentação teórica desta pesquisa foi realizada por meio dessa pesquisa bibliográfica. O estudo foi, também, documental, porque se valeu de documentos internos (laudos periciais criminais contábeis) ao Departamento de Polícia Federal, que dizem respeito ao objeto deste estudo.

Dessa forma, as noções apresentadas embasam a presente pesquisa e conduzem o referencial metodológico empregado para a coleta e análise de dados, cujo objetivo se constituiu em analisar os laudos periciais criminais contábeis emitidos pela Criminalística do Departamento de Polícia Federal com a intenção de investigar qual o conjunto de exames periciais contábeis realizados pela perícia criminal federal para materialização do crime de apropriação indébita previdenciária.

## 3.1 Universo e amostra

O desenvolvimento da pesquisa empírica se processou na Criminalística do Departamento de Polícia Federal, compreendendo laudos periciais criminais contábeis referentes ao crime de apropriação indébita previdenciária.

A Criminalística do DPF possui o Sistema Nacional de Gestão de Atividades de Criminalística (ou apenas Sistema de Criminalística — Siscrim), que teve seu início de implementação no âmbito do Departamento de Polícia Federal a partir de junho de 2006.

Nesse sistema, os laudos emitidos são cadastrados de acordo com o tipo de exame realizado; dessa forma, o universo ou a população da pesquisa constitui-se do total de laudos contábeis registrados nesse sistema.

A amostra intencional dos laudos foi composta, então, por todos os laudos periciais criminais do tipo de exame contábil que se referiam ao crime de apropriação indébita previdenciária, emitidos desde o início do Siscrim, sendo considerada a data de 1º de junho de 2006 até 30 de junho de 2011.

## 3.2 Coleta de dados (laudos) e seu tratamento

Dentre as várias possibilidades existentes para a condução dos estudos, optou-se pela técnica que melhor se adapte aos objetivos: pesquisa documental. Os laudos foram coletados por meio de pesquisa documental diretamente no Siscrim.

Desse sistema, foram colhidos, por meio de arquivo eletrônico, os laudos periciais criminais contábeis que se referiam ao exame do crime de apropriação indébita previdenciária e que permitiam observar a questão do conjunto de exames periciais realizados.

Para o tratamento dos dados, a técnica da análise temática ou categorial utilizada foi de acordo com Bardin (2009), que se baseia em operações de desmembramento do texto em unidades, ou seja, identificar os diferentes núcleos de sentido que constituem a comunicação e, posteriormente, realizar seu reagrupamento em classes ou categorias. Além disso, a análise documental também esteve presente, para facilitar o manuseio das informações, já que, também de acordo com a autora, se constitui em uma técnica que visa representar o conteúdo de um documento diferente de seu formato original, como uma forma de agilizar consultas.

## 4. A pesquisa: análise dos laudos e formulação da proposta metodológica de perícia contábil

A pesquisa foi realizada com os seguintes passos:

1º) No Sistema Nacional de Gestão de Atividades de Criminalística (Siscrim) foi consultado o relatório de produção de laudos da área contábil/financeira do período compreendido entre 1º de junho de 2006 e 30 de junho de 2011, que apresentaram classificação definida sobre a natureza do seu exame (subtítulo), gerando um total de 5.826 laudos, distribuídos da seguinte forma, conforme tabela 1.

2º) Ainda do Siscrim, em relação aos laudos com o subtítulo 'previdenciário', num total de 94 laudos, foi consultado o "link" desses laudos para obtenção dos respectivos arquivos. Desses 94 laudos, em quatro deles os arquivos não foram disponibilizados por motivos de falta ou falha na indexação dos mesmos no sistema e em 11 deles os laudos se referiam a outros exames ligados à Previdência Social (sonegação previdenciária, atualização e questionamento de benefício concedido, seguro-desemprego, análise e apuração de diferenças de auditorias do INSS); dessa forma, a amostra constitui-se de 79 laudos, conforme tabela 2.

Tabela 1
Total de laudos periciais criminais contábeis emitidos no período compreendido
entre 1º de junho de 2006 e 30 de junho de 2011

| Subtítulo dos laudos | 2006 | 2007 | 2008 | 2009 | 2010 | 2011 | Totais |
|---|---|---|---|---|---|---|---|
| Contabilidade Societária (Inclui: Empresarial) | 5 | 45 | 37 | 42 | 70 | 42 | 241 |
| Entidade Pública (Inclui: Convênios e contratos) | 3 | 162 | 245 | 342 | 531 | 306 | 1.589 |
| Fiscal/Tributário | 1 | 149 | 122 | 107 | 81 | 44 | 504 |
| Instituição Financeira | 2 | 27 | 31 | 18 | 15 | 20 | 113 |
| Previdenciário | 4 | 31 | 24 | 17 | 11 | 7 | 94 |
| Mercado Financeiro/de Capitais | - | 3 | 6 | 5 | 3 | 4 | 21 |
| Confrontos fiscais e financeiros (Evolução patrimonial e movimentação financeira) | 294 | 616 | 745 | 527 | 781 | 301 | 3.264 |
| Totais | 309 | 1.033 | 1.210 | 1.058 | 1.492 | 724 | 5.826 |

Fonte: Siscrim/INC/DPF. Elaborado pelo autor.

Tabela 2
Quantidade de laudos por ano (emissão) e por estado emissor

| Estado | Quantidade de laudos | | | | | | Totais | % |
|---|---|---|---|---|---|---|---|---|
| | 2006 | 2007 | 2008 | 2009 | 2010 | 2011 | | |
| SP | 2 | 7 | 5 | 5 | 3 | - | 22 | 27,8% |
| RJ | 1 | 1 | 4 | 1 | 3 | - | 10 | 12,7% |
| MG | - | 5 | - | 2 | 1 | 1 | 9 | 11,4% |
| AL | - | 5 | - | 1 | 1 | 1 | 8 | 10,1% |
| MT | - | 3 | 3 | 1 | - | 1 | 8 | 10,1% |
| CE | - | 1 | 2 | - | 1 | 2 | 6 | 7,6% |
| BA | 1 | - | 2 | 1 | 1 | - | 5 | 6,3% |
| PE | - | 2 | 2 | - | - | - | 4 | 5,1% |
| SE | - | 2 | - | - | - | - | 2 | 2,5% |
| RS | - | 1 | 1 | - | - | - | 2 | 2,5% |
| DF | - | - | - | 1 | - | - | 1 | 1,3% |
| PA | - | - | - | - | - | 1 | 1 | 1,3% |
| GO | - | - | - | - | - | 1 | 1 | 1,3% |
| Totais | 4 | 27 | 19 | 12 | 10 | 7 | 79 | |

Fonte: Elaborado pelo autor.

Considerando os estados individualmente, São Paulo se destaca por ter sido responsável pela emissão de quase 1/3 dos laudos analisados, mais do que o dobro do estado do Rio de Janeiro, que aparece em segundo lugar, seguido por outro estado da região Sudeste (Minas Gerais), que, por sua vez, foi seguido por um estado da região Nordeste

(Alagoas) e um estado da região Centro-Oeste (Mato Grosso). Completando a lista, mais quatro estados da região Nordeste (Ceará, Bahia, Pernambuco e Sergipe, nesta ordem), o representante da região Sul (Rio Grande do Sul), o Distrito Federal, seguido por mais um representante da região Norte (Pará) e, por último, por mais um representante da região Centro-Oeste (Goiás).

Pode-se verificar que, guardadas certas especificidades, este *ranking* reúne os estados mais desenvolvidos de cada uma das regiões presentes.

3º) Para análise destes 79 laudos, conforme descrito no capítulo anterior, utilizou-se a metodologia de análise de conteúdo por meio das unidades de análise apresentadas no quadro 1.

Quadro 1
Unidades de análise dos laudos contábeis

| Unidade de análise | Descrição resumida |
| --- | --- |
| 1. Sujeito ativo | Identificação do sujeito ativo para fins de responsabilização criminal |
| 2. Sujeito passivo | Identificação do sujeito passivo |
| 3. Tipo objetivo | Caracterização da forma do tipo objetivo |
| 3.1 Pagamento de salário | Presume-se a ocorrência do desconto por meio da comprovação do pagamento dos salários |
| 3.2 Constituição definitiva do débito | Considerando o crime como material, exige-se a constituição definitiva do débito para que possa ser oferecida denúncia |
| 3.3 Desnecessidade de fraude | Contabilidade regular como meio para facilitar a apuração do fato pela fiscalização |
| 3.4 Apropriação | Considerando o crime como material, exige-se a evidência do desvio, a destinação dos recursos em fim diverso daquele determinado pela lei |
| 3.5 Objeto material | A denúncia deverá conter o valor omitido, destacando-se o valor histórico do principal das multas, juros e atualização monetária |
| 4. Tipo subjetivo | Vontade livre e consciente de não recolher a contribuição previdenciária descontada dos empregados |
| 4.1 Tipo doloso | Possibilidade de ausência de dolo por recolhimento em atraso ou pagamento a menor |
| 4.2 Ânimo de apropriação | Considerando o crime como material, além da existência do débito, deve ser analisada a intenção do agente |
| 5. Culpabilidade | Admissibilidade de dificuldades financeiras |

Fonte: Elaborado pelo autor, a partir de Baltazar Junior (2011:29-71) e Monteiro (2000).

Estas unidades de análise, no seu conjunto, representam as características essenciais e fundamentais de constituição do tipo penal referente à apropriação indébita previdenciária.

4º) Foi efetuada a leitura e a análise dos 79 laudos "decompondo-os" nas seguintes partes: os quesitos (quando existentes), o objetivo dos exames, os documentos examinados pelos peritos criminais federais, os exames propriamente ditos e as respostas aos quesitos ou as conclusões.

5º) Nessa "decomposição" dos 79 laudos, foi identificado que, no capítulo do laudo destinado à descrição dos exames realizados, havia a referência direta para o quesito correspondente onde constava a descrição dos exames. Também o inverso foi identificado, em que na resposta aos exames constava referência ao tópico ou capítulo do laudo onde se encontrava a descrição detalhada dos exames realizados que, assim, embasaram a respectiva resposta. Dessa forma, foi decidido reunir essas duas partes do laudo: Exames periciais realizados e Respostas aos quesitos ou conclusões em uma só unidade de análise.

6º) Para a identificação do conjunto probatório reunindo os exames periciais realizados pela perícia criminal federal para a materialização do crime de apropriação indébita previdenciária, foi focada a parte dos laudos "Exames periciais realizados e Respostas aos quesitos ou conclusões". Essa decisão encontra respaldo no fato de que é aí, nessa parte do laudo pericial, onde os peritos criminais federais encontram a "liberdade" de fazerem seus comentários e observações, muito embora sejam influenciados, ou até mesmo direcionados, pelo conteúdo dos "Quesitos".

7º) Essa análise de conteúdo dos laudos contábeis teve como objetivo buscar identificar o conjunto probatório, por meio dos exames periciais contábeis realizados pela perícia criminal federal, utilizado para materialização do crime de apropriação indébita previdenciária, que serviram de base para a propositura da metodologia objeto desta pesquisa.

## 4.1 Exames periciais realizados e respostas aos quesitos ou conclusões apresentados nos 79 laudos contábeis referentes ao crime de apropriação indébita previdenciária emitidos entre 1º de junho de 2006 e 30 de junho de 2011

No quadro a seguir, os 79 laudos foram agrupados em cada uma das descrições de exames periciais realizados e respostas aos quesitos ou conclusões identificados nos mesmos.

Quadro 2
Resumo sintético dos exames periciais realizados e respostas aos quesitos ou conclusões apresentados nos 79 laudos contábeis

| Descrição | Laudo nº |
|---|---|
| a. Levantamento dos valores descontados dos empregados e não recolhidos à Previdência Social — demonstrados nas folhas de pagamento, recibos de salários/férias, termos de rescisão de contratos de trabalho ou NFLDs, incluindo o período (competência) | 1008/2006 (BA); 1765/2006 (RJ); 043/2007 (PE); 297/2007 (MG); 115/2007 (CE); 044/2007 (SE); 637/2007 (MT); 2400/2007 (SP); 2585/2007 (SP); 143/2007 (SE); 959/2007 (MT); 2235/2007 (MG); 3092/2007 (MG); 3134/2007 (MG); 4196/2007 (SP); 4700/2007 (SP); 2396/2007 (RS); 5572/2007 (SP); 273/2008 (MT); 585/2008 (MT); 1144/2008 (RJ); 1514/2008 (RS); 3878/2008 (SP); 632/2008 (CE); 2146/2008 (MT); 228/2008 (SP); 951/2008 (BA); 5388/2008 (SP); 790/2008 (CE); 2314/2008 (RJ); 323/2009 (SP); 370/2009 (DF); 527/2009 (MG); 192/2009 (AL); 2484/2009 (SP); 2022/2009 (MG); 978/2009 (BA); 141/2009 (SP); 508/2010 (CE); 195/2010 (MG); 433/2010 (AL); 268/2010 (BA); 729/2010 (RJ) |
| b. Análise dos pagamentos efetuados a título de Previdência Social | 5801/2008 (SP); 527/2009 (MG); 1954/2009 (SP); 192/2009 (AL); 978/2009 (BA); 141/2009 (SP) |
| c. Levantamento dos valores pagos a título de remuneração dos sócios (*pro-labore*) ou outros tipos de transferências ou pagamentos | 1008/2006 (BA); 1765/2006 (RJ); 040/2007 (PE); 297/2007 (MG); 453/2007 (MG); 044/2007 (SE); 1687/2007 (SP); 153/2007 (AL); 2400/2007 (SP); 2585/2007 (SP); 143/2007 (SE); 2235/2007 (MG); 3092/2007 (MG); 4369/2007 (SP); 4700/2007 (SP); 163/2008 (RJ); 202/2008 (BA); 1514/2008 (RS); 867/2008 (PE); 1851/2008 (RJ); 5388/2008 (SP); 5710/2008 (SP); 323/2009 (SP); 370/2009 (DF); 192/2009 (AL); 2002/2009 (RJ); 1800/2009 (MT); 268/2010 (BA); 1898/2010 (SP); 729/2010 (RJ); 195/2010 (MG) |
| d. Análise das declarações de imposto de renda da empresa (Evolução patrimonial e financeira) | 040/2007 (PE); 453/2007 (MG); 334/2007 (MT); 153/2007 (AL); 2400/2007 (SP); 2585/2007 (SP); 163/2008 (RJ); 1144/2008 (RJ); 867/2008 (PE); 1851/2008 (RJ); 323/2009 (SP); 370/2009 (DF); 2002/2009 (RJ); 228/2008 (SP); 5388/2008 (SP); 5710/2008 (SP); 2022/2009 (MG); 268/2010 (BA); 729/2010 (RJ) |
| e. Análise das declarações de imposto de renda dos sócios/administradores da empresa (Evolução patrimonial e financeira) | 040/2007 (PE); 043/2007 (PE); 453/2007 (MG); 334/2007 (MT); 1687/2007 (SP); 153/2007 (AL); 2400/2007 (SP); 2585/2007 (SP); 383/2007 (AL); 163/2008 (RJ); 1144/2008 (RJ); 867/2008 (PE); 1851/2008 (RJ); 323/2009 (SP); 370/2009 (DF); 2002/2009 (RJ); 039/2010 (SP); 268/2010 (BA); 2022/2009 (MG) |
| f. Análise dos investimentos e desinvestimentos no ativo imobilizado | 2400/2007 (SP); 2585/2007 (SP); 4369/2007 (SP); 2396/2007 (RS); 421/2007 (AL); 273/2008 (MT); 1514/2008 (RS); 632/2008 (CE); 5388/2008 (SP); 5801/2008 (SP); 323/2009 (SP); 1954/2009 (SP); 2022/2009 (MG); 2002/2009 (RJ); 729/2010 (RJ) |
| g. Verificar o registro contábil dos valores descontados dos empregados e não recolhidos à Previdência Social nas folhas de pagamento | 1514/2008 (RS); 951/2008 (BA); 508/2010 (CE) |

(continua)

(continuação)

| Descrição | Laudo nº |
|---|---|
| h. Análise de conformidade da documentação contábil (livros contábeis e documentação suporte) em relação à legislação contábil e comercial | 1765/2006 (RJ); 040/2007 (PE); 297/2007 (MG); 044/2007 (SE); 2400/2007 (SP); 2585/2007 (SP); 143/2007 (SE); 3134/2007 (MG); 4700/2007 (SP); 163/2008 (RJ); 1851/2008 (RJ); 370/2009 (DF); 195/2010 (MG); 1717/2010 (RJ) |
| i. Comparação da disponibilidade financeira e o débito previdenciário ou indicação de existência de disponibilidade para fazer frente aos repasses não realizados | 1008/2006 (BA); 1765/2006 (RJ); 040/2007 (PE); 297/2007 (MG); 115/2007 (CE); 044/2007 (SE); 153/2007 (AL); 2400/2007 (SP); 2585/2007 (SP); 143/2007 (SE); 959/2007 (MT); 2235/2007 (MG); 3092/2007 (MG); 3134/2007; 376/2007 (AL); 2396/2007 (RS); 421/2007 (AL); 163/2008 (RJ); 1851/2008 (RJ); 632/2008 (CE); 2146/2008 (MT); 228/2008 (SP); 790/2008 (CE); 5710/2008 (SP); 323/2009 (SP); 1954/2009 (SP); 2484/2009 (SP); 1800/2009 (MT); 039/2010 (SP); 1898/2010 (SP); 508/2010 (CE); 195/2010 (MG); 009/2011 (CE); 139/2011 (CE); 422/2011 (MG) |
| j. Análise das contas de disponibilidades (caixa e bancos) da empresa | 453/2007 (MG); 115/2007 (CE); 044/2007 (SE); 143/2007 (SE); 3134/2007 (MG); 2396/2007 (RS); 421/2007 (AL); 273/2008 (MT); 202/2008 (BA); 1514/2008 (RS); 632/2008 (CE); 2146/2008 (MT); 228/2008 (SP); 5388/2008 (SP); 790/2008 (CE); 192/2009 (AL); 2022/2009 (MG); 1800/2009 (MT); 729/2010 (RJ); 508/2010 (CE); 009/2011 (CE); 139/2011 (CE); 067/2011 (AL); 422/2011 (MG) |
| k. Levantamento dos valores pagos a fornecedores, empréstimos bancários, outros encargos e impostos e outras contas diversas, tais como: contas de água, energia elétrica e de telecomunicações | 1008/2006 (BA); 3760/2006 (SP); 4781/2006 (SP); 043/2007 (PE); 297/2007 (MG); 044/2007 (SE); 1687/2007 (SP); 2400/2007 (SP); 2585/2007 (SP); 143/2007 (SE); 3092/2007 (MG); 4369/2007 (SP); 4700/2007 (SP); 2396/2007 (RS); 202/2008 (BA); 632/2008 (CE); 5801/2008 (SP); 1800/2009 (MT); 141/2009 (SP); 729/2010 (RJ) |
| l. Análise da movimentação das contas de impostos, taxas e contribuições a pagar (Passivo) | 4781/2006 (SP); 297/2007 (MG); 044/2007 (SE); 4369/2007 (SP); 376/2007 (AL); 4700/2007 (SP); 2396/2007 (RS); 323/2009 (SP); 1954/2009 (SP); 1800/2009 (MT); 268/2010 (BA); 729/2010 (RJ); 422/2011 (MG) |
| m. Análise dos indicadores econômicos, financeiros (Análise de Balanço) — liquidez, atividade (ciclo financeiro[3]), estrutura, endividamento, lucratividade, rentabilidade e de solvência. | 3760/2006 (SP); 1008/2006 (BA); 4781/2006 (SP)[4]; 1765/2006 (RJ); 040/2007 (PE); 297/2007 (MG); 1687/2007 (SP); 153/2007 (AL); 2400/2007 (SP); 2585/2007 (SP); 959/2007 (MT); 2235/2007 (MG); 3134/2007 (MG); 4369/2007 (SP); 376/2007 (AL); 4700/2007 (SP); 383/2007 (AL); 2396/2007 (RS); 5572/2007 (SP); 273/2008 (MT); 867/2008 (PE); 1851/2008 (RJ); 2146/2008 (MT); 228/2008 (SP); 5388/2008 (SP); 5710/2008 (SP); 5801/2008 (SP); 323/2009 (SP); 192/2009 (AL); 039/2010 (SP); 268/2010 (BA); 729/2010 (RJ); 508/2010 (CE); 1717/2010 (RJ); 009/2011 (CE); 139/2011 (CE); 581/2011 (GO) |

(continua)

---

3. Ciclo financeiro é representado em número de dias e corresponde ao resultado da seguinte equação: PMR + PME − PMP, onde PMR (Prazo médio de recebimentos de clientes); PME (Prazo médio de estocagem) e PMP (Prazo médio de pagamentos de fornecedores).
4. O Laudo nº 4.781/2006 (SP) foi elaborado exclusivamente para responder aos que-

(continuação)

| Descrição | Laudo nº |
|---|---|
| n. Análise horizontal e vertical (Análise de Balanço e do Resultado) | 3760/2006 (SP); 4781/2006 (SP); 2400/2007 (SP); 2585/2007 (SP); 4369/2007 (SP); 4700/2007 (SP); 5572/2007 (SP); 273/2008 (MT); 228/2008 (SP); 5388/2008 (SP); 5710/2008 (SP); 323/2009 (SP); 2002/2009 (RJ); 039/2010 (SP); 268/2010 (BA) |
| o. Indicação do quadro societário da empresa ou composição da diretoria ou conselho fiscal ou de responsável(is) pela empresa ou ainda indicação do contador | 1008/2006 (BA); 297/2007 (MG); 334/2007 (MT); 637/2007 (MT); 143/2007 (SE); 2235/2007 (MG); 4196/2007 (SP); 383/2007 (AL); 1144/2008 (RJ); 2314/2008 (RJ); 2022/2009 (MG) |
| p. Análise das transações com partes relacionadas | 2235/2007 (MG); 376/2007 (AL); 867/2008 (PE) |
| q. Comparação mensal/anual dos descontos de INSS sobre a Folha de Pagamento com o Faturamento ou Receita Líquida ou Resultado operacional | 3760/2006 (SP); 1687/2007 (SP); 599/2007 (RJ); 2400/2007 (SP); 2585/2007 (SP); 5572/2007 (SP); 1144/2008 (RJ); 1514/2008 (RS); 3878/2008 (SP); 228/2008 (SP); 5710/2008 (SP); 323/2009 (SP); 2484/2009 (SP); 039/2010 (SP); 268/2010 (BA); 1898/2010 (SP); 195/2010 (MG) |
| r. Comparação anual dos descontos de INSS sobre a Folha de Pagamento com os rendimentos líquidos declarados pelos sócios ou com os *pro-labores* recebidos | 1144/2008 (RJ); 5710/2008 (SP); 268/2010 (BA); 1898/2010 (SP); 1717/2010 (RJ) |
| s. Análise do endividamento da empresa e do seu perfil | 867/2008 (PE); 039/2010 (SP); 729/2010 (RJ); 508/2010 (CE) |
| t. Análise da evolução dos gastos com pessoal | 1954/2009 (SP); 1800/2009 (MT); 141/2009 (SP) |
| u. Análise do setor da empresa e a sua legislação tributária | 867/2008 (PE) |
| v. Análise da movimentação da conta de Contas a receber | 3760/2006 (SP); 4781/2006 (SP); 4369/2007 (SP); 376/2007 (AL); 2396/2007 (RS); 453/2007 (MG)[5]; 867/2008 (PE) |
| w. Análise da movimentação da conta de Fornecedores | 3760/2006 (SP); 4781/2006 (SP); 4369/2007 (SP); 2396/2007 (RS) |
| x. Análise da representatividade das vendas canceladas em relação à receita bruta ou análise da evolução do resultado | 4781/2006 (SP); 2400/2007 (SP); 2585/2007 (SP); 143/2007 (SE) |

(continua)

---

sitos listados pela Defesa, os quais foram apresentados após a feitura do laudo anterior que respondeu aos quesitos encaminhados pelo juiz da respectiva vara, que não fez parte do universo desta pesquisa.

5. O Laudo nº 453/2007 (MG) também foi elaborado exclusivamente para responder aos quesitos listados pela Defesa, os quais foram apresentados após a feitura do laudo anterior que respondeu aos quesitos encaminhados pelo juiz da respectiva vara, que não fez parte desta pesquisa.

| Descrição | Laudo nº |
|---|---|
| y. Análise das despesas não dedutíveis | 599/2007 (RJ)[6] |
| z. Análise do quadro de funcionários (quantidade) | 2400/2007 (SP); 2585/2007 (SP); 4369/2007 (SP); 4700/2007 (SP); 585/2008 (MT); 867/2008 (PE); 5801/2008 (SP); 323/2009 (SP); 1954/2009 (SP); 1800/2009 (MT); 141/2009 (SP); 729/2010 (RJ) |
| aa. Análise da evolução das contas do Patrimônio líquido | 376/2007 (AL); 2396/2007 (RS) |
| bb. Análise da evolução da receita, do desempenho operacional e do resultado dos exercícios da empresa | 867/2008 (PE); 632/2008 (CE); 228/2008 (SP); 2399/2008 (RJ); 1954/2009 (SP); 2002/2009 (RJ); 141/2009 (SP); 039/2010 (SP); 268/2010 (BA); 1898/2010 (SP); 729/2010 (RJ); 508/2010 (CE); 1717/2010 (RJ) |
| cc. Levantamento mensal da retenção de INSS sobre Notas Fiscais de Prestação de Serviços e comparação dessas retenções com os valores descontados dos empregados e não recolhidos à Previdência Social nas folhas de pagamento | 6845/2009 (SP)[7][8] |
| dd. Outros dados julgados úteis | 4781/2006 (SP); 790/2008 (CE); 5801/2008 (SP) |

Para o enquadramento dos exames periciais realizados e descritos no quadro 2, foram analisados a natureza e o objetivo de cada um deles, buscando relacioná-los a cada uma das unidades de análises identificadas no quadro 1. O resultado dessa análise resultou na seguinte distribuição apresentada no quadro 3.

---

6. O Laudo nº 4.781/2006 (SP) foi elaborado exclusivamente para responder aos quesitos listados pela Defesa, os quais foram apresentados após a feitura do laudo anterior que respondeu aos quesitos encaminhados pelo juiz da respectiva vara, que não fez parte do universo desta pesquisa.

7. Este laudo foi o único caso que se enquadrou no inciso II do § 1º do art. 168-A do Código Penal, que prevê: "Nas mesmas penas incorre quem deixar de recolher contribuições devidas à previdência social que tenham integrado despesas contábeis ou custos relativos à venda de produtos ou à prestação de serviços".

8. O exame deste laudo refere-se à apuração de eventual prática de apropriação indébita previdenciária; no entanto, a empresa possuía créditos a serem compensados no seu recolhimento, originados nas retenções sobre as suas emissões de notas fiscais de prestação de serviços. Vale ressaltar que a responsabilidade pelo recolhimento das contribuições previdenciárias retidas sobre as notas fiscais de serviços é da empresa contratante. Dessa forma, a falta de recolhimento, no prazo legal, das importâncias retidas configura, em tese, crime contra a Previdência Social, no caso, cometido pela empresa tomadora do serviço prestado.

## Quadro 3
### Exames periciais realizados e respostas aos quesitos ou conclusões apresentados nos 79 laudos contábeis distribuídos pelas unidades de análise

| Unidade de análise | Exames periciais realizados e respostas aos quesitos ou conclusões* |
|---|---|
| 1. Sujeito ativo | o., cc. |
| 2. Sujeito passivo | a. |
| 3. Tipo objetivo | |
| 3.1 Pagamento de salário | a. |
| 3.2 Constituição definitiva do débito | a., dd. |
| 3.3 Desnecessidade de fraude | g., h. |
| 3.4 Apropriação | c., d., e., f., r., aa. |
| 3.5 Objeto material | b., o., cc. |
| 4. Tipo subjetivo | |
| 4.1 Tipo doloso | b., g., k., w., dd. |
| 4.2 Ânimo de apropriação | d., i., j., r., dd. |
| 5. Culpabilidade | c., d., e, f., i., j. k., l., m., n., p., q., s., t., u., v., w., x., z., aa., bb. |

Fonte: Elaborado pelo autor.
* As letras correspondem à ordem alfabética dos exames periciais constantes do quadro 2.

Por meio de observação e análise comparativa simples da quantidade de exames realizados nos dois períodos, de antemão, pode-se verificar, em todas as unidades de análise, a existência de exames periciais realizados em cada uma delas. Considerando o que já foi mencionado anteriormente, que tais unidades de análise no seu conjunto representam as características essenciais e fundamentais de constituição do tipo penal referente à apropriação indébita previdenciária, a existência de exames periciais realizados em cada uma delas demonstra que esses exames, sendo realizados e confirmando positivamente seus objetivos, acabam por materializar a ocorrência do crime em comento.

Dessa forma, atendendo ao objetivo principal desta pesquisa, se pode apresentar uma proposta de metodologia para realização de exames periciais para materialização do crime de apropriação indébita previdenciária, baseada na reunião dos exames aqui descritos, e se tais exames confirmarem seus respectivos objetivos, ou seja, confirmarem a presença dos elementos constitutivos do tipo penal em comento (unidades de análise já apresentadas), este laudo pericial criminal produzido pelo perito oficial atenderá ao seu objetivo de materializar o crime de apropriação indébita previdenciária. Dessa forma, a proposta metodológica aqui apresentada refere-se ao mapeamento daquilo que foi realizado até então no âmbito da perícia criminal federal.

## 5. Considerações finais

Retomando a questão de pesquisa, para verificar qual o conjunto probatório por meio dos exames periciais realizados para materializar o tipo penal, no caso em tela, o crime de apropriação indébita previdenciária, em outras palavras, o que se intenta verificar é o conjunto probatório desse tipo por meio dos exames periciais contábeis realizados nos laudos emitidos pela perícia criminal federal, donde se pode, com base nos resultados obtidos, propor uma metodologia de realização de exames periciais baseada nesse conjunto probatório identificado.

Assim, apoiado nas conclusões da pesquisa de Oliveira (2012), onde, para cada tipo penal, há um conjunto de exames periciais que evidenciam a materialidade do crime, neste caso, para uma propositura de metodologia para realização de exames periciais para materialização do crime de apropriação indébita previdenciária, foi considerada e prevista a realização dos exames periciais aqui descritos com base no levantamento realizado nos 79 laudos periciais criminais contábeis emitidos pela perícia criminal federal, e se tais exames confirmarem seus respectivos objetivos, ou seja, confirmarem a presença dos elementos constitutivos do tipo penal em comento (unidades de análise já apresentadas), este laudo pericial criminal produzido pelo perito oficial atenderá ao seu objetivo de materializar o crime de apropriação indébita previdenciária.

## Referências

BALTAZAR JUNIOR, José Paulo. *Crimes federais*. 7. ed. rev., atual. e ampl. Porto Alegre: Livraria do Advogado, 2011.

BARDIN, Laurence. *Análise de conteúdo*. Tradução de Luís Antero Reto e Augusto Pinheiro. 5. ed. rev. e atual. Lisboa: Edições 70, 2009.

BRASIL. *Constituição da República Federativa do Brasil*, de 5 de outubro de 1988. Disponível em: <www.planalto.gov.br/ccivil_03/constituicao/constitui%C3% A7ao.htm>. Acesso em: 15 abr. 2011.

BRASIL. Decreto-Lei nº 3.689, de 3 de outubro de 1941. *Código do processo penal*. Disponível em: <www.planalto.gov.br/ccivil_03/Decreto-Lei/Del3689.htm>. Acesso em: 15 abr. 2011.

BRASIL. Decreto-Lei nº 2.848, de 7 de dezembro de 1940. *Código penal*. Disponível em: <www.planalto.gov.br/CCIVIL/Decreto-Lei/Del2848.htm>. Acesso em: 15 abr. 2011.

KERLINGER, Fred Nichols. *Metodologia da pesquisa em ciências sociais*: um tratamento conceitual. São Paulo: EPU; Edusp, 1980.

MATIDA, Janaina Roland. *O problema da verdade no processo*: a relação entre o fato e a prova. Dissertação (mestrado em direito) — Pontifícia Universidade Católica do Rio de Janeiro, Rio de Janeiro, 2009.

MENDRONI, Marcelo Batlouni. *Provas no processo penal*: estudo sobre a valoração das provas penais. São Paulo: Atlas, 2010.

MONTEIRO, Samuel. *Dos crimes fazendários*: compêndio teórico e prático. 2. ed. rev., atual. e aum. São Paulo: Iglu, 2000. t. I.

NUCCI, Guilherme de Souza. *Provas no processo penal*. 2. ed. rev., atual. e ampl. com a obra "O valor da confissão como meio de prova no processo penal". São Paulo: Revista dos Tribunais, 2011.

OLIVEIRA, Álan Teixeira de. *A relação entre o tipo penal e a prova pericial contábil*: evidências nos laudos contábeis da perícia criminal federal sobre o crime de apropriação indébita previdenciária. Tese (doutorado) — Universidade de São Paulo, São Paulo, 2012.

QUIVY, Raymond; CAMPENHOUDT, Luc Van. *Manual de investigações em ciências sociais*. Lisboa: Gradiva, 1992.

SÁ, Antonio Lopes de. *Perícia contábil*. 7. ed. São Paulo: Atlas, 2007.

SANTOS, José Luiz dos; SCHMIDT, Paulo; GOMES, José Mário Matsumura. *Fundamentos de perícia contábil*. São Paulo: Atlas, 2006. (Coleção resumos de contabilidade; v. 18)

SILVA, André Luiz Martinelli Santos. O laudo pericial e a adequação jurídica de seus quesitos. In: CONGRESSO INTERNACIONAL DE PERÍCIA CRIMINAL, III, 2009, João Pessoa. *Anais*...

TARUFFO, Michele. *La prueba de los hechos*. Tradução de Jordi Ferrer Beltrán. 2. ed. Madri: Trotta, 2005.

VERGARA, Sylvia Constant. *Projetos e relatórios de pesquisa em administração*. 11. ed. São Paulo: Atlas, 2009.

Capítulo 2

# A influência das especificidades das organizações públicas na implementação da gestão de processos

Claudete Terezinha Trapp
Joaquim Rubens Fontes Filho

O capítulo aborda as especificidades das organizações públicas e de que forma elas influenciam a implementação da gestão de processos em seu âmbito. A pesquisa compreendeu análises de referenciais bibliográficos e entrevistas com especialistas brasileiros em gestão de processos. Na percepção desses especialistas, a menor maturidade apresentada pelas organizações públicas, relacionada à medição de resultados e ao acompanhamento do desempenho, prejudica a tangibilização dos resultados decorrentes da adoção da gestão de processos. Em consequência, as pessoas envolvidas têm dificuldade em perceber os ganhos que podem dela obter, situação que complica sobremaneira a possibilidade de movimentos de mobilização e o próprio comprometimento para a implementação da gestão de processos. Além disso, os entrevistados consideram que a postura e o perfil dos servidores públicos, aliados a outras especificidades das organizações públicas — tais como estabilidade na carreira; falta de mecanismos de reconhecimento e recompensa e de avaliação de desempenho criteriosa; cultura de documentação e controle excessivos e as disfunções da burocracia; e descontinuidade na gestão devido a influências políticas — também podem prejudicar o engajamento, a motivação das pessoas para essa gestão e a identificação e implementação de melhorias contínuas nos processos organizacionais, atividades intrínsecas da gestão de processos.

## 1. Introdução

Todas as organizações, tanto privadas como públicas, têm como objetivo o alcance de algum tipo de retorno perante os investimentos realizados. As organizações privadas buscam proporcionar a distribuição de lucros aos investidores. Nas públicas, o retorno esperado traduz-se no atendimento às expectativas e necessidades dos diversos *stakeholders*, como: viabilizar educação, saúde e segurança aos membros da sociedade; preservar o meio ambiente e diminuir desigualdades sociais e regionais. Independentemente do tipo de retorno esperado, os esforços das organizações estarão voltados para a sua maximização, e para tanto buscam instrumentos de gestão adequados.

No setor público, a preocupação com a modernização e o aperfeiçoamento da gestão está presente em ações do governo federal brasileiro. Entre tais ações, pode-se destacar a instituição do Programa Nacional de Gestão Pública e Desburocratização (GesPública), **pelo Decreto nº 5.378, de 23 de fevereiro de 2005,** que é resultado da evolução histórica de diversas iniciativas do governo federal para a promoção da gestão pública de excelência, com vistas a contribuir para a qualidade dos serviços públicos prestados ao cidadão e para o aumento da competitividade do país.

Entre as ferramentas de gestão adotadas pelo GesPública está a gestão de processos. Esse programa prevê a gestão de processos como uma das ferramentas a serem utilizadas pelos gestores públicos para a simplificação de processos e normas e a otimização dos fluxos de trabalho, eliminando procedimentos que não agregam valor ao serviço prestado pelas instituições e, por consequência, pelo Estado.

Em relação à gestão de processos, Paim (2007:3) cita uma série de estudos e publicações que "evidenciam o aumento da demanda por parte das organizações por conceitos, ferramentas e tecnologias que dependem da definição e entendimento da gestão de processos", e acrescenta que essa alta demanda é reforçada pela percepção da utilidade prática do tema gestão de processos por parte das organizações públicas e privadas de todos os setores da economia.

Os ganhos de sua implementação podem ser mais facilmente percebidos pelos clientes/cidadãos, pois a gestão de processos se propõe a impactar diretamente a qualidade do atendimento, dos produtos e dos serviços a eles prestados. Uma das premissas de um moderno modelo de gestão de processos é identificar as expectativas e os valores finais esperados pelos clientes/cidadãos, bem como as necessidades de melhorias para, a partir daí, modelar, simplificar e aperfeiçoar os processos que geram e entregam serviços e produtos àqueles clientes (Brasil, 2011).

Porém, é necessário observar que "os quadros conceituais que estão na origem da gestão de processos e fazem parte das tradições da engenharia de produção são a administração científica, o sistema Toyota de Produção, o Controle da Qualidade Total, a Reengenharia e a Teoria das Restrições" (Paim et al., 2009:37). Tal situação demonstra que o método foi inicialmente desenvolvido com ênfase em processos produtivos e linhas de montagem mais difundidos no setor privado.

Em seus estudos sobre planejamento estratégico, Pfeiffer (2000) destaca que as diferenças entre as características dos setores públicos e privados são marcantes e, neste sentido, não recomenda a utilização de métodos ou instrumentos de gestão, sem adaptações, diretamente de um setor para o outro, situação que se aplica quando da implementação da gestão de processos em uma instituição.

Tal como Pfeiffer (2000), Allison (2002), Rainey, Backoff e Levine (1976), Boyne (2002), Motta (2007), Zwicker, Fettke e Loos (2010) e Miranda, Macieira e Paim (2004) também apontam características que demonstram as diferenças entre as organizações públicas e privadas.

As ponderações anteriores fizeram surgir o problema investigado neste estudo: *De que forma as especificidades das organizações públicas influenciam a implementação da gestão de processos em seu âmbito?*

O capítulo está dividido em seis seções: nas próximas três seções será demonstrado sinteticamente o referencial teórico estudado. Na sequência, a metodologia utilizada e os resultados da pesquisa. E, finalmente, é apresentada a conclusão.

## 2. A gestão de processos

A gestão de processos teve sua origem em concepções da engenharia e reengenharia de processos, gestão da qualidade, gestão de operações, modelagem de processos de negócio e de sistemas de informações de processos. É reconhecida como um pilar das abordagens contemporâneas de gestão, pois a análise dos processos de negócio leva à compreensão das raízes da organização (Rosemann, 2006).

Gestão de processos (*Business Process Management* — BPM) pode ser entendida como uma prática holística de gestão empresarial e que requer o entendimento e o envolvimento da alta administração, a definição clara de papéis, a existência de processos de decisão como parte da governança de processos, metodologias, sistema de informações de processos, colaboradores com perfil e capacitação adequada e cultura receptiva para a gestão de processos (Rosemann, 2006).

A Association of Business Process Management Professionals (ABPMP, 2009:30-33) apresenta um rol de fatores-chave de sucesso de BPM, no seu Guia BPM CBOK®.[1] Esse guia enfatiza que esforços bem-sucedidos de gestão de processos tipicamente envolvem a consideração de vários fatores: alinhamento de estratégia, cadeia de valor e processo de negócio; metas; patrocínio executivo e governança; propriedade do processo; métricas, medições e monitoramento.

O alcance efetivo desses fatores-chave de sucesso BPM em criar valor para uma organização e seus clientes depende tanto de práticas organizacionais quanto de domínio de conceitos e habilidades por pessoas com responsabilidade por prestar contas da gestão dos processos da organização.

---

1. O BPM CBOK® é um corpo comum de conhecimentos sobre BPM, projetado pela ABPMP para auxiliar profissionais de BPM fornecendo uma visão abrangente das questões, melhores práticas e lições aprendidas sobre o tema. É uma associação internacional desses profissionais, sem fins lucrativos, independente de fornecedores, dedicada à promoção dos conceitos e práticas de BPM. Maiores informações em: <www.abpmp-br.org>.

## 3. Gestão pública: especificidades em relação à gestão privada

Allison (2002), analisando semelhanças e diferenças entre esses setores, apresenta que as categorias agora prevalecentes nas discussões sobre gestão pública — gestão estratégica, de pessoal e financeira e controle — são principalmente derivadas do contexto da gestão privada, mas considera que a adaptação desses conceitos para os problemas que os gestores públicos enfrentam ainda não está clara. Avalia que a pesquisa acadêmica, bastante ampla quanto à descrição dos problemas enfrentados pelos gestores privados, se encontra ainda em fase inicial na perspectiva de um gestor público. Acrescenta que essa escassez de dados sobre o fenômeno inibe a pesquisa empírica sistemática sobre as semelhanças e diferenças entre gestão pública e privada, deixando o campo para uma mistura de reflexão sobre a experiência pessoal e a especulação.

Para Allison (2002) há certamente um conjunto de funções administrativas gerais adequadas aos dois setores, cabendo aos gestores o desafio de integrá-las apropriadamente.

Entretanto, esse autor destaca, citando Larry Lynn, que um poderoso elemento de prova no debate entre aqueles que enfatizam semelhanças e aqueles que sublinham diferenças é a conclusão quase unânime dos indivíduos que foram gerentes gerais em ambas as áreas, pública e privada: todos eles julgam a gestão pública diferente da privada, e mais difícil!

Em sua revisão sobre o assunto, "gestão pública e privada são diferentes", incluindo estudos sobre as opiniões daqueles gestores e o pensamento de acadêmicos, identificou três listas interessantes que, segundo ele, resumem a situação atual sobre as diferenças entre a gestão pública e a privada: a) uma elaborada por John Dunlop; b) uma por Hal Rainey, Robert Levine Backoff e Charles Levine — grande pesquisa de literatura comparando as organizações públicas e privadas (*Public Administration Review*); e c) uma por Richard E. Neustadt preparada para a National Academy of Public Administration's Panel on Presidential Management; que estão apresentadas a seguir.

a) John T. Dunlop: em minuta não publicada (verão de 1979) aponta os seguintes aspectos como contrastantes entre a gestão pública e a privada: perspectiva de tempo; duração; medição de desempenho; limitações de pessoal; equidade e eficiência; papel da imprensa e da mídia; persuasão e direção; impacto legislativo e judiciário e objetivos.

b) Rainey, Backoff e Levine (1976): após abordarem vários problemas relativos à definição e à classificação de organizações públicas e privadas, recorreram a uma gama considerável de literatura que aborda um número amplo de distinções possíveis entre organizações públicas e privadas e de sua gestão. Esses autores apresentam o consenso de vários autores sobre atributos de uma organização pública, em relação aos de uma privada, dentre outros:

1. Grau de exposição ao mercado: menor exposição do mercado significa menor disponibilidade de indicadores de mercado e informações.
2. Restrições legais e formais (judiciário, legislativo e hierarquia): maior tendência à proliferação de especificações formais e controles.
3. Influências políticas.
4. Complexidade de objetivos, avaliação e critérios de decisão: maior imprecisão e intangibilidade dos objetivos e critérios; maior tendência de metas serem conflitantes; e mais conflitos de escolha — *trade-offs*.
5. Relações de autoridade e o papel do administrador: autoridade mais fraca e fragmentada sobre os subordinados e níveis mais baixos; grande relutância em delegar; mais níveis de revisão; e uma maior utilização da regulamentação formal.
6. Rotatividade mais frequente de líderes devido às eleições e nomeações políticas resulta em maior perturbação da execução dos planos (descontinuidade).
7. Incentivos e estruturas de incentivos: maior dificuldade na elaboração de incentivos para desempenho eficaz e eficiente; menor valorização de incentivos pecuniários pelos empregados.
8. Características pessoais dos trabalhadores: variações no perfil e necessidades, como maior dominação e flexibilidade; menor satisfação com o trabalho e comprometimento organizacional.

Aqueles autores observam que essas importantes distinções entre gestão pública e privada têm implicações para a gestão, tais como:

1. Propósitos, objetivos e planejamento. Gestores públicos podem ter menos flexibilidade e autonomia na definição de objetivos, os obje-

tivos podem ser mais diversos e mais difíceis de especificar, o planejamento pode envolver um conjunto mais complexo de influências e o planejamento de longo prazo pode ser mais difícil.
2. Seleção, gestão e motivação. Pode haver maior dificuldade na capacidade do gestor público para selecionar e controlar subordinados. Ele pode precisar considerar um conjunto diferente de necessidades dos funcionários e problemas de motivação, que também deve ser considerado nas decisões de seleção.
3. Controle e medição dos resultados. Dificuldade de medir resultados, mais dificuldade de atingir resultados e desempenho eficiente.

c) Richard E. Neustadt: aponta seis diferenças entre os presidentes dos Estados Unidos e os *Chief Executive Office* (CEO) (presidentes) de grandes empresas: horizonte temporal; autoridade na organização; sistema de carreira; relações com a mídia; medição do desempenho e implementação.

Motta (2007:92-93) comenta que, após a promulgação da Constituição Federal brasileira de 1988,

> com a redemocratização, a inspiração neoliberal e as referências das inovações oriundas de países mais avançados, os movimentos de reforma procuravam centrar-se nas especificidades das diversas organizações públicas, à semelhança das mudanças na área privada.
> (...) Em grande parte, essas reformas colocavam em causa a própria viabilidade da administração pública como condutora de eficiência ou de eficácia na gestão de serviços e na ação redistributiva. Os novos modelos procuram transformar e introduzir na gestão pública o estilo privado. Ao imitar a gestão privada, as propostas contemporâneas assumem a singularidade do cliente e suas demandas como fundamentais na gestão pública.

Ao referenciar aquele mesmo período pós-Constituição, Pfeiffer (2000), em seus estudos sobre planejamento estratégico, destaca que as diferenças entre as características dos setores público e privado são marcantes e, neste sentido, não recomenda a utilização de métodos ou instrumentos de gestão, sem adaptações, diretamente de um setor para o outro, situação que se aplica quando da implementação da gestão de processos em uma instituição.

O autor considera o caráter político, inerente à administração ou às organizações públicas, um dos maiores desafios a serem superados para uma aplicação adequada do planejamento estratégico.

Para que esse instrumento possa ser aplicado no setor público com tanto êxito como em empresas privadas, algumas condições prévias favoráveis são requeridas, situações essas que se aplicam a qualquer método ou modelo de gestão da iniciativa privada a ser utilizado no setor público: *vontade política, liderança competente, recursos mínimos, sensibilidade social* e *um forte sentido comum*.

Apesar de iniciativas de modernização da gestão pública como as citadas, Motta (2007) ressalta que o personalismo elitista, ainda presente na administração pública brasileira, concorre para o enfraquecimento substancial das organizações, as quais existem em função das pessoas que as dirigem. Enfatiza que a administração pública ainda é dominada por grupos que visam garantir os interesses e a proteção mútua de seus integrantes; que, apesar do progresso em muitas instâncias de governo, as formas de ação obedecem menos a razões técnico-racionais e mais a critérios de loteamento político, provocando, muitas vezes, a descontinuidade de projetos que visam modernizar e profissionalizar as ações e decisões na gestão do setor público.

Pfeiffer (2000) também considera que esse caráter político, inerente à administração pública, pode ser considerado um dos maiores desafios a ser superado para uma aplicação adequada de planejamento estratégico.

Em relação às características de cada setor, Pfeiffer (2000) identificou algumas diferenças significativas entre os setores privado e público que indicam a necessidade de adaptação dos instrumentos de gerenciamento que tem êxito no setor privado ao serem utilizados no setor público, conforme demonstrado no quadro 1.

Boyne (2002), ao revisar os argumentos teóricos sobre as diferenças entre empresas privadas e órgãos públicos, também observa que a adoção de modelos do setor privado tem sido vista com muito ceticismo nas literaturas sobre administração e gestão pública. E que, em suma, as organizações públicas e privadas são consideradas amplamente diferentes em uma variedade de aspectos importantes e que essas diferenças agem como barreiras à transferência de técnicas de gestão do setor privado ao setor público.

Quadro 1
Características de organizações dos setores público e privado

| Característica | Setor privado | Setor público |
|---|---|---|
| Missão | Limitada (a determinados produtos e/ou serviços) e definida pela direção ou pelos proprietários | Baseada na missão e na análise do ambiente e coerente com as próprias possibilidades |
| Visão | Baseada na missão e na análise do ambiente e coerente com as próprias possibilidades | Determinada pela política, ampla e não específica e muitas vezes incoerente com os recursos disponíveis |
| Organização | Funcional, linhas claras de decisão e relativamente simples | Parcialmente funcional, superposição de funções, política e complexa |
| Clientela | Limitada ao campo de operação da empresa e relação definida por meio de compra ou contrato | Ampla e diversificada, relações mal definidas e "cliente" não visto como tal |
| Propósito de atuação | Realizar lucro e cumprir missão | Servir ao público e à política informalmente |
| Forma de atuação | Tem de ser eficiente e dinâmica | Não precisa ser eficiente e geralmente lenta e burocrática |

Fonte: Pfeiffer (2000:11).

As principais hipóteses de contrastes entre organizações públicas e privadas citadas por Boyne são as seguintes:
1. Meio ambiente: as organizações públicas estão mais abertas a influências ambientais; seu ambiente é menos estável; e os gestores públicos enfrentam pressões competitivas menos intensas.
2. Objetivos: os gestores públicos são obrigados a exercer um maior número de objetivos e os objetivos dos órgãos públicos são mais vagos.
3. Estruturas: mais burocracia na tomada de decisões pelas organizações públicas e os gerentes de agências públicas têm menos autonomia em relação aos órgãos superiores.
4. Valores: os gestores do setor público são menos materialistas e mais motivados a servir o interesse público, porém têm comprometimento organizacional mais fraco.

Boyne (2002) conclui que a visão dominante em políticas públicas e na literatura da administração é que as organizações públicas e privadas são tão diferentes que as técnicas de gestão não podem ser exportadas com sucesso de um setor para outro, em função de diferenças em ambientes organizacionais, objetivos, estruturas e valores de gestão. Essas variáveis representam um conjunto de contingências que exigem abordagens diferentes para a gestão em órgãos públicos e empresas privadas.

Zwicker, Fettke e Loos (2010) afirmam, ao abordarem as especificidades da gestão de processos na administração pública, que os princípios burocráticos das ações administrativas que afetam diretamente processos de governo constituem as principais diferenças entre a administração pública e a privada.

Em sua opinião, as características de maior contraste entre o setor público e o privado são: objetivo; legalidade das ações; controle; posição de mercado; estrutura organizacional; requisitos de documentação; segmento de clientes; e gama de produtos.

## 4. Gestão de processos nos setores público e privado

As considerações anteriores cotejando as especificidades de organizações públicas e privadas trazem, certamente, implicações sobre a adequação e o uso de instrumentos e modelos de gestão. Assim, a adequada utilização da gestão de processos no setor público impõe que sejam ponderadas as características e especificidades desse setor para que esse instrumental tenha possibilidade de alcançar sucesso e efetividade.

Independente das características de cada setor (público e privado), a função básica da gestão de processos é implementar melhorias que tornem os processos organizacionais mais efetivos, contribuindo para o alcance dos objetivos da organização e o atendimento das necessidades dos interessados. Entretanto, conforme observado por Paim e colaboradores (2009), as origens conceituais da gestão de processos fazem parte das tradições da engenharia de produção, revelando que essa "forma de gerir" foi inicialmente concebida com foco no setor privado.

Zwicker, Fettke e Loos (2010), ao abordarem as especificidades da gestão de processos na administração pública, afirmam que os princípios burocráticos das ações administrativas que afetam diretamente processos de governo constituem as principais diferenças entre a administração pública e a privada. Avaliam que uma ação economicamente ineficiente não pode ser vista como déficit na gestão ou no cumprimento de tarefas públicas, pois as ações e os serviços públicos são definidos pela integração entre os objetivos políticos e a legislação (ex.: leis, normas, regulamentos). Além disso, na implementação e melhorias nos processos do governo para a produção e prestação de serviços públicos, devem ser observadas as intenções específicas (de uma política pública, por exemplo), a legislação aplicável e o bem-estar social. Concluem que as especificidades das organizações públicas parecem influenciar a implementação de BPM em seu âmbito e continuam a discussão do tema com base em seis fatores de BPM que consideram fundamentais, quais sejam: alinhamento estratégico, governança, métodos, tecnologia da informação, pessoas e cultura.

Miranda, Macieira e Paim (2004) ressaltam alguns aspectos da gestão pública que podem contribuir para o insucesso da implementação efetiva da gestão de processos nas organizações do setor público.

Os autores afirmam que a máquina administrativa pública é notoriamente caracterizada como ineficiente e de baixa capacidade para agregar valor à sociedade devido à própria essência burocrática de seus processos, o que dificulta a identificação de problemas e, consequentemente, restringe a implantação de melhorias. Acrescentam, ainda, que o ambiente político marcado por conflitos e *trade offs* partidários promove grande instabilidade. Na visão daqueles autores, qualquer ação de reforma administrativa é complexa, pois promove uma grande ruptura de paradigmas.

Para que tais problemas sejam minimizados e potencializados os resultados obtidos é fundamental que, antes do início efetivo do projeto, sejam definidas diretrizes estratégicas para orientar o processo de tomada de decisão ao longo da modernização.

## 5. Metodologia e resultados da pesquisa

A fim de verificar de que forma as especificidades das organizações públicas influenciam a implementação da gestão de processos, a metodologia do estudo contemplou pesquisas bibliográfica e de campo. Esta última foi baseada na aplicação de entrevistas estruturadas, cujo roteiro foi composto por uma sequência de perguntas abertas predeterminadas, construídas a partir do exame do referencial bibliográfico (Hair et al., 2005).

O universo da pesquisa foram organizações públicas brasileiras, mais especificamente, da administração pública direta federal, tendo como sujeitos profissionais, especialistas com reconhecidos conhecimento e experiência na implementação da gestão de processos em organizações públicas e privadas, especialmente nas organizações da administração pública direta federal. Esses entrevistados foram escolhidos com base nos seguintes critérios: destaque no mundo acadêmico e/ou nos quadros de empresas ou instituições que atuam com gestão de processos ou em consultorias nessa área; e profissionais com certificação internacional em processos,[2] que exige, dentre outros requisitos, quatro anos de experiência profissional em gerenciamento, controle, transformação ou melhoria de processos. Assim, teve-se o cuidado de selecionar indivíduos representativos de seu grupo social.

A pesquisa foi realizada no período entre janeiro e março de 2011, o roteiro da entrevista foi disponibilizado previamente aos entrevistados e a coleta de dados foi efetuada de três formas, a critério do entrevistado: pessoalmente, conversa por computador (*skype*) e um dos entrevistados optou por responder a entrevista por escrito — cujas respostas, após análise, foram objeto de equalização *in loco* entre entrevistado e entrevistadora.

As entrevistas foram gravadas com o consentimento dos especialistas. Na sequência, as informações obtidas foram transcritas e submetidas aos entrevistados, via e-mail, para sua manifestação, em caso de necessidade de ajustes, no intuito de atribuir maior fidedignidade possível ao registro das suas percepções, buscando minimizar limitações do método — a dificuldade de comunicação entre entrevistado e entrevistador e eventuais esquecimentos por parte do entrevistado.

Devido à natureza da pesquisa, aos meios e métodos utilizados para a obtenção das informações de suporte ao estudo, o tratamento e a análise dos dados coletados tiveram conotação qualitativa. "A análise qualitativa é aquela em que a lógica e a coerência da argumentação não são baseadas simplesmente em relações estatísticas entre variáveis (...).

---

2. Maiores informações: <www.abpmp-br.org>.

Esse tipo de análise tem por base conhecimentos teóricos-empíricos que permitem atribuir-lhe cientificidade" (Vieira e Zouain, 2006:17).

Ao total, foram obtidas oito entrevistas, processo interrompido ao se observar o que, segundo Thiry-Cherques (2009), se chama saturação, ou seja, o momento em que o acréscimo de dados e informações em uma pesquisa não altera a compreensão do fenômeno estudado.

Para responder à pergunta da pesquisa — identificar fatores e características específicas das organizações públicas que interferem na implementação da gestão de processos nessas instituições e entender como acontece tal interferência —, analisou-se a opinião dos especialistas entrevistados, à luz das informações obtidas na revisão bibliográfica.

Após a análise integrada das respostas dos especialistas entrevistados, consolidaram-se, no quadro 2, as principais especificidades ou características das organizações públicas que, na opinião desses, interferem na implementação da gestão de processos em seu âmbito.

Durante as entrevistas, os especialistas destacaram que essas características estão presentes nas organizações públicas, porém que iniciativas já são percebidas no setor público com o intuito de resolver os eventuais problemas dessa implementação. Assim, as informações a seguir consolidadas devem ser analisadas com precaução, considerando a possibilidade de existirem exceções.

A partir dessas especificidades, realizou-se uma análise global dos dados obtidos neste estudo em face do seu objetivo. Com base nessa análise foram consolidadas as ideias que, segundo a percepção dos sujeitos deste estudo, permitem identificar de que forma as especificidades das organizações públicas influenciam a implementação da gestão de processos nessas instituições e que estão apresentadas a seguir.

*a. Falta de maturidade das organizações públicas, relacionada à medição de resultados e ao acompanhamento do desempenho.* Segundo os entrevistados, o resultado do processo de medição nas administrações públicas é difícil porque não existem indicadores geralmente aceitos ou o acompanhamento do desempenho não é desejado pelos servidores e, até mesmo, pelos gestores públicos. Medidas elaboradas para o setor privado não são suficientes, já que visam à maximização do lucro de uma organização e não consideram a maximização do bem-estar. Essa

Quadro 2
Consolidação das especificidades das organizações públicas que influenciam a implementação da gestão de processos

| Especificidades das organizações públicas que influenciam a implementação da gestão de processos, segundo os entrevistados | Autores do referencial teórico que também apontaram tais especificidades |
|---|---|
| a. Falta de maturidade relacionada à medição de resultados e acompanhamento do desempenho | Dunlop apud Allison (2002); Rainey, Backoff e Levine (1976); Neustadt apud Allison (2002). |
| b. Perfil e postura dos servidores — menor comprometimento do que no setor privado | Rainey, Backoff e Levine (1976); Pfeiffer (2000); Boyne (2002); Zwicker, Fettke, Loos (2010). |
| c. Interferências políticas — descontinuidade e instabilidade na gestão | Dunlop apud Allison (2002); Boyne (2002); Rainey, Backoff e Levine (1976); Neustadt apud Allison (2002); Pfeiffer (2000); Motta (2007); Miranda, Macieira e Paim (2004). |
| d. Documentação, controle e burocracia excessivos | Boyne (2002); Zwicker, Fettke e Loos (2010). |
| e. Falta de mecanismos de recompensa e reconhecimento dos esforços pessoais para melhoria dos processos | Rainey, Backoff e Levine (1976); Boyne (2002). |
| f. Estabilidade dos servidores | Rainey, Backoff e Levine (1976); John T. Dunlop apud Allison (2002). |
| g. Falta de avaliação de desempenho criteriosa dos servidores | Richard E. Neustadt apud Allison (2002). |

Fonte: Respostas dos especialistas entrevistados e referencial teórico.

falta de maturidade impacta diversos fatores cruciais para que a implementação da gestão de processos nas organizações públicas tenha sucesso, quais sejam:

- inviabiliza a tangibilização dos resultados decorrentes da adoção da gestão de processos. Como consequência, a quebra das barreiras culturais em relação à mudança dos processos fica prejudicada, pois não há como evidenciar os ganhos reais oriundos dessa gestão. É necessário que as pessoas entendam que medir desempenho objetiva melhorar processos continuamente, não é para ser usado como forma de punição.
- pessoas desmotivadas inviabilizam a gestão de processos. Então é necessário motivá-las. A percepção dos ganhos é um motivador, por-

tanto os ganhos devem ser medidos, explicitados e divulgados para toda a organização. Sem que isso ocorra, as pessoas não perceberão os ganhos que podem obter com a gestão de processos, dificultando sobremaneira a possibilidade de cooptá-las para a implementação da gestão de processos.
- as melhorias contínuas não têm espaço para acontecer, pois o fluxo DEFINIR — CONTROLAR — MEDIR — MELHORAR não tem como acontecer. Sem medir não há como gerenciar, a gestão de processos não é implementada efetivamente.

*b. Perfil e postura dos servidores — menor comprometimento do que no setor privado.* Os especialistas entrevistados consideram que o próprio perfil das pessoas que buscam o serviço público, influenciadas até mesmo por outras características das organizações públicas (ex.: estabilidade, falta de mecanismos de reconhecimento e recompensa), é mais passivo. Os servidores públicos, de maneira geral, possuem um perfil mais voltado para a valorização da sua qualidade de vida, com menos estresse e padronização do horário de trabalho. Assim, a estabilidade, característica marcante do serviço público, aliada à falta de uma avaliação de desempenho criteriosa e mais objetiva dos servidores públicos e de mecanismos de reconhecimento e recompensa, contribui para que haja uma postura menos comprometida dos servidores das organizações públicas, que pode até inviabilizar a implementação da gestão de processos. As discussões da equipe podem não revelar desde o funcionamento do próprio processo, pelo medo de uma perda do domínio sobre ele, até não revelar as oportunidades de melhorias, que são o principal objetivo da gestão de processos.

Portanto, essas especificidades influenciam na implementação efetiva da gestão de processos, podendo destruir qualquer possibilidade de sucesso, pois "pessoas comprometidas" e "capacitação e sensibilização das pessoas, mudança cultural" são consideradas, na opinião unânime dos oito especialistas entrevistados, os principais fatores de sucesso para uma implementação efetiva da gestão de processos nas organizações.

*c. Interferências políticas — descontinuidade e instabilidade na gestão.* Na opinião unânime dos especialistas entrevistados, a influência política gera descontinuidade na gestão — troca de gestores que agirão em prol de interesses partidários e alianças políticas. O segmento político destaca-se pela necessidade primordial de registrar feitos próprios que permitam sua continuidade no poder, em detrimento, muitas vezes, de projetos que busquem prioritariamente a melhoria do serviço público e o bem-estar da sociedade. Nesse caso, muitos projetos são descontinuados, a gestão de processos acaba sendo deixada para trás. Essa descontinuidade na gestão e troca de governo em prazos curtos (quatro anos) também faz com que o corpo executivo trabalhe com prazos menores, às vezes menores do que o necessário, para ver resultados antes da nova troca de governo, por causa de eleições, o que pode prejudicar o ciclo da gestão de processos, desde a identificação da situação atual (*as is*) até a definição das melhorias e do processo "ideal" (*to be*) e que se obtenham resultados efetivos com a gestão de processos. Portanto, quando etapas são omitidas, essa efetividade é prejudicada. Outro impacto dessa descontinuidade é o desgaste da imagem da iniciativa de gestão de processos nas organizações, gerando descrédito dos servidores, interferindo ainda negativamente na motivação das pessoas.

*d. Documentação, controle e burocracia excessivos.* De acordo com os especialistas entrevistados, essa característica de as organizações públicas atuarem de forma mais lenta e burocrática (distorção da burocracia), com foco no processo em si e na sua documentação, em controles excessivos, mais em regras do que em resultados, e limitada pela legislação de forma mais marcante do que o setor privado, vai de encontro a um dos principais objetivos da gestão de processos, que, segundo o GesPública, é atribuir mais agilidade aos processos, promovendo melhorias contínuas, interferindo na implementação efetiva da gestão de processos, de forma a inviabilizar a execução ágil e efetiva das melhorias identificadas, podendo, inclusive, criar mais controles do que os realmente necessários.

*e. Falta de mecanismos de recompensa e reconhecimento dos esforços pessoais para melhoria dos processos.* Segundo os especialistas entrevistados, essa ausência, no setor público, de mecanismos efetivos de reconhecimento dos esforços pessoais para melhoria dos processos interfere sobremaneira na motivação das pessoas. Se o servidor público aderir à gestão de processos, ele não tem reconhecimento, seu valor não aumenta e seu salário também não. Não há recompensas e incentivos (financeiros e outros) para o servidor que se destaque na área.

*f. Estabilidade dos servidores.* Na visão dos sujeitos desta pesquisa, essa estabilidade influencia na implementação da gestão de processos, podendo até inviabilizá-la, pois o servidor, mesmo não incorporando a nova metodologia e as novas tecnologias, não participando e não se comprometendo, permanece intocado, mantém seu *status quo*.

*g. Falta de avaliação de desempenho criteriosa dos servidores nas organizações públicas.* Conforme a opinião dos entrevistados, demissões por "incompetência ou inércia" são raríssimas. Não há gestão por competência e de desempenho, não há indicadores que permitam evidenciar ineficiências, assim, essas ficam encobertas e nada acontece. A efetiva implementação da gestão de processos não acontece, o conhecimento sobre metodologia e ferramentas não é absorvido pelos servidores.

## 6. Conclusão

Neste trabalho, foram identificadas as características específicas de organizações públicas, inicialmente destacadas da literatura e que, na opinião do grupo de especialistas entrevistados, podem interferir na implementação bem-sucedida da gestão de processos em seu âmbito e nas formas de como ocorre tal influência.

Assim, na percepção dos especialistas consultados, a menor maturidade apresentada pelas organizações públicas, relacionada à medição de resultados e ao acompanhamento do desempenho, prejudica a tangibilização dos resultados decorrentes da adoção da gestão de processos. Em consequência, as pessoas envolvidas têm dificuldade em perceber os ganhos que podem dela obter, situação que complica sobremaneira a possibilidade de movimentos de mobilização e o próprio comprometimento para a implementação da gestão de processos.

Além disso, os entrevistados consideram que a postura e o perfil dos servidores públicos, aliados a outras especificidades das organizações públicas — tais como estabilidade na carreira; falta de mecanismos de reconhecimento e recompensa e de avaliação de desempenho criteriosa; cultura de documentação e controle excessivos e disfunções da burocracia; e descontinuidade na gestão devido a influências políticas —, também podem prejudicar o engajamento, a motivação das pessoas para essa gestão e a identificação e implementação de melhorias contínuas nos processos organizacionais, atividades intrínsecas de BPM.

O resultado deste estudo remete a algumas reflexões sobre o tema e permite trazer recomendações sobre a implementação da gestão de processos, e outros instrumentos de gestão, no âmbito do setor público e suas organizações.

Em relação a esse menor comprometimento (apontado pelos especialistas entrevistados e por autores do referencial) das pessoas no setor público em relação aos funcionários do setor privado, há necessidade de analisá-lo num contexto mais amplo, à luz de outras características das organizações públicas — em especial, as brasileiras —, a exemplo da estabilidade dos servidores, falta de mecanismos de reconhecimento e recompensa e de avaliação de desempenho criteriosa, e descontinuidade na gestão devido a influências políticas. Entretanto, é fundamental considerar que uma metodologia adequada é aquela que ajusta as aplicações e os objetivos às características das organizações onde será aplicada, o que permite questionar se as instituições de consultoria que adotam essa metodologia no setor privado estão preparadas para transpô-la para o setor público, ou se está ocorrendo, na prática, uma transposição acrítica ou inadequada dessa metodologia.

Também foi evidenciado, tanto pela opinião dos entrevistados como pela literatura estudada, que a descontinuidade e a instabilidade na gestão, geradas pelas interferências políticas, são características que podem prejudicar ou inviabilizar a implementação efetiva da gestão de processos nas organizações públicas. Qual seria uma solução factível para minimizar o impacto de tal característica nessa implementação? De que forma essa característica poderia ser adequadamente incorporada nas metodologias?

A ausência de mecanismos de recompensa e reconhecimento dos esforços pessoais para a melhoria dos processos nas organizações públicas e a falta de instrumentos objetivos e adequados para avaliação de desempenho dos servidores públicos, apontadas pelos especialistas e autores referenciados, além de não motivar, podem desmotivar os "bons" servidores, pois as avaliações geralmente têm resultados idênticos, não prejudicando nem beneficiando "maus" e "bons" servidores, respectivamente. Assim, é possível que avaliações criteriosas e objetivas, aliadas a mecanismos de recompensa e reconhecimento adequados a essas organizações, contribuam para minimizar as situações apontadas pelos entrevistados e autores e que, sem dúvida, podem interferir negativamente na implementação da gestão de processos nas organizações públicas.

Além disso, baseado nas entrevistas, a estabilidade dos servidores públicos no emprego aliada à falta de mecanismos efetivos de avaliação de desempenho pode eventualmente se refletir em uma postura mais "confortável" dos servidores e impactar negativamente a implementação da gestão de processos. Também aqui, a qualidade dos processos de avaliação e recompensa dos servidores deve ser melhorada e adaptada à natureza das organizações públicas para a reversão desse quadro, fortalecendo a natureza da estabilidade como aliada na conformação de um diferencial motivador do setor público.

Nesse contexto, percebe-se que cada vez mais se torna relevante considerar o servidor público como um *stakeholder* fundamental para a gestão de processos que, além das expectativas de todas as outras partes interessadas (governo, cidadãos etc.), deve ter suas necessidades analisadas e consideradas na busca de uma implementação efetiva de instrumentos de gestão, a exemplo da gestão de processos, quando traduzidas do setor privado para o público. Por certo, boas práticas de gestão estão baseadas fundamentalmente em bons funcionários.

## Referências

ALLISON, Graham. *Public and private management*: are they fundamentally alike in all unimportant respects? In: SHAFRITZ, Jay M.; HYDE, Albert C.; PARKES, Sandra J. (Ed.). *Classics of public administration*. 5. ed. Belmont: Thomson; Wadsworth, 2002.

ABPMP. Association of Business Process Management Professionals. *BPM CBOK*: guia para gerenciamento de processos de negócio — corpo comum de conhecimento. Versão 2.0. Primeira liberação em português, 2009.

BOYNE, George A. Public and private management: what's the difference? *Journal of Management Studies*, v. 39, n. 1, p. 97-122, jan. 2002.

BRASIL. Secretaria de Gestão — Seges. Ministério do Planejamento, Orçamento e Gestão. *Gestão de Processos*. Brasília: 2011. Disponível em: < www.gespublica.gov.br/Tecnologias/pasta.2010-04-26.0851676103/Guia%20de%20Gestao%20de%20 Processos%20de%20Governo.pdf>. Acesso em: 29 out. 2013.

HAIR JR., Joseph F. et. al. *Fundamentos de métodos de pesquisa em administração*. Porto Alegre: Bookman, 2005.

MIRANDA, Thales Ribamar; MACIEIRA, André Rego; PAIM, Rafael. Modernização administrativa em organizações públicas: uma metodologia baseada na melhoria dos processos. In: ENEGEP, XXIV, 2004, Florianópolis. Disponível em: <www.abepro.org.br/biblioteca/ENEGEP2004_Enegep0707_0967.pdf>. Acesso em: 3 nov. 2010.

MOTTA, Paulo Roberto. A modernização da administração pública brasileira nos últimos 40 anos. *Revista de Administração Pública*, Rio de Janeiro, Especial Comemorativa 87-96, 1967-2007, 2007. Disponível em: <www.scielo.br/pdf/rap/v41nspe/a06v41sp.pdf>. Acesso em: 4 out. 2010.

PAIM, Rafael. *As tarefas para gestão de processos*. Tese (doutorado) — Instituto Alberto Luiz Coimbra de Pós-Graduação e Pesquisa de Engenharia, Universidade Federal do Rio de Janeiro, Rio de Janeiro, 2007.

PAIM, Rafael et al. *Gestão de processos*: pensar, agir e aprender. Porto Alegre: Bookman, 2009.

PFEIFFER, Peter. *Planejamento estratégico municipal no Brasil*: uma nova abordagem. Texto para discussão, 37. Brasília: Enap, 2000. Disponível em: <www.enap.gov.br/ index.php?option=content&task=view&id=259>. Acesso em: 6 out. 2010.

RAINEY, Hal G.; BACKOFF, Robert W.; LEVINE, Charles H. Comparing public and private organizations. *Public Administration Review*, v. 36, n. 2, p. 233-244, mar./abr. 1976.

ROSEMANN, Michael; BRUIN, Tonia de; POWER, Brad. *Maturidade de BPM*. 2006. Disponível em: <www.bpm360.com.br>. Acesso em: 4 ago. 2010.

SELLTIZ, Claire et al. *Métodos de pesquisa nas relações sociais*. São Paulo: Herder; Edusp, 1965.

THIRY-CHERQUES, Hermano Roberto. Saturação em pesquisa qualitativa: estimativa empírica de dimensionamento. *PMKT — Revista Brasileira de Pesquisas de Marketing, Opinião e Mídia*, São Paulo, n. 3, p. 20-28, set. 2009.

VIEIRA, Marcelo Milano Falcão; ZOUAIN, Deborah Moraes (Org.). *Pesquisa qualitativa em administração*. 2. ed. Rio de Janeiro: Editora FGV, 2006.

ZWICKER, Jörg; FETTKE, Peter; LOOS, Peter. Business process maturity in public administrations. In: BROCKE, Jan Vom; ROSEMANN, Michael (Ed.). *Handbook on business process management 2*: strategic alignment, governance, people and culture (international handbooks on information systems). Berlin: Springer, 2010. p. 369-400.

Capítulo 3

# A modernização organizacional da criminalística brasileira: uma proposta

Cláudio Jorge da Costa Lima
Deborah Moraes Zouain
José Maria Machado Gomes

> (...) o dever de um perito é dizer a verdade; no entanto, para isso, é necessário: primeiro saber encontrá-la e, depois, querer dizê-la. O primeiro é um problema científico, o segundo é um problema moral.
>
> Nerio Rojas

O presente trabalho versa sobre a perícia oficial brasileira de natureza criminal, mostrando uma análise de sua estrutura: órgãos, agentes, autonomia e denominações, na intenção de alcançar medidas que assegurem a excelência no desempenho dos trabalhos desenvolvidos pelas instituições competentes, consolidando uma proposta de modernização organizacional da criminalística brasileira, levando em consideração a autonomia dessas em cada estado, propondo a unificação das suas denominações e dos respectivos cargos, apresentando um novo organograma, com a finalidade de promover uma administração mais objetiva daqueles órgãos. Na busca deste propósito, este trabalho foi desenvolvido por meio de dois tipos de pesquisa: uma de natureza bibliográfica para o conhecimento da realidade das questões relacionadas, com destaque para a fundamentação de que a atividade pericial de natureza criminal é função do Estado, e outra realizada por intermédio de questionários com presidentes de associações e sindicatos dos peritos oficiais ligados a perícias criminais, buscando obter informações sobre a estrutura atual e opiniões relativas ao modelo ideal de estruturação para os órgãos oficiais de natureza criminal do Brasil.

## 1. Introdução

A questão da segurança é apontada no mundo como um dos principais problemas que afligem a sociedade. O elevado índice de insegurança das populações reflete que a presença do Estado é cada vez mais essencial nessa área.

No Brasil, o problema da insegurança se apresenta de diversas maneiras, mas todas são de um caráter extremamente violento; assim, a segurança pública é uma das principais reivindicações da população atualmente, além de ser um direito fundamental previsto na Constituição Federal de 1988.

O Instituto Brasileiro de Geografia e Estatística (IBGE) divulgou em 2010 a pesquisa *Características da vitimização e do acesso à justiça no Brasil*, a qual apontou que 47,2% das pessoas entrevistadas não se sentem seguras na cidade em que moram, sendo o Pará e o Rio de Janeiro, com 63,1% e 57,7%, respectivamente, os estados que possuem a população com maior índice de insegurança em suas cidades.

O Estado, em conjunto com a sociedade, é o responsável pelo combate e redução da violência e da criminalidade, por meio de políticas públicas de segurança destinadas à "preservação da ordem pública" e à "incolumidade das pessoas e do patrimônio". Mas é preciso a elaboração de políticas públicas eficientes e científicas capazes de combater a violência e suas causas.

Diante de tanta violência, se faz necessário um órgão que dê respostas à sociedade acerca dos inúmeros e diferentes crimes, trazendo à luz seus autores, para que a Justiça possa desempenhar seu papel e, assim, resolver outro problema na área da segurança: a impunidade, que faz com que a sociedade se sinta violada nos seus direitos. Para tanto, a existência dos órgãos de perícia oficial de natureza criminal é obrigatória, posto serem esses a colocar o autor na cena do crime, permitindo que todo o sistema de justiça criminal cumpra com suas funções com certeza e segurança.

Para o desempenho de suas funções de forma eficiente e eficaz, a Perícia Criminal tem de assumir uma postura de independência, o que ocorre quando ela adquire o *status* de autonomia do ponto de vista funcional, administrativo, orçamentário e financeiro.

Quando aliamos este critério a outros dois, como a unificação da denominação dos órgãos da perícia criminal no país, bem como dos seus devidos cargos; e o estabelecimento de um organograma, pensado na intenção de melhor atender as estruturas organizacionais daqueles órgãos, podemos chegar a uma forma de promover a modernização da perícia criminal.

Na Constituição da República Federativa do Brasil de 1988 estão elencados os órgãos que integram o sistema de justiça criminal brasileiro: o Poder Judiciário e o Ministério Público estão definidos, respectivamente, no art. 92, enquanto no art. 144 e parágrafos respectivos estão relacionados os diversos órgãos que compõem a segurança pública brasileira, em todas as suas esferas, definindo expressamente suas atribuições.

A perícia criminal faz parte deste sistema, por meio do Instituto Nacional de Criminalística da Polícia Federal, na esfera federal; e pelos Institutos de Criminalística e Institutos Médico-Legais na esfera estadual e no Distrito Federal.

Mas a perícia criminal, função exclusiva do Estado, assegurando assim sua imparcialidade, mesmo após a Constituição de 1988, continuou vinculada à Polícia Civil, não sendo contemplada com a autonomia funcional, administrativa, orçamentária e financeira, o que gera sérios e diferentes problemas de natureza estrutural; assim, a partir da promulgação da citada Constituição e das constituições estaduais, se observa no país um forte movimento de desvinculação dos órgãos de perícias do universo da Polícia Civil.

A partir de 1988, em alguns estados, alguns órgãos de perícia criminal vêm conquistando diferentes graus de autonomia, com suas desvinculações da Polícia Civil, mantendo-se, em sua maioria, vinculados à estrutura organizacional da Segurança Pública dos estados, com exceção do estado do Amapá, onde o órgão de perícia oficial de natureza criminal se encontra diretamente vinculado ao gabinete do governador, conforme determina a Constituição daquele estado.

Esse fato alavancou no país um crescente movimento com a finalidade de alcançar a autonomia da perícia oficial, o qual tomou força com o apoio de várias entidades como a Ordem dos Advogados do Brasil (OAB), a Comissão dos Direitos Humanos, a Anistia Internacional e Plano Nacional de Segurança Pública de 2003.

E assim ressaltamos que a autonomia da perícia oficial de natureza criminal relacionada à Polícia Civil é hoje uma necessidade reconhecida por amplos setores da sociedade brasileira. No final da década de 1980, os peritos oficiais de natureza criminal: brasileiros, peritos criminais e peritos médicos legistas, abriram amplo debate público em todo o país a respeito da autonomia dos institutos de perícia, por intermédio da Associação Brasileira de Criminalística e da Associação Brasileira de Medicina Legal, bem como, também, das associações estaduais de criminalística e de medicina legal, assim como o fizeram outros setores da sociedade naquele momento. A partir de então, começaram a se disseminar por todo o Brasil os debates a respeito da questão da modernização da perícia oficial de natureza criminal.

## 2. Objetivo e justificativa

O objetivo geral foi realizar um estudo bibliográfico e de pesquisa (questionário fechado) para determinar a modernização da perícia criminal no Brasil, por meio da autonomia de seus órgãos, da unificação das denominações dos mesmos, dos cargos e da construção de novo modelo de organograma, para a conquista de uma administração mais objetiva, com os seguintes objetivos específicos:
   a) Oferecer subsídios na intenção de garantir a autonomia administrativa, funcional, orçamentária e financeira dos órgãos de perícia oficial de natureza criminal;
   b) Oferecer subsídios para a padronização das denominações dos órgãos oficiais de natureza criminal e dos cargos respectivos;
   c) Oferecer subsídios para a adoção de um novo modelo organizacional, baseado na implementação de um novo organograma.

Assim, este trabalho justificou-se por buscar melhorias que poderão contribuir para o desempenho evolutivo na trajetória da criminalística brasileira, tornando mais céleres os procedimentos adotados para o melhor desempenho, por meio de subsídios que ofereçam para a modernização da estrutura dos órgãos de perícia oficial de natureza criminal, abordando a questão da autonomia e denominações que tratam daqueles órgãos no Brasil, oferecendo ainda uma proposta de reestruturação física na construção de um novo modelo, baseado em um novo organograma; contribuindo assim, de forma real, não só para o bem--estar da população, que é a verdadeira usuária dos sistemas públicos de segurança, como, também, para atender suas reivindicações.

## 3. Evolução histórica da criminalística

Foi no Egito e na Grécia que surgiram os primeiros sinais de perícia, mas o criador do termo "criminalística" foi Hans Gross, advogado, nascido em 1847 em Graz, na Áustria, onde no final do século XIX e início do XX fundou o primeiro Instituto de Criminologia do mundo na Universidade de Graz, criando e editando ainda a revista *Archiv for Kriminal Anthropologie*, que circulou por mais de 100 anos.

Ao longo dos anos fica estabelecido que a criminalística tem a finalidade precípua de determinar as circunstâncias do delito e segue o seguinte questionamento: "como?", "por quê?", "quem?", "que instrumentos foram utilizados?", "onde?", "quando?", se utilizando de técnicas, procedimentos e ciências que estabelecem a verdade jurídica acerca do ato criminal.

No Brasil, a perícia oficial de natureza criminal nasceu com a necessidade de realização dos exames médico-legais, sendo uma função exclusivamente estatal, tanto no aspecto processual, como no administrativo. É uma das provas admitidas na legislação brasileira, sendo regulada pelo Código de Processo Penal, no qual o art. 158 determina que "Quando a infração deixar vestígios, será indispensável o exame de corpo de delito, direto ou indireto, não podendo supri-lo a confissão do acusado".

> (...) Exame realizado por técnico ou pessoa de comprovada aptidão e idoneidade profissional, para verificar e esclarecer um fato, ou estado ou a

estimação da coisa que é objeto de litígio ou de processo, que com um deles tenha relação ou dependência, a fim de concretizar uma prova ou oferecer o elemento de que necessita a justiça para poder julgar. No crime, a perícia obedece às normas estabelecidas pelo Código de Processo Penal (arts. 158 e seguintes), devendo ser efetuada o mais breve possível, antes que desapareçam os vestígios (...). (Araújo, 2004:76)

O primeiro órgão de criminalística surgiu, em janeiro de 1933, no Rio de Janeiro (capital do país naquela ocasião), quando o professor Leonildo Ribeiro, eminente mestre da medicina legal, transforma o Gabinete de Identificação do Rio de Janeiro em Instituto, criando o Laboratório de Polícia Técnica e Antropologia Criminal.

Assim é que a "criminalística", termo oriundo da Escola Alemã, se instala no Brasil, nascendo da necessidade de realizar os exames de corpo de delito e necroscópicos nos estados brasileiros.

## 4. Conceitos

A criminalística é uma ciência com regras técnico-científicas específicas e próprias, com o objetivo de elucidar o delito, constatar como aconteceu o fato, identificar o criminoso e materializá-lo por meio do laudo pericial. Para isso, se utiliza também dos conhecimentos científicos de várias outras áreas do conhecimento humano.

Para Hans Gross, citado por Celito Cordioli,[1]

> o termo Criminalística passou a expressar todas as atividades, métodos e técnicas científicas aplicadas com a finalidade de encontrar, recolher e analisar os vestígios sensíveis deixados pela ação delituosa, na busca da prova da prática do delito e de sua autoria, estando aí incluída a Medicina Legal, no que tange à parte criminal, sendo esta responsável pelos exames dos vestígios da ação delituosa deixados na pessoa, no corpo humano, quer ele esteja vivo ou morto e, neste caso, não importando há quanto tempo.

---

1. Disponível em: <www.espindula.com.br/?p=publicacao&categoria=1&cod=14>.

Para Espíndula (2002:78), "a perícia criminal é aquela que trata das infrações penais, onde o Estado assume a defesa do cidadão em nome da sociedade" por meio dos seguintes institutos: o de Criminalística e o Médico-Legal, os quais integram o sistema de justiça criminal brasileiro e são responsáveis pela perícia oficial brasileira de natureza criminal na busca da verdade, da materialidade e da autoria de uma infração penal. É realizada na esfera federal pela Polícia Federal, enquanto nos estados é realizada pelo Instituto de Criminalística e pelo Instituto Médico-Legal.

Segundo Eraldo Rabelo, citado por Alberi Espíndula (2002:3), o local de crime "constitui um livro extremamente frágil e delicado, cujas páginas, por terem a consistência de poeira, desfazem-se, não raro, ao simples toque de mãos imprudentes, inábeis ou negligentes, perdendo-se desse modo, para sempre, os dados preciosos que ocultavam à espera da argúcia dos peritos".

O exame de corpo de delito — como ensina Guilherme de Souza Nacci (2008:383) — "é a verificação da prova da existência do crime, feita por peritos, diretamente, ou por intermédio de outras evidências, quando os vestígios, ainda que materiais, desaparecerem"; ou seja, é a investigação, observação, análise, apreciação ou pesquisa realizada por perito oficial de natureza criminal, e a sua falta provocará a nulidade do processo, conforme o art. 564, III, b, do Código de Processo Penal.

De acordo com Amora (2008:537), perito é "aquele que é experimentado ou prático em determinado assunto". O perito oficial pode ser tanto o perito criminal, como o perito médico-legista; é o profissional, aprovado em concurso público, responsável pela realização da perícia oficial brasileira de natureza criminal, conforme o art. 159, do Código de Processo Penal.

A materialização do exame de corpo de delito é realizada pelo laudo pericial, que é uma peça escrita em que o perito oficial descreve, de forma mais objetiva possível, seus estudos, observações e pesquisas a respeito da perícia realizada; e responde aos quesitos apresentados pelo juiz, Ministério Público, assistente de acusação, ofendido, querelante e acusado, tendo o legislador fixado no Código de Processo Penal o prazo máximo de 10 dias para o perito oficial elaborar o laudo pericial.

Por tudo isto, a investigação realizada pelo perito oficial é científica, baseada, única e exclusivamente, no levantamento de provas materiais, por meio de técnicas forenses; ao contrário da policial, a qual é repressiva e busca a verdade dos fatos nas provas testemunhais e nas confissões, por meio de técnicas policiais.

## 5. Legislação

A legalidade da perícia oficial de natureza criminal no Brasil é assegurada pela Lei nº 12.030, de 17 de setembro de 2009, que dispõe sobre as perícias oficiais e dá outras providências; e está regulamentada pelo Código de Processo Penal (CPP), Decreto-Lei nº 3.689, de 3 de outubro de 1941, o qual normatiza os requisitos e os procedimentos da atividade pericial, tanto processual como administrativa.

O Código de Processo Penal, título VII — Da Prova, admite entre as provas o exame de corpo de delito, e das perícias em geral; e, em princípio, todas as provas têm o mesmo valor probatório, portanto, não há hierarquia entre elas, mas, na prática e pela leitura do Código, a prova pericial se destaca pelo seu aspecto científico.

A prova pericial é considerada indispensável pelo Código de Processo Penal quando o crime ou a contravenção deixar vestígios, ou seja, a autoridade não tem a discricionariedade em requisitar ou não o exame de corpo de delito, mesmo com a confissão do acusado, podendo inclusive ser feito em qualquer hora e dia.

O exame de corpo de delito deverá ser requisitado pelo delegado de Polícia Civil: "logo que tiver conhecimento da prática da infração penal, a autoridade policial deverá determinar, se for o caso, que se proceda a exame de corpo de delito e a quaisquer outras perícias" (art. 6º, VI, do CPP). E, ainda, pelo promotor de Justiça e juiz.

Pelo art. 159, Código de Processo Penal: "O exame de corpo de delito e outras perícias serão realizados por Perito Oficial de Natureza Criminal, portador de diploma de curso superior", ou seja, o perito criminal e o perito médico-legista.

E, ainda, trata de assuntos como: isolamento e preservação do local de crime, laudo pericial, autópsia, exumação, exame complementar, novo exame, avaliação de coisas, prazos, nulidade processual e perícias em laboratórios, incêndio, grafia e documentos.

## 6. Sistema de justiça criminal

O sistema de justiça criminal é aquele que garante ao cidadão o devido processo legal, desde a apuração pelo Estado da existência, autoria e materialidade de um crime ou de uma infração penal, até a decisão judicial, por meio dos órgãos da segurança pública, do Ministério Público e do Poder Judiciário. Trata-se de um sistema cuja atuação dos órgãos envolvidos deve se complementar para que haja um resultado prático e efetivo em favor da população destinatária. Dessa forma, torna-se evidente que eventuais falhas ou omissões de alguns dos entes integrantes comprometerão todo o sistema e os resultados almejados.

A segurança pública é uma atividade pertinente aos órgãos estatais e à comunidade como um todo, realizada com o fito de proteger a cidadania, prevenindo e controlando manifestações da criminalidade e da violência, efetivas ou potenciais, garantindo o exercício pleno da cidadania nos limites da lei.[2]

A Constituição brasileira de 1988, art. 144, define que "a segurança pública, dever do Estado, direito e responsabilidade de todos, é exercida para a preservação da ordem pública e da incolumidade das pessoas e do patrimônio (...)"; portanto, a segurança pública, em seu contexto constitucional, está relacionada à manutenção da ordem pública, sendo dever do Estado, direito de cidadania e responsabilidade de todos.

Nesse sentido, o conceito de segurança pública

> (...) consiste numa situação de preservação ou restabelecimento dessa convivência social que permite que todos gozem de seus direitos e exerçam suas atividades sem perturbação de outrem, salvo nos limites de gozo e reivindicação de seus próprios direitos e defesa de seus legítimos interesses (...). (Silva, 1993:658)

Assim, conforme o texto constitucional e na condição de dever do Estado, são órgãos responsáveis pela preservação da ordem pública e da incolumidade das pessoas e do patrimônio, ou seja, da segurança pública, na União: Polícia Federal, Polícia Rodoviária Federal, Polícia

---

2. Ministério da Justiça. Disponível em: <http://www.mj.gov.br>.

Ferroviária Federal, enquanto nos estados: Polícias Civis, Polícias Militares, Corpos de Bombeiros Militares.

Fazem parte também dos órgãos de segurança pública: o Instituto Nacional de Criminalística da Polícia Federal e os Institutos de Criminalística e Institutos Médico-Legais dos estados e Distrito Federal, responsáveis pela prova pericial de natureza criminal, indispensável nos crimes que deixam vestígio.

Já o Ministério Público é definido no art. 127 da Constituição Federal como uma "(...) instituição permanente, essencial à função jurisdicional do Estado, incumbindo-lhe a defesa da ordem jurídica, do regime democrático e dos interesses sociais e individuais indisponíveis", fixando, dentre suas funções institucionais (art. 129), a promoção privativa da ação penal pública; o zelo pelo efetivo respeito dos poderes públicos e dos serviços de relevância pública aos direitos assegurados na Constituição, promovendo as medidas necessárias a sua garantia, o exercício do controle externo da atividade policial, na forma da lei complementar, podendo requisitar diligências investigatórias, e a instauração de inquérito policial e o exercício de outras funções que lhe forem conferidas, desde que compatíveis com sua finalidade.

O Poder Judiciário também está inserido no sistema de segurança pública, e suas decisões acabam por impactá-lo. A Constituição Federal define no art. 92 que são órgãos do Poder Judiciário: Supremo Tribunal Federal, Conselho Nacional de Justiça, Superior Tribunal de Justiça, Tribunais Regionais Federais e juízes federais, tribunais e juízes do trabalho, tribunais e juízes eleitorais, tribunais e juízes militares, tribunais e juízes dos estados e do Distrito Federal e territórios.

E, dentre as competências do Poder Judiciário, está a jurisdição criminal, notadamente através do julgamento das ações penais públicas ou privadas, e decisões em sede de *habeas corpus*, ou de pedidos de liberdade provisória, ou de decretação de prisão temporária ou preventiva, que também influenciam na logística do sistema de segurança pública, conforme estabelecido na Constituição Federal.

## 7. Criminalística — autonomia

No entanto, notamos que o legislador constitucional não incluiu os institutos periciais entre os órgãos responsáveis pela segurança pública na Constituição Federal de 1988, mantendo-os estruturados e subordinados, administrativa, técnica e financeiramente, à Polícia Federal e às polícias civis estaduais e do Distrito Federal.

Em vista disso, os peritos oficiais iniciaram uma mobilização em defesa da autonomia administrativa e financeira destes institutos, coordenados pela Associação Brasileira de Criminalística (ABC), e obtiveram apoio de diversas organizações governamentais e não governamentais.[3]

Desta forma, os órgãos periciais começaram a passar por um processo de desvinculação das estruturas das polícias civis estaduais. Porém, não ocorreu uma padronização do grau de autonomia e da nomenclatura, tanto dos cargos, como dos novos órgãos estaduais.

Então o que se viu foi uma diversidade de nomes dos órgãos periciais, como: Polícia Técnico-Científica do Amapá, Instituto Geral de Perícias no Rio Grande do Sul, Perícia Oficial e Identificação Técnica do Estado de Mato Grosso, Departamento de Polícia Técnica da Bahia, Polícia Científica do Paraná, dentre outros.

No estado do Pará, diferentemente do que ocorreu em outros estados brasileiros, o Centro de Perícias Científicas "Renato Chaves" foi o único órgão pericial criado no modelo de autarquia, com autonomia administrativa e técnica (uma vez que os cargos de direção geral e da área da criminalística e da medicina-legal são ocupados pelos próprios peritos oficiais) e, também, financeira e patrimonial, pois o órgão passou a integrar o orçamento público estadual como unidade gestora.

---

3. Todo este apoio está consubstanciado nos pareceres, ofícios e relatórios arquivados na ABC, como os pareceres e ofícios: Consultoria Legislativa do Senado Federal (Estudo nº 030 de 1998), Ordem dos Advogados do Brasil — OAB (1989), Associação dos Juízes do Rio Grande do Sul — Ajuris (1989), Conselho Federal da Ordem dos Advogados do Brasil (Ata da 1630ª Sessão do CF-OAB 1991), II Encontro Nacional das Comissões de Direitos Humanos da Ordem dos Advogados do Brasil (1996), Programa Nacional de Direitos Humanos — PNDH — Presidência da República do Brasil (1996), "International Secretariat" da Anistia Internacional (1996), Associação dos Magistrados do Distrito Federal e Territórios — Amagis-DF (1996), Procuradoria Federal dos Direitos do Cidadão — Ministério Público Federal (1996), presidente do Supremo Tribunal Federal, ministro Sepúlveda Pertence (1996), "I Jornada sobre Autonomia das Perícias" — Câmara Legislativa do Distrito Federal (1996), "I Jornada Nacional sobre Autonomia da Perícia Oficial — Câmara dos Deputados (1996).

No Brasil, cabe à Autoridade Policial requisitar a realização do Exame de Corpo de Delito e outros exames que julgar necessários ao Diretor do Órgão Coordenador das Perícias Criminais e não diretamente ao perito, deixando clara a inexistência de subordinação hierárquica do perito à autoridade requisitante. (<http://www.facape.br/socrates/Trabalhos/A_Importancia_da_Pericia_Contabil.htm>)

Podemos observar que a atenção do governo federal para com o processo de desenvolvimento dessa área é recente, e ainda é insuficiente no que tange à estrutura dos órgãos de perícia oficial de natureza criminal. Assim, muitos recursos necessários para desenvolver atividades, cujo desempenho acompanha uma constante evolução tecnológica, não são devidamente alocados, prejudicando, muitas vezes, a sociedade, a qual anseia os referidos serviços como direito assegurado na Constituição.

Com uma perícia autônoma e eficiente, em parceria com uma polícia judiciária reestruturada e fortalecida, a sociedade certamente usufruirá de uma justiça mais célere e eficiente para a redução da impunidade.

## 8. Metodologia

Com o escopo de contribuir para a administração do sistema de justiça criminal brasileiro, principalmente na área da segurança pública, e conseguir as respostas para o objetivo final desta pesquisa, este trabalho analisou a estrutura atual da perícia oficial brasileira de natureza criminal; e, por meio das associações de peritos oficiais, identificou as ideias da classe pericial para o futuro da criminalística nacional.

O tipo de pesquisa realizada foi quanto aos fins, por meio da pesquisa descritiva, pois buscou relacionar as estruturas atuais da perícia oficial brasileira de natureza criminal com as perspectivas da classe pericial e a sua importância para o sistema de justiça criminal; como também da pesquisa explicativa, pois buscou identificar e demonstrar quais as contribuições e consequências para a perícia oficial brasileira de natureza criminal decorrentes dessas mudanças.

E, também, quanto aos meios, pela pesquisa bibliográfica, mediante o estudo de material publicado de fontes primárias e secundárias, como: livros, revistas, jornais, periódicos técnicos e material disponível na internet, e, também, por pesquisa de campo, pela investigação junto às associações de peritos oficiais brasileiros de natureza criminal, mediante questionário.

O método de pesquisa escolhido para o estudo apresenta, como em qualquer outro, algumas limitações e riscos, apresentados a seguir.

Por se tratar de assunto muito técnico e específico, além de recente, torna-se um pouco dificultosa a pesquisa bibliográfica obrigando, muitas vezes, a realização de análises embasadas em práticas e não em obras concernentes ao assunto, o que pode trazer alguns riscos ou lacunas no referencial teórico acerca da pesquisa em questão.

Na pesquisa de campo, devemos considerar a possibilidade de algumas informações tendenciosas, uma vez que caberá ao presidente da Associação entrevistada a interpretação pessoal e da classe pericial sobre o assunto em questão, o que confere um caráter de alguma forma subjetivo à pesquisa.

## 9. Apresentação e discussão dos resultados

Esta etapa do trabalho teve a finalidade de apresentar os resultados da pesquisa, o que foi feito por meio de quadros e gráficos que representaram os dados coletados, com respectivas análises e descrição dos mesmos.

Para que tal fosse processado, este estudo, com base na observação da estrutura organizacional vigente no Brasil e nas entrevistas realizadas, ofereceu uma proposta de modernização e um novo modelo organizacional, visando ressaltar a autonomia e a unificação da denominação dos órgãos e dos cargos, posto que a variação nos nomes dos órgãos periciais estaduais dificulta a identificação do cidadão fora do seu estado de origem.

Tomemos como exemplo a dificuldade de um paraense, que identifica o órgão pericial no seu estado como Centro de Perícias Científicas "Renato Chaves", chegando em Sergipe, onde o órgão responsável é a

Coordenadoria Geral de Perícias. Assim, lançamos uma proposta de um novo modelo da estrutura formal para aqueles órgãos, com a proposta de um organograma que, adotado, pretende garantir a qualidade nos processos e possibilitar melhorias continuadas na implementação de suas ações.

A descrição foi feita por situações analisadas a partir das respostas conjuntas das associações de peritos oficiais brasileiros de natureza criminal pesquisadas, constando: a) a atual estrutura dos órgãos periciais; b) o modelo de autonomia adotado nos estados brasileiros; e c) qual a estrutura que a classe pericial almeja para o futuro da atividade pericial do país.

Foram realizadas 14 entrevistas com as associações dos seguintes estados: Minas Gerais, Pernambuco, Paraná, Amazonas, Espírito Santo, Mato Grosso, Rio Grande do Sul, Pará, Santa Catarina, Paraíba, Maranhão, Piauí, São Paulo e Distrito Federal; além da pesquisa documental, e as principais constatações foram:

a) Secretarias de Segurança Pública — denominações

Nos estados brasileiros, os órgãos da segurança pública estão vinculados a uma Secretaria de Estado, e dentre as 27 unidades da federação existem 17 diferentes denominações para a mesma. A Secretaria de Estado de Segurança Pública é a mais comum em cinco estados.

b) Órgãos periciais — denominações

Das 27 unidades da federação, em 11 a perícia oficial de natureza criminal ainda é realizada pela Polícia Civil. São eles: Acre, Amazonas, Espírito Santo, Maranhão, Minas Gerais, Pernambuco, Paraíba, Piauí, Rio de Janeiro e Rondônia, além do Distrito Federal.

E o que chama atenção é que, entre os estados da região Sul do Brasil, em nenhum a Polícia Civil realiza a perícia oficial de natureza criminal.

Levando em consideração a Polícia Civil como denominação de órgão pericial, encontramos 13 denominações diferentes, conforme a tabela seguinte.

| Denominações - Órgãos Periciais |||
|---|---|---|
| Item | Órgãos | Quant. |
| 01 | Centro de Perícias Científicas "Renato Chaves" | 01 |
| 02 | Coordenadoria Geral de Perícias | 02 |
| 03 | Departamento de Polícia Técnica | 01 |
| 04 | Departamento de Polícia Técnica e Científica | 01 |
| 05 | Instituto Geral de Perícias | 02 |
| 06 | Instituto Técnico-Científico de Polícia | 01 |
| 07 | Polícia Forense do Estado do Ceará/Pefose | 01 |
| 08 | Perícia Oficial do Estado de Alagoas | 01 |
| 09 | Perícia Oficial e Identificação Técnica | 01 |
| 10 | Polícia Científica | 01 |
| 11 | Polícia Civil | 11 |
| 12 | Polícia Técnico-Científica | 01 |
| 13 | Superintendência de Polícia Técnico-Científica | 03 |
| Total | | 27 |

c) Órgãos periciais autonômos

Em 16 unidades da federação a perícia oficial de natureza criminal é autônoma, quais sejam: Pará, Amapá, Roraima, Rio Grande do Norte, Ceará, Alagoas, Mato Grosso do Sul, Sergipe, Bahia, Mato Grosso, Goiás, Tocantins, São Paulo, Paraná, Santa Catarina e Rio Grande do Sul.

Entre as unidades autônomas, existem 12 denominações, e em três casos há repetição, como no caso da Superintendência de Polícia Técnico-Científica (3), Coordenadoria Geral de Perícias (2) e Instituto Geral de Perícias (2).

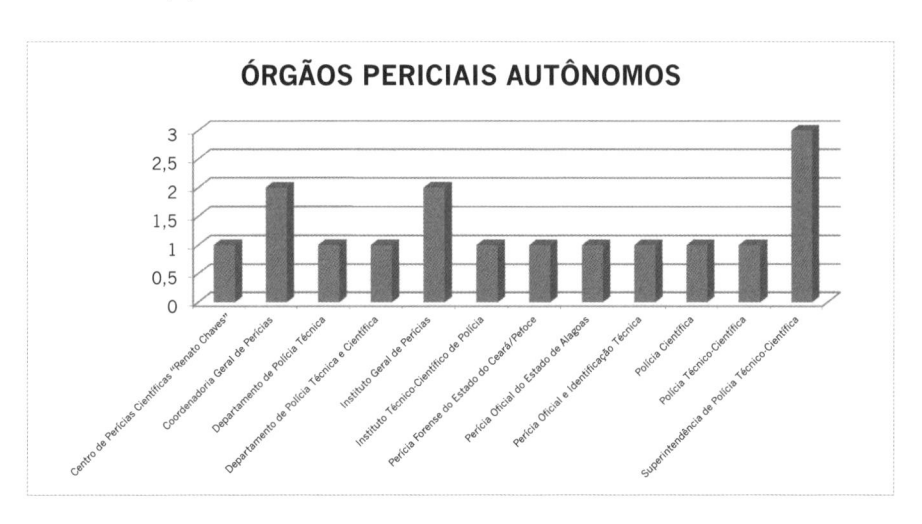

**ÓRGÃOS PERICIAIS AUTÔNOMOS**

Existem, ainda, denominações diferentes para os cargos de peritos oficiais nos Institutos de Criminalísticas (perito criminal) e nos Institutos Médico-Legais.

d) Autonomia (sim/não) — vontade da classe pericial

Pelo resultado alcançado na pesquisa, constataram-se os anseios da classe pericial para que a autonomia funcional, administrativa, orçamentária e financeira se concretize no Brasil:

| \multicolumn{4}{c}{Pesquisa — Autonomia — Sim/Não} |
|---|---|---|---|
| Item | Autonomia | Quant. | % |
| 01 | Sim | 12 | 86 |
| 02 | Não | 01 | 07 |
| 03 | Não Opinaram | 01 | 07 |

e) Constituição Federal — inclusão — em qual capítulo?

Este item responde a que capítulo da Constituição Federal os órgãos de perícia oficial de natureza criminal estariam vinculados após as respectivas autonomias, e o resultado foi a maioria (64%) indicando "das funções essenciais à justiça".

| \multicolumn{4}{c}{Pesquisa — Constituição Federal — Capítulo} |
|---|---|---|---|
| Item | Capítulo | Qtde | % |
| 1 | DAS FUNÇÕES ESSENCIAIS À JUSTIÇA | 9 | 64 |
| 2 | DA SEGURANÇA PÚBLICA | 4 | 29 |
| 3 | DO PODER JUDICIÁRIO | 1 | 7 |

f) Denominação única para os órgãos

Este é um tópico que nos dá referência da denominação a ser apropriada pelos órgãos de Perícia Oficial de Natureza Criminal e o resultado da pesquisa é que aqueles órgãos passariam a se chamar "Polícia Científica".

| \multicolumn{4}{c}{Denominação dos Órgãos} |
|---|---|---|---|
| Item | Denominação | Quant. | % |
| 01 | Polícia Científica | 07 | 50 |
| 02 | Instituto Geral de Perícia | 03 | 21 |
| 03 | Centro de Perícias Forense | 01 | 07 |
| 04 | Perícia Oficial | 01 | 07 |
| 05 | Não Opinaram | 02 | 14 |

g) Denominação do cargo

Este é um tópico que nos dá referência da denominação a ser apropriada pelos peritos e o resultado da pesquisa é que passariam a se chamar "perito oficial".

| Pesquisa — Qual o nome do cargo? | | | |
|---|---|---|---|
| Item | Cargo | Quant. | % |
| 01 | Perito Criminal | 12 | 86 |
| 02 | Perito Oficial Criminal | 01 | 07 |
| 03 | Não Opinaram | 01 | 07 |

## 10. Organograma — uma proposta

Um organograma reflete a estrutura formal de um órgão e demonstra como estão dispostas as unidades funcionais, a hierarquia e as relações de comunicação existentes, traçando o desenho de uma estrutura administrativa ou operacional, no qual são definidos cargos, atribuições e suas inter-relações. Dessa forma, apresentamos uma proposta que pretende convergir a estrutura formal dos órgãos de perícia criminal para um único denominador, com a finalidade de torná-la mais ágil e eficiente, e assim atender, com qualidade, as demandas da sociedade com todo o respeito e presteza, às quais essa tem direito.

Assim, com base na expectativa de um modelo inovador, hoje existente no Brasil, está assentada a proposta de uma nova estrutura organizacional para os institutos de criminalística no país, mediante um organograma único, que atenda as necessidades desse processo, inovador no sentido de adotar uma nova visão para aqueles institutos, dotando-os de uma performance mais adequada, eficaz e eficiente, para o desenvolvimento de suas ações, dividida em: Nível de Direção e Assessoramento, Diretoria de Criminalística, Diretoria de Medicina Legal, Diretoria do Interior, Diretoria de Informática e Tecnologia, Diretoria de Ensino, Diretoria de Administração e Finanças e Corregedoria.

## 11. Conclusão

O Brasil é um país de muitas carências, onde as demandas da sociedade são de uma grande proporção, e na área da segurança elas se tornam transparentes, posto não ser possível esconder as mazelas dessa área, estando essas a olhos vistos.

Nesta linha de pensamento, se buscaram aqui construir subsídios fortes o suficiente para aplacar alguns dos problemas que a segurança vive na sua rotina.

No Brasil encontramos uma diferença muito grande no que tange às questões relacionadas à perícia oficial brasileira de natureza criminal, porquanto diferentes estados têm variados critérios, nos quais se assenta a estrutura dos órgãos de perícia oficial de natureza criminal.

Com a adoção de uma nova estrutura organizacional, aliada a outras condições, indispensáveis a uma nova realidade, pretende-se, ainda, a ampliação da eficiência dos órgãos de perícia forense, melhorando substancialmente a qualidade na prestação de seus serviços.

Cabe ressaltar a importância do aparelhamento e descentralização desses órgãos, e, ainda, da capacitação e reciclagem permanente dos profissionais da área, com a finalidade de uma excelência no fornecimento dos elementos indispensáveis ao esclarecimento das questões de interesse da investigação criminal, e, consequentemente, à aplicação da lei.

## Referências

ANDRADE, Rui Otávio Bernardes; AMBONI, Nério. *Teoria geral da administração*. 2. ed. Rio de Janeiro: Elsevier, 2011.

AMORA, Antônio Soares. *Minidicionário Soares Amora da língua portuguesa*. São Paulo: Saraiva, 2008.

ARAÚJO, Lílian Alves de. *Ação civil pública ambiental*. 2. ed. Rio de Janeiro: Lumen Juris, 2004.

ARAÚJO, Luis César G. de. *Organização, sistemas e métodos e as tecnologias da gestão organizacional*: arquitetura organizacional, benchmarking, empowerment, gestão pela qualidade total, reengenharia. 5. ed. São Paulo: Atlas, 2011. v. 1.

BARZELAY, Michael. *The new public management*: improving research and policy dialogue. Oxford: University of California Press, 2001.

BRASIL. *Constituição da República Federativa do Brasil*. 1988. Brasília: Senado Federal, 1988.

_____. Decreto Federal nº 4.864, de 15 de julho de 1903.

_____. Decreto Federal nº 6.493, de 30 de março de 1907.

_____. Decreto-Lei nº 3.689, de 3 de outubro de 1941. Código de Processo Penal.

_____. Presidência da República Casa Civil. Subchefia para Assuntos Jurídicos. Lei nº 12.030, de 17 de setembro de 2009.

_____. Ministério da Justiça. *Conceitos básicos*. Disponível em: <http://www.mj.gov.br/data/Pages/mj1bff9f1bitemide16a5bbc4a-904c0188a7643b4a1dd68cptbrie.htm>. Acesso em: 20 abr. 2012.

_____. Ministério da Justiça. *Relatório de atividades*: implantação do sistema único de segurança pública. 2. ed. Brasília: MJ, 2007.

_____. Ministério da Justiça. Sistema Único. *Perícia*. Disponível em: <www.mj.gov.br/data/Pages/mj3f6f0588itemd4784422f29914b3b-b84ee085f6aa9537ptbrie.htm>. Acesso em: 20 abr. 2012.

_____. Pará. Constituição Estadual do Estado do Pará — 5 de outubro de 1989, de acordo com a lei estadual nº 5.731, de 15 de outubro de 1992.

_____. Pará. Decreto nº 391, de agosto de 1891.

_____. Pará. Decreto nº 1.005, de 26 de agosto de 1901.

_____. Pará. Decreto nº 1.417, de 9 de fevereiro de 1906.

_____. Pará. Decreto nº 1.693, de 24 de maio de 1910.

_____. Pará. Decreto nº 3.516, de 26 de março de 1919.

_____. Pará. Decreto nº 3.852, de 29 de julho de 1921.

_____. Pará. Decreto nº 7.741, de 4 de março de 1971.

_____. Pará. Lei nº 754, de 26 de fevereiro de 1901.

_____. Pará. Lei nº 1.916, de 10 de outubro de 1920.

_____. Pará. Lei nº 4.770, de 4 de maio de 1978.

_____. Pará. Lei nº 4.854, de 28 de agosto de 1979.

_____. Pará. Lei nº 6.282, 19 de janeiro de 2000 — Lei de Criação do Centro de Perícias Científicas "Renato Chaves".

_____. Pará. Lei nº 22, 15 de março de 1994 — Lei Complementar da Polícia Civil do Estado do Pará. Disponível em: <www.policiacivil.pa.gov.br/xxxx>.

____. Pará. Resolução nº 01, de 7 de fevereiro de 1983 do Conselho Superior de Segurança Pública (Decreto nº 2.680, de 9 de fevereiro de 1983 — Diário Oficial do Estado do Pará de 18 de fevereiro de 1983, caderno 2).

____. Presidência da República. *Plano diretor da reforma do aparelho do Estado*. Brasília: Presidência da República, Câmara da Reforma do Estado, Ministério da Administração Federal e Reforma do Estado (Mare), 1995.

____. Secretaria Especial dos Direitos Humanos da Presidência da República. Programa Nacional de Direitos Humanos (PNDH-3)/Secretaria Especial dos Direitos Humanos da Presidência da República. Brasília: SDH/PR, 2009. Disponível em: <www.mj.gov.br/sedh/pndh3/pndh3.txt>. Acesso em: 20 abr. 2012.

BRASIL ESCOLA. Disponível em: <www.brasilescola.com>.

BRESSER-PEREIRA, Luiz Carlos. A reforma do Estado nos anos 90: lógica e mecanismos de controle. *Cadernos Mare da Reforma do Estado*, Brasília, v. 1, 1997.

____; SPINK, Peter (Org.). Reforma do Estado e administração pública gerencial. Rio de Janeiro: FGV, 1998.

CARDOSO JÚNIOR, Walter Felix. *Inteligência empresarial estratégica*: métodos de implantação de inteligência competitiva em organizações. Tubarão: Editora Unisul, 2005.

CARVALHO, Maria Cecília M. de et al. *Construindo o saber*: metodologia científica: fundamentos e técnicas. 12. ed. Campinas: Papirus, 2002.

COELHO, David. *Ditadura militar no Brasil e suas consequências*: a conspiração que levou ao Golpe Militar em 1964. Disponível em: <http://oportaldoinfinito.blogspot.com.br/2009/03/ditadura-militar-no-brasil-e-suas.html>. Acesso em: 15 abr. 2012.

ESPINDULA, Alberi. *Perícia criminal e civil*: uma visão completa para peritos, advogados, promotores de justiça, delegados de polícia, defensores públicos e magistrados. Porto Alegre: Sagra Luzatto, 2002. Disponível em: <www.espindula.com.br/conteudo.php?id=61>. Acesso em: 17 abr. 2012.

FERLIE, Ewan et al. *The new public management in action*. Oxford:

Oxford University Press, 1996.

GOMES, Angela de C. A política brasileira em busca da modernidade: na fronteira entre o público e o privado. In: SCHWARCZ, Lilia M. (Org.). *História da vida privada no Brasil*: contrastes da intimidade contemporânea. São Paulo: Companhia das Letras, 1998. v. 4, p. 490-558.

LIMA, Paulo Daniel Barreto. *A excelência em gestão pública*: a trajetória e estratégia da GESPÚBLICA. Rio de Janeiro: Qualitymark, 2007.

MATUS, Carlos. *Adeus, senhor presidente*: governantes, governados. São Paulo: Fundap, 1997.

____. *O método PES*: roteiro de análise teórica. São Paulo: Fundap, 1997.

____. *Política, planejamento & governo*. Brasília: Ipea, 1993. t. I e II.

MINISTÉRIO DA JUSTIÇA. Recomendação 006, de 28 de fevereiro de 2012. Pleno do Conselho Nacional de Segurança Pública.

MINTZBERG, Henry; AHLSTRAND, Bruce; LAMPEL, Joseph. *Safári de estratégias*: um roteiro pela selva do planejamento estratégico. Tradução de Nivaldo Montigelli Jr. Porto Alegre: Bookman, 2000.

NACCI, Guilherme de Souza. *Manual de processo penal e execução penal*. São Paulo: Revista dos Tribunais, 2008.

OLIVEIRA, Djalma de P. R. *Planejamento estratégico*: conceitos, metodologias e práticas. São Paulo: Atlas, 2004.

OLIVEIRA, Fátima Bayma et al.(Org.). *Desafios da gestão pública de segurança*. Rio de Janeiro: FGV, 2009.

PORTAL BRASIL. *Base de dados do Portal Brasil*. Disponível em: <www.portalbrasil.net/brasil_historiadobrasil.html>. Acesso em: 21 abr. 2012.

REIS, Martha; BRABO, Tânia S. A. M. University and human rights. *Revista ORG &DEMO*, Marília, v. 9, n. 1/2, jan./dez. p. 243-249, 2008.

REVISTA PARÁ-MÉDICO, v. 8, n. 1, set./out. 2001. Edição Histórica.

RICHARDSON, Roberto Jarry. *Pesquisa social*: métodos e técnicas. 3. ed. São Paulo: Atlas, 1999.

RIEG, Denise L.; ARAÚJO FILHO, Targino de. *O uso das metodologias "Planejamento estratégico situacional" e "Mapeamento cogni-*

*tivo" em uma situação concreta*: o caso da Pró-Reitoria de Extensão da UFSCar. Disponível em: <www.scielo.br/pdf/gp/v9n2/a05v09n2.pdf>. Acesso: 1º jul. 2012.

SCHWARTZ, Peter. *A arte da visão de longo prazo*. Rio de Janeiro: Best Seller, 2000.

SILVA, José Afonso da. *Curso de direito constitucional positivo*. São Paulo: Malheiros, 1993.

TEIXEIRA, Elizabeth. *As três metodologias*: acadêmica, da ciência e da pesquisa. 4. ed. Petrópolis: Vozes, 2007.

TOCHETTO, Domingos (Coord.). *Tratado de perícias criminalísticas*. Porto Alegre: Sagra — D. C. Luzzatto, 1995.

VENTURA, Zuenir. *1968*: o ano que não terminou. São Paulo: Nova Fronteira, 1988.

VERGARA, Sylvia Constant. *Projetos e relatórios de pesquisa em administração*. 11. ed. São Paulo: Atlas, 2009.

WEBER, Max. *Economia e sociedade*: fundamentos da sociologia compreensiva. Brasília: Editora UnB, 1999. v. 2.

ZARZUELA, José Lopes. *Temas fundamentais de criminalística*. Porto Alegre: Sagra — D. C. Luzzatto, 1996.

Capítulo 4

# Indicadores de produtividade aplicados à criminalística da Polícia Federal

Clênio Guimarães Belluco
Roberto da Costa Pimenta

A utilização de indicadores de desempenho para a avaliação das instituições públicas tem propiciado uma grande mudança no comportamento dos gestores governamentais. Este capítulo apresenta os resultados da pesquisa realizada para propor um modelo de índice a ser utilizado como indicador de produtividade para o Instituto Nacional de Criminalística (INC) da Polícia Federal.

A partir de um levantamento bibliográfico sobre indicadores de desempenho em empresas e em instituições públicas afins, foi realizada uma pesquisa de campo entre peritos criminais federais para verificar suas percepções sobre os indicadores até então adotados e identificar sugestões e propostas de melhoria. Posteriormente, foi feita uma análise dos dados armazenados no Sistema de Criminalística (Siscrim) a fim de avaliar e validar a adoção de tais indicadores, especialmente do índice proposto.

A análise dos dados coletados demonstrou a necessidade de inclusão de novas métricas para formar um conjunto de indicadores de produtividade, possibilitando uma melhor avaliação da eficiência das unidades de criminalística da Polícia Federal, bem como embasaram a criação de um índice que pudesse combinar parte dessas métricas, de forma a melhorar a comparação entre tais unidades.

## 1. Introdução

O Instituto Nacional de Criminalística (INC) é a unidade central da Polícia Federal responsável pela perícia criminal. *Criminalística* é definida como a disciplina que tem por objetivo o reconhecimento e a interpretação das evidências materiais relativas ao crime ou à identidade do criminoso. De maneira prática, criminalística é perícia criminal.

O desenvolvimento de indicadores de produtividade aplicados à criminalística é fundamental para avaliação e medição dos resultados, com base na análise do principal produto do perito: *o laudo pericial*. Sem parâmetros adequados, torna-se bastante difícil apresentar relatórios gerenciais que permitam a análise e a comparação de dados, assim como um referencial para a tomada de decisão, uma vez que cada uma das unidades de criminalística possui estruturas distintas e peculiaridades locais.

A grande dificuldade do modelo atual de avaliação de suas atividades é a diversidade de tipos de laudos periciais, perfazendo mais de 200 tipos de exames (classes e subclasses), que são elaborados por peritos com grande variedade de áreas de formação acadêmica. Nesse modelo, os dirigentes das unidades de criminalística têm como principais indicadores o número de laudos elaborados e o número de solicitações acumuladas a serem atendidas, comumente denominadas *pendências*.

Embora ainda utilizado, o modelo não atende mais às atuais demandas por ferramentas modernas de gestão, principalmente porque desconsidera a complexidade de cada tipo de exame pericial, o tempo médio para sua realização, assim como não permite a avaliação de outras atividades inerentes às atribuições do perito criminal, dentre elas a elaboração de informações e pareceres, participação em grupos de trabalho e comissões, ocorrências policiais.

Os órgãos de criminalística, seja no âmbito estadual ou federal, normalmente são vinculados aos órgãos policiais ou de segurança pública. Tais órgãos, em geral, não possuem estruturas organizacionais adequadas e que permitam medir seus resultados de forma satisfatória com o objetivo de melhorar a qualidade e a produtividade da prova material e, consequentemente, contribuir para a redução dos altos níveis de criminalidade.

Neste contexto, sendo a criminalística a área responsável pelo exame da prova material vinculada a um inquérito policial ou processo judicial, a adoção de indicadores específicos e adequados contribuiria sobremaneira para o apoio à tomada de decisão na aplicação dos recursos destinados à segurança pública, quer seja na área de recursos humanos quer seja na de logística e capacitação.

Para tanto, o INC estabeleceu também, como visão de futuro, "tornar-se uma referência mundial em Ciência Policial"; assim, passou a ser imprescindível o desenvolvimento de indicadores que permitissem avaliar o nível de produtividade, a fim de atingir metas dentro da visão da instituição.

Desta forma, tendo como objetivo propor um modelo adequado para avaliar a produtividade pericial, se apresenta a seguinte questão: *que índice poderia ser utilizado como indicador para avaliar a produtividade das unidades de criminalística da Polícia Federal?*

A identificação de um índice que considere as diferenças entre cada tipo de laudo tornou-se uma necessidade eminente. Nesse contexto, supõe-se que a definição de pesos para cada classe (título) e subclasse (subtítulo) de laudo pode reduzir as distorções até então encontradas nas avaliações, estabelecendo assim uma pontuação ou um desempenho em termos de produção mais justa aos laudos mais complexos e demorados, equilibrando os atendimentos, pois esses laudos seriam ponderados por pesos. Por essa hipótese, o tempo de elaboração passa a ser uma variável de extrema importância, pois, por meio dessa, pode-se estimar os pesos.

## 2. Referencial teórico

O planejamento estratégico é a base para definição de indicadores e metas com o objetivo de mensurar suas ações. As organizações, de maneira geral, possuem, de forma expressa ou não, elementos de um planejamento estratégico, tais como: missão, visão, objetivos, estratégias, controles, indicadores e projetos.

Nos órgãos públicos, os objetivos estratégicos devem ser definidos a fim de cumprir com a missão definida em lei, bem como atender às prioridades dos programas de governo. Tais objetivos, para serem mensurados e avaliados, precisam permitir a definição de metas e indicadores de desempenho. Essas metas devem ser específicas, mensuráveis, desafiantes, alcançáveis, realísticas e com prazos definidos.

Após a definição das metas e indicadores alinhados à missão e à estratégia da organização, é preciso atuar em seu monitoramento a fim de avaliar se as medidas são compatíveis ao desejado. Com o monitoramento é possível identificar possíveis oportunidades de melhoria e atuar com ações corretivas. Para tanto, a função de controle e avaliação tem como papel o acompanhamento do desempenho do sistema, por meio de comparação entre o resultado alcançado e a meta prevista (Oliveira, 1987:209). Para que isso ocorra é necessário seguir algumas etapas.

A primeira é a definição de padrões de medida e avaliação, baseados em objetivos, estratégias, políticas e projetos, assim como nas normas estabelecidas, os quais servirão de referência para comparação com os resultados a serem aferidos. A segunda etapa refere-se às medidas de desempenho obtidas no sistema de medição, com base em critérios de quantidade, qualidade e tempo.

Em seguida é feita a comparação do que foi obtido por meio da medição com o esperado ou desejado. Os resultados podem servir para todas as esferas da organização e podem apresentar situações que vão desde os limites do esperado, um pouco fora do esperado ou muito fora, o que requererá uma ação mais enérgica do administrador.

Por fim, a ação de correção, que corresponde às providências adotadas para afastar os desvios relevantes detectados ou reforçar as ações positivas a fim de otimizar os resultados organizacionais.

## 2.1 Indicadores de desempenho

Os sistemas de controle de uma organização para acompanhar e avaliar a implantação do planejamento estratégico são diversos (Rezende, 2008:122). O processo de avaliação deve ser cíclico e interativo, também denominado de sistema de controle organizacional. Desta forma, os resultados das ações organizacionais podem ser medidos por indicadores.

Os indicadores de desempenho também podem ser considerados aqueles que medem o atingimento das metas e o monitoramento das ações e dos alvos estratégicos.

Para a escolha dos indicadores é fundamental o conhecimento do que se quer medir, das informações que se quer produzir e do que se quer compartilhar. Os sistemas de indicadores podem tanto ser manuais como informatizados; todavia, ambos devem armazenar dados e fornecer informações válidas, confiáveis, personalizadas e oportunas para que os controles de planejamento sejam produzidos.

Nesse sentido, é preciso desenvolver um sistema eficaz de indicadores, que possibilite uma visão sistêmica da organização.

"O que não é medido não é gerenciado" (Kaplan e Norton, 1997:21). Assim, o sistema de indicadores tende a influenciar fortemente a conduta das pessoas dentro e fora da organização.

Cabe esclarecer que, independentemente da perspectiva, os indicadores devem obedecer aos requisitos de disponibilidade, simplicidade, baixo custo de obtenção, adaptabilidade, estabilidade, rastreabilidade e representatividade.

Para aferição da produtividade, é preciso comparar o que foi realizado com o que foi utilizado em termos de recursos. O resultado apontará o quanto foi consumido ou utilizado para cada unidade produzida. A relação entre o resultado apurado na medição de um *indicador de produtividade* pelo índice estabelecido como padrão do processo (meta) é chamada de Eficiência do Processo.

No caso específico da produtividade de laudos, pode-se considerar a relação entre o número de laudos produzidos por uma unidade de criminalística e o número de peritos utilizados para elaboração desses laudos.

É preciso destacar que um indicador não revela como fazer para melhorar determinada atividade da organização, mas apenas oferece relações numéricas que demonstram a situação em que se encontra a organização em determinado período.

## 2.2 Indicadores de desempenho de laboratórios

No Brasil há carência de artigos versando sobre indicadores específicos para laboratórios forenses ou mesmo para institutos de criminalística. Os laboratórios forenses[1] brasileiros são, em quase a sua totalidade, estatais e alguns não contam sequer com sistemas informatizados que permitam apresentar dados consistentes a fim de gerar indicadores adequados à avaliação de suas atividades.

Nesse sentido, se buscou literatura estrangeira, especialmente, literatura americana. A intenção de analisar tais artigos é verificar quais os indicadores utilizados nos Estados Unidos e em outros países, sua adequabilidade e o contexto no qual são utilizados.

Nessa linha, Houck (2009:86) destaca os dois principais projetos que versam sobre a administração de laboratórios forenses. O primeiro, denominado quadrupol, publicado em 2003 pela European Network of Forensic Science Institutes (Enfsi), conduzido especialmente pela Suécia (National Bureau of Investigation Crime Laboratory), Holanda (Netherlands Forensic Institute), Polônia (Institute of Forensic Research) e Finlândia (National Bureau of Investigation Crime Laboratory).

O projeto quadrupol visava analisar o desempenho dos quatro laboratórios participantes. Essa análise abrangia as atividades de tratamento de casos, ou seja, investigações realizadas em conexão com crimes, mas também atividades-meio (de suporte) dos laboratórios, tais como: pesquisa e desenvolvimento, formação e capacitação, serviços de apoio, exames de cena crime, participação em cooperação internacional, atividades de gestão da qualidade, entre outras.

Segundo Himberg (2002:187), a busca por maior eficiência e eficácia na criminalística não é uma questão científica ou judicial, mas sim uma questão de gestão e de grande interesse estratégico para a sociedade. Uma análise cuidadosa de vários laboratórios forenses irá mostrar suas diferenças, e uma análise dessas diferenças poderá permitir que os laboratórios forenses aprendam uns com os outros e fornecer uma plataforma para a contínua produção de dados de comparação, um

---

1. Para efeito deste estudo são considerados laboratórios forenses os órgãos de polícia técnica e científica, os institutos de criminalística, bem como institutos de medicina legal e de genética forense (DNA).

modelo de *benchmarking* para os laboratórios de criminalística, portanto, uma ferramenta para melhorias na área.

O segundo projeto, chamado *Foresight Project*, foi patrocinado pela West Virginia University nos Estados Unidos e teve início a partir de 2006, seguindo a linha do projeto europeu, propondo um estudo similar nos laboratórios forenses americanos. Tal projeto visava a melhoria de *performance* dos laboratórios forenses de maneira que pudessem reconhecer, entender e integrar as boas práticas na organização.

O projeto *Foresight* estabelece, em resumo, metas para melhoria da eficiência que a ciência forense deveria oferecer para o sistema de justiça criminal por meio de uma perspectiva empresarial, mas sempre mantendo o mesmo nível de qualidade. Para esse fim, buscou implantar o ciclo PDCA (*plan-do-check-act*), bem como colaborou para identificar e compartilhar as boas práticas mediante encontros periódicos, nos quais são discutidos os processos, as inovações e as soluções de problemas.

Speaker (2009:32) afirma que, assim como qualquer organização privada, os laboratórios forenses enfrentam problemas econômicos tradicionais: como alocar recursos limitados com a crescente demanda por serviços, mantendo padrões de alta qualidade. O referido autor apresenta ainda questões que afligem os dirigentes de laboratório:

- *Os recursos estão alocados de forma adequada?*
- *O desempenho do laboratório é eficiente?*
- *Há proteção suficiente no ambiente para garantir a qualidade da análise?*
- *Há investimentos adequados para equipamentos, capacitação e desenvolvimento no sentido de melhorar as técnicas de análise?*

Um dos aspectos observados no estudo está relacionado ao tamanho do laboratório, ou seja, como comparar o desempenho de laboratórios de cidades pequenas com laboratórios de grandes metrópoles. Speaker (2009:33) questiona: "*How do you compare the performance of two organizations with similar missions, but unequal size?*".

Para Brown (2009:192) é preciso considerar que o processo das ciências forenses é complexo. Os laboratórios forenses atuam muitas vezes em zonas desordenadas, situações desconhecidas, outras com variáveis não controladas. Não há dois crimes idênticos, pois são diferentes pessoas, cenas, exposições e uma grande variedade de vestígios a serem analisados. As análises forenses (exames periciais) diferem nesse aspecto de exames de laboratórios de análises clínicas, por exemplo, onde há nestes uma situação controlada e rotinas analíticas predeterminadas, com resultados estabelecidos dentro de faixas conhecidas já testadas e validadas.

Considera-se que, apesar de os laboratórios terem missões semelhantes, podem existir diferenças em relação a populações, cobertura geográfica, jurisdições, peculiaridades regionais, infraestrutura e instalações, que dificultam a comparação direta da produtividade entre eles. Assim, para obter métricas significativas entre laboratórios, é possível criar relações ou taxas entre as medidas ou dados disponíveis (Speaker, 2009). Alguns exemplos dessas taxas para medidas de eficiência são apresentados abaixo:

- *Itens processados/servidores;*
- *Amostras processadas/servidores;*
- *Laudos emitidos/servidores;*
- *Itens processados/área (metros quadrados);*
- *Testes realizados/área (metros quadrados).*

Cada uma dessas taxas poderia ser obtida facilmente por meio dos sistemas de informação e deve ser calculada periodicamente (anualmente, mensalmente ou diariamente).

O mesmo pode ser feito para as demais categorias, estabelecendo assim um conjunto de indicadores que poderia avaliar o desempenho de laboratórios e compará-los. Assim, tanto o projeto quadrupol quanto o *Foresight* estabeleceram relações métricas (taxas) agrupadas por categorias no sentido de padronizarem seus indicadores e assim poderem realizar comparações em diversos laboratórios forenses em seus respectivos âmbitos.

## 3. Método

O estudo visou apresentar uma solução para um problema atual do Instituto Nacional de Criminalística, por meio da análise de dados e da identificação de indicadores de produtividade das atividades de criminalística.

Nesse sentido, a pesquisa foi classificada como metodológica e aplicada. Segundo Vergara (2009), a metodológica está associada a um método, no caso, para medição e avaliação de resultados de desempenho da instituição, e é aplicada porque busca resolver um problema atual e concreto. A coleta de dados foi realizada por meio de questionário misto enviado a peritos criminais federais lotados no INC e em unidades descentralizadas de criminalística, via e-mail, totalizando 64 questionários.

Para subsidiar a análise dos dados, houve também um estudo dos registros contidos no Siscrim, relativos ao período de janeiro de 2009 a dezembro 2011. Os dados analisados são inerentes à produção de laudos, de informações técnicas e de pareceres expedidos no período pelo INC e pelas unidades de criminalística.

O tratamento de dados inerentes aos registros do Siscrim foi estatístico a fim de identificar as medidas de tendência central (Stevenson, 2001), tais como média aritmética e ponderada para cada tipo de laudo (considerando a classificação de classes e subclasses), especialmente os prazos médios de realização para o atendimento.

## 4. Apresentação e discussão dos resultados

O questionário aplicado tinha como objetivo subsidiar a análise dos dados estatísticos obtidos no Siscrim e colher informações sobre a aplicabilidade de indicadores de produtividade em suas unidades, assim como conhecer suas respectivas peculiaridades locais. Houve um retorno de 34 questionários, ou seja, 53% do total. Com base nas informações preliminares constantes no cabeçalho dos questionários, foi observado que 14 (41%) foram preenchidos por peritos lotados no INC, 18 (53%) lotados em Setores Técnico-científicos (Setecs), 1 (3%) lotado em Unidade Técnico-científica (Utec) e 1 (3%) lotado em outra unidade central.

Observou-se também que 21 (62%) foram preenchidos por peritos que exercem função de chefia e 13 (38%) não. A média aritmética do tempo de exercício no cargo de perito foi de 10,6 anos. Desse resultado, é possível constatar que os respondentes detêm uma experiência considerável na área pericial, quer seja pelo exercício da chefia, quer seja pelo tempo de exercício no cargo de perito, levando a crer que estariam aptos a responder de forma consistente o referido questionário.

Com relação às questões fechadas, foram oferecidas as seguintes possibilidades de respostas:

| 1. Discordo totalmente | Discordância |
| 2. Discordo parcialmente | |
| 3. Sou indiferente | — |
| 4. Concordo parcialmente | Concordância |
| 5. Concordo totalmente | |

Os resultados obtidos foram compilados em forma de tabela e apresentados a seguir. A tabela 1 mostra a compilação das respostas aos questionários (questões fechadas), e além dos quantitativos registrados para cada opção, também foram calculadas tendências centrais como a média aritmética, o desvio-padrão e mediana.

Tabela 1
Resultado completo dos questionários

| PERGUNTAS | Média | Desvio-padrão | Mediana | 1 | 2 | 3 | 4 | 5 |
|---|---|---|---|---|---|---|---|---|
| 1. Os indicadores de produtividade utilizados atualmente pelo Instituto Nacional de Criminalística são adequados para avaliar o desempenho das unidades? | 2,71 | 1,19 | 2 | 6 | 12 | 2 | 14 | 0 |
| 2. Os atuais indicadores representam a produtividade da sua unidade? | 2,44 | 1,16 | 2 | 8 | 13 | 3 | 10 | 0 |
| 3. A quantidade de laudos produzidos em determinado período representa o nível de produtividade da unidade? | 2,47 | 1,21 | 2 | 7 | 16 | 0 | 10 | 1 |
| 4. A adoção de pesos e ponderações por tipos de laudos poderia melhorar os indicadores de produtividade? | 4,47 | 0,99 | 5 | 2 | 0 | 0 | 10 | 22 |
| 5. A quantidade de tempo gasto por tipo de laudo pode representar esse peso ou ponderação? | 4,21 | 0,73 | 4 | 0 | 2 | 0 | 21 | 11 |
| 6. A quantidade de materiais a serem examinados deve ser considerada no cálculo de produtividade? | 4,68 | 0,59 | 5 | 0 | 0 | 2 | 7 | 25 |

(continua)

(continuação)

| PERGUNTAS | Média | Desvio-padrão | Mediana | 1 | 2 | 3 | 4 | 5 |
|---|---|---|---|---|---|---|---|---|
| 7. As características dos materiais são relevantes para o cálculo de produtividade? (Exemplo: capacidade do HD, tipo da cédula etc.) | 4,59 | 0,61 | 5 | 0 | 0 | 2 | 10 | 22 |
| 8. A localização da unidade (região do país) influencia no tempo médio de elaboração de tipo de laudo pericial? | 3,74 | 1,21 | 4 | 2 | 5 | 3 | 14 | 10 |
| 9. A forma de cadastramento e de desmembramento dos expedientes de requisição de laudo impacta o cálculo de produtividade? | 4,15 | 1,08 | 4 | 2 | 1 | 2 | 14 | 15 |
| 10. Os afastamentos dos peritos (excluídas as viagens a serviço) impactam a produtividade do setor? | 4,35 | 0,85 | 5 | 0 | 2 | 2 | 12 | 18 |
| 11. Os afastamentos de servidores devem ser considerados para o cálculo da produtividade? | 4,59 | 0,70 | 5 | 0 | 1 | 1 | 9 | 23 |
| 12. A padronização de procedimentos periciais pode resultar em maior produtividade? | 4,29 | 0,91 | 4,5 | 0 | 3 | 1 | 13 | 17 |
| 13. A melhoria dos processos administrativos no setor poderia resultar na redução do tempo de atendimento dos exames? | 3,91 | 0,93 | 4 | 1 | 2 | 4 | 19 | 8 |
| 14. Os equipamentos disponíveis em sua unidade são insuficientes para melhoria da sua produtividade? | 2,76 | 1,23 | 2 | 5 | 13 | 3 | 11 | 2 |
| 15. Os equipamentos disponíveis em sua unidade diferem dos equipamentos de outras unidades? | 3,15 | 1,18 | 4 | 3 | 10 | 2 | 17 | 2 |
| 16. A capacitação dos servidores da sua unidade tem resultado em melhoria na produtividade? | 4,09 | 0,79 | 4 | 0 | 2 | 3 | 19 | 10 |
| 17. O aumento da produtividade de laudos necessariamente reduz sua qualidade? | 2,62 | 1,10 | 2 | 5 | 14 | 4 | 11 | 0 |

Após a análise dos resultados para cada uma das questões, estas foram agrupadas e pôde-se chegar às seguintes conclusões: nas questões 1, 2 e 3 foram questionados sobre a percepção do respondente sobre os atuais indicadores e sua adequabilidade para medir desempenho e produtividade, tendo havido uma pequena prevalência da discordância em relação à concordância, confirmado pelas medidas de tendência central, demonstrando que os respondentes estão divididos, havendo, portanto, espaço para melhorias, pois há uma parcela insatisfeita com os atuais indicadores.

Nas questões de 4 a 11 foram questionados sobre a utilização de pesos, tempo, quantidade e tipo de material, localização da unidade, forma de cadastramento e de afastamento de peritos no cálculo dos indicadores. As respostas apresentadas demonstram uma ampla prevalência pela *concordância*, indicando que é necessária a melhoria dos indicadores com a inclusão de tais itens em seu cálculo.

As questões 12 e 13 referem-se à melhoria nos processos internos e padronização como uma forma de melhoria na produtividade. Assim como no grupo anterior de questões, houve uma ampla prevalência pela *concordância*, concluindo que tais itens afetam na melhoria da produtividade e na redução do tempo de atendimento dos pedidos de perícia.

As questões 14 e 15 referem-se à utilização de equipamentos na melhoria na produtividade das unidades, e houve *equilíbrio* nas respostas, levando a concluir que, enquanto em algumas unidades há equipamentos suficientes ou adequados, em outras é preciso disponibilizar tais recursos, trazendo equilíbrio ou uniformidade entre tais unidades.

A questão 16 trata do impacto da capacitação dos servidores na produtividade. O resultado foi de ampla *concordância*, indicando que há a percepção de que os investimentos em capacitação podem trazer melhoria na produtividade. Nesse aspecto, cabe observar que, apesar desse resultado sobre a percepção, os indicadores de produtividade podem não refletir o efeito da capacitação em curto prazo, assim como podem não ser perceptíveis aos dados e parâmetros utilizados no Siscrim.

A questão 17 refere-se à relação inversa entre produtividade e qualidade. No resultado houve pequena prevalência pela *discordância*, indicando que um pouco mais da metade dos respondentes entende que se pode aumentar a produtividade sem a perda de qualidade. É preciso, todavia, de um maior aprofundamento no tema relacionado a indicadores de qualidade, o qual pode ser objeto de trabalhos futuros.

Após a análise das respostas das questões fechadas, passou-se à análise individual das questões abertas. Tal procedimento consistiu na leitura e no agrupamento dos itens inter-relacionados a fim de quantificar sua aparição nas respostas.

A primeira questão aberta foi formulada com o objetivo de identificar outras atividades exercidas pelos peritos criminais federais que impactam em sua produtividade, excetuando-se os exames periciais.

O resultado foi apresentado na tabela 2, que contém as atividades citadas pelas respondentes que impactam na produtividade e o número de aparições nas respostas, ordenadas de forma decrescente.

Tabela 2
Respostas relativas às atividades que impactam a produtividade

| Ordem | Atividade | Quantidade |
|---|---|---|
| 1 | Ações de capacitação | 15 |
| 2 | Atividades administrativas | 14 |
| 3 | Fiscalização de obras/projetos | 13 |
| 4 | Desenvolvimento de métodos/pesquisa | 10 |
| 5 | Participação de investigações/operações | 8 |
| 6 | Grupos de trabalho/comissões | 7 |
| 7 | Comissão disciplinar | 4 |
| 8 | Manutenção de equipamentos | 4 |
| 9 | Atividades de gestão | 2 |
| 10 | Varreduras de segurança | 2 |
| 11 | Outras | 6 |

Dentre as atividades relacionadas pelos respondentes, cabem destaque as atividades de números 2 e 3. As *atividades administrativas* (2) porque poderiam ser realizadas por servidores de apoio, restando para os peritos suas atividades finalísticas, redundando em redução de custos na produção do laudo. A *fiscalização de obras/projetos* (3) porque *não* está no rol de atribuições dos peritos, podendo se caracterizar como desvio de função, ou seja, os peritos estão desempenhando atividades diversas das previstas em regulamento, em detrimento de suas atribuições funcionais. Quanto às atividades de números 1 e 4 (capacitação e pesquisa), também destacadas, apesar de impactarem negativamente na produtividade no primeiro momento, em virtude do tempo ausente, trata-se de atividades de investimento no capital humano e que a seu tempo deverá trazer retorno na produtividade, qualidade e motivação dos servidores, conforme resultado do quesito número 16.

As atividades relacionadas de 5 a 10 também tiveram um número de aparições que merecem atenção, no sentido de quantificar o tempo destinado a tais atividades para fins de produtividade. Ressaltando que tais atividades são inerentes à atividade do cargo de perito diretamente ou na condição de integrante da carreira policial federal.

A segunda questão aberta tem por objetivo avaliar os recursos necessários para melhoria da produtividade. O resultado foi apresentado na tabela 3, que contém os recursos necessários para melhoria da produtividade citados pelas respondentes e o número de aparições nas respostas, ordenadas de forma decrescente.

Tabela 3
Respostas relativas aos recursos necessários para melhoria da produtividade

| Ordem | Recursos necessários | Quantidade |
|---|---|---|
| 1 | Pessoal de apoio | 15 |
| 2 | Efetivo de peritos criminais | 15 |
| 3 | Compra/atualização de equipamentos | 7 |
| 4 | Recursos financeiros (suprimento de fundos) | 5 |
| 5 | Melhoria nas instalações/espaço físico | 3 |
| 6 | Simplificação de procedimentos | 2 |
| 7 | Capacitação | 2 |
| 8 | Organização administrativa | 1 |

Após análise, mereceu destaque para melhoria da produtividade o acréscimo de recursos humanos, quer seja de pessoal de apoio, quer seja de peritos criminais. Outros recursos que também merecem destaque são a aquisição ou atualização de equipamentos, o que também foi abordado nos quesitos 14 e 15 (questões fechadas), bem como a disponibilidade de recursos financeiros para compra de suprimentos e a melhoria nas instalações ou espaço físico. E, por fim, simplificação de procedimentos, também entendido como racionalização dos processos, capacitação e organização administrativa, a qual deve ser objeto de estudos específicos de melhoria contínua. Neste sentido, fica ressaltada a necessidade de considerar o efetivo de pessoal nos indicadores de produtividade de criminalística.

A terceira questão aberta tem a pretensão de identificar outras métricas[2] compatíveis com a avaliação da produtividade, de forma a complementar aquelas citadas nas questões fechadas. O resultado foi apresentado na tabela 4, que contém as métricas sugeridas pelos respondentes e o número de aparições nas respostas, ordenadas de forma decrescente.

---

2. Métrica é uma forma através da qual um produto ou sistema manifesta ou exibe uma qualidade.

Tabela 4
Respostas quanto a métricas para mensurar as atividades de criminalística

| Ordem | Atividade | Quantidade |
|---|---|---|
| 1 | Tipo de exame/complexidade | 20 |
| 2 | Tempo de atendimento | 12 |
| 3 | Quantidade/tipo de material | 12 |
| 4 | Quantidade de laudos produzidos | 12 |
| 5 | Qualidade dos laudos | 6 |
| 6 | Tempo de deslocamento até o local | 6 |
| 7 | Quantidade de informações e pareceres | 5 |
| 8 | Quantidade de artigos/materiais publicados | 4 |
| 9 | Satisfação dos clientes | 3 |
| 10 | Sentenças judiciais que citem o laudo | 3 |
| 11 | Participação em eventos | 3 |
| 12 | Atividade administrativa ou extraperícia | 3 |
| 13 | Quantidade de requisições (entradas) | 2 |
| 14 | Quantidade de peritos | 2 |
| 15 | Tempo de capacitação/treinamento | 2 |
| 16 | Denúncias do Ministério Público | 2 |
| 17 | Requisições pendentes | 2 |
| 18 | Grupos de trabalho | 2 |
| 19 | Atividades de chefia/gestão | 2 |
| 20 | Clima organizacional | 2 |
| 21 | Outros | 12 |

Destacam-se os itens de 1 a 7 pelo número de aparições, e destes apenas os itens 2, 4 e 7 são utilizados atualmente como indicadores pelo INC e mesmo assim de forma separada, ou seja, sem a relação entre eles. Na análise foram excluídas as métricas relativas às atividades alheias à criminalística, bem como aquelas que fogem ao escopo deste trabalho.

Dentre os indicadores atualmente utilizados pela INC, podemos destacar: quantidade de laudos produzidos, quantidade acumulada de requisições (também denominada de *pendências*), prazo de atendimento, tipos de laudos produzidos, "idade" da requisição, produtividade por perito, pendências por perito, número de peritos, percentual de peritos em relação aos delegados.

Observou-se também um amplo conjunto de indicadores obtidos por meio do Siscrim, mas que ainda são insuficientes para medir, de forma adequada, a produtividade das unidades de criminalística. O resultado obtido por meio dos questionários confirma essa percepção.

## 4.1 Indicadores propostos

Após a análise dos questionários, foi verificado que, apesar de alguns dos indicadores utilizados pelo INC terem sua função em termos de medição da produção/produtividade, existem métricas que deveriam ser consideradas para que se aprimorasse o método de mensuração.

A partir das métricas sugeridas, foram excluídas aquelas que não estavam relacionadas à produtividade e agregadas informações sobre sua atual utilização ou não pelo INC como indicador, disponibilidade no Siscrim e possibilidade de utilização imediata.[3]

Com o agrupamento dessas métricas, observou-se que seis delas não permitiam a utilização imediata: quantidade/tipo de material, tempo de deslocamento até o local, quantidade de artigos/materiais publicados, participação em pesquisa, participação em eventos e tempo de capacitação/treinamento.

Por fim, foi feita uma análise dos indicadores utilizados atualmente e suas respectivas características e limitações. É preciso ressaltar que tais métricas utilizadas de forma isolada podem não levar à adequada avaliação da produtividade. Assim, a utilização conjugada dessas métricas, por meio de relações entre elas, poderia sanar as distorções e melhorar a comparação entre a produtividade entre unidade de criminalística, assim como no projeto *Foresight*.

## 4.2 Modelo proposto de índice

Considerando a relevância de cada métrica, o uso isolado ou conjugado e a disponibilidade dos dados do Siscrim, foram feitas análises nos dados constantes no referido sistema, relativos ao período de 2009 a 2011, visando verificar a aplicabilidade dos indicadores sugeridos de

---
3. Sem modificações significativas no Siscrim.

forma a aprimorar as medições da produtividade pelo Instituto Nacional de Criminalística.

Para a análise, primeiramente foi necessária a exportação dos dados do Siscrim relativos à produção de laudos, informações técnicas e pareceres, efetivo de peritos, afastamentos de peritos, número acumulado de pedidos (pendências), tipos de laudos, entre outros para tabelas de dados do *MS-Access*.

A análise consistiu em verificar os diversos dados exportados e testar as combinações ou relações entre eles, a fim de desenvolver uma fórmula para obtenção de um índice que sirva de indicador que possa medir a produtividade das unidades.

Com base no resultado da pesquisa, verificou-se a necessidade de inclusão no cálculo do índice de informações relativas ao tipo de laudo em forma de pesos a serem ponderados. Nesse sentido, utilizou-se um levantamento de campo realizado pelo INC onde foram considerados os valores relativos ao tempo (em dias) para realização do respectivo tipo de laudo. Esse levantamento foi realizado por meio de consulta aos chefes das unidades descentralizadas de criminalística e dos serviços e áreas do INC no início de 2011. A tabela apresenta, entre outras medidas estatísticas, a média aritmética ajustada dos tempos, aparando os extremos.

Conforme observado na pesquisa, verificou-se também a necessidade de considerar os afastamentos de peritos no setor, abrangendo viagens a serviço, eventos de capacitação fora da sede, licenças, férias etc. Tendo em vista que o Siscrim dispõe desses dados registrados diariamente, e que o afastamento significa a redução do efetivo de peritos durante certa quantidade de dias, foi possível expurgar do cálculo esses afastamentos, ou seja, calcular a produtividade somente com o efetivo remanescente, gerando a produtividade relativa aos peritos em efetivo exercício na unidade.

O período estabelecido para o cálculo inicialmente foi mensal, mas, após análise, constatou-se que havia uma variação significativa de um mês para o outro, indicando que havia uma distorção do cálculo, provavelmente em virtude de questões sazonais, como período de férias e concentração de operações policiais, ou até mesmo o tempo de conclusão do laudo, que poderia extrapolar o período de um mês. Dessa forma, foi estabelecido como período de referência o anual (365 dias corridos), no qual uma eventual concentração na produção seria diluída ao longo do ano. Cabe esclarecer que, apesar de ser um índice anual, sua apuração pode ser mensal, considerando os últimos 12 meses.

Assim, após a inserção de dados considerados relevantes na pesquisa como indicadores, foi possível construir a seguinte fórmula para o cálculo do índice de produtividade anual de cada unidade:

$$IPA = \frac{\Sigma\,(l \times t)}{\frac{\Sigma\,(PCF - Af)}{n}} \div 365$$

Onde:

| Variável | Nome | Descrição |
|---|---|---|
| IPA | Índice de Produtividade Anual | Resultado da produtividade calculada com base na referida fórmula, no período de um ano por unidade de criminalística. |
| l | Laudos | Quantidade de laudos, assim como dos demais documentos técnicos emitidos na unidade: informações técnicas, pareceres e relatórios técnicos. |
| t | Tempo | Tempo médio (em dias corridos) definido para cada tipo de laudo, conforme tabela de tempos médios, calculados com base em pesquisa feita pelo INC.<br>Obs.: O tempo deve ser revisto periodicamente, preferencialmente a cada ano. |
| PCF | Peritos | Quantidade de peritos lotados na unidade medida diariamente. |
| Af | Afastamentos | Quantidade de peritos afastados da sua sede da unidade em virtude de férias, licenças, missões, cursos etc., medida diariamente. |
| n | Número de dias | Número de dias relativo ao somatório dos efetivos. |

A fórmula apresentada supre a deficiência dos indicadores até então utilizados, os quais não consideram o tipo do exame com atributo para o cálculo da produtividade. No modelo até então adotado, por exemplo, em termos estatísticos, um laudo preliminar de constatação de drogas que leva em média algumas horas para ser elaborado tem o mesmo peso de um laudo de uma obra de engenharia, que em média leva semanas. No modelo proposto, a produção de laudos é ponderada pelo tempo médio para sua realização, o que reduz tal distorção, embora não a elimine por completo, pois nos exames periciais, como já foi dito, o tempo de elaboração pode variar mesmo sendo de um mesmo tipo de laudo.

O efetivo de peritos disponíveis é outro fator que agora é considerado de forma intrínseca ao cálculo da produtividade, subtraindo do efetivo lotado na unidade os peritos afastados por qualquer situação, assim como o chefe do setor, uma vez que este não exerce atividade pericial, mas de gestão. Assim, setores nos quais há um grande número de afastamentos seriam beneficiados pelo cálculo da produtividade, pois se parte de seus servidores não está trabalhando efetivamente no setor, não deve ser considerada como se trabalhando estivesse, corrigindo outra distorção que antes havia.

A fórmula vale para o cálculo da produtividade também do INC como órgão central; entretanto, a apuração ficou prejudicada uma vez que o Siscrim não está atualizado com a segregação dos servidores que atuam somente na elaboração de laudos. Caso essa dificuldade seja sanada, o cálculo poderia também ser adotado.

O resultado de referência esperado do índice é 01 (um). Esse resultado significa que o setor com o efetivo de peritos disponível conseguiu produzir, considerando os tempos médios de cada tipo de laudo e o período apurado, o valor referente a um dia de trabalho, em média. Nesse sentido, aquelas unidades que estão acima de 01 (um) significam que estão trabalhando acima do esperado, e isso não significa somente que estão sendo mais eficientes, mas também pode significar que estão sobrecarregadas, necessitando de mais efetivo, ou, ainda, que estão priorizando a quantidade em detrimento da qualidade. Por outro lado, as unidades que estão abaixo indicam que estão operando abaixo do esperado, significando que podem estar ociosas. Outra referência que pode ser utilizada é o índice médio das unidades.

É preciso ainda considerar erros na classificação dos laudos ou ausência na atualização do sistema com relação aos afastamentos, o que poderia impactar a produtividade; portanto, a correta alimentação do sistema torna-se ainda mais importante, carecendo de procedimentos de controle e auditoria permanentes.

Após a definição do modelo formulado, foi possível aplicá-lo nos dados disponíveis do Siscrim, o que resultou nos dados constantes no gráfico 1 contendo os seguintes índices para o ano de 2011:

**Gráfico 1**
Índice de produtividade anual de 2011

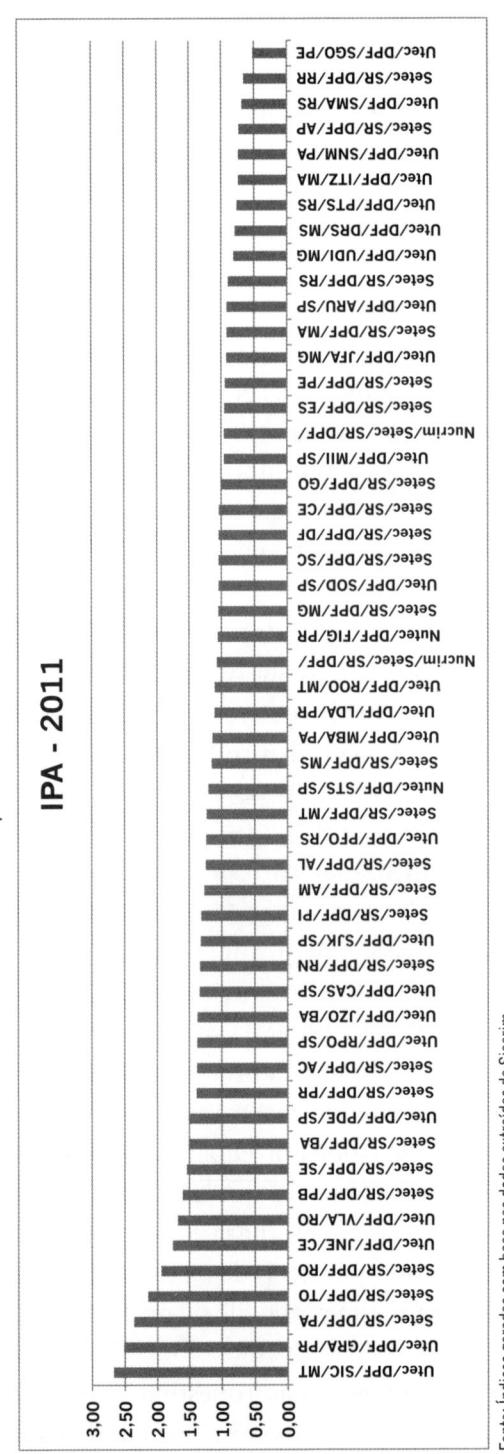

**IPA - 2011**

Fonte: Índices gerados com base nos dados extraídos do Siscrim.

No gráfico 1 é possível observar o índice calculado para cada unidade de criminalística da Polícia Federal no ano de 2011. Cabe destacar o desempenho em termos de produtividade da Utec/DPF/SIC/MT (Delegacia de Sinop), que obteve 2,67 de IPA, ou seja, um índice quase três vezes acima do esperado, o que chama a atenção e requer um cuidado para uma investigação específica para verificar a causa do excesso de produtividade registrado.

No extremo oposto, verifica-se o Utec/DPF/SGO/PE, que obteve 0,52 de IPA, levando a concluir que a unidade possui uma baixa produtividade, tendo por base os dados constantes no sistema.

Uma das aplicações práticas da utilização do índice poderia ser para subsidiar a remoção de peritos das unidades que estão operando abaixo do índice esperado para as unidades que estão operando acima. Uma alternativa seria a distribuição da carga de trabalho de forma a equilibrar a produtividade no mesmo sentido anterior.

Dessa forma, verifica-se a aplicabilidade do índice como um indicador que poderia substituir outros que atualmente são utilizados de forma separada e desconexa, bem como resumir em um único número vários tipos de dados, facilitando a leitura da produtividade da unidade.

## 5. Considerações finais

O presente capítulo buscou propor um índice a ser utilizado pelo Instituto Nacional de Criminalística para mensurar a produtividade das unidades de perícia da Polícia Federal.

Uma limitação observada nos indicadores até então utilizados pelo INC é a dificuldade na forma de comparação entre a produtividade das unidades, pois os tipos de laudos produzidos por uma unidade são diferentes dos tipos de outra, uma vez que não é considerado esse tipo de informação no cálculo, pelo menos para essa comparação. Não devem ser comparados dois setores por meio de medidas diferentes. Para tanto, é preciso convertê-las na mesma unidade de medida e, então, proceder à comparação.

A percepção dos respondentes aos questionários levou ao amadurecimento da utilização de pesos como uma forma de ponderar o número de laudos produzidos pelas suas respectivas classes ou subclasses, tendo como base os tempos médios, em dias, para sua elaboração. A pesquisa contemplou ainda a análise das disponibilidades dos dados para utilização dos indicadores e métricas.

Outro item que merece ser considerado é o tempo de afastamento de peritos, para férias, eventos de capacitação, missões fora da sede, licenças etc. Para resolver esse problema, sugere-se que sejam expurgados os dias de afastamento dos peritos, resultando na média da quantidade de peritos efetivamente à disposição para realização de trabalhos periciais e a respectiva elaboração dos laudos periciais.

É preciso ressaltar que a medição de desempenho deve ser feita por um conjunto de indicadores, que utilizados de maneira adequada para avaliar múltiplas dimensões devem oferecer ferramentas gerenciais úteis pelo gestor para sua tomada de decisão.

O desenvolvimento do Índice de Produtividade Anual (IPA) e sua utilização pelo INC como indicador comparativo de produtividade poderão contribuir para a correta avaliação do desempenho das unidades de criminalística e permitir sua comparação ao longo do tempo, bem como entre as diferentes unidades. Essa característica do índice oferece ao gestor a medição da eficiência da unidade, o que resulta na melhor aplicação dos recursos, assim como propor medidas de correção ao longo do monitoramento, como distribuição de carga de trabalho, remoção de peritos, acompanhamento de metas, alocação de recursos, dentre outros.

A proposta de um índice de produtividade que incorpore, de forma integrada e não isolada, cinco métricas (quantidade de laudos, tipos de laudos, complexidade, número de peritos, afastamentos de peritos) em um único número pode ser utilizada tanto pelo Instituto Nacional de Criminalística, como por outros órgãos de perícias, e até mesmo em outras unidades da Polícia Federal como as delegacias policiais, neste caso necessitando de ajustes nas tabelas equivalentes aos laudos para os inquéritos policiais com seus respectivos prazos médios de conclusão.

Conforme apontado também pela pesquisa, o número de laudos produzidos, a demanda acumulada (pendências), o tempo de atendimento/idade da requisição, o tipo de exame, a quantidade de peritos devem continuar sendo utilizados como métricas, pois em conjunto com o IPA podem oferecer aos gestores mecanismos de mensuração capazes de subsidiar suas ações estratégicas, táticas e operacionais.

Outro item a ser considerado é o material objeto de exame. Esse item deve ser incluído no Siscrim de maneira que permita sua mensuração, quer seja pela quantidade, quer seja pela característica, como citado também no projeto *Foresight*.

Outros indicadores, embora não estejam relacionados diretamente com a produtividade em termos de laudos periciais, devem ser tratados em outras dimensões, como o de inovação e gestão de conhecimento, qualidade, aprendizagem, custos. Nesse sentido, indicadores como a quantidade de artigos publicados, participação em projetos de pesquisa, em eventos de capacitação e treinamentos podem oferecer elementos para essas dimensões.

## Referências

BROWN, Stan; WILLIS, Sheila. Complexity in forensic science. *Forensic Science Policy and Mangement*, Morgantown, v. 1, n. 4, p. 192-198, 2009.

GIL, Antônio Carlos. *Como elaborar projetos de pesquisa*. 4. ed. São Paulo: Atlas, 2002.

GUIMARÃES, José Ribeiro Soares; JANNUZZI, Paulo de Martino. IDH, indicadores sintéticos e sua aplicações em políticas públicas — uma análise crítica. *Revista Brasileira de Estudos Urbanos e Regionais*, v. 7, n. 1, p. 73-90, maio 2005.

HIMBERG, Kimmo. Project Quadrupol: development of a benchmarking model for forensic laboratories. *Problems of Forensic Sciences*, v. 50, p. 186-188, 2002.

HOUCK, Max M. et al. Foresight: a business approach to improving forensic science services. *Forensic Science Policy and Mangement*, Morgantown, v. 1, p. 85-95, 2009.

INC. Instituto Nacional de Criminística. Sistema Nacional de Criminalística. *Relatório estatístico de 2011*. Brasília: INC, 2012.

JURAN, Joseph M. *A qualidade desde o projeto*. Os novos passos para o planejamento da qualidade em produtos e serviços. São Paulo: Pioneira, 1992.

KAPLAN, Robert S.; NORTON, David P. *A estratégia em ação*: balanced scorecard. Rio de Janeiro: Campus, 1997.

OLIVEIRA, Djalma de Pinho Rebouças de. *Planejamento estratégico*: conceitos, metodologia e práticas. São Paulo: Atlas, 1987.

REZENDE, Denis Alcides. *Planejamento estratégico para organizações privadas e públicas*. Rio de Janeiro: Brasport, 2008.

SPEAKER, Paul J. Key performance indicators and managerial analysis for Forensic laboratories. *Forensic Science Policy and Mangement*, Morgantown, v. 1, p. 32-42, 2009.

STEVENSON, William J. *Estatística aplicada à administração*. São Paulo: Harbra, 2001.

VERGARA, Sylvia Constant. *Projetos e relatórios de pesquisa em administração*. 11. ed. São Paulo: Atlas, 2009.

\_\_\_\_. *Métodos de coleta de dados no campo*. São Paulo: Atlas, 2009.

Capítulo 5

# Determinantes do desempenho em laudos de criminalística no Departamento de Polícia Federal: uma abordagem multinível

Fernando Fernandes de Lima
Rafael Guilherme Burstein Goldszmidt

O Departamento de Polícia Federal, em particular sua Diretoria Técnico-Científica, tem buscado adotar ferramentas modernas de administração para a melhoria da eficiência de seus processos, dentre as quais o uso de indicadores de desempenho. No caso específico da criminalística, cuja gestão está a cargo daquela diretoria, ainda faltam estudos básicos que permitam conhecer os processos que lá se desencadeiam, para então serem adotados indicadores confiáveis e de fácil compreensão. Nessa direção, um dos primeiros passos é conhecer o tempo que cada processo demora, dadas suas características. Neste trabalho são utilizadas técnicas estatísticas para extrair essa informação da base de dados existente na Diretoria Técnico-Científica. Com a obtenção dessas informações é possível propor indicadores de desempenho adequados e de fácil acompanhamento, permitindo então aos gestores verificar o resultado efetivo de ações e decisões gerenciais.

## 1. Introdução

Segundo a definição da Academia Nacional de Polícia (ANP/DPF, 2002), a tarefa da criminalística é elaborar a prova material, ou seja, examinar os vestígios de modo técnico-científico como parte do processo investigativo, elaborando peças processuais conhecidas como laudos periciais.

Tais exames e laudos, no âmbito da Polícia Federal, a Polícia Judiciária da União, são realizados pelos peritos criminais federais (PCF), profissionais de mais de 17 diferentes áreas de formação, diante do que se torna quase óbvia a enorme variedade de laudos periciais produzidos por eles, e até o presente momento não foi possível estabelecer um padrão médio de complexidade de cada um desses tipos de laudos periciais, de forma a estimar quanto consome de recursos materiais e de pessoal cada um desses trabalhos.

Propomos aqui um modelo para análise do tempo necessário à finalização de qualquer solicitação pericial dentro da Polícia Federal. Para isso é necessário compreender, qualitativa e quantitativamente, os fatores que influenciam nesse tempo, analisando fatores pessoais e organizacionais. De posse de tal modelo, propomos ainda alguns indicadores de desempenho para serem utilizados na gestão de pessoal do Departamento de Polícia Federal (DPF).

Com este objetivo serão analisadas as condicionantes de tempo em diferentes níveis de agregação, decompondo a variabilidade do tempo gasto nos efeitos devidos ao agente, ao local onde o trabalho é realizado e às próprias características do trabalho. Essas condicionantes foram buscadas em relatórios internos do DPF, emitidos para o período entre 1/1/2008 e 31/12/2010.

## 1.1 Relevância teórica e gerencial

A maioria dos pesquisadores da área da administração utiliza métodos de análise em um único nível (individual, grupo, organização). O amadurecimento destes estudos, porém, não trouxe, até o presente momento, maiores entendimentos sobre a rede de relacionamentos entre as diversas variáveis que influenciam o fenômeno organizacional. Para que seja possível o avanço na compreensão do comportamento desses grupos, é imprescindível deixar de lado as lentes macro e micro e passar a expandir as teorias e métodos utilizados (Hitt et al., 2007).

Os mesmos autores afirmam que, apesar de existir um bom entendimento no nível macro de como as estratégias das organizações afetam seu desempenho, ainda não há um retrato fiel de como tais estratégias afetam seu funcionamento interno. Inclusive há autores que creditam esse fraco conhecimento a descobertas até certo ponto divergentes no campo da estratégia empresarial. Por outro lado, as pesquisas no nível micro — focadas nos sentimentos, pensamentos e ações dos indivíduos — geralmente ignoram a dinâmica social existente nos níveis mais altos.

Explorando a estrutura organizacional e o desempenho de organizações, poucos estudos foram encontrados por Andrews (2010:103) que evidenciassem a relação entre os dois. Com o objetivo de melhor entender tal relação, o autor sugere o uso de técnicas de regressão multinível ou hierárquicas.

Aliado a isto, a frequência com que os dados de gerenciamento público infringem os pressupostos das regressões lineares simples leva ao entendimento de que a regressão multinível é a técnica mais adequada para desenvolver modelos nesta área. Esta é a ferramenta que oferece as melhores condições de testar esse tipo de dados, apesar de poucos pesquisadores já terem se dedicado a tais estudos (Hicklin, 2010:257-258).

Chegando ao âmbito da criminalística, Himberg (2002) relata que, na Europa, a iniciativa privada tem sido atraída para atuar nessa área, até então dominada pelo setor público. A necessidade de mais eficiência e efetividade na área levou, inicialmente, a um corte de custos que compromete a qualidade dos serviços.

Essa busca pela eficiência e efetividade é um problema de ordem gerencial, muito mais que científico ou jurídico, fato que trouxe o uso das ferramentas administrativas mais modernas para o âmbito da ciência forense. Nesse sentido, o projeto Quadrupol, da União Europeia, busca a criação de uma plataforma de contínua produção e comparação de dados como mais uma dessas ferramentas para melhoria gerencial.

Nos Estados Unidos da América, o projeto *Foresight* surgiu com base no Quadrupol, após a realização de um encontro internacional promovido pela West Virginia University, tendo criado as bases para a obtenção dos dados gerenciais e para a comparação dos dados entre instituições forenses americanas e canadenses. Assim, ficou estabelecido que as instituições que estão no primeiro quartil da amostragem representariam o que foi considerado como as melhores práticas, sendo chamadas a expor às demais os processos e práticas que possam ter levado àquele resultado superior.

Não há notícias de iniciativas semelhantes no Brasil, seja em âmbito federal, seja estadual, não tendo sido encontrado qualquer tipo de controle de custos e produtividade em qualquer atividade de criminalística seja federal ou estadual.

Um primeiro controle que se pode imaginar é o do tempo de trabalho. Se considerarmos que o insumo humano é o principal custo da elaboração de um laudo pericial, controlar seu uso adequadamente é fundamental para a redução de custos. Sem isso, o acréscimo de efetivo de peritos criminais pode vir a ser inócuo. Nesse sentido, é certo que o ano de 2001 marcou uma nova fase no DPF, tanto na renovação de pessoal, como no que tange à questão de equipamentos de alta tecnologia.

No âmbito técnico-científico, o DPF foi agraciado com recursos dos projetos Pró-Amazônia/Promotec, oriundos de um acordo firmado entre os governos brasileiro e francês em 1998. Dentre as seis áreas cobertas pelo projeto estava a criminalística, que foi contemplada com a aquisição de muitos equipamentos até então somente disponíveis nos grandes centros. Com essas aquisições foi possível nivelar todas as representações estaduais da criminalística do DPF, em termos de equipamentos disponíveis para realização de exames periciais.

No que diz respeito ao pessoal, o efetivo de peritos criminais federais oscilou entre 125 em 1985 e 267 servidores em 2001. Naquele ano foi então realizado um grande concurso, posteriormente seguido por outro ainda maior em 2004, o que garantiu, até o segundo semestre de 2009, uma entrada regular de novos servidores, como pode ser observado no gráfico 1. Em 31 de dezembro de 2010, o efetivo de peritos criminais federais era de 1.092 servidores (Brasil, 2011).

Este panorama deixa evidente a premente necessidade de que mais e maiores ferramentas de gestão sejam adotadas no ambiente da criminalística, seja em nível federal ou em nível estadual.

Gráfico 1
Evolução histórica do número de peritos em atividade

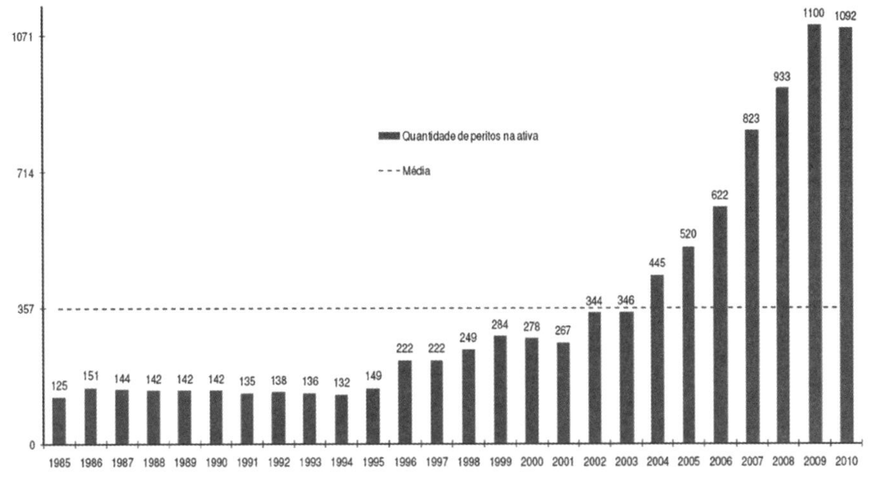

Fonte: Brasil (2011).

## 2. Referencial teórico

### 2.1 Organizações e gestão de pessoal

Uma gestão de pessoas mais profissional e moderna tem sido foco da administração pública, basta observar as recentes realizações dos Fóruns de Gestão de Pessoas no Setor Público, o último ocorrido em 2008, sediado pelo Superior Tribunal de Justiça (STF), em Brasília (DF). Nesses fóruns tem sido buscado o diálogo entre diversos órgãos da União, em que cada um expõe suas experiências bem-sucedidas. Temas recorrentes são a gestão e remoção por competências.

Mintzberg e colaboradores (2006:313) afirmam que, nas organizações profissionais, "os resultados do trabalho profissional não podem ser facilmente mensurados e, teoricamente, não se prestariam à padronização". Os autores também afirmam que essa dificuldade de padronização traz uma baixa necessidade de gerência intermediária, permitindo que as organizações profissionais sejam grandes do ponto de vista de quantitativo total de pessoal.

Segundo Andrews (2010), estas organizações, especialmente no setor público, possuem ainda altos níveis de especialização, característica associada diretamente à burocracia. A especialização pode ser dividida entre complexidade ocupacional e profissionalização. A primeira diz respeito à quantidade de especialidades presentes na organização, a segunda tem a ver com a atividade profissional desenvolvida.

Os poucos estudos dessa área deixam a lição de que é necessário o uso de indicadores objetivos de desempenho para avaliar o impacto do fator especialização, além de outros, como formalização e centralização, no resultado das organizações. É também evidente a necessidade do uso de técnicas estatísticas multivariadas para controlar os efeitos das diversas variáveis envolvidas.

## 2.2 Avaliação de desempenho

O ambiente empresarial está em constante mudança e as organizações que não se adaptarem adequadamente e de forma tempestiva às mudanças terão sua sobrevivência ameaçada, mais cedo ou mais tarde. Como consequência destas mudanças, nasceu a necessidade de avaliar o desempenho. O termo em si é de difícil definição, dada sua multidimensionalidade, mas em termos gerais pode-se dizer que desempenho é fazer hoje o que trará resultados amanhã. E por que medir? Medir o desempenho permite uma série de ações, tais como identificar setores problemáticos e prioritários nas ações, maximizar a efetividade dos esforços, dentre outros (Lebas e Euske, 2004:67-68).

Os modelos e habilidades desenvolvidos para empresas com fins lucrativos podem — e devem — ser comparados e adaptados para o setor sem fins lucrativos (Speaker, 2009). Afinal, o gestor público ou de organizações sem fins lucrativos deve maximizar o serviço ou "benefício" fornecido por seu órgão por unidade monetária de seu orçamento. Nesse mesmo sentido manifestam-se Santos e Cardoso (2001), quando equiparam os contribuintes com os acionistas de empresas privadas: uns e outros devem exigir dos gestores o máximo de retorno do seu investimento ou de seus impostos, conforme o caso.

O gerenciamento do desempenho deve então passar por três elementos distintos, mas intimamente conectados: selecionar indicadores, estabelecer metas e tomar ações no sentido de atingir essas metas.

## 2.3 Indicadores de desempenho

Os indicadores de desempenho são simples meios de se medir algo com propósitos de comparação presente ou futura e com isso medir um desempenho relativo a algum propósito. Dentre os indicadores, destacam-se os chamados indicadores-chave ou principais (*key performance indicators*), assim considerados aqueles que são intimamente ligados à estratégia da empresa, sendo claros indicadores da falha ou do sucesso de determinadas ações.

Os indicadores de desempenho adotados devem apresentar certas características: fácil mensuração e compreensão, alinhamento com a estratégia empresarial e expressar as necessidades de clientes e empresa (Helou Filho e Otani, 2006). O uso de uma unidade de medida de fácil compreensão e significativa para os usuários é fator crucial para o seu sucesso (Boyne, 2010:210-212).

A máxima efetividade de uma organização ocorre quando as pessoas envolvidas nos processos estão monitorando uma pequena quantidade de indicadores que são críticos para o sucesso global. Se o indicador não for realmente parte de um sistema de controle efetivo, seu uso será um desperdício de recursos e — em consequência — causará uma redução no nível de desempenho organizacional. Ou seja, o indicador deve ser capaz de disparar ações por parte do corpo gerencial do órgão (Robson, 2004).

## 2.4 A administração da criminalística

A criminalística é extremamente carente de recursos humanos capazes de não só administrá-la como também liderá-la. Esta é a análise que Becker e colaboradores (2009) fazem em seu artigo sobre os desafios das lideranças forenses nos Estados Unidos da América. Com orçamentos na ordem dos milhões de dólares, os administradores de grandes laboratórios forenses daquele país sofrem com a falta de treinamento específico e a ausência de referências para seus processos decisórios (Houck et al., 2009).

A situação brasileira não é muito diversa. Por exemplo, a Diretoria Técnico-Científica do DPF teve em 2010 um orçamento de R$ 10.565.000,00 (dez milhões, quinhentos e sessenta e cinco mil reais) para gerir. Assim, os desafios listados por Becker e colaboradores (2009) são também válidos para as nossas instituições, dentre eles: redução de pendências e constante avaliação de desempenho, tanto de pessoas como de processos.

## 3. Metodologia

Técnicas de regressão linear têm sido largamente utilizadas no estudo da administração, particularmente regressões simples empregando o método dos mínimos quadrados. Nos últimos anos, porém, o desenvolvimento de novas técnicas computacionais facultou o avanço para técnicas mais apuradas, que permitem enfrentar problemas que as soluções tradicionais não conseguem combater (Hicklin, 2010:254), tais como endogeneidade, não linearidade e independência das observações.

Em diversos campos de pesquisa, muitos tipos de informação apresentam uma estrutura hierárquica. Por exemplo, na biologia, podem-se reunir elementos em grupos, tais como cardumes ou matilhas. Na administração, indivíduos estão agrupados em setores, setores agrupados em departamentos, departamentos agrupados em organizações e estas, agrupadas em ambientes. Seria possível traçar $n$ níveis hierárquicos, sendo necessário — para investigar tais níveis — medir variáveis que descrevam cada um deles, pois é nítido que variáveis em um determinado nível influenciam variáveis de outro nível (Hofmann, 1997). Esse tipo de hierarquia está por toda parte e é o foco do pensamento multinível.

## 4. Análise dos dados e resultados

### 4.1 Formulação dos modelos multinível

Segundo Singer e Willet (2003:49), a componente do nível um de um modelo multinível é também conhecida como modelo de crescimento individual. Esse modelo pode ser escrito como:

$$y_{ij} = [\beta_{0i} + \beta_{1i}(x_{ij})] + \varepsilon_{ij}$$

Onde $y_{ij}$ é a variável resposta; $\beta_{0i}$ e $\beta_{1i}$ são os coeficientes que serão ajustados; $x_{ij}$ é o parâmetro populacional de entrada e $\varepsilon_{ij}$ o erro ou resíduo do modelo. Os índices i e j são utilizados para identificar os diferentes níveis utilizados no modelo. No caso do estudo dos laudos periciais, podem indicar, por exemplo, o tipo de laudo e o local onde foi elaborado.

A primeira parte do modelo, apresentada entre colchetes, é conhecida como parcela estrutural ou fixa do modelo. Trata-se da trajetória esperada de mudança ao longo do tempo, para cada indivíduo. O erro é considerado a parte estocástica do modelo e o interesse é em sua variância.

Quando um segundo nível é inserido na modelagem, usa-se a seguinte formulação:

$$\beta_{0i} = \gamma_{00} + \gamma_{01}w_i + u_{0i} \quad \text{(Equação 2)}$$
$$\beta_{1i} = \gamma_{10} + \gamma_{11}w_i + u_{1i} \quad \text{(Equação 3)}$$

Onde $\gamma_{00}$, $\gamma_{01}$, $\gamma_{10}$ e $\gamma_{11}$ são os coeficientes que serão ajustados; $w_i$ é o parâmetro populacional de entrada e $u_{0i}$ e $u_{1i}$ os erros ou resíduos do modelo.

Assim pode-se observar como o modelo de 2º nível modifica as características dos coeficientes do modelo de 1º nível. A parcela estrutural do modelo de 2º nível tem quatro parâmetros de efeitos fixos, $\gamma_{00}$, $\gamma_{01}$, $\gamma_{10}$ e $\gamma_{11}$. Dois deles são interceptos e dois são coeficientes angulares. A parcela estocástica tem dois resíduos, $\zeta_{0i}$ e $\zeta_{1i}$, que representam as porções não explicadas no nível 2 do modelo (Singer e Willet, 2003:54-55).

A inserção de um terceiro nível é simples a partir do desenvolvimento acima e pode-se especificá-lo como:

$y_{ijk} = [\beta_{0jk} + \Sigma_{f=1}^{F} \beta_{fjk}(x_{fijk})] + \varepsilon_{ijk}$ (Equação 4)

$\beta_{fjk} = [\gamma_{f0k} + \Sigma_{s=1}^{S} \gamma_{fsk}(x_{sjk})] + u_{fjk}$, f=0, ..., F (Equação 5)

$\gamma_{fsk} = [\pi_{fs0} + \Sigma_{t=1}^{T} \pi_{fst}(z_{tk})] + r_{fsk}$, f=0, ..., F e s=0,..., S (Equação 6)

Onde F representa o número de variáveis do 1º nível, S o número de variáveis do 2º nível e T o número de variáveis do 3º nível.

### 4.1.1 Formulação de modelos com classificação cruzada

Para formular um modelo com classificação cruzada em dois níveis, apresenta-se uma notação ligeiramente diferente, utilizando os índices $j_1$ e $j_2$ para indicar os efeitos relativos à classificação cruzada, considerando a existência de uma única variável explicativa:

$y_{i(j_1, j_2)k} = \beta_0 + \beta_1 (x_{1i(j_1, j_2)}) + u_{j_1} + u_{j_2} + \varepsilon_{i(j_1, j_2)}$ (Equação 7)

Já um modelo com três níveis seria assim formulado, também considerando uma única variável explicativa:

$y_{i(j_1, j_2)k} = \beta_0 + \beta_1 (x_{1i(j_1, j_2)k}) + r_{00k} + u_{0j_1k} + u_{0j_2k} + \varepsilon_{i(j_1, j_2)k}$ (Equação 8)

## 4.2 Definição dos níveis

Para gerar o modelo deste estudo, será adotada uma configuração em 3 níveis. O nível 1 seriam os laudos propriamente ditos, agrupados pelos peritos responsáveis no nível 2. Nesse nível 2 ainda se tem, de forma cruzada, a classificação por tipo de laudo. Os peritos estarão agrupados pela unidade onde estão lotados num 3º nível. Um esquema pode ser visto adiante, onde cada x significa um laudo elaborado.

Tabela 1
Níveis adotados no trabalho

|  |  | Laudo tipo 1 | Laudo tipo 2 | Laudo tipo 3 | Laudo tipo 4 |
|---|---|---|---|---|---|
| Unidade 1 | Perito 1 | xxx | xx | x | - |
|  | Perito 2 | x | x | xxxx | - |
| Unidade 2 | Perito 3 | xxxxx | xxxx | - | x |
|  | Perito 4 | xxx | - | - | xx |
|  | Perito 5 | - | - | xx | xxx |

## 4.3 Operacionalização das variáveis

As variáveis adotadas no trabalho podem ser observadas na tabela 2. Foram adotadas, ainda, abreviações nos nomes dos títulos de laudo utilizados, unicamente para facilitar a visualização nos softwares utilizados.

Tabela 2
Variáveis adotadas

| Variável | Nome no modelo | Descrição | Nível da variável |
|---|---|---|---|
| Tempo | t | Tempo, em dias, passado desde o registro da solicitação até a data da entrega do laudo. | Variável dependente |
| Logaritmo do tempo | ln_t | Logaritmo natural da variável tempo. | Variável dependente |
| Ano do laudo | ano_laudo | Ano em que o laudo foi registrado no sistema. | Nível 1 |
| Título do laudo | titulo | Título do laudo. | Nível 2 |
| Identificação do perito | id_perito | Identificação única do perito. | Nível 2 |
| Situação no DPF | sit | Variável *dummy* que representa a atuação do perito em cargos de chefia ou similares. O valor unitário significa que o perito atua em cargos de chefia. | Nível 2 |
| Idade | idade | Idade do perito responsável pelo laudo, em anos. | Nível 2 |
| Pós-graduação | mest dout posd | Variáveis *dummy* que representam o nível de formação do perito responsável pelo laudo. Todos os valores zero representam apenas a graduação. | Nível 2 |

(continua)

(continuação)

| Variável | Nome no modelo | Descrição | Nível da variável |
|---|---|---|---|
| Tempo desde a posse | t_posse | Tempo de serviço, em anos, desde a data de posse do servidor. | Nível 2 |
| Herfindah-Hirschmann das áreas e dos títulos | HH_area HH_titulo mult_HH | Índice de Herfindahl-Hirschman relativo à dispersão em áreas e em títulos do perito. Utilizou-se, ainda uma combinação linear (multiplicação) dos dois índices. | Nível 2 |
| Unidade do laudo | un_laudo | Unidade organizacional em que o laudo foi registrado. | Nível 3 |
| Pendências da unidade | pend_un_laudo | Número de pendências na unidade do laudo em 31/12 do ano do respectivo laudo. | Nível 3 |
| Produção do mesmo tipo de laudo | qt_laudos_mesmo_tipo | Produção total de laudos com o mesmo título na unidade, no período estudado. | Nível 3 |
| Produção total da unidade | qt_total_laudos | Produção total de laudos na unidade, no período estudado. | Nível 3 |
| Efetivo que faz mesmo tipo de laudo | ef_prod_mesmo_tipo | Efetivo da unidade onde o laudo foi produzido que faz o mesmo tipo de laudo. | Nível 3 |

## 4.4 Geração dos modelos

### 4.4.1 Modelo nulo

O modelo nulo, ou seja, sem nenhuma variável explicativa, será utilizado como forma de ter um parâmetro inicial de comparação e para decompor a variabilidade do tempo gasto na conclusão de um laudo pericial. Esse modelo será similar ao apresentado na equação 8, exceto pelo fato de que não possui variáveis explicativas:

$$y_{i(j_1,j_2)k} = \beta_0 + r_{00k} + u_{j1} + u_{j2} + \varepsilon_{i(j_1,j_2)k} \qquad \text{(Equação 9)}$$

Após gerar o modelo obteve-se:

$$\ln\_t = 3{,}777 + r_{00k} + u_{j1} + u_{j2} + \varepsilon_{i(j_1,j_2)k} \qquad \text{(Equação 10)}$$

As variâncias da parcela aleatória no modelo podem ser observadas na tabela 3, onde se nota que 28,4% da variância da variável *ln_t* são devidos às características do laudo, 5,9% se devem às características do local onde ele foi elaborado e 9,7% são devidos ao servidor que o elaborou. Esses percentuais também são chamados de correlação intraclasse.

O resíduo possui uma variância que representa diferenças observadas entre laudos do mesmo tipo, realizados pelo mesmo indivíduo no mesmo local. Tal fato sugere que há diferenças de complexidade dos laudos realizados que não podem ser explicadas pelas variáveis adotadas, ou seja, as classificações aqui adotadas não são suficientes para lhe prever o tempo necessário à sua conclusão.

Tabela 3
Variâncias no modelo nulo

| Variável (efeitos aleatórios) | Variância | % de participação |
|---|---|---|
| Título | 0,661 | 28,4% |
| Unidade do laudo | 0,138 | 5,9% |
| Perito | 0,226 | 9,7% |
| Resíduo | 1,302 | 55,9% |

### 4.4.2 Modelo com variáveis do perito

Concluída a primeira etapa, geramos então o Modelo 2, desta vez incluindo as variáveis do nível do perito. Foi então possível observar que as variáveis relativas a idade, tempo de serviço e nível de escolaridade, além do índice Herfindahl-Hirschman relativo a títulos, não apresentam significância ao nível de 5%. Ou seja, não se pode rejeitar a hipótese de que seu coeficiente seja zero e, consequentemente, não tenham influência sobre o tempo de elaboração do laudo.

Partindo desse modelo, foi deixada então apenas a variável relativa ao índice de Herfindahl-Hirschman da área e desta vez foi gerado o Modelo 3, que apresenta um coeficiente positivo para o índice, indicando que os peritos mais especializados (com índice maior) têm um efeito positivo na variável dependente, ou seja, em média demoram mais para concluir uma pendência.

### 4.4.3 Modelo com variáveis da unidade

Partindo do Modelo 3 e inserindo como novas variáveis explicativas aquelas do nível da unidade de produção (nível de pendências, quantidades produzidas ao longo do período e efetivo da unidade dedicado ao trabalho naquele tipo de laudo), obtém-se o modelo seguinte:

$\ln_t = 3,479482 + 0,47543253 HH_{area} + 0,00083820 \text{pendunlaudo}\_ + 0,0000851 \text{qtlaudosmesmotipo}\_ - 0,0072859 \cdot \text{efprodmesmotipo}\_ + r_{00k} + u_{j1} + u_{j2} + \varepsilon_{i(j_1, j_2)k}$

(Equação 11)

Aqui é possível observar que o número total de pendências na unidade onde o laudo está sendo feito aumenta o tempo para que um laudo qualquer seja concluído, bem como a quantidade de laudos do mesmo tipo que são realizados naquela unidade.

Já o efetivo total que produz laudos do mesmo tipo tem um sinal negativo, ou seja, tende a reduzir o tempo necessário à conclusão de uma determinada solicitação pericial.

Estes resultados confirmam que a capacidade de produção do sistema, no que tange ao efetivo, precisa seguir a demanda, para que os tempos de conclusão de uma solicitação sejam baixos. Assim, além do investimento em equipamentos e laboratórios, é patente a necessidade de pessoal para atender as demandas.

Por outro lado, é possível considerar que o resultado do coeficiente de quantidade de laudos produzidos indica que unidades com muita produção podem estar gerando o efeito "moita", como é comumente chamado no meio policial: o servidor acaba não produzindo tanto quanto poderia, por estar em meio a tantos outros, ao passo que, em pequenas unidades, a possibilidade de um mau desempenho ser identificado é maior.

O resultado sobre o nível de pendências quebra um mito existente no meio da criminalística: a de que muitas pendências terminam por pressionar o perito a concluir rapidamente os exames. O que o modelo demonstra é exatamente o oposto: quanto mais pendências uma unidade tem, maior a tendência de que as pendências demorem. Acredita-se que isso ocorra pela frequente necessidade de parar um trabalho para realizar outro, o que acaba reduzindo a produtividade média.

Não havendo variáveis explicativas do nível do laudo além do seu próprio título, este foi então o modelo adotado para a obtenção dos efeitos aleatórios, do qual foi possível então — da mesma forma que fora feito no modelo nulo — observar a influência de cada um dos níveis sobre a variável dependente, como pode ser observado em parte na tabela 4.

Estes valores indicam o quão maior é o tempo necessário à conclusão de cada tipo de laudo, lembrando que a variável dependente aqui é o logaritmo do tempo, ou seja, o efeito desses valores é exponencial em relação ao tempo.

Assim, tomando como base unitária a solicitação que é entregue mais rapidamente, a de laudo de exame preliminar de entorpecentes, é possível afirmar que, realizado pelo mesmo perito e em um mesmo setor técnico-científico, um laudo merceológico demora cerca de 8,8 vezes mais que o preliminar, ou um de engenharia 65,1 vezes mais.

Tabela 4
Efeitos aleatórios do título do laudo sobre a variável dependente no Modelo 4

| Título do laudo | Efeito sobre a variável dependente | % do tempo médio[1] | Título do laudo | Efeito sobre a variável dependente | % do tempo médio |
|---|---|---|---|---|---|
| EMPR | 1,819592 | 517% | ANIM | -0,02143 | -2% |
| ENG | 1,676383 | 435% | MAT_EXPL | -0,07796 | -8% |
| DEMARC | 1,531269 | 362% | ALIM | -0,08608 | -8% |
| AVA_BENS | 1,265633 | 255% | INS_TEL | -0,09049 | -9% |
| M_AMB | 1,227202 | 241% | BLIND | -0,15209 | -14% |
| CONT | 1,210814 | 236% | ACESS_ARMA | -0,23194 | -21% |
| PAT_HIS | 1,023301 | 178% | MICR_BAL | -0,23722 | -21% |
| FIN | 0,960161 | 161% | MAT | -0,24209 | -22% |
| DAC | 0,83677 | 131% | GEN | -0,27476 | -24% |
| MIN | 0,764806 | 115% | MERC | -0,31757 | -27% |
| BEB | 0,648413 | 91% | QUI_TOX | -0,31821 | -27% |
| DOC_ML | 0,515043 | 67% | MUN | -0,3202 | -27% |
| BIOM | 0,469994 | 60% | PROD_FARM | -0,32857 | -28% |

(continua)

(continuação)

| Título do laudo | Efeito sobre a variável dependente | % do tempo médio[1] | Título do laudo | Efeito sobre a variável dependente | % do tempo médio |
|---|---|---|---|---|---|
| MAT_AV | 0,469058 | 60% | AER | -0,34163 | -29% |
| SIS_INF | 0,429862 | 54% | PETR_FALS | -0,34728 | -29% |
| REP_SIM | 0,418862 | 52% | VEIC | -0,35041 | -30% |
| EQP_EL | 0,371707 | 45% | ARMA | -0,4231 | -34% |
| EQP_IMP | 0,282834 | 33% | LOC | -0,4617 | -37% |
| AGROT | 0,191842 | 21% | VEST_BIO | -0,5127 | -40% |
| EMB | 0,178516 | 20% | ARMA_BCA | -0,53736 | -42% |
| MAQ_EQP | 0,163738 | 18% | INT | -0,65022 | -48% |
| CAR_ID | 0,13162 | 14% | PAPEL | -0,68218 | -49% |
| COSM | 0,093085 | 10% | MOE | -0,81101 | -56% |
| PETR | 0,070111 | 7% | RES_MAT_SUP | -1,02206 | -64% |
| ELE_MUN | 0,056897 | 6% | SUB | -1,32582 | -73% |
| DOC | 0,035609 | 4% | LES_CORP | -1,34721 | -74% |
| EQP_COMP | 0,030077 | 3% | MAT_VEG | -1,39508 | -75% |
| VEG | -0,00368 | 0% | LOC_INF | -1,44851 | -77% |
| COMB | -0,0203 | -2% | PREL | -2,49435 | -92% |

[1] Quão mais demorada é estimada a conclusão de um determinado tipo de laudo em relação ao tempo médio previsto de conclusão de uma pendência qualquer.

## 5. Proposta de indicadores

A partir do momento em que uma solicitação de laudo pericial dá entrada no sistema de criminalística do Departamento de Polícia Federal, a informação mais importante para o cliente, seja ele o Ministério Público, o Judiciário ou até mesmo outro servidor do Departamento de Polícia Federal, é saber em qual prazo receberá o produto solicitado.

O acompanhamento desses prazos permite dar um passo na melhoria da eficiência do processo, deixando de lado o mero acompanhamento da eficácia e passando para uma avaliação de desempenho mais aprofundada.

Assim, considera-se ser de vital importância acompanhar quantos laudos são concluídos dentro do prazo previsto. Em qualquer caso, é um adicional saber em que medida a solicitação extrapolou ou foi mais rápida do que o previsto.

Isto permite identificar onde trabalhar no sentido de reduzir prazos e custos. Estes indicadores permitiriam ainda um melhor dimensionamento da força de trabalho necessária nos quadros do Departamento de Polícia Federal.

Até a presente data não havia uma estimativa científica dos prazos de conclusão de uma solicitação pericial. Todas as estimativas feitas até então se baseavam única e exclusivamente na experiência dos servidores mais antigos. Como seria esperado em casos semelhantes, essas estimativas variavam muito de servidor para servidor, de forma que era inviável o cálculo de índices de desempenho que levassem em consideração esses prazos.

O modelo aqui desenvolvido permite realizar essa estimativa sem os vieses pessoais daqueles que trabalham na área. Agora, dadas as condicionantes O QUE, ONDE e QUEM, é possível estimar em quanto tempo se espera que determinada solicitação seja concluída. A partir dessa expectativa, é possível então começar a estudar os seus desviantes. Quais unidades ou servidores cumprem ou deixam de cumprir as expectativas? Que medidas tomar para que passem a cumpri-las?

É com essa base que são propostos nesta seção três indicadores de desempenho, sendo um para cada nível analisado.

## 5.1 Índice de celeridade do laudo

Considerando-se $T_{previsto}$ como o tempo médio previsto pelo modelo para a conclusão de um determinado laudo, dadas suas características (que tipo, onde e quem o fará); e $T_{real}$ o tempo em que efetivamente o laudo foi concluído, pode-se definir o índice de celeridade do laudo:

$$I_{celeridade} = \frac{T_{previsto}}{T_{real}} \qquad \text{(Equação 12)}$$

Este índice, adimensional, atende as recomendações da literatura (simplicidade, fácil mensuração e compreensão, dentre outras) e representa o percentual a mais ou a menos da média que um determinado laudo demorou para ser concluído.

Um índice de 100% significa que o laudo foi entregue exatamente no tempo médio previsto. Acima de 100%, o laudo foi entregue mais rápido do que o tempo médio previsto. Abaixo de 100%, o laudo demorou mais do que o tempo médio para conclusão.

A identificação de um excesso de laudos com baixos índices de celeridade pode ser um indício de problemas a ser corrigidos pela administração: aumento do nível de dificuldade de um determinado tipo de laudo; falta de equipamento; falta de treinamento de pessoal; excesso de tarefas não ligadas à atividade-fim, dentre outros.

Por outro lado, ao identificar uma quantidade muito grande de laudos sendo executados demasiadamente rápido, a administração pode ser levada a verificar a qualidade do produto que está sendo oferecido ou mesmo realizar novos estudos com o fim de identificar se, por alguma inovação técnica ou tecnológica adotada, os tempos médios para conclusão de determinado tipo de exame já são inferiores aos utilizados como base.

## 5.2 Índice de efetividade da unidade

Definido o índice de celeridade do laudo, pode-se definir a efetividade da unidade como o percentual de laudos concluídos dentro do prazo médio previsto pelo modelo, um índice também adimensional que varia de zero a um. Matematicamente falando:

$$I_{efetividade\_unidade} = \frac{Q_{noprazo}}{Q_{total}} \qquad \text{(Equação 13)}$$

Esse índice permitiria identificar as unidades com maiores problemas para concluir suas solicitações dentro dos prazos médios, o que pode disparar diversas ações por parte dos gestores: aquisição de equipamentos; realização de novos concursos para suprir uma carência de pessoal; realização de movimentações de pessoal para atender — de forma temporária ou definitiva — as carências daquelas unidades identificadas.

O índice permitiria também criar uma competição saudável entre as unidades, onde cada uma buscaria ser a mais regular e que melhor cumpre seus prazos. Tal competição certamente trará benefícios à população, que contará com procedimentos policiais mais céleres.

As unidades excepcionalmente rápidas também despertarão interesse dos gestores, visto que — tal qual o índice de celeridade do laudo — tal fato pode indicar uma queda do nível de qualidade dos laudos gerados.

## 5.3 Índice de efetividade do perito

Primeiramente pode-se pensar num índice de efetividade do perito similar ao proposto para a unidade: a proporção de laudos entregues nos prazos previstos.

Porém, se para a unidade tal índice tem uma enorme importância, para o perito pode não o ter, dada sua especialização. Ou seja, a unidade faz laudos de todos os tipos, já o perito tende a fazer uma miríade menor de laudos. Assim, um perito pode — em um determinado período — estar dedicado a uns poucos laudos altamente complexos e, ao não entregá-los nos prazos previstos pelo modelo, seria penalizado com um baixo índice.

Há, portanto, que se levar em consideração a complexidade do laudo. Aqui é possível representar tal complexidade pelo tempo previsto para aquele laudo. O somatório dos tempos previstos para todos os laudos feitos por um determinado perito pode, assim, dar uma boa ideia da complexidade total envolvida.

A celeridade com que os laudos foram concluídos também nos parece importante entrar no cálculo do índice, porém na forma de uma celeridade média obtida pelo perito.

Com estas observações, passa-se a definir o índice de efetividade do perito como:

$$I_{efetividade_{perito}} = \ln\left[\frac{\sum_{i=1}^{n} I_{celeridade}}{n} \cdot \sum_{i=1}^{n} T_{previsto} \cdot \frac{Q_{noprazo}}{Q_{total}}\right] \quad \text{(Equação 14)}$$

Esse índice, sem dimensão definida, leva em consideração a quantidade de laudos entregues no prazo, o índice médio de celeridade dos laudos por ele elaborados e o total de tempo previsto para a realização dos laudos. Ou seja, com o uso desta formulação, terão índices maiores aqueles servidores que realizam mais trabalho e de forma mais próxima dos prazos previstos.

A transformação logarítmica tem como objetivo simplesmente evitar números extremamente grandes, para fins de visualização do índice.

O uso desse índice na gestão de pessoal permite acender um sinal vermelho em situações diversas: servidores com índice alto merecem destaque entre seus pares, porém ao mesmo tempo inspiram cuidados dos seus chefes, visto que este índice inchado pode ser causado por serviços elaborados apenas de forma a cumprir os prazos, porém sem o nível de qualidade esperado.

O mesmo vale para os servidores com índices mais baixos. Ao mesmo tempo que o índice pode servir como um motivo para melhoria do seu trabalho, os superiores hierárquicos destes servidores devem observar com cuidado o que motivou o baixo valor. Foi a pouca produção? Ou a quantidade de laudos entregues fora do prazo? Mesmo que essa quantidade não seja significativa, o quanto atrasaram?

Diante das respostas a estes questionamentos poderá o gestor tomar providências para assegurar que o servidor melhore seu desempenho.

## 6. Conclusão

A sociedade já não permite a falta de eficiência na aplicação dos recursos públicos, em especial na área da segurança pública. Como parte inseparável do combate à criminalidade, a criminalística não pode fugir dessa máxima. Para atingir a máxima eficiência é necessária cada vez mais a adoção de critérios objetivos que permitam ao gestor tomar as melhores decisões, evitando o desperdício de recursos e consequentes questionamentos futuros.

Com a finalidade de dar mais subsídios decisórios aos gestores, propusemos aqui um modelo que permitisse a previsão do tempo necessário à conclusão de uma solicitação pericial dentro do Departamento de Polícia Federal, mediante a decomposição da variabilidade desse tempo em certas determinantes, analisando o impacto destas naquele. Desse resultado foi possível propor indicadores de desempenho com base nesse tempo previsto.

Foram observados indícios de que peritos mais especializados em determinados tipos de laudo tendem a demorar mais para concluir uma pendência, o que é coerente com a teoria de Mintzberg a respeito das organizações descentralizadas.

A não influência das variáveis idade e tempo de serviço desmitifica um tabu interno: aquele em que se afirma que os policiais deixam de ser produtivos ao longo de sua vida profissional, por acomodação ou por outros fatores.

Aqui se observou que os peritos em fim de carreira são tão produtivos quanto os recém-ingressos, fato que é esperado numa organização profissional. Para manter essa tendência, porém, a teoria nos indica a necessidade de incentivar a participação dos servidores em todos os níveis decisórios, bem como reconhecer o valor de sua participação. Esse é um desafio que se põe aos atuais e futuros gestores.

Quanto ao nível de estudos formais, pode-se afirmar que sua não influência se deve ao fato de que a perícia aplica técnicas já consagradas pela ciência, não sendo necessário — via de regra — o desenvolvimento de novas teorias para solucionar os problemas do dia a dia. Apenas uma unidade de perícia, a central, tem atribuições específicas de desenvolvimento de pesquisas. Portanto, pós-graduações, mestrados e doutorados não influenciam de forma significativa no tempo para concluir uma solicitação pericial.

Quando se pensa no longo prazo, porém, tais níveis de conhecimento podem ser importantes para a redução gradual do tempo médio de atendimento por meio do desenvolvimento de novas técnicas e teorias.

O resultado ainda nos indica que outras variáveis ligadas ao servidor podem ser importantes, tais como educação não formal e cursos de formação específica. Assim, o investimento em capacitação do servidor, tal como seminários e cursos de curta duração, pode trazer resultados significativos em termos de redução dos prazos para atendimento das pendências.

A menor das influências estudadas, aquela relativa ao local onde o trabalho é realizado, responde por apenas 5,9% da variabilidade do tempo, porém apresenta diversas variáveis significativas: nível de pendências, efetivo envolvido no trabalho e quantidade de laudos elaborados no local.

Os resultados nos indicam que, quanto mais pendências, maior o tempo médio para conclusão de uma solicitação específica. Assim, ações como forças-tarefa para redução maciça do nível de pendências de determinados setores podem trazer resultado efetivo na redução do tempo médio de atendimento, permitindo que após a missão a média seja mantida baixa. A gestão do efetivo de servidores dedicados à elaboração de laudos específicos também pode ser eficaz na redução desse tempo médio.

Os modelos desenvolvidos permitiram ainda propor três diferentes indicadores de desempenho baseados nas respostas do modelo, que por sua fácil mensuração e compreensão permitem uma comparação intra-organizacional entre passado e presente, bem como permitem o estabelecimento de metas a serem alcançadas pelas unidades e servidores.

## Referências

ANDREWS, R. Organizational structure and public service performance. In: WALKER, R. M. G.; BOYNE, A.; BREWER, G. A. (Ed.). *Public management and performance*. Cambridge, Reino Unido: Cambridge University Press, 2010. p. 89-109.

ANP/DPF. Academia Nacional de Polícia. Departamento de Polícia Federal. *Criminalística*: XVII Curso de Formação Profissional de Perito Criminal Federal (apostila). Brasília, DF, Brasil: ANP, 2002.

BECKER, W. S.; DALE, W. M.; PAVUR JR., E. J. Forensic science in transition: critical leadership challenges. *Forensic Science Policy & Management: An International Journal*, v. 1, n. 4, p. 214-223, 2009.

BOYNE, G. A. Performance management: does it work? In: WALKER, R. M.; BOYNE, G. A.; BREWER, G. A. (Ed.). *Public management and performance.* Cambridge: Cambridge University Press, 2010. p. 207-226.

BRASIL. *Sistema Nacional de Criminalística — Relatório estatístico de 2010.* Brasília: Departamento de Polícia Federal, Instituto Nacional de Criminalística, 2011.

HELOU FILHO, E. A.; OTANI, N. A utilização de indicadores na administração pública: a lei nº 12.120/2002 do estado de Santa Catarina. *Revista de Ciências e Administração*, Florianópolis – SC, Disponível em: <https://periodicos.ufsc.br/index.php/adm/article/view/1648>. Acesso em: 3 nov. 2013.

HICKLIN, A. Methods. In: WALKER, R. M.; BOYNE, G. A.; BREWER, G. A. (Ed.). *Public management and performance.* Cambridge: Cambridge University Press, 2010. p. 253-267.

HIMBERG, K. Project Quadrupol: development of a benchmarking model for forensic laboratories. *Problems of Forensic Sciences*, v. 50, p. 186-188, 2002.

HITT, M. A. et al. Building theoretical and empirical bridges across levels: multilevel research in management. *Academy of Management Journal*, v. 50, n. 6, p. 1385-1399, 2007.

HOFMANN, D. A. An overview of the logic and rationale of hierarchical linear models. *Journal of Management*, v. 23, n. 6, p. 723-744, 1997.

HOUCK, M. M. et al. Foresight: a business approach to improving forensic. *Forensic Science Policy and Management*, v. I, p. 85-95, 2009.

LEBAS, M.; EUSKE, K. A conceptual and operational delineation of performance. In: NEELY, A. (Ed.). *Business performance measurement.* Cambridge, Reino Unido: Cambridge University Press, 2004. p. 65-79.

MINTZBERG, H. et al. *O processo da estratégia*: conceitos, contextos e casos selecionados. 4. ed. Porto Alegre: Bookman, 2006.

ROBSON, I. From process measurement to performance improvement. *Business Process Management Journal*, v. 10, n. 5, p. 510-521, 2004.

SANTOS, L. A.; CARDOSO, R. L. *Avaliação de desempenho da ação governamental no Brasil*: problemas e perspectivas. Caracas: XV

Concurso de ensayos del Clad "Control y Evaluación del Desempeño Gubernamental", 2001.

SINGER, J. D.; WILLET, J. B. *Applied longitudinal data analysis*: modelling change and event occurrence. Nova York: Oxford University Press, 2003.

SPEAKER, P. J. Key performance indicators and managerial analysis for forensic laboratories. *Forensic Science Policy & Management: An International Journal*, v. 1, n. 1, p. 32-42, 2009.

Capítulo 6

# As contribuições da interação entre os órgãos públicos para a efetividade do sistema de justiça criminal: uma análise segundo as teorias de redes

Jodilson Argôlo da Silva
Joaquim Rubens Fontes Filho

Este trabalho estuda a influência da interação entre os órgãos públicos para a efetividade do sistema de justiça criminal, à luz dos atores envolvidos e tendo como arcabouço conceitual as teorias de redes interorganizacionais, notadamente redes de políticas públicas. Dentre outras vantagens, a literatura sobre o tema apresenta que redes podem ser mais apropriadas para lidar com problemas complexos, proporcionando mais flexibilidade que as hierarquias, complementaridade nas ações e incentivo à colaboração. Por outro lado, são apontadas limitações de ordem gerencial ou relacionadas a prestação de contas e responsabilização, a questões legais e culturais, a conflitos de interesses e ao poder. Para investigar essa questão, foram entrevistados peritos e delegados da Polícia Federal, auditores do TCU, analistas da CGU e procuradores da República, todos detentores de função de gestão. Corroborando os atributos identificados na literatura, os entrevistados demonstraram que, a despeito dos desafios que devem ser enfrentados, a atuação em rede pode proporcionar resultados significativamente mais efetivos ao sistema de justiça criminal.

## 1. Introdução

A burocracia foi a principal referência para a administração pública durante o século XX e por décadas prevaleceu o modelo verticalizado de gestão, tendo como parâmetros basilares a autoridade hierárquica, a normatização, a especialização e a impessoalidade.

Mas as rápidas transformações deste início de século sinalizam para a necessidade de modelos mais adequados para responder a um conjunto de relações dinâmicas e cada vez mais complexas envolvendo a sociedade e as organizações públicas, nos diferentes níveis de governo (Agranoff, 2003). Dessa perspectiva, o desempenho das instituições deixaria de ser avaliado em função de suas metas individuais, importando prioritariamente o valor público proporcionado pela atuação integrada dos vários organismos que compõem o aparato estatal, o que torna o gerenciamento das diversas teias de relacionamento uma questão premente na administração pública (Goldsmith e Eggers, 2006).

Para fazer face a essa nova realidade, a administração pública tem continuamente lançado mão de novas ferramentas, procedimentos, técnicas e arranjos institucionais, buscando tratar adequadamente questões complexas que muitas vezes perpassam os limites formais das instituições. É nesse cenário que a atuação em rede emerge como uma promissora forma de gestão e de governança.

Mas, se para a administração pública como um todo a articulação interinstitucional é importante, tal interação pode ser ainda mais significativa em áreas específicas, que envolvem vários órgãos, pertencentes a diferentes estruturas do Estado e vinculados aos distintos níveis de governo. Esse é o caso do sistema de justiça criminal, visto que entre a ocorrência de um fato delituoso e sua completa elucidação, com absolvição de inocentes, condenação de culpados e a operação das consequências da sentença judicial nas esferas civil e administrativa — ressarcimento ao erário, indenização, cassação de licença —, muitos atores e instituições são envolvidos.

Dito de outra forma, supõe-se que a efetividade do sistema de justiça criminal está relacionada não apenas à atuação dos diversos órgãos e atores nas respectivas áreas de competência ao longo das etapas que compõem o processo, mas igualmente sofre influência da maneira como os mesmos se articulam (Agranoff e McGuire, 2001, 2007). Este trabalho tem por objetivo identificar, segundo estruturas de rede, as implicações da interação entre os órgãos públicos para a efetividade do sistema de justiça criminal, com base na percepção dos atores envolvidos, abrangendo especificamente o Ministério Público Federal (MPF), a Polícia Federal (PF) — áreas de investigação e de criminalística —, o Tribunal de Contas da União (TCU) e a Controladoria-Geral da União (CGU).

O estudo compreende as seguintes etapas intermediárias: a) contextualizar redes de políticas públicas; b) contextualizar o sistema de justiça criminal; c) identificar as interfaces entre PF, sistema de criminalística da PF, MPF, TCU e CGU, no que concerne a esse sistema; d) investigar a percepção dos atores relativamente à forma como tais órgãos interagem; e e) explorar as possíveis implicações, vantagens e dificuldades da atuação desses órgãos em rede.

## 2. Contextualização e metodologia

Na pesquisa foram explorados os aspectos dinâmicos que envolvem as interações entre as organizações que atuam no sistema de justiça criminal, à luz da experiência vivida pelos atores envolvidos. Tendo por parâmetro teórico a literatura sobre redes, foram realizadas entrevistas semiestruturadas, aplicadas a uma seleta amostra da população dos órgãos investigados, definida em função da relevância dos cargos ocupados nas respectivas instituições e da representatividade dos mesmos no relacionamento com outros órgãos (Gil, 1987; Vergara, 2009). Considerados os propósitos pretendidos e a necessária delimitação do estudo, muitos órgãos deixaram de ser incluídos na pesquisa, assim como outros, embora não atuando de forma precípua em matéria criminal, foram contemplados em razão das interfaces com esse sistema. Seguindo tal critério, a população entrevistada ficou assim representada: a) dois delegados de Polícia Federal (superintendente e delegado regional executivo/BA); b) três peritos criminais federais (chefe do setor e dois coordenadores/BA); c) dois auditores do Tribunal de Contas da União (secretário e diretor/BA); f) dois analistas da Controladoria-Geral da União (chefe de divisão e chefe da CGU/BA); g) um procurador da República (coordenador/BA).

As entrevistas foram gravadas e posteriormente transcritas. Em seguida, os diferentes dados obtidos foram moldados, estudados, comparados e contrastados, o que possibilitou transformar o conjunto de respostas oferecidas pelos depoentes em informação sistematizada. Para tanto, foi empregada a técnica denominada análise de conteúdo, agrupando-se as informações obtidas nas entrevistas de acordo com categorias analíticas relacionadas ao contexto empírico estudado, previamente definidas a partir da literatura pertinente ao tema (Vergara, 2008). Realizada em Salvador/BA, no período de fevereiro a abril de 2012, a pesquisa de campo abrangeu os seguintes órgãos, notadamente no que diz respeito às suas interfaces na esfera criminal federal:

- Polícia Federal (PF): vinculada ao Ministério da Justiça, é o órgão com atribuição constitucional de exercer, com exclusividade, as funções de polícia judiciária da União;
- Sistema de Criminalística da Polícia Federal (Siscrim): pertence à estrutura da PF, sendo responsável pela realização de perícias criminais em matéria de competência da Justiça Federal;
- Tribunal de Contas da União (TCU): órgão de controle externo que tem competência constitucional para auxiliar o Congresso Nacional na fiscalização contábil, financeira e orçamentária;
- Controladoria-Geral da União (CGU): órgão ligado à Presidência da República, com atribuições de controle, correição, prevenção da corrupção e ouvidoria;
- Ministério Público Federal (MPF): instituição que tem competência constitucional para promover a ação penal e assegurar a aplicação da lei.

Na figura 1 é apresentado um esquema ilustrativo do sistema de justiça criminal na esfera federal, com indicação das competências e atribuições dos órgãos abrangidos pela pesquisa.

Figura 1
Esquema ilustrativo do sistema de justiça criminal na esfera federal, com destaque para as instituições abrangidas pela pesquisa

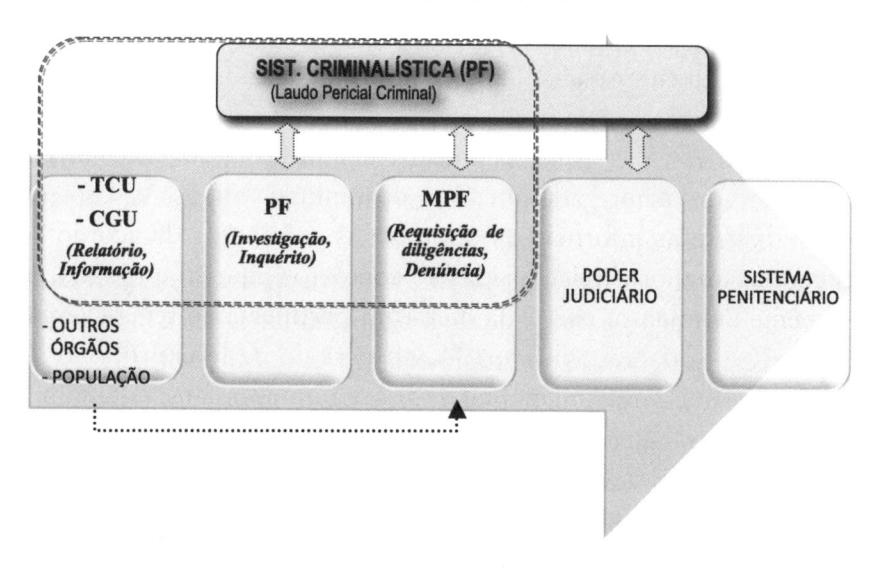

```
- TCU          PF              MPF
- CGU      (Investigação,  (Requisição de
(Relatório,   Inquérito)    diligências,      PODER        SISTEMA
Informação)                  Denúncia)      JUDICIÁRIO   PENITENCIÁRIO
- OUTROS
  ÓRGÃOS
- POPULAÇÃO

SIST. CRIMINALÍSTICA (PF)
(Laudo Pericial Criminal)
```

## 3. Revisão da literatura

Como característica conceitual mais ampla, redes são comumente relacionadas a processos colaborativos e não hierárquicos entre organizações distintas que buscam a realização de objetivos comuns, estando frequentemente vinculadas a atributos como cooperação, confiança, interdependência, flexibilidade, comprometimento, negociação e consenso (Isett et al., 2011; Lopes e Baldi, 2009). Assim, a despeito da variedade de conceitos e entendimentos acerca de redes (Börzel, 1998), a literatura aponta como importantes pontos de convergência os vínculos não hierárquicos formados entre os diversos atores e organizações que realizam interesses comuns por meio de ações coordenadas e interdependentes, baseadas no compartilhamento de recursos, na cooperação e na confiança.

As limitações — de atribuição e de recursos — são uma das justificativas para a formação de redes (Börzel, 1998). Como cada organização tem competência para realizar uma atividade específica e nenhuma delas possui legitimidade ou recursos para agir além de suas fronteiras institucionais, a formação de parcerias é uma alternativa a ser considerada na perseguição de objetivos que não podem ser alcançados pela atuação isolada dos agentes envolvidos no processo, ou, sendo possível a realização de tais objetivos fora de atividades colaborativas, a obtenção de resultados similares implicaria custos mais elevados (Agranoff e McGuire, 2001). Nessa linha, é natural que a maneira como a rede é estruturada e posta em funcionamento reflita as instituições que a compõem, o histórico de seus membros e o ambiente em que a mesma está inserida, com efeitos variando de intercâmbio de informações a adoção de políticas conjuntas (Agranoff, 2003).

Ressalvando que a complexidade concernente a redes requer cautela no que diz respeito à busca de uma definição universal e uma modelagem única, que possam ser usadas no atacado, Mandell (1999) representa os esforços de colaboração num *continuum* com seis estágios, variando entre ligações mais frouxas e coligações estruturais e duradouras, conforme apresentado a seguir:

a) contatos ou vínculos interativos entre duas ou mais instituições;
b) coordenação intermitente ou ajuste mútuo dos procedimentos e políticas entre duas ou mais instituições, para alcançar um objetivo;
c) atividades temporárias, *ad hoc* ou de força-tarefa entre instituições, para alcançar uma meta específica;
d) coordenação permanente e/ou regular entre duas ou mais instituições que se engajam em atividade limitada para atingir uma ou mais metas, mediante arranjo formal (a exemplo de conselho ou parceria);
e) uma coalizão envolvendo ações interdependentes e estratégicas, mas onde os objetivos são de extensão limitada; e
f) uma estrutura coletiva ou em rede, com missão ampla e ações conjuntas e estrategicamente interdependentes.

A literatura revela que, apesar da predominância de relações informais, respaldadas pela confiança entre diferentes atores na busca de soluções para problemas complexos que perpassam distintas, mas interdependentes áreas de atuação e interesse, os laços da rede formal são muitas vezes fortalecidos pelas relações informais existentes entre os atores. Como consequência, outros tipos de cooperação podem ser originados (Isett et al., 2011), observando-se que cooperação e coordenação podem existir tanto dentro como fora das redes (Agranoff e McGuire, 2007).

Diante da diversidade de definições que são usadas para o termo, consideramos que o entendimento de redes que norteia este trabalho se aproxima daquele apresentado por Agranoff (2003) como *Action Networks*, segundo o qual, a partir da união de parceiros são feitos ajustes interinstitucionais e formalmente é aprovado o curso de ação colaborativa e/ou entrega de serviços, com adoção de programas comuns, implementados por organizações que compõem a rede.

## 3.1 Vantagens das estruturas em redes

Dentre os diversos argumentos em favor das redes, um dos mais citados aponta que, enquanto problemas simples podem ser decompostos em partes isoladas (O'Toole, 1997), as redes seriam mais indicadas para lidar com problemas complexos, que não podem ser fragmentados ou tratados em frações por organizações independentes (Agranoff e McGuire, 2001; Krueathep, Riccucci e Suwanmala, 2008). E essa capacidade de lidar com problemas complexos tanto pode ser vista isoladamente, como ser considerada uma consequência da combinação de outras características positivas associadas às redes. Merecem especial destaque as seguintes vantagens atribuídas a estruturas em redes:
- redes podem ser mais apropriadas para lidar com problemas complexos, que transcendem as fronteiras das organizações e envolvem diversos atores e partes interessadas (Agranoff, 2003; Agranoff e McGuire, 2007).
- redes favorecem a construção de relações de interdependência e intercâmbio de recursos, com base numa visão de complementaridade de interesses e confiança (Fleury e Ouverney, 2007; Meier e O'Toole, 2010);
- interdependência entre os diversos atores, promovendo cooperação e articulação e mobilizando recursos externos (Börzel, 1998);
- redes permitem que os governos mobilizem recursos políticos dispersos (Börzel, 2011);
- processo decisório mais amplo e racional, respaldado por um conjunto de informações envolvendo múltiplas partes, alternativas e pontos de vista a considerar (Agranoff e McGuire, 2001);

- redes estimulam o aprendizado e o intercâmbio de informações e conhecimento (Klijn, Edelenbos e Steijn, 2010);
- atuação em rede promove a sinergia entre os vários atores e instituições que têm objetivos comuns (Agranoff e McGuire, 2001).

## 3.2 Limitações das estruturas em rede

Apesar das perspectivas otimistas que envolvem redes na administração pública e da forma entusiástica com que tal fenômeno muitas vezes é tratado, essas coalizões são limitadas e enfrentam vários obstáculos (Milward e Provan, 2003; McGuire e Agranoff, 2011), o que implica custos e exige experiência e negociação ao longo do tempo (Agranoff, 2003). Dentre as barreiras ao funcionamento de redes pode-se destacar:

Gerenciamento da rede: as soluções encontradas por gestores de organização singular nem sempre são adequadas a redes ou possuem um paralelo semelhante funcional e conceitual para as atividades de gestão tradicionais (planejar, organizar, controlar, coordenar e comandar) (Agranoff e McGuire, 2001; Ospina e Saz-Carranza, 2010).

Falta de apoio: para o sucesso da rede é fundamental o apoio da cúpula das instituições que a compõem, de onde podem ser tomadas as decisões interinstitucionais que viabilizarão os recursos (humanos, financeiros, materiais, técnicos) necessários ao seu funcionamento (Goldsmith e Eggers, 2006).

Poder: dificuldades relacionadas ao poder na rede são significativas e envolvem: a) compatibilizar o papel do ator na sua instituição de origem e os recursos por ele trazidos com suas ambições na rede (Agranoff, 2003; Agranoff; McGuire, 2001); b) consenso na definição de metas e prioridades comuns (Börzel, 2011; Milward e Provan, 2003); c) ocorrência de coerção legitimada por sistemas informais de autoridade (Rethemeyer e Hatmaker, 2007); d) processo desigual de poder (McGuire e Agranoff, 2011) e competição entre os atores, com risco de alguns grupos dominarem a rede (Johnston e Romzek, 2008); e) comportamento oportunista por parte dos envolvidos (Lopes e Baldi, 2009); e f) inércia colaborativa (Isett et al., 2011).

Resultado da gestão (*accountability*): a noção de *accountability* é comumente associada à prestação de contas, à transparência na gestão e à responsabilização dos agentes públicos (Naves, 2011). No ambiente de redes, em que os recursos são carreados das organizações singulares para o atendimento de objetivos comuns, a definição de critérios para o estabelecimento de metas e para a avaliação de desempenho é particularmente difícil e sofre influência de diversas variáveis (Agranoff, 2003; Agranoff e McGuire, 2007; McGuire, 2002). Como atribuir responsabilidades e aferir a contribuição dos diversos atores para os resultados da rede? O que se busca com esses questionamentos é assegurar os controles necessários e evitar que as responsabilidades sejam pulverizadas na rede, e, inexistindo clareza quanto ao papel de cada um dos atores, responsabilidades residuais deixem de ser assumidas por todos eles (Börzel, 2011);

Barreiras legais e institucionais: questões de ordem pública, como as de natureza legal e as decorrentes da rigidez das fronteiras organizacionais e da confidencialidade, podem estar entre os mais significativos obstáculos à formação, ao desenvolvimento e ao gerenciamento de redes (Goldsmith e Eggers, 2006; Agranoff, 2003, 2007; McGuire e Agranoff, 2011).

### 3.3 Rede *versus* hierarquia?

As redes são fenômeno emergente na administração pública e seu papel em face da hierarquia é tema recorrente e ainda controverso, havendo defensores do iminente fracasso da burocracia (Goldsmith e Eggers, 2006) e argumentos pelo seu florescimento no século XXI (Meier e Hill, 2005). Entretanto, estudos mostram vantagens e deficiências nos dois sistemas, apontando para uma possível composição entre aspectos hierárquicos da administração convencional com elementos das estruturas em rede, ainda que essa relação não seja necessariamente imune a atritos.

Nesse sentido, McGuire, Agranoff e Silvia (2010) defendem que estruturas em redes também podem ser formais, e argumentam que a burocracia na administração pública não está se extinguindo ou sendo substituída pelas redes, mas, ao contrário, colaboração e gestão convencional atuam de forma complementar. E a utilização da hierarquia como parâmetro para estruturar as redes e avaliar-lhes o desempenho ilustra essa simbiose, o que é apontado por Massardier (2006) como uma aparente contradição.

Sob outro enfoque, Herranz (2008) salienta o dilema vivido pelos gestores públicos em decorrência da propagação das redes, qual seja, o de trabalhar numa instituição em rede, sem a força coercitiva que disporia na hierarquia, mas ser cada vez mais cobrado por resultados. Uma possível forma de equacionar esse conflito é apresentada por Milward e Provan (2003:13) como "redes à sombra de hierarquia". Por esse viés, a pressão por melhores resultados que é exercida pelos superiores hierárquicos sobre os atores da rede estimularia a articulação institucional para a cooperação, levando tais atores a se adequar àquelas exigências estruturais.

## 4. Apresentação e análise dos resultados

Considerando os aspectos positivos e negativos que emergiram das entrevistas, pode-se inferir que as vantagens percebidas pelos respondentes são consideravelmente superiores aos custos e obstáculos relacionados à atuação em rede. Assim, mesmo em meio às várias concepções acerca da temática, algo perfeitamente compatível com a diversidade de entendimentos verificada no referencial teórico, os entrevistados demonstraram reconhecer a importância do trabalho colaborativo, o que fica patente pela existência de parcerias espontaneamente criadas para solucionar problemas comuns. Além disso, a perspectiva de obtenção de melhores resultados por meio da atuação conjunta surge como fator motivacional para os diversos atores dos órgãos envolvidos, denotando que a adoção do modelo de rede não encontraria resistência por parte dos mesmos. É o que será apresentado nos tópicos a seguir.

## a. Atividades do entrevistado e de sua instituição

As primeiras perguntas da entrevista tiveram como propósito obter dos entrevistados informações sobre as atividades desempenhadas nas respectivas instituições e identificar procedimentos que pudessem relacionar tais atividades institucionais a estruturas em rede. Nas respostas espontaneamente oferecidas foi possível verificar a existência de parcerias declaradas ou latentes, que em variados graus convergem para o funcionamento daqueles órgãos em rede, o que foi expressamente mencionado por alguns entrevistados ou citado por outros no contexto do diálogo. Importante ressaltar que tais respostas apontaram para um mesmo caminho, o de aproximação entre as instituições, independentemente do cargo do respondente e do órgão ao qual o mesmo está vinculado.

## b. Credibilidade do sistema de justiça criminal

Indagados a opinar sobre constatações de pesquisas de opinião pública, que dão conta que a população se declara confiante nos órgãos isoladamente — PF, MP, Poder Judiciário — mas ao mesmo tempo associa "justiça" a lentidão e impunidade, os entrevistados elencaram uma gama de fatores que comprometeriam a credibilidade do sistema de justiça criminal, e sugeriram que a atuação em rede pode contribuir significativamente para os resultados obtidos conjuntamente pelas instituições. Os principais fatores indicados foram: a) a falta de interação entre os órgãos; b) o excesso de recursos legais; c) a complexidade dos crimes investigados; d) a falta de visão do todo por parte da população; e) a falta de estrutura dos órgãos envolvidos; e f) as falhas nas diversas etapas de apuração do fato investigado.

Os peritos ressaltaram que a forma como os órgãos se inter-relacionam efetivamente dificulta a obtenção de resultados. E enquanto a elucidação de crimes exige a participação de vários órgãos e envolve estruturas multidisciplinares, a administração funciona sem a visão global do processo, com cada um fazendo uma parte isolada do trabalho.

## c. Viabilidade de funcionamento do sistema de justiça criminal em rede

Com algumas variações no formato proposto, mais que considerar viável a atuação do sistema de justiça criminal em rede, os entrevistados foram unânimes quanto à importância dessa interação. Nessa perspectiva, os analistas da CGU entrevistados defendem que a interação é essencial. De acordo com um deles, como cada órgão tem uma prerrogativa, uma determinada competência, que se encerra em determinado momento e é complementada por outros órgãos, a soma dos esforços gera menos retrabalho, sendo a articulação preponderante para o resultado dessas ações. Para um auditor do TCU, a interação é fundamental porque quebra a formalidade e aproxima mais as instituições, possibilitando que o fato investigado seja analisado de diversas perspectivas. De acordo com outro entrevistado, a precariedade na interação é um problema que ocorre entre as instituições, mas também dentro de cada uma delas, refletindo na forma de agir dos seus servidores. No entendimento de um perito, o ambiente multidisciplinar que é característico da atividade pericial de certa forma já funciona em rede, representada por fóruns das diversas áreas do conhecimento, por meio dos quais questões técnicas são discutidas e dirimidas por peritos de todo o Brasil, que voluntariamente participam desses grupos informais e prontamente auxiliam seus pares. Fazendo coro, um delegado assevera que a interação não apenas é possível, como já é uma realidade prática em operações conjuntas, ainda que não seja adotada a terminologia "rede". Segundo ele, os contatos diários na parte operacional já são em rede, existindo interação regular entre diversas instituições, públicas e privadas, todas trabalhando em parceria para resolver problemas de interesse comum.

## d. Confiança e cooperação

Do mesmo modo que verificado no referencial teórico, nas entrevistas a confiança emergiu como fator essencial para que exista cooperação, ambos percebidos como elementos cruciais para o funcionamento da rede.

## e. Aspecto dinâmico e nível de institucionalização

Ressaltando que as relações contratuais não devem inibir a informalidade entre os membros da rede, os entrevistados unanimemente defendem que deve existir algum grau de formalização na parceria, porque isso dá respaldo à atuação dos vários órgãos e legitima o trabalho conjunto. As respostas oferecidas pelos entrevistados, entretanto, denotam o conflito entre a opção pela flexibilidade proporcionada pela rede, em contraste com a necessidade de formalizar essa rede para dar estabilidade à relação. Outros aspectos a serem considerados são a importância da participação do líder máximo de cada instituição e a existência de espaço para interação nos diversos níveis das organizações, sendo as situações de repercussão e escala nacional tratadas pelos órgãos centrais, bem como outras questões podem ser tratadas no plano local.

## f. Principais aspectos positivos

Na pesquisa de campo emergiram os principais aspectos positivos de redes tratados na literatura, dentre os quais efetividade, obtenção de melhores resultados, complementaridade para lidar com problemas complexos e flexibilidade em face da burocracia.

### Melhores resultados

Produção de melhores resultados é um aspecto positivo de redes percebido por todos os entrevistados. Segundo um deles, a principal vantagem de se trabalhar em rede é a eficiência do processo como um todo, possibilitando que as diversas etapas se complementem e evitando retrabalho. Para outro, a rede desburocratiza, torna o contato mais direto, além de facilitar o entendimento sobre a forma de atuação das instituições a respeito de determinado assunto, implicando a produção de provas mais robustas, mais contundentes e dificilmente anuláveis. E não raro os resultados atingidos pelo trabalho em rede propiciam ambiente para interação em outras atividades, transcendendo os efeitos esperados para o trabalho que está sendo feito naquele momento.

### Cooperação e complementaridade

A pesquisa revelou que uma das principais vantagens de atuar em rede é a possibilidade de haver troca de informações que muitas vezes estão em poder de instituições distintas, já que é necessário reuni-las para se obter melhores resultados nas investigações. Além de que há papéis e competências bem definidos na legislação, que impedem que os órgãos avancem na investigação a partir de determinado ponto, enquanto outra instituição parceira pode fazê-lo, nos limites de sua competência. Nesse sentido, um delegado considera que atuar em rede pode proporcionar maior volume e qualidade do material probatório, produzido de diversas perspectivas diferentes — policial, fiscal, financeira, de controle —, com os órgãos interagindo e identificando aspectos que são de sua competência ou que poderiam passar despercebidos por outros.

### Flexibilidade

A flexibilidade emergiu como outro importante aspecto positivo das redes, que, possibilitando tanto contatos formais como informais, aproximam as instituições e dão fluidez ao intercâmbio de informações. Num ambiente burocrático, em que uma ação conjunta comumente seguiria todo um trâmite formal — como é o caso do sistema de justiça criminal —, a flexibilidade adquire especial importância.

## g. Limitações, obstáculos e questionamentos

Do mesmo modo como ocorreu com os aspectos positivos, os principais obstáculos identificados na literatura de redes foram relatados pelos entrevistados na pesquisa de campo. Assim, questões relativas à prestação de contas (*accountability*), barreiras legais ou institucionais, disputa por poder ou espaço político — apresentada também como "vaidade" —, necessidade de apoio, dificuldade em chegar ao consenso e divergências culturais foram lembradas pelos entrevistados como os principais obstáculos à implementação e ao funcionamento de redes.

### Poder e vaidade

De forma unânime, os entrevistados demonstraram que conciliar o poder e a representatividade de cada ator e de cada instituição com o espaço que estes ocuparão na rede é um dos maiores desafios. Ilustrando esse pensamento, um perito receia que exista colaboração na medida em que haja retorno ou visibilidade para o órgão, o que envolveria questões pessoais, de ascensão profissional, de reconhecimento da competência da instituição. Para outro perito, o processo de superação desses atritos é lento e, por paradoxal que pareça, trabalhando em rede as instituições tendem a se fortalecer. Na mesma linha, um delegado admite que a vaidade pode ser um problema porque "o vaidoso acha que a instituição dele é melhor e que pode agir sozinho". Como exemplo de atuação conjunta que funciona bem, ele cita o carnaval de Salvador, onde é montado um comitê integrado por órgãos de segurança, limpeza, iluminação, socorro, trânsito e outros, cada um na sua função.

### Conflitos de interesses

O conflito de interesses entre a rede e as instituições individuais também emergiu como uma questão relevante, com relatos dos entrevistados de que tal atrito dificulta o consenso, o que pode ser superado mediante o apoio da cúpula dos órgãos singulares. Segundo um auditor do TCU, é imprescindível que o gestor máximo de cada órgão participe da rede, o que lhe possibilita captar as propostas da rede, celebrar acordos, tomar decisões imediatas, estabelecer prioridades na sua instituição de origem e honrar os compromissos assumidos. Outro auditor acrescenta dificuldades de ordem prática, como reunir os representantes das instituições e definir a agenda. Um analista pondera que a competição por recursos é inerente também às instituições, havendo disputa entre os diversos setores de um mesmo órgão. Ele defende que, para se definir as prioridades, é necessário intensificar o processo de discussão em fóruns no âmbito da rede, "é necessário haver espaços de interlocução para que os órgãos possam conjuntamente estabelecer as prioridades". Para um perito entrevistado, os representantes das instituições na rede vivem um duplo conflito, externamente, tendo de expor para a rede as limitações de seu órgão para atender aos propósitos da parceria, e, internamente, justificando para sua chefia e para seus pares a necessidade de destinar recursos da sua organização para a rede.

## Prestação de contas e responsabilização, ou *accountability*

As entrevistas evidenciaram a complexidade que envolve a prestação de contas e responsabilização — ou *accountability* — em redes, o que é largamente discutido na literatura. Relativamente a esse quesito, corroborando considerável parcela do referencial teórico, alguns entrevistados pontuam que as estruturas hierarquizadas oferecem vantagens quando se trata de estabelecimento de metas e cobrança por desempenho. Por outro lado, outros respondentes atribuem à sociedade parte da responsabilidade pelo controle da qualidade dos serviços prestados pelo Estado, questão que não mereceu idêntico destaque na literatura consultada.

De modo geral, os entrevistados consideram que os servidores devem continuar prestando contas internamente à sua instituição e respondendo às respectivas chefias quando concorrerem para o não cumprimento dos compromissos assumidos com os parceiros, ao passo que os representantes de cada uma das instituições fariam as interfaces com a rede. Entretanto, houve quem sugerisse que alguns atores de cada instituição poderiam ficar integralmente dedicados à rede, permanecendo os demais com as atividades do seu organismo de origem, e quem argumentasse que, a depender do pactuado na rede, os servidores responderiam a esta e também ao seu órgão de filiação. Buscando solução para essa questão, alguns entrevistados recorreram a expedientes característicos de hierarquias, como a fixação detalhada de atribuições e metas e a supervisão por instância superior da rede.

## Barreiras legais, institucionais e procedimentais

As respostas obtidas revelam que os entrevistados percebem as questões de ordem legal como obstáculos significativos ao funcionamento do sistema de justiça criminal. Entretanto, os depoimentos também evidenciam que algumas possíveis soluções para essas limitações dependem direta e imediatamente dos envolvidos, ao passo que outras podem ser atingidas mediante a celebração de convênios, por decisões favoráveis do Poder Judiciário, ou a partir de alterações na legislação vigente. Para um dos auditores do TCU, as instituições devem se mobilizar para consolidar o entendimento de que os órgãos de investigação podem compartilhar informações necessárias para a realização de suas atividades, devendo guardar sigilo dessas informações e usá-las somente nos propósitos institucionais. Desse modo, a articulação entre os vários órgãos e atores pode ser decisiva para mobilizar recursos dispersos ou, quando necessário, obter apoio político para promover as alterações normativas que facilitarão o trabalho em rede, o que dificilmente seria conseguido por uma instituição isolada.

## Questões culturais

Questões de ordem cultural apareceram como um problema secundário para o trabalho em rede. Ademais, conforme relatam alguns entrevistados, tais dificuldades não são uma peculiaridade das relações interinstitucionais, pois ocorrem também dentro de cada organização, podendo ser superadas independentemente de mudanças na legislação. Ilustrando esse aspecto, um entrevistado apresenta que em algumas unidades do Ministério Público Federal um mesmo fato pode estar sendo analisado por mais de um procurador, cada um solicitando informações e diligências a outros órgãos, como PF, CGU e TCU, sob óticas distintas — cível, administrativa e penal —, sem que esses procedimentos se comuniquem. Comparativamente, explica, em outras unidades do MPF foram criados núcleos de combate à corrupção, com o procurador atuando na apuração do desvio do recurso público, não importando se em ação cível, administrativa ou penal, e "os relatos dão conta que nessas unidades o combate à corrupção ficou muito mais efetivo".

### Redes e hierarquias, na prática

A menção à coexistência de redes e hierarquias foi amplamente observada no referencial teórico, alguns autores defendendo que redes podem ser complementares à hierarquia ou que nela se apoiam, o que de igual modo foi verificado na nossa pesquisa. Mas os estudos empíricos revelaram também que, assim como as redes se beneficiam de fundamentos da hierarquia para o seu funcionamento, as instituições hierárquicas tradicionais igualmente são beneficiadas por trabalharem em parcerias. Dos relatos obtidos nas entrevistas depreende-se que trabalhar em rede proporciona a obtenção de melhores resultados, o que justifica não apenas a existência da rede, mas evidencia a importância de cada uma das instituições que dela fazem parte e que contribuíram para o produto coletivo. Conforme declarou um perito entrevistado, "às vezes a sobrevivência da instituição reside na sua entrada na rede, na interação com outros órgãos, pois se optar por ficar isolada, muito provavelmente ela vai se fechar e estará fadada ao insucesso". Compartilha dessa opinião um delegado, que defende que a rede deve ser formal e sujeita a controles, alguns deles típicos das hierarquias, e considera que "a união na busca de um objetivo comum é uma questão de sobrevivência para as próprias instituições".

## 5. Considerações finais

Este trabalho objetivou investigar, segundo estruturas de rede, as contribuições da interação entre os órgãos públicos para a efetividade do sistema de justiça criminal, com base na percepção dos atores envolvidos e tendo como moldura conceitual as teorias de redes. Para tanto, foram levantados os principais autores e identificadas as obras consideradas mais relevantes para os objetivos propostos, consultadas sempre que possível em fontes de primeira mão, o que franqueou acesso a vasto material relacionado ao assunto. Por outro lado, para obtenção de dados empíricos foi feita pesquisa de campo em Salvador (BA), com aplicação de entrevistas semiestruturadas a peritos e delegados da Polícia Federal, auditores do Tribunal de Contas da União, analistas da Controladoria-Geral da União e procuradores da República, abordando as principais questões relacionadas a redes na administração pública. Considerando-se a necessária delimitação e tendo em vista os objetivos pretendidos, o estudo ficou restrito àqueles atores e instituições, razão pela qual alguns órgãos vinculados ao sistema de justiça criminal deixaram de ser contemplados, assim como outros, que dele participam de forma acessória, foram abrangidos.

Após a transcrição das entrevistas, os depoimentos colhidos foram trabalhados e submetidos à técnica denominada análise de conteúdo, de forma a possibilitar sua adequada interpretação e contextualização. Por essa metodologia, as declarações foram agrupadas por categorias e subcategorias analíticas, previamente definidas em função do referencial teórico e relacionadas ao contexto empírico estudado.

Os resultados obtidos na pesquisa de campo giram em torno de eixos temáticos centrais amplamente discutidos na literatura especializada. A conclusão do estudo evidencia a aplicabilidade das teorias de redes para o caso concreto, e indica que a atuação dos órgãos em rede pode proporcionar resultados consideravelmente mais efetivos ao sistema de justiça criminal. Sintetizando, as principais questões relatadas pelos entrevistados foram:

- Redes são aplicáveis ao sistema de justiça criminal e apresentam muitos aspectos positivos;
- Atuação em rede pode melhorar consideravelmente os resultados produzidos pelo sistema de justiça criminal;
- Existe uma multiplicidade de entendimentos acerca de redes;
- Redes não eliminam hierarquias. Ao contrário, as duas estruturas tendem a coexistir e a funcionar de forma complementar;
- Redes são limitadas e enfrentam vários obstáculos.

Unanimemente os entrevistados indicaram a produção de melhores resultados como o principal aspecto positivo das redes, do mesmo modo que atributos como flexibilidade, cooperação e complementaridade também apareceram de forma recorrente. Pelos relatos colhidos, a rede flexibiliza o contato entre as instituições e torna o trabalho mais célere por reduzir o tempo necessário para cada etapa. Além disso, cria um ambiente favorável à cooperação e possibilita que os parceiros conheçam e complementem as atividades dos demais, promovendo, de diversas perspectivas, a resolução de problemas comuns.

Relativamente aos conceitos e níveis de institucionalização das redes, os entrevistados revelaram uma multiplicidade de entendimentos, diversidade, aliás, característica da literatura sobre o tema. Contudo, os citados respondentes foram uníssonos quanto à viabilidade do funcionamento do sistema de justiça criminal em rede, parte deles defendendo que de alguma forma isso já acontece na prática. Do mesmo modo, todos os relatos colhidos fizeram menção à necessidade de algum tipo de formalização da rede, como meio de dar-lhe o caráter institucional, evitar que as parcerias dependam exclusivamente das pessoas e assegurar o respaldo necessário às atividades conjuntas.

Os entrevistados igualmente foram unânimes quanto à existência de limitações das redes, mas apresentaram discordâncias com relação àqueles aspectos que assim devem ser considerados. Dessa forma, enquanto para a maioria deles a legislação pode ser um obstáculo ao desenvolvimento das redes, houve quem pensasse de forma diversa, relativizando a importância dos impedimentos legais para o funcionamento de tais arranjos multiorganizacionais.

Questões relativas ao poder, responsabilização e prestação de contas (ou *accountability*), barreiras legais, falta de apoio e dificuldades para chegar ao consenso foram apontadas como os principais desafios para a formação e o desenvolvimento das redes, devendo os custos envolvidos no seu gerenciamento também serem levados em conta. Como possível forma de superar esses obstáculos, os entrevistados defenderam ser primordial que a rede seja apoiada pela cúpula das organizações, o que justificaria a destinação de recursos para as atividades colaborativas e promoveria a adesão dos servidores aos propósitos comuns.

As entrevistas apontaram ainda que o poder — comumente apresentado como vaidade — tende a ser um fator limitador ao desempenho das redes, havendo risco de algum ator pautar sua atuação no retorno e na visibilidade esperados para ele próprio e para sua instituição, em detrimento do resultado coletivo. Especificamente com relação à *accountability*, alguns respondentes destacaram o papel da sociedade como vetor de cobrança da efetividade das políticas públicas. Contudo, apesar dessas barreiras, as entrevistas demonstraram que as relações interinstitucionais são de fundamental importância para a complementaridade dos trabalhos desempenhados pelos diversos órgãos e para os resultados conjuntos alcançados, ficando claro que os obstáculos encontrados são perfeitamente superáveis por meio do esforço coletivo.

Tal como verificado na discussão conceitual, a pesquisa revelou que redes e hierarquias coexistem, sendo evidenciado nas respostas obtidas que os entrevistados defendem a existência de alguns controles nos moldes hierárquicos para a rede. Entretanto, embora a literatura mencione que redes podem se apoiar em hierarquias, o que igualmente foi verificado na pesquisa empírica, aqui alguns entrevistados mencionaram o caminho inverso, qual seja, com as organizações hierárquicas se apoiando nas redes. Segundo esse entendimento, do mesmo modo que a obtenção de melhores resultados ocasionada pelo trabalho em parceria dá respaldo à existência da rede, o incremento no desempenho também coloca em evidência a importância das instituições que a compõem. Assim, a credibilidade dessas organizações singulares seria diretamente influenciada pelo êxito das redes.

Apesar de apontadas dificuldades de toda ordem, as questões que emergiram sugerem que tais obstáculos têm relação direta com as deficiências na interação dos atores envolvidos no processo, não se constituindo em ação deliberada por parte de qualquer um deles para dificultar o funcionamento do sistema em rede. E mesmo para as providências que fogem à competência das instituições pesquisadas, como é o caso de alterações na legislação, as respostas fornecidas sinalizam que o trabalho colaborativo possibilita a mobilização do apoio político e dos demais recursos necessários à promoção das adequações legais julgadas necessárias. Dessa forma, consideramos que as dificuldades enfrentadas são perfeitamente justificáveis quando confrontadas com os resultados esperados, e entendemos que os principais óbices para a atuação do sistema de justiça criminal em rede podem ser suplantados, seja diretamente pela articulação dos atores envolvidos ou, de forma indireta, como decorrência do empenho daqueles para a obtenção de respaldo na arena política.

Por fim, destaca-se que esta pesquisa foi feita com uma amostra intencional de atores e instituições do sistema de justiça criminal, não se prestando à generalização. Não obstante, tendo em vista o enfoque dado às redes, consideramos sensato sugerir que nossos achados podem servir de referencial para dimensão mais ampla desse sistema ou para outros setores da administração pública em geral.

## Referências

AGRANOFF, Robert. A new look at the value-adding functions of intergovernmental networks. In: SEVENTH NATIONAL PUBLIC MANAGEMENT RESEARCH CONFERENCE, Georgetown University, October 9-11, 2003, Washington, DC.

____. *Managing within networks*: adding value to public organizations. Washington, DC: Georgetown University Press, 2007.

____; McGUIRE, Michael. Answering the big questions, asking the bigger questions: expanding the public network management empirical research agenda. In: PUBLIC MANAGEMENT RESEARCH CONFERENCE, 9th, 2007, Tucson, Arizona.

____; ____. Big questions in public network management research. *Journal of Public Administration Research and Theory*, v. 11, n. 3, p. 295-326, 2001.

BÖRZEL, Tanja A. Networks: reified metaphor or governance panacea? *Public Administration*, v. 89, n. 1, p. 49-63, 2011.

____. Organizing Babylon: on the different conceptions of policy networks. *Public Administration*, v. 76, n. 2, p. 253-273, Summer 1998.

FLEURY, Sonia; OUVERNEY, Assis M. *Gestão de redes*: a estratégia de regionalização da política de saúde. Rio de Janeiro: Editora FGV, 2007.

GIL, Antonio Carlos. *Métodos e técnicas de pesquisa social*. São Paulo: Atlas, 1987.

GOLDSMITH, Stephen; EGGERS, William D. *Governar em rede*: o novo formato do setor público. Brasília: Enap, 2006.

HERRANZ, Joaquin. The multisectoral trilemma of network management. *Journal of Public Administration Research and Theory*, v. 18, n. 1, p. 1-31, jan. 2008.

ISETT, Kimberley R. et al. Networks in public administration scholarship: Understanding where we are and where we need to go. *Journal of Public Administration Research and Theory*, v. 21, p. i157--i173, 2011.

JOHNSTON, Jocelyn M.; ROMZEK Barbara S. Social welfare contracts as networks: the impact of network stability on management and performance. *Administration & Society*, v. 40, n. 2, p. 115-146, abr. 2008.

KLIJN, Erik-Hans; EDELENBOS, Jurian; STEIJN Bram. Trust in governance networks: its impacts on outcomes. *Administration & Society*, v. 42, n. 2, p. 193-221, 2010.

KRUEATHEP, Weerasak; RICCUCCI, Norma M.; SUWANMALA Charas. Why do agencies work together? the determinants of network formation at the subnational level of government in Thailand. *Journal of Public Administration Research and Theory*, v. 20, p. 157-185, 2008.

LOPES, Fernando Dias; BALDI, Mariana. Redes como perspectiva de análise e como estrutura de governança: uma análise das diferentes contribuições. *Revista de Administração Pública*, Rio de Janeiro, v. 43, n. 5, p. 1007-1035, set./out. 2009.

MANDELL, Mirna P. The impact of collaborative efforts: changing the face of public policy through networks and network structures. *Policy Studies Review*, v. 16, p. 4-17, 1999.

MASSARDIER, Gilles. Redes de política pública. In: SARAVIA, Enrique; FERRAREZI, Elisabete (Org.). *Políticas públicas*: coletânea. Brasília: Enap, 2006. v, 2, p. 167-185.

McGUIRE, Michael. Managing networks: propositions on what managers do and why they do it. *Public Administration Review*, v. 62, n. 5, p. 599-609, set./out. 2002.

\_\_\_\_; AGRANOFF, Robert. The limitations of public management _networks. *Public Administration*, v. 89, n. 2, p. 265–284, 2011.

\_\_\_\_; \_\_\_\_; SILVIA, Chris. Collaborative public administration. Foundations of public administration. *Public Administration Review*, p. 1-35, 2010.

MEIER, Kenneth J.; HILL, Gregory C. Bureaucracy in the twenty-first century. *The Oxford handbook of public management*. Oxford University Press, 2005. p. 51-71.

\_\_\_\_; O'TOOLE JR., Laurence J. Beware of managers not bearing gifts: how management capacity augments the impact of managerial networking. *Public Administration*, v. 88, n. 4, p. 1025-1044, 2010.

MILWARD, Hendree Brinton; PROVAN, Keith G. Managing networks effectively. In: NATIONAL PUBLIC MANAGEMENT RESEARCH CONFERENCE, 2003, Georgetown University, Washington, DC.

NAVES, Gladston G. *A contribuição do Sistema Integrado de Administração Financeira do Governo Federal (Siafi) para a promoção da accountability: a percepção dos usuários*. Dissertação (mestrado em administração pública) — Escola Brasileira de Administração Pública e de Empresas, Fundação Getulio Vargas, Rio de Janeiro, 2011.

OSPINA, Sonia M.; SAZ-CARRANZA, Angel. Paradox and collaboration in network management. *Administration & Society*, v. 42, n. 4, p. 404-440, 2010.

O'TOOLE JR., Laurence J. Treating networks seriously: practical and research-based agendas in public administration. *Public Administration Review*, v. 57, n. 1, p. 45-52, jan./fev. 1997.

RETHEMEYER, Randy Karl; HATMAKER, Deneen M. Network management reconsidered: an inquiry into management of network structures in public sector service provision. *Journal of Public Administration Research and Theory*, v. 18, p. 617-646, 2007.

VERGARA, Sylvia Constant. *Métodos de pesquisa em administração*. 3. ed. São Paulo: Atlas, 2008.

\_\_\_\_. *Projetos e relatórios de pesquisa em administração*. São Paulo: Atlas, 2009.

Capítulo 7

# Interação interdisciplinar e cadeia de custódia nos espaços dos Setores Técnico-Científicos da Polícia Federal

José Alysson Dehon Moraes Medeiros
Joaquim Rubens Fontes Filho
Luis César Gonçalves de Araújo

O trabalho tem por objetivo verificar a influência das orientações repassadas pelo Instituto Nacional de Criminalística (INC) aos Setores Técnico-Científicos da Polícia Federal, em termos de ambiente físico, para a melhora da interação interdisciplinar entre os peritos e do projeto de cadeia de custódia. Para tanto, foi necessário recorrer a fundamentos sobre interdisciplinaridade, cadeia de custódia, arranjo físico na gestão de processos e planejamento de espaços. A pesquisa foi complementada pela realização de visitas a sete setores de perícia espalhados pelo país, contemplando desde aspectos gerais até as peculiaridades regionais. Foram identificados dois tipos básicos de orientações repassadas pelo INC em relação ao espaço dos setores, bem como lacunas de comunicação entre seus grupos de trabalho. Foram registradas as impressões associadas às instalações dessas unidades e ainda foi possível propor sugestão de melhoria ao arranjo físico de uma delas. Conclui-se que, apesar do avanço recente em relação ao tema, a unidade central precisa manter um sistema integrado de gestão dessas informações, alinhado às novas tendências construtivas e de projetos da administração, de forma a transformar continuamente as observações coletadas nas unidades em novas orientações e diretrizes capazes de realimentar o sistema.

## 1. Introdução

Denominam-se Setores Técnico-Científicos (Setecs) as unidades descentralizadas de criminalística do Departamento de Polícia Federal (DPF). Tais setores são responsáveis pela elaboração de laudos periciais criminais solicitados por autoridades policiais para a instrução de inquéritos policiais, ou requisitados pelo Poder Judiciário para a instrução de processos criminais. Velho, Geiser e Espindula (2011) apresentam a criminalística como um sistema alimentado por técnicas e metodologias específicas das ciências forenses, provenientes, por sua vez, de diversos ramos da ciência.

Os Setecs são subordinados técnica e normativamente ao INC, órgão central da Polícia Federal responsável pela elaboração das diretrizes, instruções técnicas e atos normativos na área de criminalística. Quanto à elaboração de laudos periciais, os Setecs têm como responsáveis os peritos criminais federais (PCFs), profissionais com formação de nível superior em determinadas áreas do conhecimento, aprovados em concurso público e em curso de formação profissional na Academia Nacional de Polícia (ANP). Dentro do setor, os peritos são subordinados a um chefe, também perito criminal, responsável pela coordenação e gestão das atividades e das pessoas. Existem ainda os servidores administrativos e estagiários, responsáveis pelas tarefas administrativas do setor. Esta é a estrutura básica de um Setec no âmbito de uma Superintendência de Polícia Federal.

Os ambientes físicos dos Setecs são compostos basicamente por ambientes administrativos (sala da chefia, apoio administrativo, arquivo, depósito etc.), ambientes destinados à elaboração dos laudos (salas dos peritos) e ambientes destinados à realização de exames (laboratórios). Não há uma padronização rígida referente à disposição e configuração destes ambientes, mesmo porque cada edificação da Polícia Federal apresenta suas características próprias. As salas dos peritos, por exemplo, apresentam-se das mais diversas formas: escritórios abertos, escritórios fechados e escritórios conjugados a laboratórios.

Desde 2001, a Polícia Federal vem passando por um processo de reestruturação, que envolveu desde o ingresso de novos servidores nos cinco cargos da carreira policial federal, até um vultoso processo de modernização e aparelhamento, que contemplou, inclusive, a criação de uma Diretoria de Administração e Logística Policial (DLOG).

Tal processo de modernização e aparelhamento resultou na entrega das novas instalações do INC, bem como em novos Setecs instalados nas recém-construídas sedes de Superintendência. Brasil afora, outros Setecs têm sido apenas reformados até que o processo de modernização do Departamento contemple a construção de uma sede nos novos moldes, ou seja, projetada e construída para funcionar de acordo com as mais modernas técnicas policiais.

No âmbito dos Setecs, depositou-se muita expectativa sobre os novos ambientes e novos equipamentos, uma vez que a estrutura física era tida como a causa de inúmeros problemas de ordem administrativa, como a baixa produtividade do trabalho, a vulnerabilidade das provas *sub examine* e a falta de motivação dos servidores. No entanto, após as reformas ou mudanças para os novos espaços, nem sempre o desempenho das atividades melhorava conforme imaginado, ora permanecendo relatos de problemas organizacionais não sanados, ora surgindo problemas sequer previstos anteriormente.

Para Handy (1978), entre os fatores que afetam a eficiência das organizações se encontram o ambiente físico e tecnológico. Em relação ao ambiente físico, figuram fatores como deslocamentos, segurança e acústica. No ambiente tecnológico, figuram tipos de tecnologia, condições das instalações e matérias-primas. Segundo Gomes (2002), no que concerne ao ambiente físico, o espaço de trabalho exerce múltiplas influências sobre o comportamento dos indivíduos.

No ofício dos PCFs, a interdisciplinaridade é considerada de grande importância, em virtude de a resolução dos casos exigir muitas vezes o entrelaçamento do saber proveniente de disciplinas diversas.

Outro aspecto considerado crítico no ambiente pericial é a preservação da cadeia de custódia, definida como "processo usado para manter e documentar a história cronológica da evidência, para garantir a idoneidade e o rastreamento das evidências utilizadas em processos judiciais" (Lopes, 2010:1). O tema referente à preservação da cadeia de custódia é tão relevante atualmente que a Polícia Federal está desenvolvendo um projeto de implantação de centrais de custódia de vestígios em todas as superintendências. Trata-se de uma ação baseada nas práticas de instituições policiais internacionais de referência, a exemplo do *Federal Bureau of Investigation* (FBI) dos Estados Unidos da América.

Por fim, verificou-se que as orientações e diretrizes relativas aos ambientes físicos dos Setecs são propostas pelo INC, órgão central, com atribuições e estrutura administrativa distintas daquelas encontradas nos Setecs. Observou-se que tais instruções foram resultados de um esforço desbravador com base na observação do arranjo físico de sua própria estrutura, porém empírico e sumário do ponto de vista da urgência de providências, podendo não ter levado em consideração, por exemplo, o histórico de falhas cometidas em projetos anteriores, as peculiaridades regionais, a demanda local dos casos por meio de suas especificidades (casuística), a interação interdisciplinar entre os peritos e a cadeia de custódia.

Diante de tal situação apresentada, surgiu a seguinte indagação: até que ponto as orientações repassadas pelo INC aos Setores Técnico-Científicos, em termos de ambiente físico, têm contribuído para a melhora da interação interdisciplinar entre os peritos e do projeto da cadeia de custódia?

## 2. Referencial teórico

Entende-se como pressupostos das ações de projeto e implantação de um setor ou unidade técnico-científica da Polícia Federal a demanda de serviço a ser atendida, o número de servidores a serem lotados, a definição de uma área física dentro da respectiva superintendência ou delegacia, e a distribuição de tal espaço entre os ambientes destinados à atividade-meio, à atividade-fim, aos laboratórios e às áreas de uso comum.

Para tanto, o planejamento dos ambientes físicos organizacionais deve levar em conta, durante a sua elaboração, uma série de variáveis inter-relacionadas, capazes de influenciar desde a forma como as tarefas são realizadas e o seu ritmo até aspectos mais subjetivos como o comportamento dos indivíduos durante a jornada de trabalho.

No que diz respeito à interação, ou a troca de ideias e informações entre os indivíduos, e seguindo a sugestão de pesquisa de Gomes

(2002), foram considerados neste estudo os seguintes aspectos: a opinião dos usuários, seja chefe ou subordinado, a troca de informações de trabalho entre os peritos e as possibilidades de interação proporcionadas e desperdiçadas pela disposição dos espaços de trabalho.

Em relação à cadeia de custódia, entendendo-se como uma série de cuidados e procedimentos para resguardar a idoneidade da prova enquanto esta se encontra à disposição da criminalística para realização de exames, verificou-se *in loco* a aplicação das instruções expressas no *Manual de boas práticas de gestão da criminalística*, das instruções formais do Projeto de Excelência na Produção e Custódia de Provas (PEPCP), bem como das ações relativas a reformas ou construção de setores, todas estas conduzidas pelo INC.

## 2.1 Interdisciplinaridade e especialidades da perícia

O conceito de interdisciplinaridade está relacionado com troca de conhecimento e grau de integração entre disciplinas conexas. Segundo Orrico (1999), a interdisciplinaridade envolve um trabalho de equipe coordenado, cujas disciplinas implicadas são enriquecidas ou modificadas, com a finalidade de estudar um objeto sob diferentes ângulos. Envolve ainda, em momento preliminar, um acordo sobre os métodos e conceitos a serem seguidos e utilizados.

Atualmente existem diversas áreas do conhecimento nas quais atuam os peritos criminais federais. No último concurso público realizado pela Polícia Federal para a contratação de peritos foram contempladas 17 áreas do conhecimento, o que indica que dentro de um Setec transitam informações e conhecimento de diversas disciplinas de caráter técnico-científico.

Em diversos casos, é prática que pelo menos dois peritos de áreas distintas se debrucem sobre o mesmo exame para a elaboração do laudo. Dessa forma, há uma interação interdisciplinar dos peritos em termos de troca de conhecimentos e informações técnicas, o que costuma deixar o laudo mais robusto e completo. Em casos de exames mais complexos, a necessidade da interdisciplinaridade é condição *sine qua non* para a realização dos exames, inclusive por exigência legal.[1]

## 2.2 Interação por meio do ambiente físico

Segundo Fischer (1993), diversos fatores relacionados ao ambiente podem afetar o desempenho dos indivíduos no trabalho, como a temperatura, a iluminação, o ruído, entre outros, podendo gerar tanto efeitos positivos (aumento da produtividade), como negativos (distração). A disposição dos postos de trabalho também é um desses fatores.

Nos ambientes periciais não há uma uniformidade na disposição de peritos por sala. Há salas individuais, salas com dois peritos e escritórios abertos com mais de oito peritos dispostos em estações de trabalho. Em relação a estes últimos, Sundstrom, Burt e Kamp (1980) identificam os níveis de ruído como um dos causadores de insatisfação para funcionários que trabalham em escritórios abertos. Gomes (2002), por sua vez, constatou que este arranjo é uma forma de aumentar a interação entre os indivíduos nas organizações, mas é também um mecanismo de controle, gerando aspectos negativos com a falta de privacidade acústica e visual.

A falta de privacidade visual é um aspecto relevante a ser discutido e que apresenta caráter peculiar nas instituições policiais. A compartimentação de informações é uma prática habitual nos órgãos de segurança e, por tal razão, algumas solicitações de exames apresentam *status* confidencial ou sigiloso, devendo ser a área de trabalho resguardada até de outros colegas policiais que venham a circular nas dependências do setor.

Como discutido, faz parte do *métier* dos peritos criminais a interação interdisciplinar por meio da troca de informações para realização dos exames. Por outro lado, também é um ofício que exige do perito completa concentração, precisão nos resultados e certa privacidade. Para alguns exames, inclusive, sua própria natureza e características

---

1. A Lei nº 11.690, de 2008, inclui no Código de Processo Penal o § 7º, assim transcrito: "Tratando-se de perícia complexa que abranja mais de uma área de conhecimento especializado, poder-se-á designar a atuação de mais de um perito oficial, e a parte indicar mais de um assistente técnico".

exigem isolamento físico e acústico, a exemplo das perícias envolvendo material audiovisual.

Meel, Martens e Ree (2010) afirmam que o desenho e o *layout* dos espaços de escritórios podem, por exemplo, encorajar a interação ou estimular a criatividade. Além disso, a estrutura física é capaz de transmitir uma forte mensagem cultural aos usuários e visitantes sobre a marca ou identidade da organização.

Não há como se desprezarem, ainda, as características locais e peculiaridades regionais, geográficas, históricas e culturais. Mesmo que uma instituição atue em âmbito nacional e, naturalmente, esteja dispersa por todo o país, é importante atentar para essas diferenças que representam cada identidade. Para Santos (2002:231), "cada lugar é, ao mesmo tempo, objeto de uma razão global e de uma razão local, convivendo dialeticamente".

Não havia até então estudos na criminalística envolvendo o seguinte dilema: se os seus espaços são capazes de estimular a interação interdisciplinar, ao mesmo tempo que garantem a segurança necessária à custódia das provas sob exame.

## 2.3 Cadeia de custódia

Na linguagem jurídica, a custódia pode ser entendida como "guarda, ou detenção de coisa alheia, que se administra e conserva, até a entrega a seu dono legítimo" (Jusbrasil, 2011).

Cabe à polícia, durante a fase de investigação criminal, coletar, arrecadar, examinar, produzir, processar e reunir provas no intuito de formar juízo sobre a existência de justa causa para dar início à ação penal. Tratando-se a investigação criminal (caráter administrativo) de apenas uma das fases da persecução penal, a ser continuada pela fase do processo penal (caráter jurisdicional), depreende-se que os elementos de prova devam prosseguir conservados e à disposição do Estado (seu dono legítimo) até o final do procedimento judicial, que implique a condenação ou absolvição de um acusado. Enquanto os elementos de prova permanecem com a Polícia, espera-se que estes sejam guardados e preservados, desde seu contato mais preliminar, até o momento em que deixem o domínio da instituição.

Atendo-se particularmente à custódia de materiais (armas, drogas, discos rígidos, veículos, vestígios coletados em locais de crime etc.), é importante registrar que, ainda no âmbito policial, é frequente o deslocamento desses materiais por diversos setores policiais (delegacias, cartório, perícia, depósito etc.), o que implica sua guarda compartilhada, ainda que temporária, no interior de cada um dos setores envolvidos no processo de transferência.

A Direção-Geral da Polícia Federal, durante a gestão de 2007 a 2010, deu início ao PEPCP, visando fortalecer a confiabilidade dos elementos probatórios sob sua competência. Tomou parte desse projeto o INC, pois se achou importante controlar melhor os procedimentos relacionados à custódia temporária dos vestígios submetidos a exames periciais.

No âmbito da criminalística, segundo o PEPCP (Departamento de Polícia Federal, 2010), a expressão "cadeia de custódia" é utilizada para designar o conjunto de procedimentos que têm por objetivo garantir a idoneidade, o registro histórico e integridade de um determinado material, e consiste, basicamente, na sistematização do registro das suas transferências de custódia, desde sua origem até o seu destino final, e na utilização de embalagens e lacres que permitam identificá-lo inequivocamente e verificar qualquer tipo de acesso não autorizado.

O projeto destaca também a capacidade nociva que alguns materiais podem apresentar ainda no início da cadeia de custódia e orienta a observação de medidas adicionais de segurança, uma vez que podem se tratar de objetos preparados para provocar ferimentos ou intoxicação nos policiais ou danos à instituição. Este é apenas um exemplo da importância em estabelecer ações e preparar espaços nos ambientes policiais que, além de dar suporte às atividades, permitam lidar melhor com os riscos da profissão no que se refere a recebimento, guarda e manuseio de materiais.

Observa-se nesse projeto a intenção da Polícia Federal em buscar a excelência na produção e custódia de provas; no entanto, além de se ater aos novos procedimentos, terá de avançar na infraestrutura de suas unidades a fim de compatibilizar seus recursos com suas novas necessidades.

## 2.4 O estudo de *layout* e a gestão de processos

Corrêa e Corrêa (2005:407) definem como arranjo físico (*layout*) a "maneira segundo a qual se encontram dispostos fisicamente os recursos que ocupam espaços dentro da instalação de uma operação". A distribuição dos recursos (pessoas, estações de trabalho, móveis e equipamentos) deve ser baseada em um estudo que possibilite a ocupação racional do espaço disponível, considerando um fluxo das pessoas e papéis consonante com a gestão de processos existente na organização.

Para Araujo (2009), de uma forma geral, o brasileiro zela muito pelo espaço que utiliza e cada vez mais tem necessidade de maior conforto, haja vista a constância de remodelações ambientais sobrepondo-se a reformas de outra ordem. Entende o autor que a gestão de processos não deve estar apenas relacionada ao fluxo de pessoas e papéis: deve facilitar a movimentação ou a acomodação dos recursos. É do gestor a função de intervir nas questões de espaço físico que envolvem a burocracia da sua unidade. Este deve estar preparado para realizar estudos e atuar no campo do espaço físico aliado às demandas de melhor fluxo de pessoas e documentos na unidade sob seu comando.

Para tanto, o autor sugere que tais estudos sejam balizados por objetivos como: obtenção de um fluxo eficiente de comunicação e de trabalho; facilidade de supervisão; redução de fadiga; impressão que causa nos visitantes e aumento da flexibilidade da atividade. Para alcançar tais objetivos, convém ao responsável pelo estudo do *layout* recolher previamente informações que lhe permitam antever a problemática da área objeto de estudo. E complementa que estudos de *layout* não devem ser baseados no olhar e no "achismo". A estratégia deve seguir diversas etapas, como a consulta e a elaboração de plantas, a verificação do desenvolvimento da gestão de processos, a qualificação e quantificação dos recursos a serem utilizados, a determinação da infraestrutura necessária, a discussão compartilhada pelo maior número de usuários, a apresentação das alternativas do novo *layout*, a implantação e o acompanhamento das alternativas empregadas.

O gestor não precisa ser um especialista do espaço físico, mas é recomendável que conheça técnicas mínimas de engenharia e arquitetura e considere os subsídios e contribuições de profissionais especializados dessas áreas. Cabe a ele agregar informações a respeito da movimentação de pessoas, papéis, tipo de mobiliários, equipamentos e da gestão processual em si.

Em alguns países, a preocupação e a atenção à qualidade das instalações e da infraestrutura nos espaços de trabalho governamentais são bem mais acentuadas do que no Brasil, além de remontar a longa data. Os Estados Unidos, por exemplo, ainda em 1962 estabeleceram os "Princípios Norteadores da Arquitetura Federal".[2] A evolução nesse sentido foi tamanha que o país mantém programas governamentais visando garantir um padrão de excelência em projetos, reforma e construção de prédios públicos. Um desses programas é o de excelência em *design* para edifícios públicos, conduzido pela General Services Administration (GSA). Dentre as ações da GSA encontram-se a concepção e a construção de novas instalações federais, os principais reparos e alterações em edifícios existentes e a gestão de instalações.

Destaca-se, neste sentido, a atenção dada às instalações dos tribunais americanos, justamente por concentrar em uma única edificação ambientes de atendimento ao público, escritórios, instalações especiais de segurança e isolamento acústico, alta tecnologia em recursos de telecomunicações e informática e estrutura destinada à custódia temporária de pessoas. Percebe-se, enfim, que é um ambiente semelhante, em termos de porte e necessidade de infraestrutura e instalações, ao de uma Superintendência de Polícia Federal, com a diferença de que esta última ainda agrega áreas de trabalho especiais (laboratórios), em razão das atividades de criminalística.

## 2.5 Planejamento de espaços para escritórios

Corrêa e Corrêa (2005) afirmam que existem três tipos básicos (clássicos) de arranjo físico: por processo; por produto; e posicional. Nas atividades desempenhadas pela Polícia Federal, observa-se claramente a predominância do arranjo físico por processo (também chamado de funcional), cuja lógica é a de agrupar recursos com função ou processo similar. Por exemplo, os setores são organizados pela especialidade ou

---

2. *Guiding Principles for Federal Architecture.*

função: Setor Técnico-Científico, Setor de Administração e Logística Policial, delegacias etc. Dentro de cada setor, por sua vez, o arranjo físico é organizado de forma variada de acordo com suas peculiaridades.

Em relação aos Setecs, predominam os espaços compartimentados, conhecidos no jargão das empresas como escritórios fechados. Geralmente, são salas dispostas ao longo de um corredor, cada uma contendo estações de trabalho periciais (*workstations*), não havendo regra quanto a sua forma de ocupação. Existem ainda os laboratórios, a secretaria, os espaços administrativos e as áreas de uso comum.

O que deveria então ser planejado quando se fala em espaços para a criminalística? Meel, Martens e Ree (2010) sugerem que, independentemente da atividade, uma das primeiras decisões a serem tomadas diz respeito à concepção dos escritórios. Não se trata apenas de custos ou de estética, mas também de produtividade, cultura organizacional, flexibilidade e, por último, mas não menos importante, de bem-estar e felicidade dos usuários, visto que pequenas decisões no *layout* de um escritório podem ter um grande impacto no dia a dia de trabalho e na produtividade. Ainda segundo os autores, o principal propósito de um edifício de escritórios é dar suporte aos seus ocupantes no desempenho de suas tarefas e atividades, preferivelmente a um custo mínimo e a um alto grau de satisfação. Nesse sentido, listam os principais objetivos associados à concepção de novos escritórios, ressaltando, de antemão, que, dependendo da abordagem e da importância que se dê a cada um deles, pode-se deparar com objetivos conflitantes.

Uma vez definidos quais objetivos serão priorizados e relacionados à concepção de um projeto de escritórios, e ainda antes da fase de desenho, é necessário tomar algumas decisões cruciais sobre o local e a forma de trabalho a serem adotados pela organização. É a hora de responder questões como "onde e como nós queremos trabalhar?", "quais espaços atendem melhor nossas atividades?" e "o quanto faremos uso de novas tecnologias?". Martens, Meel e Ree (2010) agrupam essas e outras questões similares em seis tópicos críticos ao processo de tomada de decisões. São questões de natureza estratégica (destinadas aos gestores) e têm impacto direto na forma com que uma organização funciona. As escolhas se referem ao local, uso, *layout,* aparência, documentação e padronização.

Uma vez estando os objetivos estabelecidos e tendo sido tomadas as escolhas cruciais pelos gerentes, torna-se possível iniciar o desenvolvimento da planta do estudo preliminar de *layout*, que posteriormente conduzirá ao projeto arquitetônico final.

## 3. Metodologia

A pesquisa realizada coletou informações sobre o ambiente de trabalho, estabelecendo correlações entre este e os aspectos interação e cadeia de custódia. Foi realizada mediante análise de documentos internos da Polícia Federal que tratam do tema, visitas a Setores Técnico-Científicos (Setecs) e entrevistas com seus profissionais.

A partir dos 25 Setecs típicos (exceto RJ e SP, que apresentam estrutura *sui generis*), foram escolhidos aqueles que dispunham de estrutura física marcante, em construções ou instalações mais recentes (concluídas a partir do ano 2000), sem dispensar sua peculiaridade e representatividade em termos regionais. Nesse sentido, foram selecionados sete Setores Técnico-Científicos, conforme região: no Norte, Setec/AM; no Nordeste, Setecs AL e RN; no Centro-Oeste, Setec/GO; no Sudeste, Setec/ES; e no Sul, Setecs PR e SC.

Os dados da pesquisa foram coletados por meio de pesquisa bibliográfica, pesquisa documental e pesquisa de campo. De aspecto qualitativo, teve uma dimensão principal não estatística, e uma forma de atuação denominada observação participante, posto que os indicadores são variáveis observacionais de determinada realidade.

As principais informações de identificação obtidas de cada um dos Setecs estão sintetizadas na tabela a seguir.

## 4. Resultados da pesquisa

O INC tem repassado orientações às descentralizadas, em termos de ambiente físico, basicamente de duas formas: preliminar (propostas de projetos, estudos e pareceres) e posterior (nas oportunidades de avaliação da gestão da criminalística).

Tabela 1
Resumo das características observadas *in loco*

| nº ref. | Característica | Setecs visitados por região brasileira | | | | | | |
|---|---|---|---|---|---|---|---|---|
| | | S | | SE | CO | NE | | N |
| | | PR | SC | ES | GO | AL | RN | AM |
| 1 | Ano de instalação | 2007 | 2001 | 2005 | 2001 | 2000 | 2006 | 2011 |
| 2 | Ocorrência de reforma ou ampliação | não | sim | não | sim | sim | não | sim |
| 3 | Nº peritos criminais federais atuando no setor | 38 | 26 | 24 | 27 | 13 | 14 | 20 |
| 4 | Nº funcionários de apoio administrativo* | 6 | 2 | 4 | 3 | 1 | 3 | 4 |
| 5 | Densidade (PCF/ADM*) | 6,33 | 13,00 | 6,00 | 9,00 | 13,00 | 4,67 | 5,00 |
| 6 | Área total aprox. em m² (exceto circulação) | 1035,61 | 473,24 | 391,52 | 421,20 | 405,63 | 350,00 | 361,74 |
| 7 | Densidade (m²/PCF) | 27,25 | 18,20 | 16,31 | 15,60 | 31,20 | 25,00 | 18,09 |
| 8 | N. de salas administrativas (compartimentadas) | 7 | 3 | 3 | 5 | 2 | 5 | 3 |
| 9 | N. de salas de peritos | 19 | 17 | 9 | 8 | 5 | 7 | 8 |
| 10 | Média de peritos por sala (exceto chefia) | 1,89 | 1,47 | 2,56 | 3,25 | 2,40 | 1,86 | 2,38 |
| 11 | Salas privativas (exceto chefia) | não | sim | não | não | sim | não | não |
| 12 | N. de laboratórios exclusivos | 9 | 5 | 5 | 3 | 2 | 4 | 6 |
| 13 | Laboratório compartilhado com estação de trabalho | não | sim | sim | sim | sim | sim | sim |
| 14 | N. pavimentos da edificação (incluindo subsolo) | 6 | 6 | 5 | 5 | 4 | 4 | 2 |
| 15 | Pavimento de localização (incluindo subsolo) | 3º | 6º | 1º e 2º | 5º | 3º | 3º | 2º |
| 16 | Tipo de configuração do setor | disperso no pavimento | em ala | em alas (pavimentos distintos) | em ala | em ala | em ala | em ala |
| 17 | Serviços com quem divide ala | não se aplica | nenhum | NID | NID | NIP | NID | NID |
| 18 | Fluxo natural de pessoas destinadas a outros serviços | sim | não se aplica | sim | sim | sim | não | sim |
| 19 | Salas em pavimento distinto (exceto central de gases) | sim | não | sim | sim | não | não | não |
| 20 | Configuração predominante das salas (em termos de área) | 2 PCFs | individuais | 2 PCFs | 3 PCFs | aberto 8 PCFs | 2 PCFs | 2 PCFs |

* Foram contabilizados estagiários e contratados.
NID — Núcleo de Identificação
NIP — Núcleo de Inteligência Policial

A forma preliminar trata do esclarecimento de dúvidas sobre pontos específicos do assunto; indicação de especificação de infraestrutura mínima para instalação dos equipamentos; e elaboração de pareceres sobre as propostas de *layout* submetidas pelas descentralizadas. Por sua vez, a forma posterior envolve a atividade intitulada "Avaliação da Gestão da Criminalística", coordenada pela Divisão de Pesquisa, Padrões e Dados Criminalísticos (DPCrim) do INC, e realizada por meio de visitas aos Setecs e registro das impressões levantadas e sintetizadas por meio de um relatório.

Em momento considerado oportuno, o INC passou a disponibilizar propostas preliminares de *layout* padronizadas, com os ambientes mínimos necessários às atividades de criminalística, de acordo com o porte da unidade descentralizada. Nessa oportunidade, o INC transcendeu a elaboração dos *layouts* dos Setecs e das Utecs,[3] e tornou-se o responsável pela elaboração da proposta inicial de *layout* da central de custódia de vestígios, eventual espaço dedicado à guarda de amostras de prova, contraprova e contraperícia no âmbito das superintendências e delegacias.

No entanto, as ações costumam ocorrer essencialmente mediante demanda específica, não havendo oportunidade de estudos continuados no sentido de avaliar se as propostas sugeridas são executadas na íntegra e se atendem totalmente às expectativas dos clientes.

Observou-se uma lacuna entre a instalação das primeiras "novas" superintendências e a estruturação do INC como centralizador de diretrizes e orientador do arranjo físico dos Setecs, mesmo porque três dos setores visitados (AL, SC e GO) foram instalados previamente à construção do moderno prédio do INC. A lacuna foi tamanha a ponto de dois desses setores apresentarem configurações diametralmente opostas: enquanto um faz uso de salas individuais, o outro utiliza escritório aberto com baias. Já o terceiro encontra-se mais bem estruturado pelo fato de já ter sido reformado e ampliado.

A ausência de estudos prévios referentes à estimativa de crescimento da população de peritos e de sua respectiva distribuição nas descentralizadas tornou-se ainda um complicador quanto ao estabelecimento do

---

3. Unidades Técnico-Científicas: unidades de criminalística da Polícia Federal instaladas no interior de alguns estados de forma a descentralizar o atendimento das solicitações de exames periciais.

porte da unidade, definindo, na maioria das vezes, esta classificação apenas com base na área disponível.

As descentralizadas beneficiadas com projetos e novas instalações, por sua vez, não costumam retroalimentar o INC sobre os pontos fracos de suas instalações ou gargalos do seu arranjo físico, no sentido de promover o contínuo melhoramento das instalações e evitar as mesmas situações indesejáveis nos projetos de Setecs subsequentes.

Relacionada a esse aspecto, há uma forma indireta e complementar de se obter as informações relativas às vulnerabilidades das instalações ou ainda outros aspectos indesejáveis relacionados à estrutura física das descentralizadas não observados ou identificados por seus usuários. Trata-se da atividade de Avaliação da Gestão da Criminalística, cujo produto (relatório técnico) emite recomendações sobre os ambientes físicos dos Setecs realizados pelas Comissões que percorrem as unidades da federação, mesmo porque a avaliação também abrange a verificação da aplicação e a continuidade dos investimentos do Pró--Amazônia/Promotec.[4]

Esse último aspecto, de caráter fiscalizador, conforme enfatizado na introdução dos relatórios de visita, sugeria, inicialmente, ser o único foco das visitas em relação aos ambientes físicos, à medida que se voltava prioritariamente à descrição e caracterização dos ambientes, identificação e distribuição dos equipamentos e aparelhos, e estado de conservação do mobiliário. No entanto, percebeu-se que no decorrer dos anos, com o amadurecimento da atividade, o espaço físico, a segurança das instalações e sua relação com a cadeia de custódia foram mais bem analisados e discutidos, tomando maior relevância nos relatórios, merecendo destaque aquele referente ao Setec/AL.

Notou-se predominantemente a preocupação das comissões em ações relativas à estrutura física das unidades descentralizadas de criminalística, mas restritas ao setor, ou seja, não integradas a outras ações correlatas conduzidas pelo próprio órgão central. A atividade de avaliação da gestão da criminalística perde uma grande oportunidade de retroalimentar os setores projetistas do INC em termos de arranjo físico com essas valiosas informações garimpadas *in loco*.

---

4. Contrato para modernização e reaparelhamento da Polícia Federal que possibilitou o reaparelhamento dos segmentos técnico-científicos.

## 4.1 Interdisciplinaridade

Em relação à interação interdisciplinar no trabalho da criminalística, ficou evidente sua importância para os entrevistados das unidades descentralizadas, seja por meio dos relatos diretos que fizeram sobre o assunto, seja pelo que foi possível extrair das observações *in loco* durante as visitas. Por uma questão técnica e gerencial (divisão das solicitações de exame por área de perícia), as tarefas são especializadas, mas vários casos exigem o trabalho em grupo e a troca de ideias envolvendo diferentes áreas do conhecimento.

Contudo, o levantamento realizado permitiu identificar um paradoxo entre a interdisciplinaridade do trabalho pericial e a necessidade de especialização das áreas, paradoxo esse refletido no arranjo físico. Observou-se que a preocupação em várias unidades se limita tão somente a agrupar em salas mais próximas peritos de áreas afins, a exemplo de informática e audiovisual, engenharia e contabilidade, ou engenharia e meio ambiente.

A sala de trabalho merece comentários e algumas reflexões no escopo deste trabalho. Nos setores pesquisados foram encontrados praticamente todos os tipos de configuração possível: salas individuais, salas para dois, três, quatro, cinco peritos, e até escritórios abertos. As propostas de *layout* preliminar do INC para os Setecs e Utecs, por sua vez, contemplam salas para até quatro servidores.

Diante de tantas configurações alternativas, foram observadas durante a pesquisa de campo algumas tendências sobre o assunto. Aos gestores entrevistados, duas situações soaram indesejáveis: salas individuais e escritórios abertos com baias. A primeira situação é indesejável, pois admitiram ser economicamente pouco viável (hipótese que implicaria área construída muito maior) e pouco desejável do ponto de vista da interação (hipótese que favorece ao isolamento), admitindo como exceções apenas área para a chefia, pois atende com frequência público externo para discussão de assuntos sensíveis, e para os gestores dos grupos de perícia, principalmente em setores maiores onde é prática o atendimento a vários peritos durante o expediente. Quanto à segunda situação, a resposta praticamente foi a mesma: maior oportunidade de distração e prejuízo ao trabalho.

Percebeu-se que o número ideal de peritos por sala seria aquele que historicamente faz parte da criminalística nacional: dois peritos. Percebeu-se que a atividade em dupla ainda é muito valorizada no âmbito da criminalística, por estimular a discussão técnica e não ser ruidosa suficiente para atrapalhar a concentração e o foco no trabalho. Salas com mais de dois peritos deveriam ser evitadas ao máximo, sendo a exceção à regra.

Isso sugere que o aspecto de controle e fiscalização da produtividade por meio da visualização do comportamento dos profissionais não se aplica à criminalística. É resultado direto do controle de produtividade e distribuição de trabalho realizados pelo sistema de criminalística (informática). Por outro lado, observou-se uma maior preocupação das chefias em manter um ambiente digno de trabalho (organizado, limpo, seguro, ergonômico e confortável), diretamente relacionado a uma maior satisfação no trabalho e, consequentemente, ao aumento de produtividade. Quanto ao critério para distribuição de peritos por sala mais adequado, consolidou-se o grupo de perícia como principal critério, seguido por afinidade pessoal. Obviamente, alguns artifícios devem ser utilizados pela chefia diante de várias salas por ocupar, devendo buscar, concomitantemente, equilibrar os temperamentos.

Percebeu-se ainda que a troca de ideias sobre os casos, entre colegas que trabalham em salas distintas, ocorre majoritariamente no interior das salas de trabalho ou até na área do cafezinho. Há pouca priorização de espaços ou de infraestrutura para salas de reunião, principalmente, de pequeno e médio porte.

Não é raro o caso de trabalho conjunto nos setores de criminalística, inclusive com outras instituições (CGU,[5] TCU,[6] Ibama[7] etc.), porém apenas um dentre os sete Setecs visitados dispunha de área compartimentada e equipada de mobiliário e recursos audiovisuais para essas reuniões. Apesar de os Setecs serem ambientes de trabalho técnico-científicos, como o próprio nome diz, ainda são raros os espaços exclusivos destinados à pesquisa e ao estudo, como pequenas bibliotecas.

---

5. Controladoria-Geral da União.
6. Tribunal de Contas da União.
7. Instituto Brasileiro do Meio Ambiente e dos Recursos Naturais Renováveis.

Com exceção da área de perícias de meio ambiente, que ao agrupar profissionais de distintas formações está habituada com o compartilhamento de informações técnicas e recursos de trabalho, as áreas ainda caminham a passos lentos nesse quesito. É difícil, por exemplo, identificar na estrutura das salas de trabalho dos peritos engenheiros, pequenas mesas para a abertura de plantas e projetos, de forma a incentivar a discussão conjunta entre os pares. Ainda que a troca de ideias ocorra parcialmente na área do cafezinho, que ao menos exista uma copa ou uma área projetada e específica (ainda que mínima) para o serviço, no intuito de evitar o aglomerado de servidores nos corredores, em áreas suscetíveis à distração dos colegas que trabalham nas salas adjacentes.

É importante ressaltar que a integração dos policiais dos diferentes setores, por sua vez, pode e deve ocorrer nos demais ambientes de uma Superintendência, a exemplo de refeitórios ou restaurantes, áreas de convivência, auditórios, salas de reuniões, ou ainda nos próprios corredores que integram os setores, como culturalmente costuma ocorrer, sem qualquer prejuízo à urbanidade e ao relacionamento interpessoal entre os policiais ou entre seus cargos.

### 4.2 Cadeia de custódia

Pelo formato distinto dos terrenos e das respectivas edificações neles construídas, as configurações não padronizadas dos Setecs evidenciam graus distintos de capacidade de adaptação às principais diretrizes relacionadas à cadeia de custódia, levando em conta os aspectos mais simples do PEPCP.

O Projeto prevê, por exemplo, a necessidade de instalações que possibilitem a detecção de acesso não autorizado ao material (requisito elementar de funcionamento da cadeia de custódia), a exemplo de controle de acesso, monitoramento por câmeras etc. A proposta visa, ainda, que um vestígio acompanhe o mesmo movimento do "papel" a que está vinculado e se torne o menos vulnerável possível no decorrer das idas e vindas a que está sujeito.

Sem ater-se ao aspecto subjetivo de "sensação de isolamento" dentro da própria Polícia Federal, da qual já devem ter padecido outros setores compartimentados e restritos do órgão, o resultado do confronto entre as pretensões relacionadas à preservação no âmbito da cadeia de custódia na Polícia Federal e as observações de campo apontam para a necessidade de maior controle de acesso e monitoramento dos setores de criminalística, e, por conseguinte, da compartimentação do setor.

Primeiramente, é importante ressaltar que um Setec recebe (ou pelo menos deveria receber) o mínimo possível de público externo nas suas dependências, em virtude de suas atividades. Salvo nas ocasiões de interesse dos exames (realização de coleta de padrão gráfico, de voz, entre outros), ou por motivos institucionais diversos, é totalmente dispensável a presença de estranhos nas dependências do setor. E até mesmo nas ocasiões de presença de público externo, há alternativas para sua acomodação, preservando o acesso ao interior da unidade.

Em relação ao público interno, composto por servidores de outros setores da Polícia, esse acesso é previsível e pode ser diferenciado. Em regra, a maioria desses contatos limita-se à secretaria, que por essa razão deve ser a "primeira porta" acessível do setor. Em seguida, a sala mais visitada passa a ser a da chefia, devendo, portanto, estar adjacente à secretaria. Outros contatos, relacionados às investigações e, respectivamente, ao andamento dos exames, costumam ser tratados diretamente com o perito do caso, podendo limitar-se à contiguidade de uma sala de reuniões (quando existente), ou à sala do próprio perito, dependendo das características de ocupação da sala.

As orientações sobre segurança física e patrimonial das instalações dos órgãos de segurança pública sugerem diversas alternativas para monitorar as idas e vindas de papéis e materiais ou para impedir o acesso de público externo a determinadas salas. Por exemplo, o Setec/PR tem implantado um controle minucioso dos procedimentos e protocolos de guarda temporária e transferência de materiais, e ainda dispõe de fechaduras eletrônicas em salas consideradas sensíveis (depósito e laboratórios), o que minimiza o fato de seus ambientes se encontrarem dispersos no pavimento. No entanto, o acesso de transeuntes pelos corredores nessas situações depende da eficiência do controle de acesso realizado no plantão da Superintendência, a variar em cada estado. Dessa forma, o acesso aos corredores, de fato, deixa de ser controlado, pois a expressão "controle", em segurança orgânica, pressupõe o domínio de um conjunto de informações mínimas sobre algo que se pretende observar. A atenção ao trânsito de pessoas naquele local deixa de ser primária e passa a ser exclusivamente dependente do serviço de plantão, quando em tese ela deveria ser no mínimo em dois níveis (externo e interno ao setor).

O setor disposto em ala, independente de seu formato (em "I", "U", "L"), parece ser a melhor forma de resguardar os limites do setor, atendendo as pretensões de preservação da cadeia de custódia. Porém, um dos prerrequisitos para disposição em ala é que a mesma seja restrita às atividades de criminalística.

Observou-se no Espírito Santo e em Goiás a problemática resultante da localização de outros setores entre os corredores dos Setecs, principalmente em virtude da grande movimentação de público externo a eles associados. Ressalta-se que o problema não é a presença de determinado setor em si, mas de a sua atividade por si só demandar o acesso de público às dependências compartilhadas.

Neste sentido, cabe destacar a configuração inicial da ala onde está localizado o Setec/RN que, afortunadamente, permitiu a vizinhança com o Núcleo de Identificação (NID), mas garantiu a total independência física entre eles. Isso permitiu a instalação de uma porta de vidro destinada ao controle de acesso do público externo ao interior do Setec, sem deixá-lo visualmente isolado.

A compartimentação do setor e a restrição ao acesso de terceiros à circulação e aos locais de trabalho permitem, entre outras funcionalidades, que sejam instaladas impressoras em ilhas ao longo do corredor, em pontos estratégicos capazes de atender a mais servidores (como observado no Setec/SC), evitando a entrada e a saída em salas compartimentadas de impressão ou na secretaria.

A disposição de Setores Técnico-Científicos em alas é, inclusive, fruto de tendência e política de setorização empregada na Polícia Federal nos últimos anos, além de possibilitar o monitoramento por câmeras de segurança em circuitos exclusivos, diante de eventual inviabilidade de monitoramento total da edificação. A compartimentação da secretaria e salas de apoio (arquivo, depósito etc.), por sua vez, também se faz necessária, pois não é apenas "a porta de entrada do Setec", mas um ambiente de transição entre o meio externo, a chefia e os peritos. Sua vulnerabilidade implica a de todo o setor.

Em relação à posição da sala da chefia e do seu substituto, observou-se no Setec/PR algo digno de ressalva. Dentre os setores visitados é o único que dispõe de ambas as salas servidas pela mesma antessala. Assim, na ausência da chefia, seu substituto pode continuar os atendimentos em sua sala de origem, sem maiores prejuízos. Diferente situação costuma ocorrer nos Setecs de pequeno porte, cujo chefe substituto divide sala com outros peritos, mas, nas ocasiões de substituição, tem a necessidade de transferir-se para a sala da chefia.

O Setec/AM também apresenta peculiaridades a destacar. Por opção pessoal dos administradores locais, as mesas do chefe e de seu substituto encontram-se na mesma sala, sem divisórias. Apesar de, com tal medida, a gestão tornar-se literalmente compartilhada e facilitada quanto à comunicação, o caráter de pessoalidade pode passar a pesar a qualquer momento e exigir a compartimentação da sala para o bom andamento das atividades, e provocar a necessidade repentina de reforma.

Um aspecto que chamou atenção, tanto pelo seu caráter peculiar, como pelo grau de dificuldade que o setor terá para reduzir suas idas e vindas e trânsito de materiais entre a secretaria e os peritos, foi a fragmentação física do Setec/ES. Além de fragmentação em duas partes (horizontal), houve a fragmentação entre pavimentos (vertical). A fragmentação contraria a premissa de que um vestígio, ao acompanhar o mesmo movimento do "papel" a que está vinculado, torne-se o menos vulnerável possível no decorrer das idas e vindas a que está sujeito. Quanto maior o caminho a ser realizado, mais evidente fica a vulnerabilidade.

Em relação aos aspectos internos de aproximação de salas de peritos entre si e laboratórios, observou-se uma tendência de aproximação de salas de áreas que apresentem certa afinidade técnica. Por outro lado, o conjunto de laboratórios de um Setec, especialmente os de química, por questões especiais de exaustão e prevenção de acidentes, sugere tecnicamente que o setor fique localizado no pavimento mais alto da edificação, ou ao menos sem nada construído acima, o que naturalmente o remeterá a uma parte de acesso mais restrito ao público externo, aspecto de relevância no âmbito do projeto de cadeia de custódia.

A disposição dos laboratórios, por sua vez, merece um destaque especial. Foram identificadas, principalmente nos setores de menor porte, salas de peritos que agregam a função de laboratório. Com exceção dos laboratórios de química, por motivos óbvios de insalubridade, foi comum observar o compartilhamento em laboratórios de perícias de audiovisual e eletrônicos, de informática e até mesmo de engenharia e meio ambiente.

Enquanto esses laboratórios compartilhados estão integrados a salas espaçosas e com até dois usuários, a situação é aceitável, apesar de não ser a ideal. Seguindo a "cartilha" da preservação da cadeia de custódia, o vestígio merece todo o respeito e concentração do perito durante a realização dos exames. Muitas vezes se exigem condições ambientais especiais para a realização de determinados exames.

Outro aspecto observado diz respeito ao mobiliário adquirido sob encomenda. Foi comum observar móveis planejados nos laboratórios de química e até mesmo estantes industriais nos laboratórios de informática, porém armários feitos sob encomenda para guarda temporária de documentos nas salas dos peritos de contabilidade e engenharia só foram observados em duas unidades. Destaca-se como inovação do ponto de vista ergonômico e de segurança o suporte para arma longa encontrado no Setec/ES.

No território das sugestões, ressalta-se a importância de os espaços de criminalística serem servidos de armários pessoais. Tal alternativa, vislumbrada por um dos entrevistados do Setec/AM, seria um excelente recurso para separar os utensílios de uso pessoal dos utensílios de trabalho, deixando total exclusividade para o manuseio e guarda temporária de expedientes e vestígios na área de trabalho. É possível utilizar áreas comuns para tanto, principalmente na hipótese de compartimentação física do Setec em relação ao prédio.

Ressalta-se que o estímulo à customização do mobiliário para as áreas de exames se encontra totalmente alinhado à segurança que se pretende dar aos vestígios. Portanto, essa característica deve ser mais bem desenvolvida, e ir além das bancadas e instalações dos laboratórios de química, como na área de perícias externas. Em relação a essa área, por incrível que pareça, nem todos os setores dispõem de vagas fixas e livres no estacionamento das descentralizadas para as viaturas destinadas às ocorrências de local de crime, de forma a abreviar seu tempo de atendimento.

Boas soluções adotadas por empresas do exterior em relação às instalações físicas dos seus escritórios encontram-se discutidas na obra de Meel, Martens e Ree (2010), podendo ser conferida amostra desses espaços no link: <www.planning-office-spaces.com/look-inside.html>.

## 5. Considerações finais

Em termos de ambiente físico, é possível concluir que as orientações relacionadas à cadeia de custódia têm se direcionado essencialmente ao uso de equipamentos de segurança orgânica (fechaduras eletrônicas, câmeras de monitoramento etc.) em detrimento de aspectos conceituais mais abrangentes (fluxo físico entre salas, compartimentação do setor e de alguns ambientes, uso de mobiliário planejado à atividade, entre outros).

Em relação à interação entre os peritos, as orientações repassadas são limitadas a pequenas atitudes, como a aproximação de salas de peritos de áreas afins. Não há, por exemplo, ênfase no projeto de ambientes apropriados à discussão técnica (espaços de reunião ou salas de *brainstorm*), nem o estímulo ao investimento em recursos audiovisuais e equipamentos destinados a apresentações, seja para estimular a integração entre as diferentes áreas, seja para promover o conhecimento de novos métodos e técnicas da criminalística.

É importante ressaltar que houve avanços recentes no tocante à criação de propostas preliminares de *layout* de unidades de criminalística pelo INC, e à instituição das Comissões de Avaliação da Gestão. Por outro lado, acredita-se que além da capacidade de descrever os ambientes e apontar as deficiências, as Comissões têm uma grande oportunidade de trazer para o órgão central as boas contribuições de trabalho assimiladas nas visitas, que podem permitir, inclusive, a motivação dos servidores dos Setecs que apresentaram as soluções, além de promover o estímulo à criação de soluções e inovações no âmbito da criminalística.

Os resultados do trabalho apontam que o INC, como órgão central, deva reunir as informações e coordenar as ações correlatas às definições de espaço físico das unidades de criminalística. Dessa forma, os esforços serão voltados a uma construção participativa em prol dos ambientes de criminalística, sem desprezar a experiência acumulada no órgão central sobre o assunto, tampouco as peculiaridades e especificidades locais.

A importância das orientações repassadas pelo órgão central, ainda que com ressalvas, tem um impacto significativo nas atividades das descentralizadas. Basta perceber os reflexos da ausência de pronunciamento do INC, sobre o tema ambiente físico, antes de sua instalação na atual edificação, referência nacional de equipamentos e instalações. Os últimos novos Setecs instalados (RN, ES e PR), por outro lado, já "nasceram" praticamente diante de um novo vocabulário de termos técnicos referentes a instalações, equipamentos e outras aquisições, tendo um déficit de acompanhamento das necessidades de adaptação às boas práticas da área, teoricamente, bem menor.

Em relação aos procedimentos visando ao projeto de cadeia de custódia no âmbito do DPF, ao buscar uma sistemática de excelência na guarda de seus vestígios, a instituição precisa compatibilizar tais pretensões com sua estrutura física e capacidade de logística para atender aos requisitos exigidos pelo novo projeto. A utilização do princípio *efficiens non decorus* (funcionalidade acima da estética) como norteador seria um importante instrumento de navegação para seguir com segurança nesse caminho. Além disso, as diretrizes de projeto elaboradas pelo INC devem estar alinhadas às novas tendências construtivas e de projetos previstas pela DLOG e atualmente em implantação no órgão, de forma a estabelecer uma mesma linguagem, sem o risco de mal-entendidos.

É importante que os órgãos de criminalística atentem para o contexto histórico e administrativo pelo qual passa a administração pública e as instituições às quais estão vinculados, e procurem se estruturar no estabelecimento de diretrizes técnicas e capacidade de planejamento de ações que possibilitem o alcance do pretendido patamar de excelência.

Nesse sentido, recomenda-se a organização das informações sobre os espaços da criminalística na forma de um "Caderno de especificações" das suas necessidades de infraestrutura e instalações, no sentido de complementar as informações já disponíveis. De preferência, que seja fruto de um trabalho conjunto e uníssono entre projetistas e avaliadores das comissões de gestão da criminalística.

Os benefícios de trabalhos desta natureza vão desde o aumento da produtividade até o resgate da autoestima dos peritos em seus locais de trabalho, assumindo relevância tanto na gestão de processos quanto na gestão de pessoas. Enfim, para se criar um adequado ambiente de trabalho é necessário olhar de perto os processos de trabalho, a identidade e as ambições da organização, afinal distintas atividades necessitam de conceitos de projeto distintos (Meel, Martens e Ree, 2010).

## Referências

ARAUJO, Luis César G. de. *Organização, sistemas e métodos e as tecnologias de gestão organizacional*. São Paulo: Atlas, 2009. v. 1.

BRASIL. Decreto nº 7.538, de 1 de agosto de 2011. Altera o Decreto nº 6.061, de 15 de março de 2007, que aprova a Estrutura Regimental e o Quadro Demonstrativo dos Cargos em Comissão e das Funções Gratificadas do Ministério da Justiça, remaneja cargos em comissão, e dá outras providências. Disponível em: <www.planalto.gov.br/ccivil_03/_Ato2011-2014/2011/Decreto/D7538.htm>. Acesso em: 19 out. 2011.

CORRÊA, Henrique Luiz; CORRÊA, Carlos A. *Administração de produção e de operações*: manufatura e serviços: uma abordagem estratégica. São Paulo: Atlas, 2005.

DEPARTAMENTO DE POLÍCIA FEDERAL. Biblioteca Digital de Criminalística. *Manual de boas práticas de gestão da criminalística*. Disponível em: <https://bdcrim.dpf.gov.br/dspace/handle/2011/7432>. Publicado em: 20 out. 2009.

____. Biblioteca Digital de Criminalística. *Projeto de excelência na produção e custódia de provas*: procedimentos de cadeia de custódia. Disponível em: <https://bdcrim.dpf.gov.br/dspace/handle/2011/7588>. Publicado em: 3 mar. 2010.

FISCHER, Gustave-Nicolas. Espaço, identidade e organização. In: CHANLAT, Jean-François. *O indivíduo na organização*: dimensões esquecidas. São Paulo: Atlas, 1993. v. 2.

GOMES, Ana P. C. Z. *Escritórios abertos*: interação ou controle? Dissertação (mestrado) — Escola Brasileira de Administração Pública e de Empresas, Fundação Getulio Vargas, Rio de Janeiro, 2002.

HANDY, Charles B. *Como compreender as organizações*. Rio de Janeiro: Zahar, 1978.

JUSBRASIL. *Tópicos*: definição de custódia. Disponível em: <www.jusbrasil.com.br/topicos/295350/custodia>. Acesso em: 19 out. 2011.

LOPES, Marilu; GABRIEL, Maria M.; BARETA, Grace M. S. *Cadeia de custódia*: uma abordagem preliminar. Disponível em: <https://ojs.c3sl.ufpr.br/ojs2/index.php/academica/article/download/9022/6315>. Acesso em: 19 set. 2010.

MEEL, Juriaan; MARTENS, Yuri; REE, Hermen. *Planning office spaces*: a practical guide for managers and designers. Londres: Lawrence King, 2010.

ORRICO, Evelyn G. D. Interdisciplinaridade: ciência da informação & linguística. In: PINHEIRO, Lena V. R. (Org.). *Ciência da informação, ciências sociais e interdisciplinaridade*. Brasília; Rio de Janeiro: Ibict/DDI/DEP, 1999.

SANTOS, Milton. *A natureza do espaço*: técnica e tempo, razão e emoção. São Paulo: Edusp, 2002.

SUNDSTROM, Eric; BURT, Robert E.; KAMP, Douglas. Privacy at work: architectural correlates of job satisfaction and job performance. *Academy of Management Journal*, v. 23, n. 1, p. 101-117, 1980.

U.S. GENERAL SERVICES ADMINISTRATION. *Mission, vision and goals*. Disponível em: <www.gsa.gov/portal/content/100735>. Acesso em: 19 out. 2011.

VELHO, Jesus; GEISER, Gustavo; ESPINDULA, Alberi. Introdução às ciências forenses. In: ____. *Ciências forenses*: uma introdução às principais áreas da criminalística moderna. Campinas: Millenium, 2011.

Capítulo 8

# A autonomia da perícia criminal oficial no âmbito da Polícia Federal: percepções e reflexões dos profissionais do sistema de justiça criminal

José Viana Amorim
Valderez Ferreira Fraga

Este *paper* visa a resumir o conteúdo de uma dissertação de mestrado, a qual foi desenvolvida com o objetivo de desvelar as percepções e reflexões dos sujeitos da pesquisa (delegado da Polícia Federal, juiz federal, perito criminal federal e procurador da República) sobre o tema da autonomia da perícia criminal federal, no âmbito da Polícia Federal do Brasil. Para esse fim, aplicou-se a metodologia da *análise de conteúdo*, segundo Bardin (1977), sendo o objeto de estudo dividido em seis análises temáticas. O referencial teórico, por sua vez, foi construído com o propósito de favorecer a compreensão do leitor sobre o contexto em que se insere este estudo, buscando descrever os termos e conceitos necessários ao seu entendimento. Os resultados obtidos na pesquisa de campo revelaram, por um lado, que há evidentes aproximações e distanciamentos entre as percepções que os grupos de sujeitos da pesquisa apresentaram nas análises temáticas realizadas e, por outro lado, que a consolidação do processo de autonomia da perícia oficial se depara com diversas resistências e desafios, tanto dentro quanto fora da Polícia Federal, a despeito de encontrar apoio em vários grupos sociais. A complexidade do tema, em termos de teoria e prática, requer sua retomada em pesquisas futuras.

## 1. Introdução

Vista à luz da ciência moderna, a prova pericial vem a cada dia ganhando maior relevância para a efetividade do sistema de justiça criminal, à medida que contribui para a elucidação técnico-científica e objetiva dos crimes. Contudo, para que esse tipo probatório agregue maior qualidade e mantenha sua validade técnico-jurídica em todas as fases da persecução penal é preciso que os órgãos de perícia oficial[1] ou de criminalística ou, ainda, as Polícias Científicas — como são normalmente denominados na maioria dos estados onde são autônomos — estejam inseridos em uma estrutura administrativa que lhes assegure as prerrogativas legais da imparcialidade e das autonomias técnico-científica e funcional.

Ocorre que esses órgãos, no Brasil, por questões históricas e jurídico-processuais, surgiram no interior das Polícias Judiciárias, ou seja, nas Polícias Civis, em nível estadual, e na Polícia Federal, em nível federal, ficando a elas diretamente subordinados. Porém, esse arranjo organizacional, associado ao predomínio do paradigma repressivo[2] de controle da violência e da criminalidade, vigente durante muito tempo neste país, fez com que a atividade pericial de natureza criminal ficasse à margem dos investimentos e das políticas de segurança pública, ocasionando uma estagnação da aplicação das ciências forenses na resolução de crimes e uma consequente desvalorização da prova pericial. Somente com o fortalecimento das práticas democráticas e da defesa dos direitos humanos, ocorrido no país após a Constituição Federal de 1988, a sociedade passou a exigir mudanças estruturais no sistema de justiça criminal, destacando-se a necessidade de desvincular os órgãos de perícia oficial da estrutura administrativa das mencionadas agências policiais.

Esse processo de desvinculação, denominado de forma genérica de autonomia da perícia oficial, iniciou-se com os peritos criminais esta-

---

[1]. A perícia criminal no Brasil caracteriza-se pela sua *oficialidade,* pois, segundo o art. 159, do CPP, "o exame de corpo de delito e outras perícias serão realizados por perito oficial, portador de diploma de curso superior".
[2]. Para Souza Neto (2009), esse modelo, por reminiscência do regime militar, atribui à missão institucional das polícias um aspecto bélico, cujo papel principal é "combater" os criminosos, convertendo-os em "inimigos internos", além de formular as políticas de segurança pública como estratégias de guerra.

duais, a partir do final dos anos 1980, ganhando força e apoio de inúmeros órgãos e segmentos da sociedade civil organizada, notadamente daqueles ligados à defesa dos direitos humanos, para os quais a criação de uma organização pericial própria e autônoma seria importante para a garantia da qualidade, da imparcialidade e da valorização da prova pericial. Por outro lado, contrapondo-se a esse movimento, a perícia oficial federal mantém-se, desde sua origem, inserida na estrutura da Polícia Federal. Em termos de política de segurança pública, a União, por sua vez, vem adotando, nos últimos anos, diversas medidas administrativas e normativas que retratam sua intenção em consolidar esse processo no país, embora ainda haja muitas etapas a vencer.

Diante desse cenário, chega-se, então, ao problema em que se baseia o presente estudo, o qual pode ser formulado por meio das seguintes questões: (i) o que pensam os peritos criminais federais e os principais usuários do produto de seu trabalho (delegados, procuradores e juízes federais) sobre o tema da autonomia da perícia oficial, no âmbito da Polícia Federal?; (ii) a criação de uma estrutura própria e autônoma para a perícia oficial federal favorece a garantia da imparcialidade e das autonomias técnico-científica e funcional da atividade pericial, previstas no CPP[3] e especificamente na Lei nº 12.030/2009[4] ou, dito de outra forma, é possível assegurar essas prerrogativas mantendo a perícia oficial na estrutura da Polícia Federal, com subordinação administrativa e orçamentário-financeira?

## 2. Referencial teórico

Como os órgãos de perícia oficial fazem parte do sistema de justiça criminal, e nele mantêm inter-relações com seus demais atores, o referencial teórico foi construído de forma a favorecer a compreensão do leitor sobre como o objeto deste estudo está inserido no contexto da es-

---

3. CPP, art. 178. No caso do art. 159, o exame será requisitado pela autoridade ao diretor da repartição, juntando-se ao processo o laudo assinado pelos peritos; art. 276. As partes não intervirão na nomeação do perito.
4. Lei nº 12.030/2009, art. 2º No exercício da atividade de perícia oficial de natureza criminal, é assegurado autonomia técnica, científica e funcional, exigido concurso público, com formação acadêmica específica, para o provimento do cargo de perito oficial.

trutura e da funcionalidade desse sistema, apresentando, para esse fim, os conceitos, as características e as correlações entre as variáveis que envolvem essa temática. Espera-se, com isso, um melhor entendimento sobre a metodologia aplicada, suas análises e resultados.

## 2.1 A manutenção da ordem pública como um bem coletivo e a formação do sistema de justiça criminal, no Estado moderno

Segundo Sapori (2007), ao longo do processo de formação do Estado moderno, o controle sobre a violência e a criminalidade foi paulatinamente adquirindo um caráter de bem coletivo à medida que a vingança privada, também conhecida como o ato de fazer justiça com as próprias mãos, foi sendo substituída pela violência pública, passando o Estado a assumir o monopólio da violência contra aqueles que infringem a ordem social. O ápice desse processo histórico e sociológico ocorreu com a formação de um aparato estatal, hoje conhecido como sistema de justiça criminal, cujas instituições são responsáveis pela provisão desse bem coletivo, mediante a obediência a diversos institutos legais que estabelecem os fluxos de suas atividades e os parâmetros de seus poderes de atuação.

Assim, ao tomar conhecimento da prática de um determinado crime, cabe ao Estado, como detentor desse monopólio, exercer o poder-dever de promover a justiça, mobilizando os órgãos públicos que compõem o sistema de justiça criminal para investigar, julgar e punir (ou absolver) a pessoa acusada no processo penal. Dentre esses órgãos, destacam-se, para fins desse estudo, os órgãos de perícia oficial, aos quais compete elaborar a prova pericial com base na análise técnico-científica dos vestígios deixados na cena do crime ou a eles, direta ou indiretamente, relacionados. A figura 1 apresenta a estrutura orgânica e o fluxo processual básicos desse sistema, no Brasil, tanto em nível estadual quanto federal.

A partir da análise da estrutura organizacional e do fluxo processual do sistema de justiça criminal, apresentados na figura 1, depreende-se que a persecução penal é realizada por três subsistemas distintos, mas que se inter-relacionam, sendo cada um responsável pela execução de uma fase específica dessa persecução, a saber:

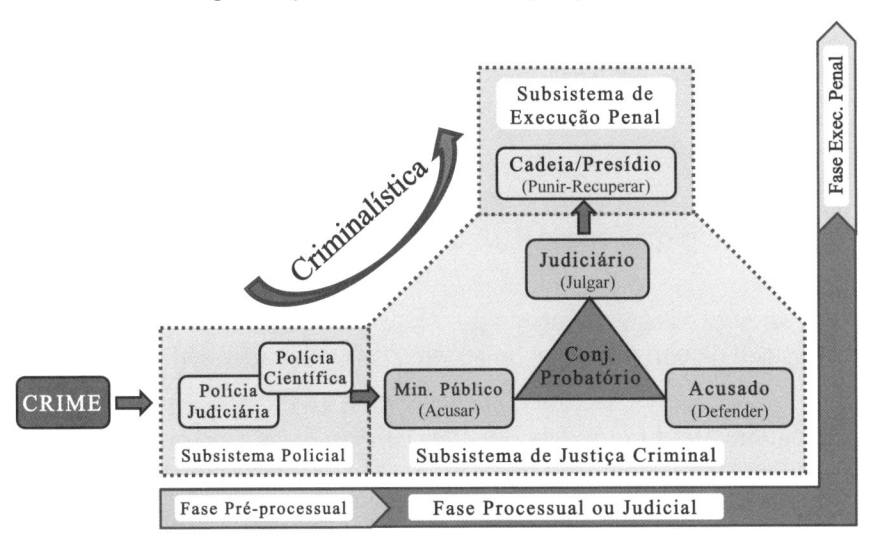

Figura 1
Estrutura orgânica e processual do sistema de justiça criminal brasileiro

Fonte: Amorim (2012:37).

a) Subsistema Policial ou de Segurança Pública: é responsável pela execução da fase pré-processual da persecução penal, por meio da qual as polícias judiciárias realizam os procedimentos investigatórios necessários à identificação do crime e de sua autoria, reduzindo-os a um instrumento formal e escrito chamado de inquérito policial;
b) Subsistema de Justiça Criminal: é responsável pela execução da fase processual ou judicial da persecução penal, que se inicia quando o Ministério Público, após analisar o inquérito policial, e nele verificar a existência de elementos de convicção que indiquem a materialidade e a autoria do crime, resolve denunciar a pessoa indiciada perante o Judiciário, por meio de uma ação penal;
c) Subsistema de execução penal ou prisional: sendo o acusado na ação penal julgado como "culpado", cabe ao juiz aplicar-lhe uma pena, cujo cumprimento dá início à fase da execução penal, cabendo ao Estado assumir a sua custódia e recuperação social.

Conforme destaca a figura 1, a perícia oficial, embora esteja inserida no subsistema policial, caracteriza-se pela transversalidade de sua função ao longo de todas as fases da persecução penal, à medida que a prova pericial não serve de suporte decisório apenas para as polícias judiciárias, mas, sobretudo, para outros atores do sistema de justiça criminal, com destaque para o Estado-juiz, seu destinatário principal e final, ao qual compete apreciar o conjunto probatório e decidir a lide penal, segundo o princípio do livre convencimento motivado do juiz.[5]

## 2.2 Posição da perícia oficial no sistema de justiça criminal

Diferentemente do que ocorreu com os demais órgãos policiais,[6] a perícia oficial não foi inserida na Constituição Federal de 1988 como um órgão independente e autônomo. Diante disso, alguns estados, sensibilizados pelo movimento em favor da autonomia da perícia oficial, ao adequar seu ordenamento jurídico à nova ordem constitucional, desvincularam a perícia da estrutura orgânica das respectivas polícias civis, inserindo-a numa estrutura própria e autônoma, com hierarquia semelhante à dos demais órgãos policiais do Estado. Segundo estudo publicado pelo Ministério da Justiça (Brasil, 2013), essa estrutura encontra-se consolidada em 16 estados,[7] permanecendo, nos demais e na União, o mesmo arranjo institucional de origem.

No âmbito da Polícia Federal,[8] a perícia oficial é representada pela Diretoria Técnico-científica (Ditec), uma das seis diretorias em que se

---

5. De acordo com o art. 155, do CPP, este é o sistema adotado no Brasil, segundo o qual o juiz deve formar sua convicção pela livre apreciação das provas, não estando preso a critérios valorativos ou hierárquicos estabelecidos de forma apriorística pela legislação.
6. De acordo com o *caput* do art. 144 da CF/88, o subsistema de segurança pública no Brasil é formado pelos seguintes órgãos: (i) Polícia Federal; (ii) Polícia Rodoviária Federal; (iii) Polícia Ferroviária Federal; (iv) Polícias Civis; (v) Polícias Militares e Corpos de Bombeiros Militares.
7. Os órgãos de perícia oficial encontram-se desvinculados das polícias civis nos seguintes estados: Amapá, Alagoas, Bahia, Ceará, Goiás, Mato Grosso, Mato Grosso do Sul, Pará, Paraná, Pernambuco, Rio Grande do Norte, Rio Grande do Sul, Santa Catarina, Sergipe, São Paulo e Tocantis, com destaque para o estado do Amapá, onde a atividade pericial está diretamente vinculada ao governo do estado.
8. Conforme Portaria nº 2.877, aprovada pelo Ministério da Justiça em 30 de dezembro de 2011.

divide a Direção Geral desse órgão. Diretamente subordinado à Ditec está o Instituto Nacional de Criminalística (INC), que é responsável pelo controle técnico-científico das unidades descentralizadas de perícia nos estados, quais sejam: (i) Setores Técnico-Científicos (Setecs), nas Superintendências Regionais de Polícia Federal, situadas em todas as capitais dos estados; e (ii) Unidades ou Núcleos Técnico-Científicos (Utecs/Nutecs), nas Delegacias Regionais de Polícia Federal, situadas nas principais cidades do interior dos estados. De acordo com a estrutura hierárquica do órgão, essas unidades estão sujeitas a dois níveis de subordinação: (i) subordinação administrativa e financeira dos Setecs às Superintendências Regionais e dos Nutecs/Utecs às Delegacias Regionais, ambas chefiadas por delegados de Polícia Federal; (ii) subordinação técnico-científica dos Nutecs/Utecs aos respectivos Setecs e destes ao INC, todos chefiados por peritos criminais federais.

Portanto, no atual arranjo organizacional, a perícia oficial federal não dispõe de autonomia orçamentário-financeira e nem administrativa, já que, além de não possuir recursos próprios para o desempenho pleno de suas atividades, a funcionalidade de suas unidades não depende apenas de decisões administrativas ou normativas dos gestores da criminalística, mas de outros gestores, que, geralmente, não conhecem o cotidiano da atividade pericial.

### 2.3 Processo de autonomia da perícia oficial no Brasil e suas fundamentações

De origem grega, o termo autonomia é formado pelas palavras "autos" (próprio) e "nomos" (regra, autoridade ou lei), cujo significado etimológico é "governar-se a si próprio". Entretanto, apesar de pressupor a ideia de autodeterminação e de liberdade, não há como confundir seu conceito com de independência ou de soberania. Para Mazzilli (1997), "enquanto independência é conceito absoluto, autonomia é conceito relativo", daí porque deve ser sempre considerada em relação a outros órgãos ou poderes. Vergara (1989), nesse mesmo sentido, trata o termo "autonomia" como um constructo que envolve diversas dimensões ou gradações, cada uma correspondendo à parcela dos atos que a pessoa ou o ente pode exercer sem ingerências internas ou externas.

No tocante à autonomia da perícia oficial, identificou-se na pesquisa bibliográfica que esse termo apresenta basicamente as seguintes dimensões conceituais:

a) Autonomia funcional: corresponde à liberdade que deve ter o órgão pericial para exercer, em face de outros órgãos ou instituições, a função ou a atividade-fim para a qual foi criado, sem sofrer qualquer forma de ingerência, externa ou interna, limitando-se apenas ao princípio da legalidade (Mazzilli, 1997);

b) Autonomia técnico-científica: refere-se à garantia de o órgão pericial determinar-se quanto aos critérios técnicos e científicos aplicados no exercício de sua função (Silva, 2009);

c) Autonomia administrativa: capacidade de auto-organização que deve ter o órgão pericial, tanto no que se refere à produção de suas próprias normas quanto à administração e ao planejamento de seus recursos humanos, materiais e patrimoniais;

d) Autonomia orçamentário-financeira: refere-se à disponibilidade de recursos que deve ter o órgão pericial para gerir suas atividades administrativas e efetivar seus planos e projetos.

Dentre essas dimensões de autonomia, a Lei nº 12.030/2009 e o próprio CPP já asseguram à perícia oficial, em tese, as autonomias funcional e técnico-científica. Conforme ilustra a figura 2, a busca pelas autonomias administrativa e orçamentário-financeira traduz-se no pressuposto de que essas duas dimensões conceituais servem de base para que a função pericial possa ser exercida com autonomia funcional e técnico-científica.

Figura 2
Inter-relações entre as dimensões conceituais do termo "autonomia"

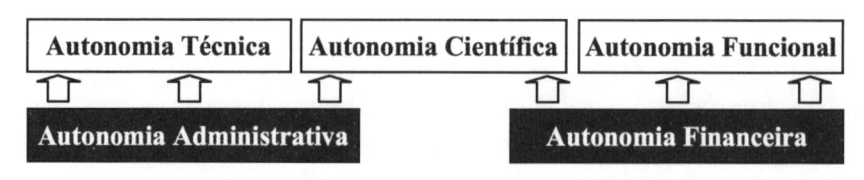

| Autonomia Técnica | Autonomia Científica | Autonomia Funcional |
|---|---|---|
| ⇧ ⇧ | ⇧ ⇧ | ⇧ ⇧ |
| **Autonomia Administrativa** | **Autonomia Financeira** | |

Fonte: Amorim (2012).

Foram identificadas na pesquisa bibliográfica várias fundamentações que motivaram a necessidade de autonomia da perícia oficial no Brasil, sendo suas naturezas sistematizadas, neste estudo, da seguinte forma:

a) *estrutural*: essa motivação foi decorrente da falta de investimentos adequados na atividade pericial, tanto em termos de estrutura física quanto de pessoal ou de parque tecnológico;

b) *ontológica*: sendo a imparcialidade inerente ao "*ser*" da atividade pericial, é necessário que o órgão responsável pelo exercício dessa atividade esteja inserido em um estrutura administrativa que lhe assegure essa prerrogativa com autonomia;

c) *finalística*: a perícia oficial deve ocupar um *locus* no sistema de justiça criminal que lhe permita atender, de forma transversal e com efetividade, a todos os seus destinatários, em especial à Justiça, mantidas as prerrogativas da imparcialidade e da autonomia de sua função;

d) *corporativa*: decorre da busca, pelos peritos criminais, por melhores condições de trabalho e pela valorização da função pericial no âmbito da persecução penal.

Além dessas fundamentações, identificou-se neste estudo que a União tem aprovado, nos últimos anos, vários atos normativos e administrativos favoráveis à consolidação da autonomia da perícia oficial no país, com destaque para os seguintes: (i) os Programas Nacionais de Direitos Humanos (PNDH) I (1996), II (2002) e III (2009); (ii) a primeira Conferência Nacional de Segurança Pública (I Conseg, 2009); (iii) a promulgação da Lei nº 12.030/2009; e (iv) a aprovação pelo Conselho Nacional de Segurança Pública (Conasp) da Recomendação nº 02/2012.

## 3. Metodologia

Em face da necessidade de dar um tratamento quanti-qualitativo aos dados coletados no campo, optou-se pelo método da análise de conteúdo, segundo Bardin (1977), sendo o predomínio da abordagem qualitativa decorrente do propósito de interpretar e de expor as percepções manifestadas pelos sujeitos da pesquisa, nas seguintes análises temáticas em que se dividiu o objeto deste estudo:

Tabela 1
Análises temáticas, respectivos objetivos e questões aplicadas

| Análises Temáticas | Objetivos | Questões |
|---|---|---|
| 1. Relevância da prova pericial para a efetividade do sistema de justiça criminal | Identificar o grau de relevância da prova pericial em face dos demais tipos de provas | 6 a 9 |
| 2. Principais usuários da prova pericial | Identificar os principais usuários da prova pericial | 10 |
| 3. Análise das dimensões conceituais do termo "autonomia" | Identificar as inter-relações existentes entre as dimensões conceituais do termo "autonomia" | 11 a 15 |
| 4. A perícia oficial na estrutura da Polícia Federal e seus reflexos sobre a imparcialidade do perito | Verificar se a inserção da perícia na estrutura da Polícia Federal apresenta algum risco ao requisito da imparcialidade do perito criminal | 16 a 18 |
| 5. Reflexos da autonomia da perícia oficial sobre a efetividade do sistema de justiça criminal | Verificar se há alguma relação entre a autonomia da perícia oficial e a efetividade do sistema de justiça criminal | 19 a 23 |
| 6. Posição da perícia criminal federal na estrutura do sistema de justiça criminal e seu processo de autonomia | Verificar se os respondentes são favoráveis à desvinculação da perícia da Polícia Federal e, caso positivo, que novo *locus* deveria ocupar | 24 e 25 |

O universo da pesquisa de campo é formado pelos principais atores do sistema de justiça criminal federal que são afetados, direta ou indiretamente, pelo objeto deste estudo, ou seja: peritos criminais federais, delegados de Polícia Federal, procuradores da República e juízes federais. Por serem lotados em diversas localidades do país, a seleção desses atores foi feita com base nos critérios da tipicidade dos cargos e da acessibilidade, mesclados com as técnicas da intencionalidade,[9] no caso do grupo dos peritos, e da amostragem não probabilística, do tipo "bola de neve",[10] no caso dos demais grupos. A amostra atingiu o total de 70 respondentes, sendo 20 delegados, 23 peritos, 15 procuradores e

---

9. Como o primeiro autor é perito criminal federal e tem participado das discussões que envolvem o objeto deste estudo, é natural que perceba, mesmo que de forma superficial, como pensam alguns de seus pares. Por isso, seguindo recomendação proposta por Creswell (2007), buscou-se selecionar *intencionalmente* os peritos que se julgou mais apropriados a evitar a manipulação dos resultados.
10. Na aplicação dessa técnica, à medida que os contatos pessoais são estabelecidos, a seleção é feita por "pessoas indicando outras" do mesmo grupo (Vergara, 2009:47).

12 juízes. Quanto a esse quantitativo, vale lembrar que a predominância da abordagem qualitativa, acrescida da prescindibilidade de se fazer generalizações dos resultados e da possibilidade de se aplicar análises qualitativas de dados quantitativos pelo método de Bardin (1977), levou este estudo a desconsiderar o critério da representatividade dessa amostra, típico de pesquisas de natureza predominantemente quantitativa. Assim, a abordagem quantitativa foi aqui explorada de forma complementar, visando tão somente a sistematizar, por meio de gráficos e tabelas, os resultados obtidos e favorecer sua leitura, tanto pontual quanto conjunta.

De forma a superar as limitações do fator tempo, decorrentes da difícil disponibilidade e acessibilidade aos sujeitos da pesquisa, resolveu-se aplicar questionários do tipo misto, com 25[11] questões, sendo, desse total, 18 abertas, possibilitando que os respondentes inserissem os comentários que julgassem necessários ao esclarecimento de suas respostas objetivas. Do potencial de 1.260 comentários (caso todos os 70 respondentes comentassem as 18 questões abertas), 562 (45%) foram preenchidos, representando, assim, uma base significativa de dados para subsidiar a análise qualitativa pretendida neste estudo.

## 4. Resultados das análises temáticas

Esta seção apresenta as percepções e reflexões que os sujeitos da pesquisa revelaram nas seis análises temáticas em que se dividiu o objeto deste estudo (tabela 1).

### 4.1 Relevância da prova pericial para a efetividade do sistema de justiça criminal

Mesmo que o princípio do livre convencimento motivado do juiz não lhe imponha um critério valorativo/hierárquico de apreciação das pro-

---

11. As cinco primeiras questões visaram identificar as características dos respondentes; as de nº 6, 10, 21, 24 e 25 foram do tipo exclusivamente fechado; as de nº 22 e 23, do tipo exclusivamente aberto; e as demais, do tipo misto (fechadas e abertas), sendo elaboradas em escala de classificação do tipo *Likert*, de cinco posições, com o objetivo de aferir o grau de concordância dos respondentes sobre o que lhe era perguntado.

vas, os sujeitos da pesquisa foram levados a refletir, nessa análise temática, sobre o grau de relevância que têm as seguintes provas para a efetividade do sistema de justiça criminal, atribuindo a cada uma o valor de 1 a 5, podendo haver, inclusive, repetição de grau: (i) confissão; (ii) interrogatório do acusado; (iii) prova documental/material, sem a análise pericial; (iv) prova pericial; e (v) prova testemunhal.

Diante da evolução das técnicas utilizadas pelos criminosos, na sociedade moderna, já era esperado que a prova pericial, quando comparada com as demais provas, apresentasse o maior grau de relevância nessa abordagem quantitativa, principalmente quando se sabe que, em muitos casos, a identificação da materialidade do crime e de sua autoria ultrapassa os limites das provas de natureza subjetiva. Conforme demonstra a tabela 2, a prova pericial foi a que apresentou a maior média geral (4,72) e o menor desvio padrão (0,68).

Tabela 2
Médias aritméticas e desvio padrão do grau de relevância das provas

| Tipos de Provas | Peritos | | Procuradores | | Delegados | | Juízes Federais | | Média Geral | Desv. Pad. Geral |
|---|---|---|---|---|---|---|---|---|---|---|
| | Média | Desv. Pad. | Média | Desv. Pad. | Média | Desv. Pad. | Média | Desv. Pad. | | |
| P1 | 4,96 | 0,21 | 4,67 | 0,72 | 4,65 | 0,93 | 4,45 | 0,69 | 4,72 | 0,68 |
| P2 | 2,95 | 0,90 | 3,67 | 1,05 | 3,95 | 0,94 | 3,82 | 1,17 | 3,54 | 1,06 |
| P3 | 2,64 | 1,33 | 3,47 | 1,25 | 3,15 | 1,53 | 3,45 | 1,51 | 3,10 | 1,42 |
| P4 | 2,59 | 0,85 | 2,93 | 0,88 | 3,05 | 1,15 | 2,91 | 0,70 | 2,85 | 0,93 |
| P5 | 2,55 | 0,74 | 2,27 | 1,10 | 3,05 | 1,19 | 2,45 | 1,21 | 2,62 | 1,07 |

Fonte: Respostas apresentadas na Questão nº 6.
Legenda: P1: Prova pericial; P2: Prova documental ou material sem a análise pericial; P3: Confissão; P4: Prova testemunhal; P5: Interrogatório do investigado.

Na análise de conteúdo dos comentários, foram categorizadas várias justificativas para a maior credibilidade conferida à prova pericial, com destaque para as seguintes: (i) seu caráter técnico-científico e objetivo assegura-lhe uma maior imparcialidade, evitando manipulações orais que visam a atender os interesses em jogo; (ii) por ser produzida por um especialista, há a possibilidade de se alcançar a verdade real dos fatos investigados com maior precisão; (iii) permite uma maior garantia aos direitos humanos do investigado/acusado; (iv) destina-se, de forma transversal, a todas as fases e aos principais atores da persecução penal;

e (v) concede uma maior segurança aos seus destinatários, quando da tomada de decisões inerentes a suas respectivas funções.

Nessa análise temática, buscou-se também verificar a relevância da prova pericial para subsidiar seus destinatários na identificação da materialidade do crime (Q07) e de sua autoria (Q08), assim como para garantir os direitos humanos do investigado/acusado no processo penal (Q09), sendo identificado na análise de conteúdo dos comentários que:

- a capacidade da prova pericial para identificar a materialidade do crime (ou seja, o tipo de crime e se ele de fato ocorreu) é maior do que para alcançar sua autoria, pois nem sempre são localizados ou devidamente preservados os vestígios do criminoso na cena do crime;
- embora alguns respondentes tenham relativizado a relevância da prova pericial para a garantia dos direitos humanos, sob o argumento de que todas as provas devem, na verdade, assegurá-los, a maioria concordou (83%) com essa relevância, sendo identificadas nos comentários dos respondentes as seguintes justificativas: (i) além de ser uma prova lícita e imparcial, é pautada em metodologias claras e, em regra, com baixa margem para subjetivismos; (ii) uma investigação pautada apenas em provas de natureza subjetiva sujeita o investigado ou o acusado ao arbítrio de quem investiga, além de propiciar a prática de torturas e de maus tratos; (iii) por ser comprometida com a verdade dos fatos, ela não serve apenas à acusação, mas também à defesa, razão pela qual pode ser utilizada tanto para condenar quanto para absolver uma pessoa indevidamente acusada no processo penal.

### 4.2 Destinatários da prova pericial

Nessa análise temática, os sujeitos da pesquisa avaliaram a quem se destina a prova pericial (Q10), sendo-lhes apresentadas, para esse fim, as seguintes opções: (i) delegado de Polícia Federal, (ii) procurador da República, (iii) juiz federal, (iv) advogado de defesa, (v) todos os atores do sistema de justiça criminal federal e (vi) outros (resposta aberta). Os resultados revelaram que prevalece nos grupos de respondentes (70%) a percepção de que a prova pericial serve de suporte decisório para todos os atores desse sistema, validando, assim, a suposição apresentada no referencial teórico, segundo a qual a atividade pericial não é matéria de interesse exclusivamente policial, muito embora a Polícia Judiciária atue como principal demandante da função pericial e, em alguns casos, como ocorre na Polícia Federal, tenha a perícia oficial inserida em sua estrutura orgânica.

Identificou-se também nessa análise temática que a perícia oficial tem um potencial adicional para atender a outros destinatários, além daqueles mencionados na questão Q10, tais como: (i) as comissões de disciplina e de sindicância, em processos administrativos; (ii) o Conselho Nacional do Ministério Público; (iii) o Conselho Nacional de Justiça; (iv) as Comissões Parlamentares de Inquérito (CPI); (v) a imprensa; (vi) a própria perícia oficial, no desempenho de suas atividades; e (vii) a sociedade.

## 4.3 Dimensões conceituais do termo "autonomia" e suas inter-relações

Na expectativa de validar a suposição apresentada no referencial teórico, segundo a qual os órgãos de perícia oficial precisam de autonomias administrativa e orçamentário-financeira para que tenham asseguradas suas autonomias técnico-científica e funcional (fig. 2), previstas no CPP e na Lei nº 12.030/2009, essa análise temática buscou verificar a percepção dos sujeitos da pesquisa quanto às inter-relações entre as dimensões conceituais do constructo autonomia. Para esse fim, os respondentes foram levados a refletir sobre as seguintes questões: (i) se a ausência de autonomia administrativa, decorrente da inserção da perícia oficial na estrutura da Polícia Federal, apresenta algum risco à garantia de suas autonomias técnico-científica (Q11) e funcional (Q12); (ii) se a ausência de autonomia orçamentário-financeira, decorrente desse mesmo arranjo institucional, apresenta algum risco à garantia das autonomias técnico-científica (Q13) e funcional (Q14); e, questionados de forma inversa, (iii) se é possível garantir as autonomias técnico-científica e funcional estando a perícia oficial inserida na estrutura administrativa da Polícia Federal (Q15).

O gráfico abaixo apresenta os níveis de concordância dos respondentes; as linhas demarcam os níveis de concordância geral[12] (parte superior) e de discordância geral[13] (parte inferior).

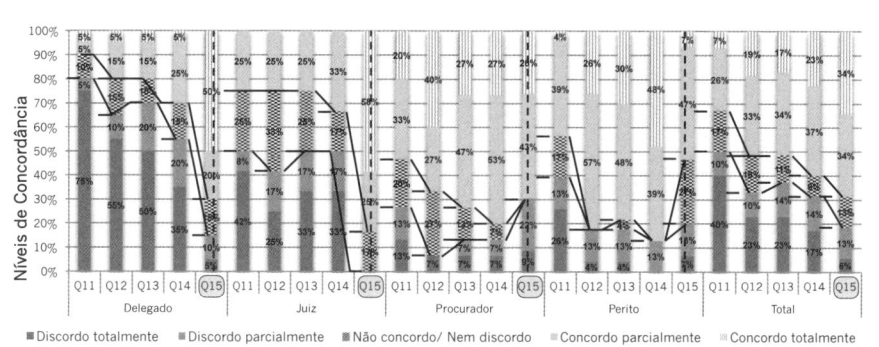

Gráfico 1
Grau de inter-relação entre as dimensões conceituais do termo autonomia

A partir da análise descritiva dos dados do gráfico 1 é possível fazer várias inferências, com destaque para as seguintes:
a) apesar de os quatro grupos de respondentes terem apresentado níveis de concordância diferenciados quanto aos reflexos da ausência das autonomias orçamentário-financeira e administrativa sobre a garantia das autonomias técnico-científica e funcional, foi possível identificar, nas respostas às questões Q11-Q14, a formação de dois grupos de respondentes com níveis de concordância mais próximos;
b) *Delegados e juízes*: o nível de concordância geral ficou entre 10% e 33%, tendo o grupo dos delegados apresentado o menor nível de concordância;
c) *Peritos e procuradores*: foi nesses dois grupos que a suposição acima apresentada encontrou maior grau de validade, já que o nível de concordância geral oscilou entre 43% e 87%, com destaque para o grupo de procuradores, que ficou com o maior nível;
d) em face dos níveis positivos de concordância geral que os grupos de peritos e procuradores apresentaram nas respostas às questões

---
12. Corresponde ao somatório dos resultados das respostas "Concordo Totalmente" e "Concordo Parcialmente".
13. Corresponde ao somatório dos resultados das respostas "Discordo Totalmente" e "Discordo Parcialmente".

Q11-Q14, e considerando que a Q15 foi formulada em sentido inverso ao delas, era esperado que esses grupos apresentassem baixos níveis de concordância geral, quando questionados, na Q15, sobre a possibilidade de garantir as autonomias técnico-científica e funcional da perícia oficial, mesmo ela estando inserida na Polícia Federal. Contudo, não foi isso o que ocorreu, pois boa parte dos procuradores (69%) e dos peritos (54%) respondeu positivamente quanto a essa possibilidade. Identificou-se, na análise de conteúdo dos comentários que a incoerência apresentada entre as respostas da questão Q15 e das questões Q11-Q14 é, na verdade, aparente, sendo identificada a seguinte justificativa: embora a manutenção da perícia oficial na estrutura da Polícia Federal apresente algum risco à garantia de suas autonomias técnico-científica e funcional, mesmo assim é possível criar um modelo, na estrutura desse órgão, que permita assegurar, de forma mais efetiva, sua plena autonomia. Mas, para isso, é necessário haver uma série de mudanças de ordem administrativa, normativa e cultural na funcionalidade desse órgão, de forma que a autonomia da perícia não fique sujeita apenas ao bom senso ou à interpretação individual de seus gestores e demais servidores. Em contrapartida, observou-se que a implementação dessas mudanças esbarra numa série de fatores, os quais, por estarem diretamente associados à partilha de poder, muito dificilmente serão superados;

e) quanto aos grupos de delegados e juízes, observou-se que não houve maiores incoerências em suas respostas, já que o elevado nível de concordância que manifestaram na resposta à Q15 foi compatível com o baixo nível de concordância nas questões Q11-Q14.

Visando a facilitar a compreensão sobre as reflexões e percepções manifestadas pelos respondentes nessa análise temática, a tabela 3 sintetiza os fatores por eles apresentados que ora justificam ou que ora dificultam a garantia da autonomia da perícia oficial federal.

Tabela 3
Fatores que dificultam ou que justificam a garantia da autonomia da perícia criminal oficial no âmbito da Polícia Federal

| Fatores que dificultam a garantia da autonomia da perícia oficial no âmbito da Polícia Federal | Fatores que justificam a garantia da autonomia da perícia oficial no âmbito da Polícia Federal |
|---|---|
| As autonomias técnico-científica e funcional, previstas na Lei nº 12.030/2009, não estão devidamente regulamentadas na Polícia Federal. | A perícia já é detentora das autonomias técnico-científica e funcional, no âmbito da Polícia Federal, razão pela qual a Lei nº 12.030/2009 nada inovou. |
| Segundo a estrutura de poder do órgão, o gerenciamento da maioria dos processos administrativos e normativos é realizado pelos delegados, alguns, inclusive, com reflexos na atividade pericial. | A falta de autonomia orçamentário-financeira afeta toda a Polícia Federal e não apenas a perícia oficial, razão pela qual todo o órgão está sujeito a ingerências externas decorrentes da carência de recursos. |
| Sendo os principais cargos de gestão na Polícia Federal ocupados por delegados, há uma tendência à valorização e à priorização de suas atividades, em detrimento de outras, a exemplo da pericial. | A Ditec constitui uma unidade gestora e possui uma parcela substancial de autonomia administrativa, estando livre para realizar seu próprio planejamento, aquisições e administração de bens. |
| A função pericial não é vista como uma atividade-fim, mas como uma atividade-meio, razão pela qual há o interesse de controlá-la e ter os peritos criminais como subordinados diretos dos delegados. | Não há, no âmbito da Polícia Federal, qualquer tipo de intervenção nas autonomias técnico-científica e funcional da atividade pericial. |
| A Ditec tem dificuldade de aprovar, perante a Direção Geral da Polícia Federal, ações de interesse da perícia, em razão da falta de força política diante das demais diretorias, todas ocupadas por delegados. | Não há qualquer inter-relação entre as dimensões conceituais da autonomia apresentadas neste estudo, razão pela qual sua garantia independe do *locus* que a perícia oficial ocupa no sistema de justiça criminal. |
| A Ditec não tem total controle sobre as unidades descentralizadas de criminalística. | O risco da perda da autonomia da perícia é uma questão de índole pessoal e de formação do perito. |

Fonte: Comentários dos respondentes nas respostas às Questões nº 11 a 15.

## 4.4 Manutenção da perícia oficial na estrutura da Polícia Federal e seus reflexos sobre o requisito da imparcialidade do perito criminal federal

Buscou-se verificar, nessa análise temática, se a relação institucional e hierarquizada, que a perícia mantém na estrutura da Polícia Federal, pode comprometer, em alguma medida, a imparcialidade do perito criminal, em face do risco de ele seguir um viés ou tendenciosidade (*bias*) pró-acusação, mesmo que de forma involuntária, em razão de sua proximidade com os demais servidores que participam das investigações policiais (Q16), conforme apontam alguns estudos no Brasil (Fachone, 2008; Espíndula, 2009) e no exterior (Koppl, 2007; NAS, 2009).

Os resultados obtidos no campo revelaram que o nível de concordância dos grupos de peritos, procuradores e juízes girou em torno dos 50%. Quando questionados, no quesito seguinte (Q17), se sentiriam uma maior confiabilidade quanto à garantia da imparcialidade do perito, caso esse profissional fosse inserido em um órgão autônomo e independente, apenas os procuradores e os peritos elevaram seus níveis de concordância geral, passando para 67% e 65%, respectivamente. Já o nível de concordância geral dos juízes caiu para 42%. Dentre as justificativas tendentes a essa percepção, identificadas na análise de conteúdo dos comentários, destacaram-se as seguintes: (i) a ausência de autonomia pode facilitar a prática de retaliações diretas ou indiretas sobre a função pericial; (ii) a pretensão do órgão policial de confirmar a tese da investigação pode levar o perito a concluir os exames de acordo com o que está sendo investigado, (iii) o norte das ações policiais pode transferir ao perito criminal a ideia de sucesso profissional atrelado ao resultado da perícia que conduza à condenação; (iv) a proximidade física com os demais servidores que atuam nas investigações policiais pode exercer influências sobre o perito em decorrência das relações de amizade/inimizade ou, até mesmo, de sentimentos de inclusão grupal ou institucional.

Por outro lado, o grupo de delegados, como já era esperado, manifestou, em ambos os quesitos, um baixo nível de concordância geral (10%), sendo identificadas, na análise de conteúdo dos comentários, as seguintes justificativas para essa percepção: (i) a confiabilidade do exame pericial se dá pela análise técnico-científica e objetiva, e não por questões de ordem administrativa ou organizacional; (ii) o perito detém autonomia técnico-científica e funcional na estrutura do órgão, não havendo qualquer ingerência sobre sua atividade; (iii) a imparcialidade do perito criminal é questão de índole e de formação ética profissional e não de fatores institucionais ou estruturais; (iv) essa proximidade é, na verdade, salutar para a efetividade das funções desempenhadas tanto por parte dos peritos como dos demais policiais.

Na questão seguinte (Q18), os sujeitos da pesquisa foram questionados, de forma inversa à das questões anteriores, se era possível garantir a imparcialidade do perito, mesmo a perícia oficial estando inserida na estrutura da Polícia Federal. Assim como ocorreu com a análise temática anterior, os grupos de peritos e procuradores, agora acrescidos do de juízes, também apresentaram uma aparente incoerência na resposta da questão Q18, quando comparada com as respostas das Q16-Q17. Essa incoerência só foi explicitada com a análise de conteúdo dos comentários, por meio da qual foram categorizadas as seguintes condições para se garantir a imparcialidade da função pericial no âmbito da Polícia Federal: (i) conceder, na estrutura do órgão, uma maior independência à Ditec para gerir as unidades de criminalística; (ii) criar mecanismos que visem assegurar a autonomia da função pericial, prevista na legislação; (iii) enfatizar a relevância dessa imparcialidade nos cursos de formação profissional; (iv) o próprio perito precisa compreender e assumir sua imparcialidade.

## 4.5 A autonomia da perícia oficial e a efetividade do sistema de justiça criminal

Essa análise temática buscou verificar se os sujeitos da pesquisa vislumbram alguma relação entre a consolidação do processo de autonomia da perícia oficial federal e a efetividade das funções que eles desempenham no âmbito da persecução penal (Q19), assim como do próprio sistema de justiça criminal, mediante a melhoria dos índices de resolução de crimes e de impunidade dos criminosos (Q20). Identificou-se, nas respostas objetivas dessas questões, a formação de três grupos distintos de concordância geral entre os respondentes: (i) os delegados, com o menor nível (Q19: 15%; Q20: 30%); (ii) os peritos e os juízes, com níveis intermediários (peritos → Q19: 39%, Q20: 52%; juízes → Q19 e Q20: 42%); e (iii) os procuradores com o maior nível de concordância geral (Q19: 64%, Q20: 54%).

Dentre os respondentes que concordaram com a prevalência dessa relação, foram categorizadas as seguintes justificativas em seus comentários: a autonomia da perícia oficial (i) promove uma maior especialização de sua função; (ii) fortalecendo o laudo pericial na fase judicial da persecução penal; (iii) transfere para a sociedade uma maior sensação de imparcialidade; (iv) a perícia deixa de ser restrita aos inquéritos policiais, podendo atender demandas oriundas diretamente de outros órgãos investigativos (*v.g.*, Ministério Público, comissões parlamentares de inquérito etc.) ou atuar em áreas não relacionadas à esfera penal (*v.g.*, ações trabalhistas e cíveis).

Por outro lado, dentre os respondentes que não concordaram com a ocorrência da relação questionada, foram categorizadas as seguintes justificativas em seus comentários: (i) a efetividade do sistema de justiça criminal não depende da posição que a perícia oficial ocupa nesse sistema, mas, sim, de uma Polícia Judiciária (incluindo a perícia oficial) forte e independente de qualquer poder; (ii) a melhoria nos índices de resolução de crimes depende da utilização de métodos e técnicas investigativas bem definidos, assim como da valorização, capacitação, evolução tecnológica e melhores condições para o trabalho policial; (iii) a redução da impunidade depende de reformas legislativas e da maior celeridade dos processos judiciais; (iv) é necessário haver uma maior integração entre os atores desse sistema, sem a qual as respostas são pontuais; (v) sem uma estrutura própria de perícia, a Polícia Federal pode perder qualidade nas suas investigações.

Na questão seguinte (Q21), foi questionado se a autonomia da perícia oficial possibilitaria um maior desenvolvimento para a criminalística e, subsequentemente, uma melhoria na efetividade do sistema de justiça criminal, sendo obtido o seguinte resultado:

Gráfico 2
Autonomia da perícia oficial e o desenvolvimento da criminalística

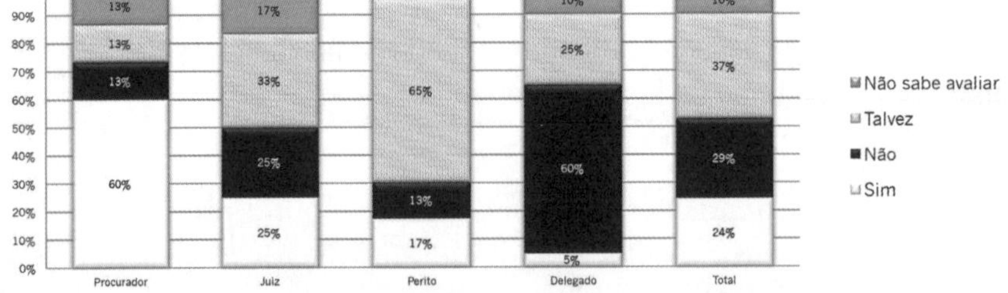

Fonte: Respostas à Questão nº 21 do questionário aplicado.

Na sequência dessa análise, os sujeitos da pesquisa que responderam a Q21 de forma positiva foram provocados a apresentar, na Q22, até cinco vantagens da autonomia da perícia oficial para o sistema de justiça criminal e aqueles que a responderam de forma negativa tiveram que apresentar, na Q23, até cinco desvantagens. A tabela 4 elenca as principais vantagens e desvantagens identificadas nessa análise.

Tabela 4
Vantagens e desvantagens para o sistema de justiça criminal caso houvesse a desvinculação da perícia oficial da estrutura administrativa da Polícia Federal

| Desvantagens da Autonomia | Vantagens da Autonomia |
|---|---|
| O distanciamento entre o perito e os demais policiais pode prejudicar a qualidade, a objetividade e a celeridade das investigações que demandam conhecimentos científicos. | Maior proximidade com outros órgãos do sistema de justiça criminal, além de aumentar suas atribuições para além da esfera penal. |
| Maior burocratização nos pedidos de perícias, aumentando os prazos de atendimento, em prejuízo das investigações. | Desenvolvimento da criminalística e consolidação da identidade e da carreira pericial. |
| Sem previsão constitucional, a perícia pode não ser reconhecida como atividade policial, havendo o risco da perda das prerrogativas a ela inerentes e da desvalorização salarial. | Maior investimento na criminalística, aumentando a especialização, a produtividade, a qualidade e a celeridade da prova pericial. |
| Haveria aumento de despesas com a criação de um novo órgão e o risco da redução de investimentos na perícia. | Aumento da visão social de imparcialidade da perícia e da credibilidade da prova pericial. |
| Enfraquecimento da Polícia Federal e esfacelamento das provas que compõem o inquérito policial. | Maior garantia para a autonomia da perícia oficial e do perito criminal federal. |
| Aumento das solicitações de peritos *ad hoc*. | Liberdade para o órgão pericial questionar a devida preservação de locais de crimes. |

Fonte: Respostas às Questões nºs 22 e 23 do questionário aplicado.

## 4.6 Autonomia da perícia criminal federal e sua posição na estrutura administrativa do sistema de justiça criminal

Como uma consequência natural do debate em torno da autonomia da atividade pericial, essa análise temática buscou verificar se os sujeitos da pesquisa são favoráveis ou não à desvinculação da perícia oficial da estrutura da Polícia Federal (Q24). Aqueles que concordaram com essa proposta foram levados a indicar, na questão seguinte (Q25), um novo *locus* para a perícia oficial, sendo-lhes apresentadas três opções fechadas e uma aberta. Os gráficos 3 e 4 mostram os resultados das respostas objetivas dos respondentes:

Gráfico 3
Níveis de concordância sobre a desvinculação da perícia oficial da Polícia Federal

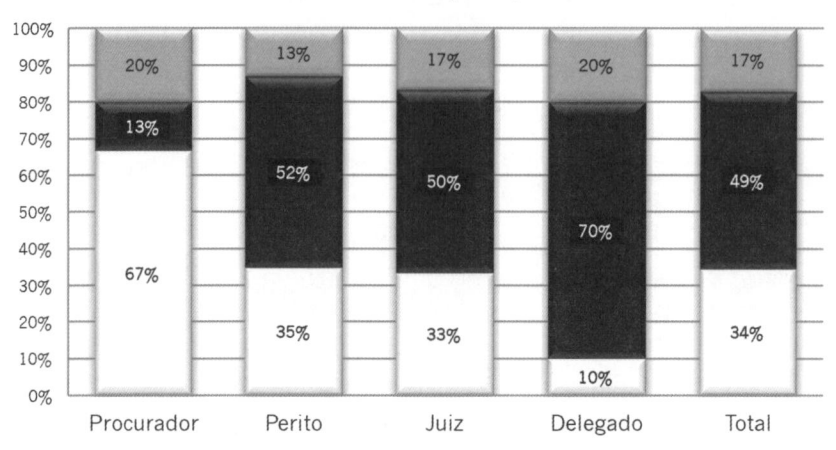

| | Procurador | Perito | Juiz | Delegado | Total |
|---|---|---|---|---|---|
| Sim | 67% | 35% | 33% | 10% | 34% |
| Não | 13% | 52% | 50% | 70% | 49% |
| Não sabe avaliar | 20% | 13% | 17% | 20% | 17% |

Fonte: Resposta à Questão nº 24 do questionário aplicado.

Gráfico 4
Novo *locus* para a perícia oficial, caso haja sua desvinculação da Polícia Federal

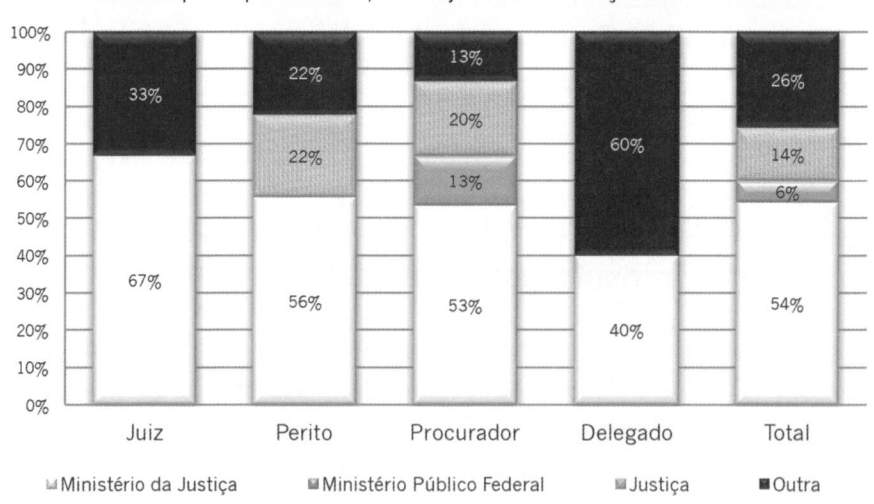

| | Juiz | Perito | Procurador | Delegado | Total |
|---|---|---|---|---|---|
| Ministério da Justiça | 67% | 56% | 53% | 40% | 54% |
| Ministério Público Federal | — | 22% | 13% | — | 6% |
| Justiça | — | 22% | 20% | — | 14% |
| Outra | 33% | 22% | 13% | 60% | 26% |

Fonte: Resposta à Questão nº 25 do questionário aplicado.

A partir da análise descritiva dos gráficos, depreende-se que:
a) os grupos de delegados e procuradores apresentaram, respectivamente, o menor e o maior nível de concordância quanto à proposta em questão, e suas respostas mostram-se compatíveis com as respostas que apresentaram nas análises temáticas anteriores;
b) apesar de o grupo de peritos ter apresentado, nas análises temáticas anteriores, uma maior proximidade com as percepções do grupo de procuradores, houve, na resposta à questão Q24, um distanciamento entre as percepções desses grupos;
c) prevaleceu, dentre os respondentes favoráveis a essa desvinculação, a proposta de inserir a perícia oficial na estrutura do Ministério da Justiça;
d) além das sugestões propostas na questão Q25, os respondentes indicaram outras, a saber: (i) autarquia federal; (ii) órgão independente, ligado ao Poder Executivo (semelhante à Advocacia-Geral da União); (iii) Secretaria de Estado, integrante do primeiro escalão do Poder Executivo; (iv) uma divisão do Ministério Público Federal, devendo os peritos criminais possuírem a mesma hierarquia dos procuradores; e (v) universidades, diante da ampla possibilidade de aprofundamento das pesquisas.

## 5. Considerações finais: apoios, resistências e desafios para a consolidação da autonomia da perícia oficial federal

Diante da diversificação de reações e sugestões dos sujeitos da pesquisa diante do objeto deste estudo, considerou-se o gráfico 5 como adequado a apresentar, de forma resumida, a linha de compreensão de cada grupo pesquisado, possibilitando, assim, mapear os resultados obtidos e extrair algumas considerações mais conclusivas ao finalizar este estudo.

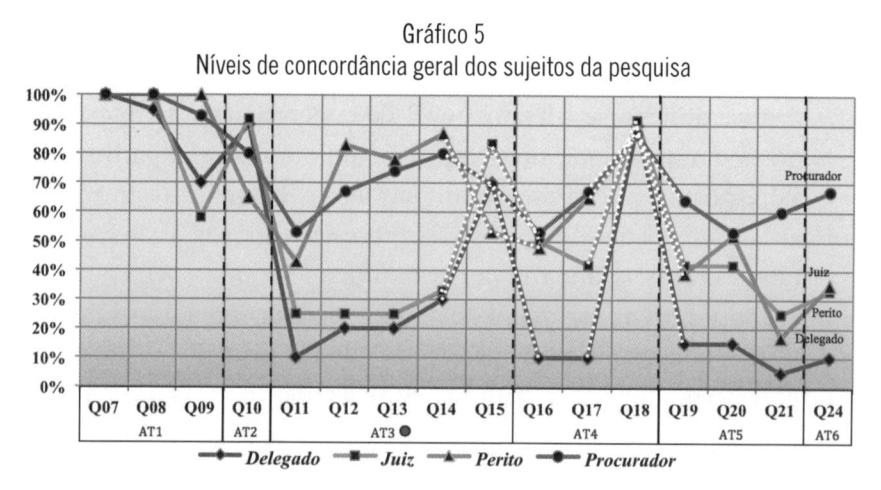

**Gráfico 5**
**Níveis de concordância geral dos sujeitos da pesquisa**

Fonte: Respostas do questionário aplicado no campo.
Legenda: Análise Temática 1 (AT1): Avalia a relevância da prova pericial para a efetividade do sistema de justiça criminal; AT2: Avalia a quem se destina a prova pericial e se ela pode ser usada como suporte decisório para os atores do sistema de justiça criminal; AT3: Indica as inter-relações existentes entre as dimensões conceituais do termo autonomia; AT4: Avalia os reflexos da inserção da perícia oficial na estrutura da Polícia Federal sobre a imparcialidade da função pericial; AT5: Avalia os reflexos da autonomia da perícia oficial sobre a melhoria da efetividade das funções desempenhadas pelos sujeitos da pesquisa e do próprio sistema de justiça criminal, mediante a melhoria nos índices de resolução de crimes e de impunidade dos criminosos, assim como sobre o desenvolvimento da criminalística; AT6: Avalia a necessidade de desvincular a perícia oficial da Polícia Federal e que novo *locus* ela deveria ocupar no sistema de justiça criminal.

A partir da análise do gráfico anterior, verifica-se, inicialmente, que as linhas de compreensão dos grupos pesquisados apresentaram aproximações e distanciamentos, ao longo das análises temáticas realizadas, com destaque para o grupo de delegados, que apresentou o menor nível de concordância geral nas análises temáticas AT3 a AT6, o que significa que, para os respondentes desse grupo: (i) a manutenção da perícia oficial na estrutura da Polícia Federal não apresenta riscos substanciais à garantia de sua imparcialidade (AT4) e de suas autonomias técnico-científica e funcional (AT3); (ii) a autonomia da perícia oficial não reflete na melhoria da efetividade de suas funções (delegados) e nem do próprio sistema de justiça criminal, mediante o aumento dos índices de resolução de crimes e punibilidade dos criminosos, assim como não traz benefícios ao desenvolvimento da criminalística (AT5); (iii) daí a razão de não concordarem com a desvinculação da perícia oficial da estrutura da Polícia Federal (AT6). Diferentemente do grupo dos delegados, os grupos de peritos e procuradores apresentaram, na maioria das questões, os níveis de concordância geral mais elevados e próximos entre si. Já o grupo dos juízes manifestou uma maior variabilidade de aproximações e distanciamentos de suas percepções com as dos demais grupos.

Conforme destaca esse gráfico, um aspecto interessante nessa análise geral diz respeito aos níveis de concordância geral manifestados pelos grupos de peritos e procuradores nas questões Q15 e Q18, já que, em face das percepções que apresentaram nas demais questões, era esperado que a maioria dos respondentes desses grupos se posicionasse de forma negativa quanto à possibilidade de garantir as autonomias técnico-científica e funcional (Q15) e a imparcialidade do perito criminal (Q18), mesmo a perícia oficial permanecendo inserida na estrutura da Polícia Federal. Conforme já abordado nas subseções 4.3 e 4.4, a incoerência identificada nessas respostas é, na verdade, aparente, pois, de acordo com a análise de conteúdo dos comentários dos respondentes desses grupos, identificou-se que seus níveis de concordância, quanto à possibilidade de se garantirem as referidas prerrogativas da função pericial, no âmbito da Polícia Federal, foram condicionados à promoção de uma série de mudanças de ordem administrativa, normativa e cultural, na estrutura desse órgão.

Além das percepções dos sujeitos da pesquisa, este estudo também revelou, com lastro na pesquisa bibliográfica, que o processo de autonomia da perícia oficial — por resultar em uma mudança de paradigma no sistema de justiça criminal brasileiro, que afeta tanto a sua estrutura quanto a sua funcionalidade — encontra uma série de argumentações contra e a favor, as quais podem ser materializadas nos seguintes apoios, resistências e desafios:

*a) Apoios*: são encontrados, principalmente, nas instituições e entidades ligadas à defesa dos direitos humanos. Além disso, os Poderes Executivo e Legislativo, com o apoio dessas instituições, vêm adotando, nos últimos anos, várias medidas tendentes à consolidação desse processo no país, com destaque para as seguintes: PNSP (2002), PNDH I (1996), II (2002) e III (2009), I Conseg (2009), promulgação da Lei nº 12.030/2009 e aprovação da Recomendação Conasp nº 06 (2012);

*b) Resistências e desafios*: podem ser sintetizados segundo as peculiaridades a seguir: (i) a desvinculação da perícia oficial da estrutura da Polícia Federal, sem que haja sua inserção no texto constitucional, como um órgão autônomo, pode resultar na perda, para o perito criminal, de algumas prerrogativas inerentes à função de policial federal (*e.g.*, aposentadoria especial, porte de arma e redução salarial etc.); (ii) inserir a perícia oficial no texto constitucional demanda, por sua vez, um enorme esforço político, já que depende da aprovação de uma emenda constitucional;[14] (iii) a origem histórica da criminalística no ambiente policial gera, no perito criminal, uma crise de identidade quanto a sua função policial e pericial; (iv) como, no âmbito da Polícia Federal, as mudanças necessárias à garantia da plena autonomia da perícia oficial impactam o compartilhamento de poder, sua implementação encontra resistência dos delegados, tradicionais gestores desse órgão.

Portanto, ao descrever as variáveis que afetam o tema estudado e apresentar os resultados qualitativos obtidos no campo, a expectativa é de que o debate se amplie e alcance a comunidade acadêmica, assim como os pesquisadores em segurança pública no país, cujos resultados de novos estudos possam favorecer, como uma leitura de gestão pública autêntica, tanto a definição de um arranjo organizacional que assegure a plena autonomia das atividades periciais, quanto o estabelecimento de políticas de segurança pública que visem à melhoria dos órgãos de perícia oficial e a subsequente qualidade e credibilidade da prova pericial.

## Referências

AMORIM, José Viana. Autonomia da perícia criminal oficial no âmbito da Polícia Federal: percepções e reflexões dos profissionais do Sistema de Justiça Criminal. Dissertação (mestrado em administração pública) — Escola de Administração Pública e de Empresas, Fundação Getulio Vargas, 2012. Disponível em: <http://hdl.handle.net/10438/9987>. Acesso em: 13 dez. 2012.

---

14. Atualmente, encontram-se tramitando no Congresso Nacional duas Propostas de Emenda Constitucional tratando do tema da autonomia da Perícia Oficial: a PEC nº 325/2009 (que pretende inseri-la no art. 135, como função essencial à Justiça) e a PEC nº 499/2010 (que pretende inseri-la no art. 144, como órgão integrante do subsistema de segurança pública).

BARDIN, Laurence. *Análise de conteúdo*. São Paulo: Persona, 1997.

BRASIL. Ministério da Justiça. Conselho Nacional de Segurança Pública (Conasp/MJ). *Recomendação nº 06, de 28 de fevereiro de 2012*. Disponível em: <http://portal.mj.gov.br/data/Pages/MJ337926C4ITEMID0F14D9646972416297F5D6D2A3800A35PTBRIE.htm>. Acesso em: 12 abr. 2012.

____. Ministério da Justiça. Secretaria Nacional de Segurança Pública (Senasp/MJ). *Diagnóstico da perícia criminal no Brasil*. Senasp, 2013. Disponível em: <http://portal.mj.gov.br/data/Pages/ MJA-21B014BPTBRNN.htm>. Acesso em: 20 fev. 2013.

____. Lei nº 12.030, de 17 de setembro de 2009. Dispõe sobre as perícias oficiais e dá outras providências. *Diário Oficial da República Federativa do Brasil*, Brasília, DF, 18 ago. 2009.

____. Portaria MJ nº 2.877, de 30 de dezembro de 2011. Aprova o Regimento Interno do Departamento de Polícia Federal. *Diário Oficial da República Federativa do Brasil*, Brasília, DF, 30 dez. 2011.

____. Secretaria de Estado dos Direitos Humanos. *Programa nacional de direitos humanos — II*. Brasília: SEDH, 2002. Disponível em: <www.sedh.gov.br>. Acesso em: 11 out. 2011.

____. Secretaria Especial dos Direitos Humanos da Presidência da República. *Programa nacional de direitos humanos — III*. Brasília: SEDH/PR, 2009. Disponível em: <www.sedh.gov.br >. Acesso em: 11 out. 2011.

CRESWELL, John W. *Projeto de pesquisa*: métodos qualitativo, quantitativo e misto. 2. ed. São Paulo: Bookman, 2007.

ESPÍNDULA, Alberi. *Perícia criminal e cível*: uma visão geral pra peritos e usuários da perícia. Campinas: Millennium, 2009.

FACHONE, Patrícia de Cássia Valéria. *Ciência e justiça*: a institucionalização da ciência forense no Brasil. Dissertação (mestrado em política científica e tecnológica) — Instituto de Geociências, Universidade Estadual de Campinas, Campinas, 2008. Disponível em: <http://cutter.unicamp.br/document/?code=vtls000449182>. Acesso em: 13 nov. 2011.

KOPPL, Roger. CSI for real: how to improve forensics science. Police Study 364. *European Journal of Law and Economics*. Reason Fundation, 2007. Disponível em: <www.reason.org/ps364_forensics.pdf>. Acesso em: 14 dez. 2011.

MAZZILLI, Hugo Nigro. *A independência do Ministério Público*. 1997. Disponível em: <www.mazzilli.com.br/pages/artigos/planosatua.pdf>. Acesso em: 13 mar. 2012.

NAS. National Academy Of Science. *Strengthening forensic science in the United States*: a path forward. Washington, DC: Nacional Academies Press (NAP), 2009.

SAPORI, Luís Flávio. *Segurança pública no Brasil*: desafios e perspectivas. Rio de Janeiro: FGV, 2007.

SILVA, Erick Simões da Camara e. A autonomia funcional, técnica e científica dos peritos oficiais de natureza criminal após o advento da Lei nº 12.030/2009. *Jus Navigandi*, Teresina, ano 14, n. 2323, 10 nov. 2009. Disponível em: <http://jus.com.br/artigos/13826>. Acesso em: 15 mar. 2010.

UNIVERSIDADE DE SÃO PAULO. Núcleo de Estudos da Violência. *Programa nacional de direitos humanos — I*. São Paulo: USP/NEV, 1996. Disponível em: <www.sedh.gov.br>. Acesso em: 11 out. 2011.

VERGARA, Sylvia Constant. *Autonomia das universidades federais brasileiras*: um estudo empírico. Tese (doutorado em educação) — Faculdade de Educação, Universidade Federal do Rio de Janeiro. Rio de Janeiro, 1989. Disponível em: <http://cutter.unicamp.br/document/?code=vtls000449182>.

_____. *Projetos e relatórios de pesquisa em administração*. 11. ed. São Paulo: Atlas, 2009.

Capítulo 9

# O papel de uma universidade corporativa no sistema de ensino policial do Brasil: um estudo de caso da Academia Nacional de Polícia

Lúcio Batista Mata
Deborah Moraes Zouain

O presente estudo visa caracterizar a formação e o desenvolvimento profissional dos peritos criminais federais, lotados no Departamento de Polícia Federal. Para isso, foi realizado trabalho de pesquisa envolvendo um embasamento teórico, o levantamento de dados colhidos a partir dos peritos e suas chefias imediatas nos Setores Técnico-Científicos, além de entrevistas com dirigentes da Academia Nacional de Polícia, localizada em Brasília (DF). A primeira parte do trabalho apresenta uma introdução e a revisão bibliográfica, com breve histórico do sistema de ensino policial no Brasil, conceitos de educação corporativa e desenvolvimento de competências, assim como aspectos da formação e desenvolvimento policial na Academia Nacional de Polícia, do Departamento de Polícia Federal. A metodologia empregada utiliza uma abordagem transdisciplinar, característica sempre presente na própria formação e desenvolvimento do policial. Os resultados elencaram as principais características da formação e do desenvolvimento profissional do perito criminal federal, realizados através da Academia Nacional de Polícia, comprovados pela pesquisa bibliográfica, documental, observação direta, aplicação de questionário sobre a percepção dos peritos e entrevistas com dirigentes de seleção, formação e desenvolvimento do Departamento de Polícia Federal. Verificou-se que a formação do policial federal, na visão do cargo de perito criminal federal, atendeu as expectativas de seus formandos, porém o acompanhamento profissional e seu consequente desenvolvimento não estão consolidados nesse processo educacional. Nesse sentido, caberia uma atuação mais efetiva da Academia Nacional de Polícia na obtenção de alguns dos requisitos para uma universidade corporativa, como: mapeamento das características ou competências estratégicas; tradução dessas características em competências humanas; desenho dos programas; alinhamento das pessoas com a cultura e os princípios da organização.

## 1. Introdução

A formação profissional policial no Brasil é um tema que envolve múltiplos aspectos. De um lado, temos aqueles que defendem uma formação tradicional nas academias de polícia e, de outro, temos pessoas que acreditam que essa formação deva acontecer num ambiente externo às organizações policiais, em geral, nas universidades. Essa dicotomia decorre, entre outras razões, de o sistema de segurança pública brasileiro ser fragmentário, marcado pelo isolamento das instituições, apesar dos esforços atuais de integração (Nascimento, 2011).

Em uma de suas vertentes, a preparação policial institucional ocorre para conformar a atividade e a atitude do policial com a instituição que ele representa. Esta formação não se encerra na razão de ser apenas da determinação legal do monopólio estatal, caracterizado pelo estado de direito. As crescentes complexidade, velocidade e abrangência das ações criminosas exigem respostas rápidas e objetivas por parte das instituições policiais. Essa necessidade premente justifica a implantação de estrutura voltada para a criação, o aperfeiçoamento e a disseminação de conhecimentos gerais e específicos, necessários ao melhor desenvolvimento das ações policiais e à realização de suas estratégias organizacionais.

Esse é um dos aspectos da educação corporativa. Trata-se da gestão do conhecimento pelas organizações, ao se defrontarem com a carência ou inexistência de formação profissional específica dos alunos diplomados pelas universidades. A missão de uma universidade corporativa consiste em formar e desenvolver os talentos humanos na gestão dos negócios, promovendo a gestão do conhecimento organizacional (geração, assimilação, difusão e aplicação), por meio de um processo de aprendizagem ativa e contínua (Eboli, 1996:64).

Assim, as universidades corporativas apresentam-se como uma tentativa das organizações de envidar esforços para que o processo de desenvolvimento das pessoas tenha caráter contínuo e faça parte do alinhamento estratégico. Elas contribuem para acumulação, difusão e desenvolvimento do conhecimento nas organizações. Por meio dessas universidades, as organizações tentam superar o modelo estático e reativo de treinamento e desenvolvimento, adotando amplo sistema educacional corporativo de modo a contribuir para o alcance dos objetivos da organização.

Entretanto, a universidade corporativa em si não gera vantagem competitiva na medida em que se verifica sua rápida proliferação em inúmeras organizações. As vantagens competitivas sustentáveis seriam possíveis mediante o desenvolvimento de uma cultura de aprendizado e gestão do conhecimento, e a universidade corporativa representa o meio pelo qual se conduz e se reforça esse processo. Por esta razão, poderia ser considerado um fator de qualificação relevante, mesmo em segmentos de monopólio estatal, como é o caso da segurança pública.

Por outro lado, a formação acadêmica no ambiente da universidade dá oportunidade ao policial de interagir com outros agentes da segurança pública, da justiça criminal e da própria sociedade. Essa interação permite ao policial entender melhor sua atividade inserida num contexto, em que suas ações se refletem na atividade de outras instituições, tanto nos aspectos preventivos, quanto nos repressivos. É inegável a necessidade da produção de conhecimentos específicos de segurança pública, mas é preciso mais: profissionais de polícia precisam e devem se dedicar à ciência (Espuny, 2011).

Dessa forma, o sistema de ensino nas polícias brasileiras precisa buscar o equilíbrio entre o que seja uma efetiva produção de conhecimento, a defesa de interesses legítimos da corporação na formação e capacitação profissional desses policiais e a otimização dos investimentos públicos empregados nessa prática. Essas três vertentes serão capazes de determinar o que poderá advir de escolas profissionais policiais inseridas no sistema educacional brasileiro.

Além disso, inegável é a relação histórico-ontológica do trabalho com a educação. De acordo com o professor Saviani (2007), deve-se atrelar uma preparação politécnica a centros de excelência na realização de um trabalho. Essa proposição já se sustenta pela demonstração aos alunos do exemplo, principalmente na articulação das diversas especialidades, quando da realização das atividades diárias e concretas de um trabalho socialmente "correto". Porém, o mais importante é que essa vinculação deve ser ressaltada pela ideia de que politecnia envolve a articulação entre trabalho intelectual e manual, principalmente no processo de formação e conhecimento do próprio trabalho: aprender a fazer fazendo.

Diante desses comentários preliminares, nessa aparente dicotomia existente entre a educação corporativa e a formação universitária tradicional, é especialmente interessante estudar a formação para o cargo de perito criminal federal, dentro da Polícia Federal. Nesse cargo existe a congregação de profissionais de várias graduações, de áreas do conhecimento diversas, empenhados na realização de tarefas de natureza multidisciplinar específicas, desenvolvidas durante o trabalho policial. A formação acadêmica do perito é realizada em ambiente universitário e sua preparação policial é desenvolvida pela Academia Nacional de Polícia, em Brasília, no Distrito Federal.

Nesse ponto, chega-se ao problema em que se baseia a presente pesquisa, identificando a presença de uma universidade corporativa no sistema de ensino policial do Brasil por meio do seguinte questionamento: *qual a percepção do perito criminal federal, em relação à Academia Nacional de Polícia, sobre sua formação e desenvolvimento profissional e a sua consequente valorização como policial?*

## 2. Referêncial teórico

### 2.1 O sistema de ensino policial no Brasil

Atualmente, não existe no Brasil um sistema integrado de ensino para os profissionais de segurança pública. As forças policiais federais, estaduais e municipais são autônomas e independentes, inclusive para formação e treinamento de seus efetivos. Não existe mecanismo de certificação ou validação de currículos, nem mesmo de homologação de diplomas, apesar de existirem iniciativas isoladas de inserção no sistema educacional brasileiro e submissão aos critérios do Ministério da Educação.

Estudos realizados por Pires (2008) concluíram que o ensino policial no Brasil por muito tempo teve natureza autônoma, vez que os cursos ministrados pelas diversas Academias de Polícia não eram homogêneos e atendiam aos interesses da administração pública local. Não havia a preocupação com a equidade no processo de formação policial que garantisse a unidade de pensamento e ações adequadas às necessidades sociais vigentes.

Pesquisa realizada por Poncioni (2005) nos centros de ensino e treinamento profissional da Polícia Civil e da Polícia Militar do Estado do Rio de Janeiro revela a permanência do denominado "modelo profissional policial tradicional", no conteúdo do processo formal de socialização profissional do futuro policial consubstanciado em uma concepção do trabalho policial profissional que enfatiza o comportamento legalista dos policiais em um arranjo burocrático-militar que influencia a cultura, a filosofia de trabalho, a política administrativa, o treinamento, as operações, as táticas e as estratégias policiais.

Os currículos dos cursos de formação profissional para os futuros policiais revelam uma ênfase excessiva no controle do crime em uma estratégia exclusivamente reativa da polícia, e dirigida principalmente para o confronto, apontando deficiências na área da atividade preventiva, com enfoque na negociação de conflitos e no relacionamento direto com o cidadão; evidencia-se, igualmente, uma clara negligência no preparo do policial — civil e militar — para o trato de outras demandas e interesses da população que não estejam restritos apenas ao cumprimento de lei, mas que dizem respeito à manutenção de ordem pública pela via da negociação.

Dessa forma, segundo Misse (2006), as questões tecnológicas e organizacionais da polícia e da formação policial ficaram muito tempo relegadas a segundo plano, pois em um modelo autoritário dominante o crime deveria ser combatido com repressão física e, por outro lado, num modelo paternalista, o importante seria resolver as questões relacionadas às desigualdades sociais e à distribuição de renda. O desenvolvimento de uma polícia eficiente e bem aparelhada seria algo secundário.

Em 2009, a Secretaria Nacional de Segurança Pública (Senasp) elaborou atualização de Matriz Curricular Nacional, onde em "Referencial para as ações formativas dos profissionais da área de segurança pública" enuncia que o instrumento fundamental para a modificação dos profissionais de segurança pública é a educação, tanto a regular, nos cursos das academias, quanto a permanente, traduzida pela educação continuada que se perfaz por treinamentos, seminários ou outros instrumentos pedagógicos, efetivando ações que tentam fortalecer o sistema educacional integrado dos profissionais de segurança pública, trabalhando uma visão de mundo comum em todas as polícias e um mínimo técnico que possibilitará o diálogo entre instituições, superando disputas e rivalidades, além de fomentar uma formação profissional de qualidade à altura das necessidades e das exigências do país (Brasil, 2012).

Esse estágio futuro de desenvolvimento da formação policial demanda massa crítica de profissionais especializados e qualificados em educação, que sejam multiplicadores e inovadores na pesquisa e no trabalho policial. Segundo Bittner (2003), a construção dessa visão de ciência policial deve partir de quem exerce tal papel.

No caso específico da perícia criminal, Misse (2006) argumenta que atualmente existe o uso de novas tecnologias, já bastante desenvolvidas em outros países, permitindo uma investigação mais eficiente e com melhor produção de provas, necessárias ao andamento e à conclusão do inquérito policial. Acrescenta que as ciências forenses apresentam um caráter multidisciplinar, envolvendo conhecimentos de várias outras ciências.

O trabalho policial na perícia criminal encerra complexidade e diversidade de técnicas, pressupondo uma sólida formação dos profissionais para o bom desempenho de suas funções. A questão da formação torna-se ainda mais crítica quando se considera que o perito criminal transita entre as esferas tecnocientífica, jurídica e policial, o que exige desse policial uma ampla gama de conhecimentos e treinamento que possibilitem a qualificação adequada para o exercício de uma função altamente complexa e singular. Além disso, dada a natureza inovadora da ciência e de seus métodos, é necessário que os cursos de atualização tenham continuidade temporal e capacitem o perito no manuseio e na utilização das tecnologias disponíveis, inovadas num ritmo crescente a cada ano.

## 2.2 A formação e o desenvolvimento do perito criminal federal

No Brasil, a perícia criminal federal é atribuição do Departamento de Polícia Federal, que exerce tal atribuição por intermédio da Diretoria Técnico-Científica (Ditec), no nível nacional, e dos Setores Técnico-Científicos (Setecs), no nível estadual, os quais possuem, em seu corpo funcional, profissionais com formações diversas, distribuídos por área do conhecimento.

Assim, no corpo técnico do Departamento de Polícia Federal encontram-se profissionais especialistas em contabilidade e economia (área 1); engenharia elétrica e eletrônica (área 2); computação científica: bacharelado em processamento de dados, ciência da computação ou engenharia de redes de comunicação (área 3); engenharia agronômica (área 4); geologia e engenharia de minas (área 5); engenharia química, química e química industrial (área 6); engenharia civil (área 7); biomedicina e ciências biológicas (área 8); engenharia florestal (área 9); medicina veterinária (área 10); engenharia cartográfica (área 11); medicina (área 12); odontologia (área 13); farmácia (área 14); engenharia mecânica e engenharia mecatrônica (área 15); física (área 16); e engenharia de minas (área 17).

A formação do perito criminal federal ocorre em Brasília, na Academia Nacional de Polícia, em curso presencial com 590 horas de carga horária, podendo ocorrer em regime de externato ou semi-internato. Nessa carreira profissional, dentro do DPF, promoções a classes superiores ocorrem mediante conclusão com aproveitamento em cursos de capacitação à distância ou semipresencial. Atualmente, o último nível de promoção ocorre para a classe especial após 15 anos de serviço e realização de curso em nível de pós-graduação *lato sensu*, com exigência de apresentação de monografia.

A Academia Nacional de Polícia oferece cursos de capacitação continuada policial para peritos, em áreas específicas e mediante solicitação da Diretoria Técnico-Científica, que é a proponente e responsável técnica pela elaboração do programa e conteúdos. A seleção para os cursos ocorre por indicação das chefias dentre os voluntários subordinados, mediante distribuição de vagas entre as unidades. Não há obrigatoriedade compulsória para realização de cursos.

Os peritos podem solicitar participação em treinamentos e cursos, mediante atendimento de exigências normatizadas e segundo critérios de enquadramento, definidos pela Diretoria de Gestão de Pessoal. O procedimento é burocrático e de alcance muito limitado devidos aos poucos recursos. São previstas licenças-capacitação a cada cinco anos, conforme legislação vigente, sem ônus para a administração.

## 2.3 Educação corporativa

Em meados do século passado, empresas verificaram que a formação acadêmica não era suficiente para atender ao perfil de conhecimentos e competências profissionais exigidos para o desempenho das novas e variadas funções, em áreas técnicas e gerenciais. A solução mais rápida e adequada foi a complementação da capacitação dos empregados, realizada pelas próprias empresas (Monteiro, 2009).

No entendimento de Goulart (2005), as ações das empresas para suprir tais carências de formação profissional se justificaram pela alegação de que a universidade tradicional não prepara com eficácia os profissionais para o mercado de trabalho. Assim, as empresas, pressionadas pela concorrência e pela velocidade das mudanças, passam a exercer a função que a universidade tradicional deveria ter: a formação de um profissional que responda às necessidades diárias de seu negócio de atuação, em áreas específicas de conhecimento.

Segundo Vivas (2008), após essa fase inicial da educação corporativa, um número crescente de empresas percebeu a necessidade de transferir o foco de seus esforços de treinamento de eventos únicos em uma sala de aula, cujo objetivo é desenvolver qualificações isoladas, para a criação de uma cultura de aprendizagem contínua, em que os funcionários aprendam uns com os outros e compartilhem inovação e melhores práticas, com o objetivo de solucionar problemas empresariais.

Nessa nova estrutura de educação corporativa, promove-se a aprendizagem formal e informal, a fim de desenvolver meios para alavancar novas oportunidades, entrar em novos mercados globais, criar relacionamentos mais profundos com os clientes e fornecedores, e impulsionar a organização para um novo futuro. Essa nova concepção sistêmica de proporcionar a educação profissional continuada recebeu a denominação de universidade corporativa, em função de abranger toda a gama de conhecimentos e competências exigidos pelos negócios das empresas.

O termo universidade coorporativa é atribuído a Jeanne Meister, citada por todos os autores de trabalhos em educação corporativa, que define desta forma a universidade corporativa: "um guarda-chuva estratégico para o desenvolvimento e a educação de funcionários, clientes e fornecedores, buscando otimizar as estratégias organizacionais, além de um laboratório de aprendizagem para a organização de um polo permanente" (Meister, 1999:8).

Para Meister, o conhecimento e as qualificações das pessoas seriam adequados apenas durante um período, depois do qual precisariam ser renovados para competir na economia global do conhecimento. A autora defendeu, então, a interferência direta das empresas nas instituições educacionais formais, com o intuito de impor conteúdos e práticas mais conectados às necessidades do mercado que, segundo ela, exigiriam atualização constante dos conhecimentos.

Afirmou, ainda, que as empresas mais bem-sucedidas trouxeram a escola para dentro delas, em vez de esperar que essas instituições educativas tornassem seus currículos mais relevantes para as necessidades empresariais. Para ela, "o diferencial decisivo de competitividade reside no nível de capacitação (...) de seus funcionários, fornecedores principais, clientes, e até mesmo membros das comunidades onde atuam" (Meister, 1999:15).

Entretanto, convém ressaltar que a segurança pública é necessidade estatal para o próprio exercício da cidadania. Portanto, a formação e o treinamento profissional do policial não podem ter a visão compartimentada da corporação que ele representa. É preciso ampliar o conceito de permanência atribuída à educação, acrescentando a visão da universidade acadêmica, que se apoia no tripé ensino-pesquisa-extensão e na referência da sociedade como um todo, para traçar os objetivos e linhas político-pedagógicas que nortearão as ações de uma universidade corporativa de polícia.

Otranto (2008:35) caracteriza bem o significado desta dicotomia em oposição ao significado nas universidades públicas:

> Educação permanente para a universidade acadêmica, principalmente a pública, envolve ampliação da cidadania, crescimento do indivíduo na sociedade, novos horizontes individuais e profissionais, é, pois, uma educação que tem por objetivo o crescimento do individual e não se restringe à melhoria da qualificação exigida para uma determinada empresa, de acordo com as exigências do mercado. Em síntese, a educação permanente na universidade acadêmica é vista como uma aprendizagem para a vida toda, enquanto que a da universidade corporativa atende a uma determinada necessidade, em espaço e tempo limitados, ou seja, quando o indivíduo sai (ou é mandado embora) da empresa, ou mudam as diretrizes do mercado, aquele conhecimento tende a cair em desuso.

Além disso, o objeto constitucional da segurança pública é a preservação da ordem pública e da incolumidade das pessoas e do patrimônio, tornando necessária a sua ação eficaz e eficiente para alcançar o bem comum. A competitividade se estabelece pela busca profissional da qualidade, pela manutenção da paz e da ordem e pela satisfação das pessoas.

Nesse sentido, uma universidade coorporativa de polícia teria justificativa e força motriz na inovação tecnológica, geração e disseminação de conhecimento, assim como na integração e nivelamento das demais Academias de Polícia num sistema único.

Eboli (2008) propõe que as experiências de implantação de projetos de universidade corporativa tendem a se organizar em torno de sete princípios, tais como: competitividade, perpetuidade, conectividade, disponibilidade, cidadania, parceria e sustentabilidade. E traz a seguinte definição para um sistema de educação corporativa:

> É um sistema de formação de pessoas pautado pela gestão de pessoas com base em competências, devendo, portanto, instalar e desenvolver nos

colaboradores internos e externos as competências consideradas críticas para a viabilização das estratégias de negócio, promovendo um processo de aprendizagem ativo e permanente, vinculado aos propósitos, valores, objetivos e metas empresariais.

A respeito das universidades corporativas, Otranto (2008) infere que, conforme revistas especializadas, aquelas que são consideradas as melhores experiências estão relacionadas às empresas que realizaram parcerias com universidades acadêmicas. Isso significa que se apoiar na competência formativa da universidade acadêmica passou a ser um fator de sucesso para a universidade corporativa.

São dois os motivos principais para que isso aconteça. Em primeiro lugar, porque as universidades acadêmicas "têm a competência de agregar valor" aos programas das empresas. O segundo motivo é que as universidades corporativas não têm seus cursos reconhecidos pelo Ministério da Educação e precisam da parceria com as universidades acadêmicas para obterem esse reconhecimento (Éboli, 1999).

Para Éboli (1999), os requisitos para uma universidade corporativa são: mapeamento das características ou competências estratégicas; tradução dessas características em competências humanas; desenho dos programas; alinhamento das pessoas com a cultura e os princípios da organização. Embora a alta cúpula deva participar intensamente, a Universidade Corporativa não é um projeto só do *staff*. Para se ter sucesso e garantir o caráter estratégico (inserção no processo e na cultura da organização), tem de haver a participação efetiva das lideranças dos negócios.

Da mesma forma, os principais desafios e tendências das universidades corporativas são: instituir programas para desenvolver competências voltadas à inovação, ao empreendedorismo e à sustentabilidade; e preocupação com a mensuração dos resultados e com o envolvimento das lideranças.

## 2.4 Plataforma de trabalho em educação na Academia Nacional de Polícia

Para desenvolver suas competências legais, atuando como gestora do conhecimento policial no Departamento de Polícia Federal, a ANP estrutura suas ações operacionalizando os meios para cumprir sua missão disseminadora intra e extracorpórea, conforme elencado adiante.

### 2.4.1 Formação profissional

A Academia Nacional de Polícia é ou foi responsável pela formação policial de várias organizações, no Brasil e no exterior. A ANP formou policiais civis e militares para diversos estados da federação e seus antigos territórios, os quais não dispunham de Academias de Polícia. Do mesmo modo, formou agentes penitenciários federais para o Departamento Penitenciário Nacional (Depen) e é responsável pelo treinamento dos policiais que atuam na Força Nacional, do Ministério da Justiça. Para o Departamento de Polícia Federal, oferece cursos de formação para os diferentes cargos da carreira policial federal: delegado de Polícia Federal, perito criminal federal, agente de Polícia Federal, escrivão de Polícia Federal e papiloscopista policial federal.

A Divisão de Desenvolvimento Humano, da Coordenação de Ensino da ANP, é a responsável direta pela proposição das diretrizes didático-pedagógicas a serem aplicadas e implementadas durante a realização das atividades de ensino, quer sejam estas de formação ou qualificação profissional. Através do Setor de Formação Policial são disponibilizados, para consulta e pesquisa por meio de intranet, todos os cadernos didáticos utilizados nos cursos de formação profissional realizados na ANP.

### 2.4.2 Especialização profissional

Promovidos pela Coordenação de Altos Estudos de Segurança Pública da Academia Nacional de Polícia, os cursos de especialização em gestão de políticas de segurança pública, especialização em execução de políticas de segurança pública e o curso especial de polícia atendem às determinações do Decreto nº 7.014, de 23 de novembro de 2009, que "disciplina os requisitos e condições de promoção na Carreira Policial Federal, de que trata o § 1º do art. 2º da Lei nº 9.266, de 15 de março de 1996".

Em nível de pós-graduação *lato sensu*, o curso de especialização em gestão de políticas de segurança pública destina-se aos integrantes das categorias funcionais de delegado de Polícia Federal e perito criminal federal, posicionados na primeira classe e aptos à progressão funcional, graduados em instituição de ensino superior credenciada pelo Ministério da Educação. Da mesma forma, o curso de especialização em execução de políticas de segurança pública destina-se aos integrantes das categorias funcionais de escrivão de Polícia Federal, agente de Polícia Federal e papiloscopista policial federal.

Já em nível de aperfeiçoamento, o curso especial de polícia destina-se aos integrantes das categorias funcionais de escrivão de Polícia Federal, agente de Polícia Federal e papiloscopista policial federal posicionados na primeira classe e aptos à progressão funcional, porém não detentores de diploma de graduação (nível superior).

Através da recém-instituída Escola Superior de Polícia, criada em 2011, a ANP passa a incorporar estrutura organizacional que a habilite a desenvolver pesquisa e estudos em nível de pós-graduação *stricto sensu*, como mestrado e doutorado.

### 2.4.3 Educação a distância

O portal para a educação a distância da Polícia Federal (<https://ead.dpf.gov.br/>) funciona em ambiente virtual, mantido pelo Serviço de Capacitação e Ensino a Distância, da Coordenação de Ensino da ANP. Nesse mesmo ambiente situam-se em separado a Universidade Corporativa Virtual da Polícia Federal — a ANP.net (<https://anpnet.dpf.gov.br/login/index.php>), o portal ANP cidadã para a comunidade em geral (<https://anpcidada.dpf.gov.br/login/index.php>) e a rede de ensino do Departamento Penitenciário Federal — DEPEN.net (<https://ead.dpf.gov.br/depennet/login/index.php>). A rede Pronasci de Ensino a Distância, do Ministério da Justiça, funciona na mesma plataforma, porém em ambiente virtual distinto, mantido também pela ANP (<https://ead.senasp.gov.br/>).

A ANP.net é um ambiente de ensino virtual corporativo do DPF, que abriga cursos semipresenciais ou totalmente a distância, em nível de pós-graduação *lato sensu*, de aperfeiçoamento, de capacitação e especialização, cujos alunos são servidores da Polícia Federal e policiais do Brasil ou do exterior. Já estão em andamento cursos de pós-graduação como ciência policial e documentoscopia, ciência policial e inteligência, ciência policial e investigação criminal, disponibilizados mediante seleção, para vagas limitadas.

O ambiente virtual abriga, também, os cursos de aperfeiçoamento para promoção funcional, os cursos de capacitação contínua, as comunidades temáticas e outras específicas, como as de Gestão, as Internacionais (Interpol) e as de Coordenação Acadêmica. Além disso, funcionam no mesmo ambiente os Metaeventos, quais sejam, todos os demais cursos, seminários e capacitações ofertados pela ANP e realizados a distância.

O portal ANP cidadã foi criado para abrigar cursos voltados para a comunidade de usuários em geral, dos sistemas promovidos pela Polícia Federal, em temas relacionados às suas atribuições. Exemplos são os cursos de controle de produtos químicos, orientando para as ações fiscalizadoras do DPF na área, e o projeto Ciclo, para ações de gerenciamento administrativo e de pessoas.

A rede do DEPEN.net existe para atender a demanda por cursos e atualizações dos agentes penitenciários federais e servidores do Departamento Penitenciário Federal. É o mais recente dos portais, criado em 2011.

O ambiente virtual de aprendizagem do Programa Nacional de Segurança Pública com Cidadania (Pronasci) abriga cursos e atividades on-line, objetivando a capacitação de agentes de segurança pública em todo o país. Os cursos oferecidos são tutorados e apresentam listas e chats de discussão com orientação. A diplomação ocorre mediante avaliação dirigida com pontuação.

### 2.4.4 Educação continuada

A ANP coordena ações de capacitação em tópicos específicos, propostos por qualquer unidade do DPF ou mesmo por organização externa. Os cursos acontecem ao longo do ano letivo, em várias partes do país ou exterior, conforme disponibilidade de verbas, capacidade formativa (instrutores, professores e meios) e demanda.

No âmbito do DPF podem ser citados, como exemplos, o curso tático de operador de fuzil, o curso de prática de ensino policial, o curso de boas práticas em laboratório de química forense, o curso de atualização no Afis, o curso de dispositivos de clonagem de cartões bancários etc.

A seleção de alunos para os cursos não é feita pela ANP, e sim pela demandante. A proposição técnica e as ações educacionais são definidas pelos proponentes, sob supervisão e apoio da ANP. A ANP solicita o controle de presença dos alunos, a realização de avaliações necessárias e expede os diplomas de concluintes aprovados.

## 3. Metodologia

O estudo apresenta as características de uma pesquisa exploratória, uma vez que se desenvolverá mediante pesquisa bibliográfica, documental, aplicação de questionário-entrevista com os peritos criminais federais e depoimentos de chefes imediatos e diretores de seleção, formação e desenvolvimento do DPF.

A metodologia empregada na organização do estudo será descritiva quanto aos fins, pois pretende expor o papel de uma universidade corporativa no sistema de ensino policial do Brasil. Na pesquisa descritiva não há a interferência do pesquisador, pois inferências serão feitas com base na observação dos resultados da análise realizada no trabalho. Esse tipo de pesquisa enfoca características pertinentes a determinado assunto ou população, que neste estudo é a Academia Nacional de Polícia, fazendo uma abordagem analítica a respeito da formação policial e da devida valorização profissional para o indivíduo.

Quanto aos meios, essa pesquisa pode ser considerada: bibliográfica, utilizando material publicado acessível ao público em geral, pois recorrerá ao uso de livros, artigos de revistas, jornais e internet; estudo de caso, abordando com profundidade e detalhamento o papel da Academia Nacional de Polícia; e de campo, coletando dados junto aos peritos criminais federais, da Polícia Federal, para avaliar o processo ensino/aprendizagem da Academia Nacional de Polícia, além da realização de entrevistas com os dirigentes da Academia Nacional de Polícia e com as chefias imediatas dos peritos, nos Setores Técnico-Científicos do Brasil, para identificar a visão do aluno já formado, de seus formadores e do seu chefe, já no local de trabalho.

A pesquisa adotará também a netnografia, considerada uma metodologia que utiliza como campo de trabalho a internet (Hine, 2000). Serve como um método interpretativo e investigativo para o comportamento cultural e de comunidades on-line, sendo possível contatar e observar, de forma não intrusiva, pessoas e grupos com interesses focados, alcançando, assim, melhores resultados (Kozinets, 1998).

Deste modo, as chances de influência do entrevistador são diminuídas, obtendo-se um resultado de pesquisa sobre o comportamento do policial o mais próximo possível de seu cotidiano. Esta metodologia permite que o entrevistado exponha de uma maneira mais abrangente seus pensamentos sobre o assunto, esclarecendo melhor a maneira como ele se identifica, comporta e interage em seu meio ambiente.

A escolha deste método se dá, também, pela transparência e facilitação da aquisição de dados que levem a um resultado mais próximo da realidade. O entrevistador pode extrair o real significado do comportamento do entrevistado ao visualizar os dados, resultado da expressão de sua personalidade, valores culturais e simbólicos.

A parte seguinte mostra a forma como a pesquisa foi organizada, como os dados foram coletados e trabalhados, e o perfil dos peritos criminais federais no Brasil.

## 4. Resultados da pesquisa

### 4.1 Introdução

O atual Departamento de Polícia Federal (DPF) foi instituído por lei, como órgão específico e singular, organizado e mantido pela União, com autonomia administrativa e financeira, diretamente subordinado ao Ministério da Justiça, e tem por finalidade executar, especificamente, em todo o território nacional, as atribuições previstas no § 1º, do art. 144, da Constituição Federal de 1988 e na legislação complementar.

Dentre as atribuições do Departamento de Polícia Federal, encontra-se, ainda, o exercício de perícias criminais da União, a realização de pesquisas, exames técnico-científicos e perícias relacionadas aos procedimentos pré-processuais e processos judiciais criminais.

A perícia criminal federal é, portanto, atribuição do Departamento de Polícia Federal e tem como órgão central a Diretoria Técnico-Científica (Ditec), à qual estão ligados o Instituto Nacional de Criminalística (INC), na capital federal, e os Setores Técnico-Científicos (Setecs), nas capitais dos estados e no Distrito Federal. Existem, ainda, Unidades Técnico-Científicas (Utecs), localizadas em algumas Delegacias do interior dos estados, em razão das necessidades de serviço e condições de adequabilidade de instalações e meios.

Para o cumprimento de suas obrigações, no que se refere à perícia criminal, o Departamento de Polícia Federal nomeou até 1º de fevereiro de 2011 o total de 1.475 peritos criminais federais, dos quais 260 (17,6%) se encontram aposentados, 74 (5%) falecidos, 19 (1,3%) estão afastados ou cedidos a outros órgãos e 27 (1,8%) foram exonerados ou desligados.

Até a realização da pesquisa, o Departamento de Polícia Federal contava com 1.095/1.475 (74,3%) peritos na ativa, dentre todas as nomeações já ocorridas. Desse total de ativos, 92/1095 (8,4%) exercem atividades diversas da atribuição pericial criminal, em órgãos da Direção Central do DPF, nas Superintendências, em Setores de Administração e Logística, e mesmo em outros órgãos da administração.

Territorialmente, a distribuição dos peritos que atuam em unidades de criminalística das Superintendências ocupa 883/1.095 (80,6%) das vagas, sendo 720/883 (81,5%) em 27 capitais dos estados e os restantes 163/883 (18,5%) em 26 cidades do interior. Brasília concentra número significativo de peritos na ativa 257/1.095 (23,7%); sendo 30/257 (11,7%) para atender demandas periciais da própria capital federal; 150/257 (58,4%) estão lotados no Instituto Nacional de Criminalística, órgão técnico-científico central de normatização, pesquisa e apoio; 35/257 (13,6%) estão na Diretoria Técnico-Científica; e 42/257 (16,3%) atuam em outros órgãos centrais do DPF.

A formação acadêmica, em ensino superior, exigida para a seleção é distribuída por áreas de graduação. Ao longo dos anos o número de áreas aumentou significativamente, incorporando novas especialidades para atender as demandas específicas do trabalho pericial. Atualmente, a categoria está dividida em 17 áreas do conhecimento, dentro do Departamento de Polícia Federal. Entretanto, convém ressaltar que não há diferenciação do cargo por áreas. Todos os peritos possuem atribuições comuns e recebem a mesma formação específica para desempenho das atribuições policiais e periciais, cujos conhecimentos em ciências forenses não são alvo de nenhum curso superior, no Brasil.

O presente estudo foi realizado com todos os peritos criminais federais na ativa e aposentados, das diversas formações acadêmicas, que possuíam e-mail institucional, conforme dados coletados em 1º de julho de 2011. Convém ressaltar que o cadastramento do e-mail é obrigatório e foi automatizado quando do ingresso no órgão, a partir de 2002.

Para o estudo de caso, os dados da Academia Nacional de Polícia foram coletados por meio de fontes como livros, artigos publicados em jornais, revistas, internet e os diversos sites das escolas do sistema de ensino policial do Brasil.

O estudo de campo foi embasado em um questionário fechado, aplicado a todos os peritos criminais federais, com perguntas fixas de múltipla escolha e um campo para sugestão. Foram utilizadas três formas de questões estruturadas: perguntas filtro, de opinião e de satisfação. As perguntas foram voltadas para valores e cultura organizacional, para a aquisição de conhecimentos por parte dos servidores, com foco no trabalho profissional, e aquelas relacionadas à gestão do conhecimento aplicada como vantagem estratégica.

Nesse caso, o mecanismo de coleta de dados foi aplicado por meio do correio eletrônico (e-mail), utilizando ferramenta de consulta similar ao do *Google docs*, através de questionário autoadministrado, preenchido por todos os peritos criminais federais. O questionário tipo autoadministrado é o mais comum, porque sua aplicação é bastante prática e barata. No cabeçalho estavam explicados o objetivo e a importância da investigação. Foram mantidos o anonimato dos participantes e o sigilo das respostas fornecidas. O curso de formação profissional, na Academia Nacional de Polícia, é obrigatório e a sua consequente aprovação faz parte do processo de seleção para ingresso no cargo. Portanto, todos os peritos criminais federais fizeram o curso e estão, ressalvas à parte, aptos a responderem questionamentos sobre a formação recebida.

Para a coleta das impressões das chefias imediatas dos peritos criminais federais, no exercício de suas atribuições primárias, foram realizadas entrevistas amostrais, via e-mail, após contato telefônico do entrevistador. Optou-se pelo depoimento pessoal aberto, sendo antecedido por orientação verbal dos critérios da pesquisa e dos questionamentos do pesquisador para identificar o grau de satisfação da chefia com a formação dos peritos recém-formados.

A entrevista com o diretor da Academia Nacional de Polícia foi realizada mediante coleta via e-mail, após encaminhamento e contato telefônico com seu gabinete. A entrevista da coordenadora de seleção, subordinada diretamente à Diretoria de Gestão de Pessoal, foi realizada telefonicamente e transcrita neste trabalho.

A primeira parte da pesquisa apresenta as informações resultantes da aplicação de questionário on-line (apensos I e II) ao grupo de peritos criminais federais na ativa, por meio de mala direta utilizando o e-mail institucional do servidor, totalizando 1.163 encaminhamentos. Convém ressaltar que, desse total, 1.031 (88,65%) correspondem a peritos lotados em unidades de criminalística, isto é, atuam ou contribuem para a atividade-fim pericial do DPF, no Brasil. Em relação aos demais, 27 (2,32%) atuam em unidades diversas do DPF no Brasil e 1 (0,09%) no exterior, assessorando ou representando cargos de Direção, e os restantes 104 (8,94%) se referem a aposentados recentes, ou peritos cedidos a outros órgãos da administração pública, ou licenciados, que apresentam e-mail institucional, conforme dados retirados do Sistema de Criminalística em 16 de outubro de 2011.

Este questionário coletou informações sobre a formação e o desenvolvimento profissional dos peritos no DPF, áreas de interesse para competências profissionais atuais e futuras, carências de capacitação e gestão de conhecimento, além de sugestões. A finalidade foi avaliar, a partir da visão do ex-aluno, o processo ensino/aprendizagem proporcionado pela Academia Nacional de Polícia para o desenvolvimento contínuo do indivíduo, sua valorização e a imagem que ele tem a respeito do Departamento de Polícia Federal.

A segunda parte trata da avaliação funcional dos peritos criminais federais por sua chefia imediata, realizada nos setores onde se desenvolvem as atividades-fim da criminalística no DPF. Tal coleta visa verificar a adequação ou não da formação recebida na Academia Nacional de Polícia com o trabalho desenvolvido pelos peritos. Nessa etapa foi observada dificuldade na coleta de dados, devido à ausência de participação colaborativa das chefias, resultado este atribuído à desmotivação no exercício deste comando. Quatro fatores foram diagnosticados como possíveis causas dessa insatisfação:

— reestruturação organizacional e redistribuição de gratificações no DPF reduziram em muito o nível funcional da chefia dos Setores e Unidades Técnico-Científicos, resultando num acréscimo salarial mínimo ou nenhum;

— recente e veloz processo de descentralização e interiorização da atividade pericial no DPF, do qual surgiram 26 Unidades Técnico-Científicas num período de três anos, muitas chefiadas por recém-formados;

— situação de desequilíbrio temporal no efetivo de recursos humanos do DPF, que ficou sem nomeações por período superior a 10 anos, gerando um número grande de aposentadorias dentre os policiais mais experientes;

— desinteresse generalizado da categoria dos peritos por atividades de gestão.

A terceira parte trata das informações extraídas das entrevistas realizadas com gestores do nível da Direção da ANP e da Coordenação de Recrutamento e Seleção na DGP, para diagnosticar a existência de políticas e práticas de desenvolvimento profissional, áreas de formação prioritárias, perfis profissionais e avaliação da atuação da ANP. Foram colhidos depoimentos do diretor da Academia Nacional de Polícia e da coordenadora de Recrutamento e Seleção, ambos subordinados ao diretor-geral de Pessoal.

## 4.2 Respostas ao questionário dos peritos criminais federais

O questionário foi composto por 15 perguntas fixas de múltipla escolha e uma pergunta aberta na forma caixa de sugestões. As perguntas se dividem em três blocos, cada bloco tem cinco perguntas: no primeiro bloco, as perguntas são voltadas para a situação individual atual da formação e desenvolvimento profissional e interesses na área; no segundo bloco, as perguntas são referentes às percepções em relação à abordagem institucional pelo DPF do tema desenvolvimento e formação profissional; e, no terceiro bloco, as perguntas estão relacionadas à gestão do conhecimento pelo DPF e sugestões de melhoria.

Vale ressaltar que foram recebidos 23 agradecimentos espontâneos, através de e-mail pessoal do autor, entre os 297 peritos que responderam ao questionário.

Dos 1.163 questionários enviados em 24 de julho de 2011, 343/1.163 (29,49%) receberam o e-mail sem descarte. Destes recebidos foram obtidas 297/343 (86,59%) respostas, e 277/343 (80,75) finalizaram o questionário. Tais dados permitem afirmar que a pesquisa foi representativa e apresenta um elevado grau de participação dos respondentes, dentre os peritos em todo o Brasil.

A análise das respostas recebidas, considerando o conjunto do questionário encaminhado para os peritos, revela os seguintes aspectos para os maiores percentuais:

— 70% (194/276) assinalaram satisfeitos com a formação recebida em cursos realizados na ANP;
— 68% (200/293) concordaram poder aplicar a formação recebida no trabalho diário;
— 68% (200/294) acham que "idiomas" e 61% (179/294) acham que "conhecimentos técnicos" são áreas que interessam ao seu desenvolvimento policial nos dois próximos anos;
— 67% (198/297) estão satisfeitos com a formação recebida na ANP para o cargo de perito criminal federal;
— 63% (187/294) acham que desenvolveram novas habilidades graças à formação recebida;
— 62% (173/275) estão insatisfeitos com as oportunidades de desenvolvimento profissional ofertadas na ANP.

Além dessas observações, o grau de concordância ou satisfação pode ser avaliado pelo nível de assinalamento das assertivas "concordo totalmente" ou "completamente satisfeito", que, neste questionário, não foram marcadas (<1%) em 14 das 20 possibilidades. Por outro lado, "discordo totalmente" ou "completamente insatisfeito" não foram assinalados (<1%) em apenas quatro das mesmas 20 possíveis. As negações das afirmações questionadas revelam um maior grau de insatisfação dos peritos com as propostas de desenvolvimento profissional do DPF ou mesmo com a ausência destas.

Deve ser ressaltado ainda que, na análise do resultado do questionário filtrado na resposta "insatisfeito" para a pergunta sobre a formação que recebeu na ANP para o cargo de perito criminal federal, foram observadas a marcação de 60% em "concordo" para a aplicação da formação no trabalho diário e 58% para "desenvolvi novas habilidades graças à formação recebida". Esses dados revelam que, mesmo entre os insatisfeitos com a formação recebida, existe um reconhecimento pelos peritos do valor desse aprendizado realizado na ANP.

### 4.3 Entrevistas realizadas com chefes de Setores Técnico-Científicos

Na proposta inicial de pesquisa seriam colhidas avaliações funcionais dos peritos recém-egressos da ANP, realizadas pelos chefes imediatos, nos locais de trabalho. Nesse sentido, foi encaminhada mensagem para o e-mail institucional dos Setores Técnico-Científicos, apontando link para preenchimento on-line do questionário. Não tendo sido logrado êxito, foi enviada uma solicitação para o e-mail pessoal institucional dos chefes desses Setores, também sem resposta.

Acreditamos que as dificuldades encontradas para desenvolver essa linha de pesquisa, cuja parametrização permitiria uma análise estatística, deveram-se à desmotivação funcional das chefias, à falta de treinamento das mesmas em avaliação funcional, ao caráter precário de algumas nomeações ou designações (substituto eventual, licenças etc.), além da pouca experiência profissional no DPF em alguns casos, sendo a chefia da mesma turma dos recém-formados.

Dessa forma, optou-se por entrevistar dois chefes de Setores Técnico-Científicos, ambos com mais de 15 anos de serviços prestados ao DPF, com notoriedade reconhecida e que se prontificaram em dar a entrevista, realizada esta via e-mail.

Verifica-se, pelos relatos das entrevistas, um descompasso entre as necessidades reclamadas pelas chefias e o desempenho profissional dos peritos, numa visão das mesmas. Não foi relatada nenhuma consulta, por parte da Academia Nacional de Polícia, sobre a adequação ao trabalho da formação recebida pelos peritos. Da mesma forma, tais chefias não foram consultadas pela ANP sobre os requisitos necessários para um melhor desempenho profissional pelos peritos, nem receberam o retorno sobre pesquisa de perfil profissiográfico realizada pelo DPF.

## 4.4 Depoimentos dos diretores

Foram coletados os depoimentos do diretor da ANP e da coordenadora de Recrutamento e Seleção do DGP.

Os depoimentos descrevem ações de gestão em busca de melhorias da qualidade de ensino, em sintonia da formação com um perfil profissional policial moderno. Entretanto, conforme explicita Éboli (1999), os requisitos para uma universidade corporativa não foram abordados pelos depoentes. O mapeamento das características ou competências estratégicas e sua tradução em competências humanas foram apenas citados, sem serem elencadas ações concretas. Não foram delineados programas de formação ou de desenvolvimento, alinhados com estratégias organizacionais ou a visão de futuro. Da mesma forma, não foram mencionados os meios de realização do alinhamento das pessoas com a cultura e os princípios da organização.

Éboli menciona, ainda, que a alta cúpula deva participar intensamente do processo de formação e desenvolvimento, porém o sucesso de uma universidade corporativa demanda participação efetiva das lideranças e dos formandos. Nesse sentido, não foram mencionados instrumentos de interação com as chefias ou de acompanhamento do desenvolvimento dos formandos. A coleta de informações para o mapeamento de competências ou para elaboração de um banco de talentos não foi mencionada.

Nota-se, pelos relatos, uma preocupação no desenvolvimento de ações que permitam à ANP adquirir um reconhecimento externo pela qualidade do trabalho desenvolvido, numa adequação necessária para aceitação pelo meio acadêmico. Entretanto, num movimento *interna corporis*, os principais desafios e tendências das universidades corporativas são: instituir programas para desenvolver competências voltadas à inovação, ao empreendedorismo e à sustentabilidade; e preocupação com a mensuração dos resultados e com o envolvimento das lideranças.

## 5. Conclusão

Um dos objetivos principais deste trabalho foi consolidar reflexões sobre o papel de uma universidade corporativa no sistema de ensino policial do Brasil. Para isso, foram utilizados a pesquisa bibliográfica, a pesquisa de campo e um estudo de caso, através da percepção do perito criminal federal quanto a sua formação e seu desenvolvimento profissional, em relação à Academia Nacional de Polícia, do Departamento de Polícia Federal.

Com base no que foi amplamente exposto neste capítulo, percebe-se que há muito tempo as grandes organizações descobriram o valor da educação corporativa e passaram a investir grandes esforços e recursos para alcançar níveis de excelência na capacitação e no desenvolvimento de seus funcionários e, como resultado, atingir patamares cada vez mais elevados de desempenho empresarial.

Na área pública, porém, percebe-se que as ações de capacitação ocorrem de forma isolada no tempo e no espaço, realizadas com recursos limitados e, regra geral, sofrem interrupções ou reduções quando há mudanças no quadro político. Esse viés compromete a criação de uma cultura de aprendizagem contínua, característica assinalada na literatura como de uma universidade corporativa.

Nessa linha, buscou-se verificar, mediante pesquisa bibliográfica e análise dos resultados obtidos, se a Academia Nacional de Polícia estimulava os servidores a aprenderem uns com os outros e a compartilharem inovações e melhores práticas, com o objetivo de solucionar os problemas da prática policial, fomentando ações de formação. Tal condição foi observada em alguns nichos do trabalho policial, de maior repercussão pela abrangência da área de atuação, demanda profissional e riscos envolvidos, como "Tiro", "Abordagem policial" e "Bombas e explosivos".

Tais ações de formação, capacitação e atualização são estimuladas pela ANP, inclusive pela descentralização de suas ocorrências, com ênfase na formação de formadores, através de apoio em meios educacionais ou administração escolar, e pela formulação e manutenção da doutrina e dos conhecimentos na área policial. Todas essas características revelam o papel de uma universidade corporativa; entretanto, a percepção dos alunos, observada na pesquisa realizada, permite inferir que não existe abrangência dessas ações a todas as disciplinas da ciência policial.

Não foi observada a existência de um "banco de talentos" ou um controle organizado dessas ações formativas. A ANP não faz um mapeamento das competências incorporadas com seus novos alunos, nem faz um acompanhamento dos seus formandos, seja para verificação do aproveitamento profissional da formação realizada ou de novas competências por eles desenvolvidas.

A ANP promove, entretanto, nessa nova estrutura de educação corporativa, a aprendizagem formal e informal, inclusive com cursos de idiomas instrumentais; desenvolve meios para alavancar novas oportunidades, por exemplo, desenvolvendo e mantendo uma plataforma de ensino virtual; atua em novos "mercados globais", através da participação na formação e capacitação de policiais de outras forças policiais, no Brasil e no exterior; cria relacionamentos mais profundos com "clientes" e "fornecedores", apoiando ações da Senasp, do Pronasci, Secretarias de Segurança e Academias de Polícia; além de impulsionar a organização do DPF para um novo futuro, sendo palco de fóruns de discussão.

Essa concepção sistêmica de proporcionar educação profissional continuada, em função de abranger toda a gama de conhecimentos e competências exigidas pelo trabalho, característica da universidade corporativa, impõe conteúdos e práticas mais conectados às necessidades, exigindo atualização constante. Nesse ponto da conclusão, buscamos identificar na ANP os princípios que Eboli (2008) enumerou na implantação de projetos de universidade corporativa: competitividade, perpetuidade, conectividade, disponibilidade, cidadania, parceria e sustentabilidade.

Desses princípios, competitividade, perpetuidade e sustentabilidade são princípios aparentemente destoantes num ambiente político de monopólio estatal. Porém, devido ao clamor social, a segurança pública e o combate à corrupção tornaram-se necessidades básicas do desenvolvimento e plataforma política de enorme importância. Dessa forma, além da ocorrência de lideranças naturais, que criaram condições para gerar um ambiente propício para a qualidade do serviço, foram realizados muitos investimentos na ANP, inclusive infraestruturais, assim como houve valorização salarial da carreira policial federal.

O que caracteriza a disponibilidade é a ausência de interrupções do serviço, garantindo o funcionamento do sistema o maior tempo possível. A ANP tem quadro administrativo próprio, porém com grande efetivo variável de instrutores e professores, apesar de mobilizáveis com certa rapidez. O organograma da ANP está distribuído em conformidade com as ações formativas que ela se propõe a fazer.

A cidadania se reflete nas ações formativas da ANP de preservação dos direitos humanos e na atualização permanente de cumprimento dessas diretrizes constitucionais. Além disso, a ANP promove seminários e congressos, abertos à comunidade de modo geral e ao público interno, promovendo ações de cidadania e solidariedade social.

O princípio da parceria se insere na essência de um sistema de educação corporativa, pautado pela gestão de pessoas com base em competências. A ANP deveria, portanto, instalar e desenvolver nos colaboradores internos e externos as competências consideradas críticas para a viabilização das estratégias de negócio, promovendo um processo de aprendizagem ativo e permanente, vinculado a propósitos, valores, objetivos e metas.

Os cursos de formação da ANP conseguem atingir esse objetivo, porém, conforme observado pela análise dos resultados, o desenvolvimento profissional é deficiente e a perenidade da incorporação dos valores e propósitos não ocorre. Além disso, o Departamento de Polícia Federal não aplica gestão por competências em suas práticas, desvirtuando o uso de objetivos e metas. Existe uma busca da qualidade dos serviços no DPF, porém num viés correcional e não "empresarial".

Em nossa opinião, caberia uma atuação mais efetiva da ANP na obtenção de alguns dos requisitos para uma universidade corporativa, como: mapeamento das características ou competências estratégicas; tradução dessas características em competências humanas; desenho dos programas; alinhamento das pessoas com a cultura e os princípios da organização.

A pesquisa obtida com os peritos criminais federais elencou a ausência dessas premissas, além da falta de formação de lideranças e ausência de cursos de gestão. Para se ter sucesso e garantir o caráter estratégico da formação, com inserção de todos no processo de desenvolvimento de competências e na cultura da organização, tem de haver a participação efetiva das lideranças.

A pesquisa realizada revelou, ainda, algumas percepções e sugestões dos peritos criminais federais, enumeradas a seguir: metodologias mais colaborativas e participativas nos cursos de formação, maior integração entre as carreiras e treinamento para trabalho em equipe, avaliação funcional mais adequada, política de seleção para cursos e cargos, realização e treinamento de gestores.

Desta forma, conclui-se o presente estudo que objetivou, fundamentalmente, verificar quais as principais características de uma universidade corporativa que existem na Academia Nacional de Polícia, e seu papel no sistema de ensino policial do Brasil. Para futuras pesquisas, são sugeridos estudos sobre a viabilidade do desenvolvimento da formação por competência na Academia Nacional de Polícia, dentro do ambiente de cultura organizacional do DPF.

## Referências

BABBIE, Earl. *Métodos de pesquisa em Survey*. Belo Horizonte: Ed. UFMG, 1999.

BENDALY, Leslie. *Organização 2000*: novos caminhos para empresas e equipes em uma economia globalizada. São Paulo: Futura, 1998.

BITTNER, Egon. *Questões policiais emergentes*. Aspectos do Trabalho Policial. São Paulo: Núcleo de Estudos da Violência da Universidade de São Paulo (NEV-USP), 2003. (Série Polícia e Sociedade) (texto original: *Local government police management*. 2. ed. copyright 1982, by The International City Management Association).

BRASIL. *Constituição da República Federativa do Brasil (1988)*. Rio de Janeiro: DP&A, 2004.

____. *Matriz curricular nacional para a formação em segurança pública*. Disponível em: <http://portal.mj.gov.br/data/Pages/MJE9CFF 814ITEMID414 D534CB317480A9995C6D049ED9190PTBRIE. htm>. Acesso em: 23 jan. 2012.

____. Ministério da Justiça. *Bases curriculares para formação dos profissionais de segurança do cidadão*. Brasília: Senasp, 2000.

EBOLI, Marisa. Educação corporativa e desenvolvimento de competências. In: DUTRA, Joel S.; FLEURY, Maria T. L.; RUAS, Roberto (Org.). *Competências*: conceitos, métodos e experiências. São Paulo: Atlas, 2008. v. 1, p. 172-197.

____. *Educação corporativa no Brasil*: mitos e verdades. São Paulo: Gente, 2004.

____. Educação corporativa no Brasil: princípios de sucesso e melhores práticas. In: BAYMA, Fátima (Org.). *Educação corporativa*: desenvolvendo e gerenciando competências. São Paulo: Pearson Prentice Hall, 2004. p. 92-97.

____. *Modernidade na gestão de bancos*. Tese (doutorado em administração) — Faculdade de Economia e Administração, Universidade de São Paulo, São Paulo, 1996.

____ (Coord.). *Educação para as empresas do século XXI*. Coletânea Universidades Corporativas. São Paulo: Schmukler, 1999.

ESPUNY, Hebert Gonçalves. *Sobre o sistema de ensino nas polícias*. Disponível em: <www2.forumseguranca.org.br/node/22846>. Acesso em: 20 dez. 2011.

GIL, Antônio C. *Como elaborar projetos de pesquisa*. 4. ed. São Paulo: Atlas, 2002.

GOULART, Sonia. Universidade corporativa e universidade tradicional: a parceria necessária. In: RICARDO, Eleonora J. (Org.). *Educação corporativa e educação à distância*. Rio de Janeiro: Qualitymark, 2005.

HINE, C. *Virtual ethnography*. Londres: Sage, 2000.

HOUAISS, Antônio. *Dicionário eletrônico Houaiss da língua portuguesa*. Porto Alegre: Objetiva, 2001.

JANNUZZI, Paulo M. Considerações sobre o uso, mau uso e abuso dos indicadores sociais na formulação e avaliação de políticas públicas municipais. *Revista de Administração Pública*, Rio de Janeiro, v. 36, n. 1, p. 51-72, jan./fev. 2002.

KOZINETS, Robert V. Netnography 2.0. In: BELK, Russell W. *Handbook of qualitative research methods in marketing*. Massachussetts: Edward Elgar Publishing, 2007. p. 129-142.

\_\_\_\_. On netnography: initial reflections on consumer research investigations of cyberculture. *Advances in Consummer Research*, v. 25, p. 366-371, 1998.

MEISTER, Jeanne C. *Educação corporativa*. São Paulo: Makron Books, 1999.

MISSE, Michel. A violência como sujeito difuso. In: FEGHALI, Jandira; MENDES, Candido; LEMGRUBER, Julita (Org.). *Reflexões sobre a violência urbana*: (in)segurança e (des)esperanças. 1. ed. Rio de Janeiro: Mauad X, 2006. p. 19-33.

MONTEIRO, Josué Antonio Azevedo. *Educação corporativa*: uma proposta para a Secretaria da Fazenda do Estado do Pará. Dissertação (mestrado) — Fundação Getulio Vargas, Rio de Janeiro, 2009.

NASCIMENTO, Andréa Ana do. *A formação policial nas universidades*. Disponível em: <http://www2.forumseguranca.org.br/node/22113>. Acesso em: 14 nov. 2011.

OTRANTO, Célia Regina. Universidades corporativas: subsídios para o debate. *Universidade e Sociedade*, ano XVII, n. 41, p. 33-40, jan. 2008.

PIRES, Tânia Aparecida Porfírio de Souza. *O ensino policial civil*: o caso da Academia de Polícia Civil de Goiás. Dissertação (mestrado) — Universidade Católica de Goiás, Goiânia, 2008.

PONCIONI, Paula. O modelo policial profissional e a formação profissional do futuro policial nas academias de polícia do Estado do Rio de Janeiro. *Sociedade e Estado*, v. 20, n. 3, p. 585-610, dez. 2005.

SAVIANI, Demerval. Trabalho e educação: fundamentos ontológicos e históricos. *Revista Brasileira de Educação*, v. 12, n. 34, p. 152-180, 2007.

TOCHETTO, Domingos et al. *Tratado de perícias criminalísticas*. Porto Alegre: Sagra-DC Luzzatto, 1995.

VERGARA, Sylvia Constant. *Métodos de pesquisa em administração*. 3. ed. São Paulo: Atlas, 2008.

____. *Projetos e relatórios de pesquisa em administração*. 11. ed. São Paulo: Atlas, 2009.

VIVAS, Marcelo. *Universidade corporativa*: uma reflexão sobre a aprendizagem organizacional e o seu valor para o indivíduo. Dissertação (mestrado) — Fundação Getulio Vargas, Rio de Janeiro, 2008.

Capítulo 10

# O processo de construção da identidade do profissional perito criminal federal

Márcia Aiko Tsunoda
Ricardo Lopes Cardoso

Segundo o Código de Processo Penal brasileiro, a perícia é imprescindível, e não pode ser substituída pela confissão do acusado, nos crimes que deixem vestígios. Esta pesquisa inicia um estudo acerca da construção da identidade profissional do perito criminal federal, o perito que atua no âmbito da Polícia Federal no Brasil. A abordagem acadêmica foi adotada no sentido de serem identificadas as principais questões que contribuem na construção da identidade desse profissional. O objetivo principal do trabalho é o reconhecimento do profissional perito criminal federal quanto ao seu papel para com a sociedade. Procuram-se vislumbrar iniciativas que possam incentivar a busca de melhorias, de aprimoramento na formação e evolução dos profissionais, beneficiando não apenas a motivação e satisfação profissional, mas, sobretudo, a resposta que este produz para a sociedade. O resultado da pesquisa revelou que sua identidade está em constante metamorfose, e sofre a influência de sua história e verdades individuais e do ambiente social e profissional. O estudo demonstrou que existem lacunas a serem preenchidas na visão do próprio profissional com relação ao retorno quanto ao resultado efetivo do seu trabalho, além da preocupação com o equilíbrio entre quantidade e qualidade na produção de laudos periciais criminais. Observou-se ainda a existência de um ambiente organizacional desfavorável quanto ao cumprimento de leis e recomendações, internacionais e nacionais, que preconizam a necessidade de autonomia para a realização do trabalho pericial, de forma a garantir a prova isenta e neutra em busca da justiça. Também ficou nítida a necessidade de maior comunicação e discussão interna acerca da visão de futuro da profissão. É primordial para a efetivação de uma sociedade democrática, que respeita os direitos humanos e zela pela segurança pública, uma perícia criminal federal consciente de sua identidade, efetiva, que possa atuar com motivação, celeridade e qualidade em prol da justiça para os cidadãos brasileiros.

## 1. Introdução

Em caso amplamente divulgado na mídia nacional e internacional (a morte de uma menina de cinco anos de idade, jogada pela janela do apartamento pelo próprio pai), o pai e a madrasta de Isabella Oliveira Nardoni foram considerados culpados por júri popular, na madrugada do dia 27 de março de 2010. A condenação foi por homicídio triplamente qualificado: pelo fato de a menina ter sido asfixiada (meio considerado cruel), por estar inconsciente ao cair da janela sem chance de defesa e por alteração do local do crime, ou seja, fraude processual.

A menina morava com a mãe, mas passava alguns dias com o pai, a madrasta e dois filhos do casal no apartamento de onde foi jogada (sexto andar do edifício London, Zona Norte de São Paulo) na noite do dia 29 de março de 2008.

O crime aconteceu à noite, após o casal, os filhos e Isabella retornarem de um supermercado. O casal Nardoni e Jatobá afirmava que uma terceira pessoa, nunca identificada, teria invadido o local e jogado a menina pela janela. Nardoni teria, nessa versão, deixado a garota sozinha no quarto do apartamento e retornado ao carro para ajudar a mulher a levar os dois filhos pequenos do casal da garagem até o apartamento.

A acusação defendeu durante o julgamento que eles estavam no apartamento na hora do crime, demonstrando, com provas periciais, que a menina havia sido espancada e esganada dentro do apartamento, antes de ser jogada pela janela do sexto andar. Provou ainda que não houve a presença da tal terceira pessoa no apartamento, na noite da morte de Isabella.[1]

---

1. Informações extraídas de diversos jornais: RIGI, Camilla; RIBEIRO, Silvia. Ale-

O exame minucioso do local de crime trouxe à tona, por exemplo, manchas de sangue que haviam sido limpas e marcas da tela de proteção da janela, imperceptíveis a olho nu, na camiseta do pai da menina. Também os exames necroscópicos no corpo de Isabella e a reprodução simulada dos fatos colaboraram na montagem do quebra-cabeça da cena do crime.

O caso, que causou grande comoção e repercussão, demonstrou a importância do trabalho do perito criminal no levantamento de provas e na elucidação de um crime.

Como afirmou Paul Kirk (1953),

> onde quer que pise, tudo que toque, tudo que deixe, até mesmo inconscientemente, servirá como evidência silenciosa contra o criminoso. Não só suas impressões digitais ou pegadas, mas também o seu cabelo, as fibras das roupas, o copo que ele quebra, a marca de ferramenta que ele deixa, a pintura que ele arranha, o sangue ou sêmen que ele deposita ou coleta — todos estes e outros são testemunhas ocultas contra ele. Esta é a evidência que não se esquece. Não fica confusa pela excitação do momento. Não é ausente, porque testemunhas humanas são. É a evidência efetiva. Evidência física não pode estar equivocada; não pode se perjurar; não pode estar completamente ausente. Só a sua interpretação poderia estar errada. Só o fracasso humano em encontrá-la, estudá-la e entendê-la pode diminuir o seu valor.

O perito criminal federal é o profissional responsável pela materialização da prova do crime, na estrutura da Polícia Federal.

Segundo Bell (2004), o campo de atuação do perito criminal é usualmente denominado criminalística, derivado de *kriminalistik*, palavra

---

xandre Nardoni e Anna Carolina Jatobá são condenados pela morte de Isabella: *R7*, Rede Record, 27 mar. 2010. Disponível em: <http://noticias.r7.com/sao-paulo/noticias/alexandre-nardoni-e-anna-carolina-jatoba-sao-condenados-pela-morte-de--isabella-20100326.html>. Acesso em: 8 set. 2011; ENTENDA o caso da morte da menina Isabella Oliveira Nardoni. *Folha de S.Paulo*, 3 abr. 2008. Disponível em: <www1.folha.uol.com.br/folha/cotidiano/ult95u388505.shtml>. Acesso em: 8 set. 2011; D'AGOSTINO, Rosanne (22-3-2010). Em júri, Alexandre Nardoni e Anna Carolina Jatobá se encontram pela 1ª vez em quase dois anos. UOL. Disponível em: <http://noticias.uol.com.br/cotidiano/ultimas-noticias/2010/03/22/em-juri-alexandre--nardoni-e-anna-carolina-jatoba-se-encontram-pela-1-vez-em-quase-dois-anos.htm>. Acesso em: 8 set. 2011.

utilizada pelo austríaco Hans Gross, um pioneiro na área, para descrever a aplicação das ciências naturais para fins jurídicos e de elucidação para a lei.

Pelo conceito de Rabello (1996), a criminalística é uma disciplina técnico-científica por natureza e jurídico-penal por destinação, a qual concorre para a elucidação e a prova das infrações penais e da identidade dos autores respectivos, por meio da pesquisa, do adequado exame e da interpretação correta dos vestígios materiais dessas infrações.

Magalhães (2001) explica, ainda, que se entende por perícia o trabalho de notória especialização feito com o objetivo de obter prova ou opinião para orientar uma autoridade foral no julgamento de um fato,

Figura 1
Áreas de atuação do perito criminal federal

## O Perito Criminal

**LOCAL DE CRIME** — EXAME DO LOCAL DE CRIME PARA COLETA DE VESTÍGIOS, EM BUSCA DE MATERIALIDADE, DINÂMICA DOS FATOS E AUTORIA.

**EXAMES LABORATORIAIS** — EXAMES SOBRE OS VESTÍGIOS, APLICAÇÃO DE TÉCNICAS E METODOLOGIAS CIENTÍFICAS.

**PESQUISA** — ESTUDO DE NOVAS TECNOLOGIAS E MÉTODOS PARA A EVOLUÇÃO DA CIÊNCIA FORENSE.

**A ONU recomenda a proporção de 1 perito para cada 5 mil habitantes. Seria necessário quintuplicar o número desses profissionais no país.**

ou desfazer conflito em interesses de pessoas.

No período de 27 a 30 de agosto de 2009, em Brasília, ocorreu a 1ª Conferência Nacional de Segurança Pública (Conseg), evento que objetivou definir princípios e diretrizes orientadores da política nacional de segurança pública. Com participação da sociedade civil, trabalhadores da área de segurança pública e poder público, visou efetivar a segurança como direito fundamental, conforme preceitua a Constituição Federal, consolidando instrumentos de participação social no âmbito da segurança pública.

Segundo a análise realizada na 1ª Conseg, que contou com a participação de aproximadamente 3 mil pessoas, representando as 27 unidades da federação, a segunda diretriz mais votada foi:

> promover a autonomia e a modernização dos órgãos periciais criminais, por meio de orçamento próprio, como forma de incrementar sua estruturação, assegurando a produção isenta e qualificada da prova material, bem como o princípio da ampla defesa e do contraditório e o respeito aos direitos humanos.[2]

Essa diretriz comprova a preocupação da sociedade brasileira acerca da garantia de neutralidade na realização dos exames e a garantia de boas condições de trabalho para que a perícia produza prova material de qualidade e comprometida com a verdade.

Nesse contexto da importância do trabalho do perito criminal no âmbito da segurança pública nacional, este trabalho inicia uma reflexão inédita acerca do perito criminal federal brasileiro, profissional atuante no processo de persecução penal criminal. Não se trata de estudo referente somente às atribuições do profissional, pois, conforme afirma Butler (1990), o território da identidade não é neutro, mas sim político.

Mas, afinal, qual a importância do estudo da identidade do perito criminal federal? Com este olhar sobre a profissão, de uma perspectiva comportamental, política e funcional, procura-se compreender os impactos dos problemas e tensões que envolvem atualmente este profis-

---

2. Disponível em: <www.conseg.gov.br>. A primeira diretriz mais votada, com diferença de apenas um voto, foi: "Manter no Sistema Prisional um quadro de servidores penitenciários efetivos, sendo específica a eles a sua gestão, observando a proporcionalidade de servidores penitenciários em policiais penais".

sional, visando soluções que resultem na melhoria dos resultados apresentados à sociedade.

Para uma sociedade que anseia por justiça é imprescindível o uso da ciência para comprovar a autoria do crime. Afinal, "o maior estímulo para cometer faltas é a esperança de impunidade", segundo o filósofo Marco Túlio Cícero, orador, escritor, advogado e político romano.[3] Assim, estudar a identidade do perito criminal federal significa compreender o quanto o trabalho desse profissional tem correspondido às expectativas da sociedade, possibilitando refletir acerca dos problemas e possíveis soluções para tornar o resultado de seu trabalho mais efetivo, eficiente e eficaz.

## 2. Referencial teórico

O cerne deste estudo trata da identidade. Originária do latim *identitate*, a palavra possui, segundo o *Dicionário de língua portuguesa Michaelis*, no contexto deste estudo, o seguinte significado: "conjunto dos caracteres próprios de uma pessoa, tais como nome, profissão, sexo, impressões digitais, defeitos físicos etc., o qual é considerado exclusivo dela e, consequentemente, considerado quando ela precisa ser reconhecida". Segundo a mesma fonte, identidade pessoal seria a consciência que uma pessoa tem de si mesma.

O estudo da identidade envolve várias vias teóricas e epistemológicas. Conforme afirmam Carrieri e colaboradores (2008) em trabalho referente à dimensão do estudo da identidade organizacional, o campo de pesquisa da identidade é inerentemente complexo, multidimensional e pluridisciplinar.

Segundo Tajfel (1978), a identidade é o reconhecimento individual de que se pertence a certos grupos sociais, juntamente com o significado emocional e de valor, para si, de filiação a um grupo. Da mesma forma, Silva e Nogueira (2000) afirmam que as pessoas captam suas similaridades e discrepâncias com relação aos outros, e encontram a identidade quando se percebem pertencentes a um grupo.

---

3. CICERONE, Marco Tullio. *Orazione pro Milone*. 52 a.C. Disponível em: <http://trucheck.it/latino/20677-l-orazione--pro-milone--di-cicerone.html>. Acesso em: 19 mar. 2013.

Assim, considerando o ser humano como um indivíduo único (identidade pessoal), que necessariamente convive com outros de sua espécie (abordagem social), a identidade de cada pessoa poderia ser entendida como a soma de toda a sua vivência, história e aprendizados com a visão de si como parte de um universo social.

O presente estudo aborda a identidade sob mais um prisma: o do indivíduo, que convive com outros, em seu meio de trabalho, profissionalmente.

Esta visão de interação entre o ambiente de trabalho e o indivíduo é corroborada por autores como Faria (2000), que ensina que a vida organizacional somente pode ser apreendida e analisada de forma interacionista: não é o ambiente que determina o ser da organização e tampouco é o ser da organização que determina o ambiente, mas a relação entre ambos é que determina o que são, como são e por que são.

Conforme afirma Dejours (1999), todo indivíduo, quando ingressa em determinada organização, seja ela empresa, órgão público ou associação, procura reconhecimento. Ele não constrói sua própria identidade somente a partir de si, ele necessita do julgamento e parecer do outro. Althusser (1999) complementa essa ideia com sua visão de que, ao exercer uma profissão e trabalhar em uma organização, o indivíduo necessita compreender, assimilar e aceitar a ideologia daquela profissão como sua própria, e agregá-la às suas crenças pessoais. Assim, se unificariam as diversidades e contradições existentes.

Em estudo relativo à formação da identidade do médico, Ramos-Cerqueira e Lima (2002) refletem acerca da importância da formação do profissional, no sentido de ajudar a esclarecer seus alunos sobre a imensidade de questões que estão envolvidas em sua profissão. Segundo os pesquisadores, só se pode apreender e interferir no processo de formação da identidade profissional analisando a correlação de forças atuantes no processo de socialização dentro da instituição.

A identidade não pode ser analisada somente sob o aspecto científico ou acadêmico. Deve, principalmente, ser vista como uma questão social e política. Assim, identidade será referenciada neste estudo como a composição de diversos fatores, que unem a história pessoal de cada indivíduo, suas crenças e convicções morais e a influência sofrida pelo ambiente em que atua. Tal identidade é, portanto, uma metamorfose, uma constante transformação, visto que depende da interação entre os peritos criminais federais e o meio em que atuam.

A identidade do profissional perito criminal federal constitui-se, em cada indivíduo, de sua identidade pessoal somada à visão de si no ambiente profissional, não sendo, portanto, estática, mas sim um complexo em constante mudança.

## 3. Contextualização: a perícia na Polícia Federal

Neste estudo, é necessário considerar com grande relevância a influência da estrutura hierárquica rígida e das relações de poder existentes na Polícia Federal. Tais fatores, segundo Sainsanlieu (1977), têm grande influência na construção de identidades, pois nas circunstâncias de total dependência e de incapacidade de se opor aos outros, colegas ou chefes, os indivíduos não podem senão interpretar sua experiência de trabalho de maneira imaginária, alucinatória e fantasmagórica.

Organizações policiais, como a Polícia Federal, têm como característica uma estrutura baseada em moldes militares, sendo, portanto, uma organização com princípios rígidos de comando, disciplina e hierarquia baseada na antiguidade no cargo. Além disso, outros fatores, como disputas internas pelo poder e poucas possibilidades de ascensão na hierarquia do órgão, por um lado, e a segurança da estabilidade no serviço público, por outro, criam um ambiente organizacional singular, que é um dos componentes na formação da identidade dos profissionais que atuam na Polícia Federal.

A definição de identidade do perito criminal federal, em uma concepção mais sociológica, envolve questões como a normatização de seu trabalho e o seu poder de polícia, envolvendo, portanto, enfoques jurídicos e sociais.

A profissão do perito criminal federal é visivelmente pautada pelas normas, explicitadas principalmente no Código de Processo Penal; por regras e metodologias científicas; pela necessidade de conduta formal e impessoal, sujeitando os peritos criminais à disciplina judiciária e às hipóteses de suspeição e impedimento similares aos magistrados; pela especialização do trabalho e de responsabilidades; pela separação entre os interesses da organização e os interesses dos servidores, com relações embasadas na autoridade e na arbitrariedade.

Sendo uma das principais missões da perícia garantir os direitos humanos, é necessário valorizar, portanto, o fator humano do profissional, ressaltando, além dos conhecimentos técnicos e científicos, os subjetivos, crítico-reflexivos.

A sensibilidade, a interdisciplinaridade, a necessidade de flexibilidade e a absorção ágil do progresso técnico-científico são características da racionalidade substantiva que fazem parte da formação da identidade profissional do perito criminal federal.

Os peritos criminais federais passam por processo de seleção mediante concurso público, no qual são exigidos conhecimentos diversos, como língua portuguesa, direito, atualidades, raciocínio lógico, assim como conhecimentos específicos em cada área de atuação. Passam também por rigorosas etapas de testes físicos, médicos e psicotécnicos.

Posteriormente, após aprovados em concurso, os candidatos a peritos criminais federais passam por um período de treinamento intensivo, na Academia Nacional de Polícia, na cidade de Brasília (DF). Neste período, recebem instruções e treinamentos jurídicos, técnicos e operacionais para a realização do trabalho policial e pericial.

Ocorre que, neste importante período de aprendizado para o futuro perito criminal federal, muito pouco tempo é dedicado à questão filosófica, subjetiva, do que é ser um perito criminal federal. Empenha-se praticamente toda a dedicação em assuntos instrumentais, da forma técnica e científica dos exames, deixando-se de lado a questão primordial da formação da identidade do profissional como perito criminal federal.

A construção da identidade é um processo de comunicação de duas vias, na qual um profissional age sobre a identidade do outro, mas também na qual outros respondem e agem sobre aquela identidade. O processo de consolidar uma identidade é infinito, uma reformulação em constante mudança, que é simultaneamente produto de normas culturais, ações pessoais e relações interpessoais.

Uma característica da Polícia Federal é a estruturação em carreiras com limitadas e não regulamentadas possibilidades de ascensão, além da impossibilidade intrínseca ao serviço público de oferecimento de bônus financeiro ou algum benefício que possa ser associado à eficiência e eficácia dos servidores.

A estrutura organizacional da Polícia Federal com relação aos cargos ocupados por seus servidores consiste de: peritos criminais federais, delegados de Polícia Federal, agentes de Polícia Federal, escrivães de Polícia Federal e papiloscopistas de Polícia Federal. O ingresso nas carreiras é feito exclusivamente mediante aprovação em concurso público.

A Polícia Federal constitui-se de órgãos centrais localizados na cidade de Brasília, e de outras unidades, que consistem em Superintendências Regionais da Polícia Federal em todas as capitais dos estados da federação, e de Delegacias de Polícia Federal em outros 95 municípios.

As chefias de todas as citadas unidades são exercidas por servidores do cargo de delegado de Polícia Federal, com exceção da Diretoria Técnico-Científica, na qual o diretor é um perito criminal federal.

A imprescindibilidade da perícia está inscrita no art. 158 do Código Processual Penal brasileiro, que determina que não pode ser substituída pela confissão do acusado, nos crimes que deixem vestígios. Em outras palavras, segundo o Código Processual Penal, quando o crime deixa vestígios, mesmo que haja confissão por parte do suposto autor, é obrigatória a realização de perícia. A solicitação de perícia é, portanto, um ato vinculado, não discricionário. Um ato vinculado é aquele em que a lei estabelece todos os requisitos e condições de sua realização, sem deixar qualquer margem de liberdade àquele que o pratica, ou seja, todos os elementos do ato estão vinculados ao disposto na lei. Portanto, a ele não cabe apreciar a oportunidade ou a conveniência administrativa da prática do ato.

O mesmo Código frisa, em seu art. 6º e no art. 169, a necessidade da preservação dos locais de crimes pela autoridade policial, tão logo tenha conhecimento da prática de infração penal, providenciando para que não se altere o estado das coisas, até a chegada dos peritos criminais.

A responsabilidade do perito criminal no processo penal inicia-se com o exame do local de crime, passa pelo exame de vestígios em laboratório e a elaboração do laudo pericial, e permanece, fazendo parte do processo criminal, transcendendo, inclusive, o momento em que a sentença é transitada em julgado. Prova disso é a recorrente reabertura de casos, com novos elementos e exames periciais realizados, principalmente de DNA, que acabam por absolver pessoas que foram condenadas e cumpriram pena injustamente.

Dessa forma, o perito criminal federal é um servidor que trabalha como parte da Polícia Judiciária, para uma melhor e mais correta aplicação da Justiça, servindo o laudo pericial criminal a delegados de Polícia, juízes, procuradores e promotores, defensores públicos, advogados criminais e profissionais especializados no direto penal, tanto para a comprovação de dolo, quanto para se evitar que um inocente venha a ser injustamente condenado.

No âmbito da perícia criminal federal, as atribuições dos peritos são atividades técnico-científicas de nível superior em procedimentos pré-processuais e judiciários, dentre elas:

- Examinar os vestígios deixados quando da infração penal, com a finalidade de buscar, de forma imparcial, a dinâmica, a materialização e a autoria do evento criminoso. No local de crime, descobrir, proteger e recolher os vestígios;
- Fornecer elementos para a qualificação da infração penal;
- Estabelecer a dinâmica do fato e, sempre que possível, atribuir-lhe a autoria.

Em outras palavras, trata-se do profissional responsável por encontrar e esclarecer a prova, visando estabelecer a materialidade, a dinâmica e a autoria do crime.

## 4. Metodologia

Este estudo buscou iniciar uma reflexão visando, primeiro, reconhecer a situação atual da identidade da perícia criminal federal, seu papel para com a Polícia Federal e para com a sociedade, e seu reconhecimento por elas. Buscou ainda vislumbrar formas de aprimoramento e iniciativas de gestão que possam incentivar a busca de melhorias, de aperfeiçoamento na formação e evolução dos profissionais, beneficiando não apenas a motivação e satisfação profissional do perito criminal federal, mas, principalmente, a melhoria no resultado gerado para a sociedade.

Foi escolhida a entrevista como método de coleta de dados, pois a pesquisa é de base qualitativa, e exige um mergulho em profundidade no pensamento dos peritos criminais federais. É necessário coletar indícios dos modos como cada perito percebe e significa sua realidade, levantando informações consistentes que permitam descrever e compreender a lógica que preside as relações que se estabelecem no grupo. Seria difícil obter esse tipo de informação com outros instrumentos de coleta de dados.

Ao estudar o tema identidade utilizando como método de coleta de informações a entrevista, obtém-se um conjunto de informações que ilustram as experiências dos entrevistados. A experiência vivenciada pelos entrevistados é norteadora das respostas apresentadas. Segundo Oberweis e Musheno (2001), o relato de uma experiência não é nem a simples impressão individual sobre um fato, nem uma conexão exata com a realidade. Qualquer relato de uma experiência é feito politicamente, para enfatizar um ou outro aspecto do ponto de vista de quem relata. Conforme afirmam Ewick e Silbey (1995), histórias que as pessoas contam sobre si mesmas e sobre suas vidas, ambas constituem e interpretam essas vidas; as histórias descrevem o mundo como ele é vivido e entendido pelo contador da história.

Neste estudo foi realizada análise de conteúdo sobre os dados coletados nas entrevistas. As entrevistas qualitativas foram realizadas com peritos criminais federais, de forma a captar indicadores que influenciam na construção da identidade deste profissional, sejam estes de natureza instrumental, como imposição de normas, hierarquias e fragmentação do conhecimento, ou, ainda, de natureza substantiva, como a ideologia no trabalho ou a autorrealização em busca da emancipação e satisfação social.

Os critérios utilizados para a seleção dos entrevistados foram: tempo de serviço, área de atuação e lotação, procurando entrevistar peritos com e sem passagem pelos órgãos centrais, além de peritos atuando em áreas fora da criminalística. Foi dada preferência à seleção de peritos que possuem algumas ideias já reconhecidas, e principalmente divergentes, quanto à visão da atuação e do futuro do cargo de perito criminal federal dentro da Polícia Federal.

O número de entrevistados não foi determinado *a priori*. Buscou-se por novos entrevistados enquanto houve respostas que poderiam indicar novas perspectivas e pontos de vista, levando-se em consideração a qualidade das informações obtidas em cada depoimento, assim como a profundidade e o grau de recorrência e divergência dessas informações.

Velho (1986) observa que, quando o pesquisador estuda seu próprio *habitat*, é necessário buscar a forma mais adequada de lidar com o objeto de pesquisa, fazendo com que a subjetividade do pesquisador seja incorporada ao que denomina de processo de conhecimento desencadeado, evitando-se que se transmita a realidade exclusivamente pela ótica do interlocutor.

Nesse contexto, o conhecimento prévio da pesquisadora com relação às linhas de posicionamento e preocupações existentes na categoria, resultado de sua atuação na Diretoria Executiva da respectiva associação de classe representativa, pôde colaborar na busca de entrevistados com opiniões firmes que representassem, em grande parte, os grupos de pensamentos da classe. Vale ressaltar que não existe relação de hierarquia da pesquisadora com nenhum dos entrevistados, sendo este mais um fator de garantia de neutralidade.

Tabela 1
Dados dos entrevistados

| Codinome | Tempo como PCF | Estado | Duração da entrevista |
|---|---|---|---|
| A | 15 | RJ | 10 min 7 s |
| B | 8 | SP | 13 min 14 s |
| C | 5 | MT | 8 min 53 s |
| D | 4 | DF | 18 min 10 s |
| E | 13 | RJ | 11 min 6 s |
| F | 4 | SP | 12 min 30 s |
| G | 16 | MG | 17 min 48 s |
| H | 8 | DF | 11 min 49 s |
| I | 15 | BA | 9 min 14 s |
| J | 16 | SP | 9 min 38 s |
| K | 49 | DF | 18 min 22 s |
| L | 8 | MG | 15 min 41 s |
| M | 5 | DF | 10 min 14 s |

O estudo envolveu um grupo de 13 peritos criminais federais, com diferentes tempos de serviço, provenientes de diversas localidades (diversos estados do país), com e sem experiências em outros órgãos. O tempo de atuação dos profissionais como peritos criminais federais variou de três a mais de 40 anos.

Foram realizadas entrevistas semiestruturadas, todas gravadas e transcritas, nas quais se abordou a visão do trabalho do perito criminal federal pelo próprio perito criminal federal: autorreconhecimento, satisfação, anseios, momento atual, objetivos e a projeção de futuro. Todos os entrevistados foram conscientizados da sigilosidade com a qual seria tratado o seu depoimento.

A matéria-prima do trabalho é a fala do entrevistado. De acordo com Oberweis e Musheno (2001), o método de entrevista que envolve o estudo da experiência deve reconciliar o vão entre o que está sendo analisado (a experiência individual) e o que está sendo revelado na análise (algo sobre a experiência individual, mas também algo sobre o contexto cultural e social daquela experiência).

## 5. Resultados da pesquisa

A partir das entrevistas, buscou-se apreender, utilizando a análise de conteúdo, o que significa "ser um perito criminal federal" para esses profissionais, quais significados eles se autoatribuem, partindo do pressuposto de que as opiniões emitidas nas entrevistas foram sinceras e expressaram a verdade daquele indivíduo.

A partir das respostas apresentadas pelos peritos criminais federais, foram destacados no material das entrevistas aspectos relacionados à profissão que foram considerados indicadores de construção da identidade desses profissionais. Seguindo os ensinamentos de Bardin (2004), esses indicadores, ou categorias, foram definidos por meio do critério de categorização semântico, em que cada categoria consiste em um tema que agrupa elementos de análise sob títulos que representam determinada ideia, a partir das perguntas presentes no roteiro inicial das entrevistas.

Assim, foram destacadas as seguintes categorias:
I) A Justiça e o papel do perito criminal federal;
II) O perito criminal federal na Polícia Federal;
III) A autonomia necessária ao perito criminal federal;
IV) A efetividade do resultado final do trabalho do perito criminal federal;

V) A preocupação da qualidade *versus* quantidade de laudos periciais criminais produzidos;

VI) Como atuar no sentido de consolidar a identidade, sob a ótica do próprio perito criminal federal.

Através da análise de conteúdo das entrevistas realizadas, revelou-se um cenário que corrobora as inferências feitas com base nas documentações e recomendações estudadas na revisão bibliográfica realizada. O resultado foi agrupado em seis categorias, podendo-se depreender que a construção da identidade do profissional perito criminal federal está em constante evolução, existindo atualmente problemas relacionados à forma de trabalho, que impede por vezes a neutralidade e a excelência do trabalho pericial, lacunas como o *feedback* a respeito da efetividade do laudo pericial criminal produzido, a necessidade de autonomia científica, administrativa, financeira e de auditoria, e a indefinição sobre a adequada participação do perito como policial, no nível pré-processual, do inquérito policial. Tais lacunas demonstram que há problemas a serem resolvidos para que o perito criminal federal atue efetivamente com enfoque na justiça e segurança do cidadão.

Observou-se que a identidade do perito criminal federal está em constante metamorfose, sofre a influência de sua história e das verdades individuais e do ambiente social e profissional em que vive, dependendo muito do seu nível de satisfação na vida pessoal e nas relações profissionais entre os colegas na localidade em que atua.

Foi identificada a necessidade de encontrar um equilíbrio entre a cobrança referente à quantidade e à qualidade do laudo pericial criminal produzido.

Pode-se destacar, entre os pontos apresentados, que os peritos criminais federais realizam tarefas que vão além de sua atribuição precípua, seja na atuação como fiscais ou responsáveis por obras de engenharia, seja como responsáveis pela conformidade fiscal, ou ainda pelo gerenciamento de projetos e planejamento estratégico nas unidades.

Outro aspecto percebido diz respeito à gestão por competências, que, de acordo com as entrevistas e documentações, inexiste na prática na Polícia Federal. Nesse ponto se observou que não há uma preocupação em selecionar um profissional que detenha conhecimentos, habilidades e atitudes necessários para assumir um cargo de gestão, ou que a instituição proporcione a capacitação adequada para a atuação como gestor, ou ainda que haja algum tipo de avaliação da atuação do gestor. As chefias, em geral, são indicadas pela antiguidade e pelo relacionamento preexistente com o ocupante do cargo imediatamente superior.

Urge ressaltar também a necessidade de *feedback* a respeito da efetividade e da qualidade dos laudos periciais criminais produzidos, informação crucial para a compreensão de sua importância e das necessidades de melhorias para que atinja seu objetivo de ser.

Destaca-se ainda outro ponto observado, que está relacionado à falta de autonomia com relação aos recursos humanos e financeiros. Na fala dos entrevistados ficou claro que muitas vezes o investimento na perícia é negligenciado pelos dirigentes da corporação, tanto no tocante a equipamentos e meios, como em pesquisas, muito provavelmente pela própria dificuldade de compreensão e visão de todo o complexo multidisciplinar que representa a perícia, além da concorrência de inúmeros outros investimentos necessários no âmbito policial.

O ambiente organizacional apresenta-se desfavorável ao cumprimento das leis e recomendações nacionais e internacionais referentes à necessidade de autonomia do trabalho pericial. Foram apontadas necessidades de atualização de normas e procedimentos, mudança de cultura e comportamento, visando uma real gestão por competências e melhor aproveitamento do potencial dos servidores da Polícia Federal.

Com relação à visão de futuro, as falas dos entrevistados revelam uma variação de expectativas, porém havendo em comum uma insegurança com relação ao espaço reconhecido e ocupado pela perícia criminal federal dentro da Polícia Federal.

## 6. Conclusão

O trabalho de pesquisa realizado objetivou iniciar um estudo no sentido de identificar algumas categorias estruturantes da construção da identidade do profissional perito criminal federal.

Em primeiro lugar, realizou-se uma pesquisa bibliográfica e documental, abordando leis em vigor no Brasil, normativos internos da Polícia Federal, além de relatórios e pareceres nacionais, internacionais e de organismos relacionados à justiça e à segurança pública, de forma a compreender as normatizações relativas às atribuições do perito criminal federal (não existe ainda no país lei que as explicite, especificamente para o perito criminal federal), e a visão com que outros países e instituições estariam abordando a temática da ciência forense e da perícia criminal.

Assim, pôde-se identificar que a sociedade brasileira, seguindo a tendência mundial, vem exigindo que se assegure a produção isenta e qualificada da prova material, bem como o princípio da ampla defesa e do contraditório e o respeito aos direitos humanos, por meio da autonomia e da modernização dos órgãos periciais criminais, conforme a segunda diretriz mais votada da Conseg.

O perito criminal, no contexto da justiça, deve compreender o nível de responsabilidade de seu trabalho, no papel de ator no processo penal, não devendo ser preparado somente para a repressão criminal, mas, acima de tudo, para a busca da verdade que condenará o criminoso e libertará o inocente. O principal cliente de seu trabalho, portanto, é a própria sociedade, que reiteradamente demonstra em pesquisas seu anseio por justiça.

Também foram estudadas bibliografias referentes às teorias sobre a identidade, a construção da identidade de profissionais e outras abordagens relacionadas à justiça, à segurança pública e à perícia.

De forma a consolidar as informações constatadas nas pesquisas bibliográfica e documental, e a fim de coletar dados efetivos para detecção das categorias estruturantes da construção da identidade do perito criminal federal, foi realizada uma pesquisa de campo, em que foram entrevistados 13 profissionais, conforme metodologia descrita anteriormente.

A identidade do perito criminal federal está em constante metamorfose, e sofre a influência de sua história e verdades individuais e do ambiente social e profissional em que vive. Dessa forma, além da satisfação em sua vida pessoal, a localidade onde o profissional se encontra atuando, suas condições de trabalho, de infraestrutura e seu relacionamento com os outros peritos e com os colegas dos outros cargos da Polícia Federal fazem extrema diferença na visão que o profissional tem de sua profissão e do reconhecimento de seu trabalho.

Existem lacunas a serem preenchidas na visão do próprio profissional com relação ao retorno quanto ao resultado efetivo do seu trabalho, além da preocupação com o equilíbrio entre a quantidade e a qualidade na produção de laudos periciais criminais. Nesse aspecto, abrem-se diversas portas para o estudo mais aprofundado acerca do *feedback*[4] dos operadores de direito com relação à medida em que o laudo pericial criminal tem colaborado com a justiça, a qualidade necessária a esse laudo, as formas de melhoria do processo, dos indicadores de qualidade possíveis e da avaliação dos resultados obtidos.

O ambiente organizacional existente na Polícia Federal é desfavorável quanto ao cumprimento de leis e recomendações, internacionais e nacionais, que preconizam a necessidade de autonomia para a realização do trabalho pericial, de forma a garantir a prova isenta e neutra em busca da justiça. Atualizações de normas e procedimentos e mudança de cultura e comportamento, visando uma real gestão por competências, são necessárias para que o clima organizacional favoreça uma maior motivação e um maior aproveitamento do grande potencial de todos os servidores do órgão.

É necessário haver maior comunicação e discussão interna acerca da visão de futuro da profissão. Cabe ao perito criminal federal, portanto, vencer os desafios com que se depara no dia a dia, de exames, sobreavisos e pesquisas, não deixando de lado um dos principais desafios, que é a busca incessante por sua identidade profissional, acompanhando as mudanças no contexto da Polícia Federal e também da realidade social de nosso país. É preciso maior divulgação e a compreensão clara, norteadora, de visão, valores e missão, do planejamento estratégico da perícia criminal federal.

Não se pode querer uma perícia criminal federal que seja o espelho e a cristalização de cada perito. Para tanto, será necessário dedicar, em primeiro lugar, algum de seu escasso tempo em busca de maior comunicação e discussão, saudável e produtiva, a fim de gerar e alimentar

---

4. Foram realizados no ano de 2012 eventos do Conselho Nacional de Justiça visando a discussão sobre a efetividade da prova material. Foi confirmada pelos participantes a importância do laudo pericial criminal no processo penal. Disponível em: <www.cnj.jus.br/noticias/cnj/20882-corregedora-defende-maior-dialogo-entre-magistrados-e-peritos-federais>. Acesso em: 19 mar. 2013.

reflexões e possibilidades de soluções para os problemas vivenciados.

É necessária a sabedoria para gerenciar o constante conflito entre o real e o possível, de forma a conquistar seu espaço, sua autonomia e a valorização do seu trabalho no ambiente da Polícia Federal, sendo um profissional apto a colaborar, integrar pessoas e resolver problemas em benefício da justiça e da segurança pública.

Para tanto, o perito criminal federal deve recapitular um dos motivadores da escolha de sua profissão, identificando-se, como servidor público, com as necessidades do povo brasileiro, sendo capaz de construir, sempre e permanentemente, respostas técnicas e científicas em busca da justiça.

Deve ainda assumir o compromisso político e profissional de buscar constantemente sua capacitação continuada, e de desenvolver, inclusive nos futuros concursados, uma consciência crítica e política sobre sua função, de forma que, tendo a visão clara, necessária, sobre o seu papel no processo penal, na busca da verdade e da justiça, valorize sua profissão, levando-a a ser também valorizada e reconhecida pelos clientes de seus laudos periciais criminais e pela sociedade como um todo.

É primordial para a efetivação de uma sociedade democrática, que respeita os direitos humanos e zela pela segurança pública, uma perícia criminal federal consciente de sua identidade, efetiva, que possa atuar com motivação, celeridade e qualidade em prol da justiça para os cidadãos brasileiros.

## Referências

ALTHUSSER, L. *Sobre a reprodução*. Petrópolis: Vozes, 1999.
BARDIN, L. *Análise de conteúdo*. Lisboa: Edições 70, 2004.
BELL, S. *The facts on file*: dictionary of forensic science. Nova York: Infobase Publishing, 2004.
BRASIL. *Constituição da República Federativa do Brasil*. Brasília, DF: Senado,1988.
\_\_\_\_. *Decreto-Lei nº 3.689, de 3 de outubro de 1941*. Código de Processo Penal. Brasília-DF, Presidência da República, 1941.
\_\_\_\_. *Decreto Presidencial nº 7.037, de 21 de dezembro de 2009*. Aprova o Programa Nacional de Direitos Humanos — PNDH-3. Brasí-

lia-DF, Presidência da República, 2009.

_____. *Decreto Presidencial nº 7.538/11, de 1 de agosto de 2011*. Aprova a Estrutura Regimental e o Quadro Demonstrativo dos Cargos em Comissão e das Funções Gratificadas do Ministério da Justiça, remaneja cargos em comissão, e dá outras providências. Brasília-DF, Presidência da República, 2011.

_____. *Lei nº 12.030, de 17 de setembro de 2009*. Dispõe sobre as perícias oficiais e dá outras providências. Brasília-DF, Presidência da República, 2009.

_____. *Lei nº 8.112, de 11 de dezembro de 1990*. Dispõe sobre o regime jurídico dos servidores públicos civis da União, das autarquias e das fundações públicas federais. Brasília-DF, Presidência da República, 1990.

BUTLER, J. *Gender trouble*: feminism and the subversion of identity. Nova York: Routledge, 1990.

CARRIERI, A. et al. Identidade nas organizações: múltipla? fluida? autônoma? *Revista Organizações & Sociedade (O&S)*, v. 15, n. 45, p. 127-144, abr./jun. 2008.

CONSEG. Conferência Nacional de Segurança Pública. 2009. Disponível em: <www.conseg.gov.br/>. Acesso em: 23 jun. 2010.

DEJOURS, C. *Conferências brasileiras*: identidade, reconhecimento e transgressão no trabalho. São Paulo: Fundap; FGV/EAESP, 1999.

EWICK, P; SILBEY, S. S. Subversive stories and hegemonic tales: toward a sociology of narrative. *Law & Society Review*, v. 29, n. 2, p. 197-226, 1995.

FARIA, J. H. *Economia do poder*. Texto. Curitiba: UFPR/Ceppad, 2000.

FILHO, C. R. D.; ANTEDOMENICO, E. A perícia criminal e a interdisciplinaridade no ensino de ciências naturais. *Química Nova na Escola*, v. 32, n. 2, p. 67-72. maio 2010.

GROSS, H. *A handbook for examining magistrates, police officials, military policemen, etc*. 5. ed. Madison: Universidade de Wisconsin; J. Schweitzer, 1908.

HOWITT, D. *Crime, the media, and the law*. Chichester: John Wiley & Sons, 1998.

KIRK, P. *Crime investigation*. Nova York: John Wiley & Sons Canada, Limited, 1953.

LIMA, S. et al. Complementaridade entre racionalidades na construção da identidade profissional. *RAE-eletrônica*, São Paulo, v. 3, n. 2, art. 19, jul./dez. 2004.

MAGALHÃES, A. D. F. *Perícia contábil*. São Paulo: Atlas, 2001.

NATIONAL ACADEMY OF SCIENCES. *Strengthening forensic sciences in the United States*: a path forward. Washington: The National Academies Press, 2009.

OBERWEIS, T.; MUSHENO, M. Cops identities and the communicative aspects of policing. In: BOWER, L.; GOLDBERG, D. T.; MUSHENO, M. (Ed.). *Between law and culture*. Minneapolis: University of Minnesota Press, 2001.

____. Policing identities: cop decision making and the constitution of citizens. *Law and Social Inquiry Journal*, v. 24, p. 897-923, 1999.

ONU. *Civil and political rights, including the questions of torture and detention*. 26. ed. Genebra: Commission on Human Rights, 2006.

PEDROSO, J. et al. *O acesso ao direito e à justiça*: um direito fundamental em questão. Portugal: Universidade de Coimbra, 2002.

POLÍCIA FEDERAL. *Caderno didático*. Brasília: Academia Nacional de Polícia, 2006.

____. *Portaria nº 1735/2010 — DG/DPF, de 3 de novembro de 2010*. Planejamento Estratégico da Polícia Federal. Brasília: Diretoria Geral, 2010.

POLSKI, J. The science behind forensic science. *Revista Science*, v. 304, 16 abr. 2004. Disponível em: <www.sciencemag.org>. Acesso em: 12 nov. 2010.

RABELLO, E. *Curso de criminalística*. Porto Alegre: Sagra-Luzzatto, 1996.

RAMOS-CERQUEIRA, A. T. A.; LIMA, M. C. A formação da identidade do médico: implicações para o ensino de graduação em medicina. *Revista Interface — Comunicação, Saúde, Educação*, v. 6, n. 11, p. 107-16, 2002.

RICCIO, V.; BASÍLIO, M. As diretrizes curriculares da Secretaria Nacional de Segurança Pública (Senasp) para a formação policial: a polícia militar do Rio de Janeiro e a sua adequação às ações federais. In: CONGRESO INTERNACIONAL DEL CLAD SOBRE LA REFORMA DEL ESTADO Y DE LA ADMINISTRACIÓN PÚBLICA, XI, 2006, Ciudad de Guatemala.

SAINSANLIEU, R. *Identité au travail les effets culturels de l'organisation*. Paris: Presses de la Fondation Nationale de Sciences Politiques, 1977.

____. L'identité au travail d'hier à aujourd'hui. *Culture en Mouvement*, s.l., v. 38, p. 24-28, 2001.

____. L'identité au travail: une expérience partagée. In: FRANCFORT, J. et al. *Les mondes sociaux de l'entreprise*. Paris: Sociologie Économique, Paris, 1995. p. 217-273.

SILVA, C. L. M.; NOGUEIRA, E. P. S. Instituições, cultura e identidade organizacional. In: ENCONTRO NACIONAL DE ESTUDOS ORGANIZACIONAIS — ENEO, 1., 2000, Curitiba. *Anais...* Curitiba: Cromos, 2000. 1 CD-ROM.

SILVA, E. S. C. A autonomia funcional, técnica e científica dos peritos oficiais de natureza criminal após o advento da Lei nº 12.030/2009. Disponível em: <http://jus.com.br/artigos/13826/a-autonomia-funcional-tecnica-e-cientifica-dos-peritos-oficiais-de-natureza-criminal-apos-o-advento-da-lei-no-12-030-2009>. Acesso em: 20 out. 2011.

TAJFEL, H. *Differentiation between social groups*: studies in the social psychology of intergroup relations, european monographs in social psychology. Londres: Academic Press, 1978.

TENÓRIO, F. G. *Flexibilização organizacional*: mito ou realidade? Rio de Janeiro: Editora FGV, 2000.

THIRY-CHERQUES, H. R. *Ética para executivos*. Rio de Janeiro: Editora FGV, 2008.

TYLER, T. R. Viewing CSI and the threshold of guilt: managing truth and justice in reality and fiction. *The Yale Law Journal*, v. 115, p. 1050-1085, 2006.

VELHO, G. *Subjetividade e sociedade*. Rio de Janeiro: Zahar, 1986.

# APÊNDICE A
Roteiro das entrevistas

PERGUNTAS GERAIS:
   a) Há quanto tempo atua como perito criminal federal?
   b) Você já era do DPF antes de ser perito?
   c) Qual seu histórico de lotações?
   d) Sua experiência antes de ser PCF?

PERGUNTAS ESPECÍFICAS SOBRE A IDENTIDADE DO PERITO CRIMINAL FEDERAL:
1. Qual é a principal característica do trabalho do perito criminal federal?
2. Quais são os aspectos positivos do trabalho do PCF?
3. Quais são os seus aspectos negativos?
4. Como você analisa o papel do perito criminal federal no âmbito do Departamento de Polícia Federal?
5. O atual ambiente institucional é adequado à prestação de serviços de qualidade por parte do perito criminal federal?
6. Como é a relação entre o perito criminal federal e o delegado de Polícia Federal?
7. Você concorda com a ideia de autonomia da perícia criminal federal? Em quais termos você acha que deve existir essa autonomia?
8. Os recursos técnicos postos à disposição do perito criminal federal para executar o seu trabalho são suficientes ou não?
9. A autonomia institucional, se ocorresse, da perícia criminal federal garantiria um número maior de recursos financeiros e humanos?
10. Como o trabalho do perito criminal federal é avaliado pelos demais integrantes do sistema de justiça criminal (juízes, promotores, advogados, delegados de polícia) e pela sociedade civil?
11. O que é ser perito criminal federal?
12. Você vê vantagens de ser do DPF, das quais você não gostaria de abrir mão?
13. Para você, qual o melhor caminho para o futuro da criminalística, da perícia criminal federal?

Capítulo 11

# O choque de gestão na prática: a situação do Instituto de Criminalística

Márcio Jacinto de Souza e Silva
Deborah Moraes Zouain

O objetivo deste estudo foi analisar em que medida o Instituto de Criminalística, órgão da administração direta de Minas Gerais, alinhou a sua gestão às diretrizes do choque de gestão. Para subsidiar as pesquisas, este estudo abrangeu uma análise dos referenciais teóricos que faceiam as questões relevantes à nova administração pública e impactaram diretamente a concepção do choque de gestão, bem como os referenciais próprios dessa política. A pesquisa de campo consistiu de uma abordagem do fenômeno no contexto da área de defesa social de Minas Gerais, mais especificamente no Instituto de Criminalística, feita por meio de observação participante, entrevistas e questionários junto a servidores, chefias e destinatários dos serviços desse órgão, realizada entre maio de 2011 e abril de 2012. Os resultados mostraram que, inobstante o choque de gestão apresentar-se como um projeto bem intencionado, estruturado e coerente, na prática, a sua proposta ainda não impactou essa ponta do serviço público, posto que diversos conceitos propalados por essa política se confrontam com antigos valores, derivados de práticas anteriores. Assim, acredita-se que a efetivação das diretrizes do choque de gestão está condicionada à adesão dos gestores e servidores de linha às suas propostas e, para isso, as instâncias superiores de governo deverão agir para garantir essa adesão.

## 1. Introdução

Se existem divergências quanto ao que se considera a amplitude ideal do papel do Estado na sociedade, em oposição, quanto à questão da qualidade da atuação estatal, certamente há consenso sobre o objetivo de se alcançar o Estado ótimo, pois as mais diversas linhas do pensamento econômico laboram nesse sentido. Como bem lembram Osborne e Gaebler (1998), a questão não se trata de ter governo de mais ou de menos, mas justamente governo melhor.

Em virtude da inevitável presença e atuação do poder público na sociedade, o Estado, além do dever de ser dotado de governança e *accountability*, tem a obrigação da permanente busca pela efetividade das suas ações a fim de que possa garantir a cidadania plena a toda população. De fato, conforme Valle (2010), dentro da perspectiva constitucional brasileira, a boa administração pública constitui em si um direito fundamental, pois a concretização de qualquer outro direito passa necessariamente pelo âmbito da função administrativa do Estado. Assim, é essa função que assegura a efetividade de todo e qualquer direito.

De igual modo, Przeworski (1994) discorre sobre o imperativo de as instituições democráticas serem justas e eficazes para que façam suscitar a adesão e, desta forma, se consolidarem. Por sua vez, Bresser-Pereira (2004) argumenta que o Estado, além de ser o responsável pela organização e a vida em sociedade, também é o ente que dá origem ao ciclo virtuoso: boas instituições — desenvolvimento — boas instituições.

Decerto, é com base nesses preceitos e espírito de responsabilidade que vêm repercutindo as propostas da nova administração pública, cujo centro de gravidade apoia-se no ideal de governos mais preocupados em atender às demandas de seus cidadãos, em serem menos perdulários e mais responsáveis com os resultados de suas administrações, como se pode extrair dos discursos de Bresser-Pereira (1999) e Osborne e Gaebler (1998), entre outros.

Em Minas Gerais, essa nova formulação teórica teve início efetivo como política pública a partir do primeiro governo Aécio Neves (2003-06), tornando-se conhecida institucionalmente como choque de gestão. Pautada no contexto evolutivo da sociedade industrial em sociedade do conhecimento, a base lógica dessa política sustenta que o

Estado não pode ficar inerte às transformações. Deve alinhar-se a essa nova perspectiva, transmutando-se de um Estado provedor direto das necessidades da sociedade a um Estado promotor de oportunidades e regulador de mercado. Nesse sentido, o governo mineiro passou a divulgar a sua adequação ao novo panorama, visando a sair de uma administração pública estritamente burocrática para um modelo mais gerencial, inclusive no tocante ao processo de gestão de pessoas (Minas Gerais, 2003 e 2007).

Desta forma, a partir do choque de gestão, em Minas Gerais, a segurança pública começou a ser vista sob um ângulo maior e a ser considerada um eixo de apoio importante à nova política, inclusive mudando sua denominação para defesa social. Durante décadas, um dos desafios dos governos mineiros estava sendo o enfrentamento à crescente onda de criminalidade, sobretudo nos grandes centros urbanos; todavia, foi somente a partir de 2003 que a questão passou a ter caráter de política pública e ser tratada como um fenômeno multidisciplinar complexo. Para tanto, foram traçadas várias estratégias visando à melhoria da segurança pública no estado, tais como integração de ações e dos órgãos de defesa social; expansão, modernização e humanização do sistema prisional; avaliação e melhoria da qualidade da atuação dos órgãos de defesa social e integração do sistema de defesa social com o sistema de Justiça (Minas Gerais, 2003).

Aliás, esse rearranjo assimilou parte das ideias de estudiosos da área de segurança pública, entre eles, Adorno e Pasinato (2010), na medida em que já acenavam para o fato de a impunidade ser decorrente de falhas do Estado no cumprimento de seu papel exclusivo de garantidor da justiça penal. Segundo esses pesquisadores, no Brasil, um dos fatores que sustentam a violência e a criminalidade é a impunidade, que, por sua vez, tem origem na feitura de procedimentos policiais e judiciários infundados, inconsistentes, imprecisos e, sobretudo, elaborados dentro de prazos incertos. O Instituto de Criminalística encontra-se inserido dentro desta conjuntura, pois, em Minas Gerais, integra a estrutura da Polícia Civil, cabendo-lhe o papel social de produzir a prova pericial com vistas a comprovar a materialidade e a autoria dos fatos criminais e dessa forma facilitar o desenvolvimento do inquérito policial e do processo judicial, melhorando assim a acuidade do sistema de justiça criminal.

Assim, o problema investigado alcançou o seguinte contorno: decorridos oito anos do início de implantação do choque de gestão, em que medida a área de defesa social de Minas Gerais, representada pelo Instituto de Criminalística, alinhou a sua gestão administrativa e de pessoal às respectivas diretrizes do choque de gestão?

Nesse sentido, este trabalho teve por objetivo verificar e analisar os impactos provocados pelo choque de gestão na administração do Instituto de Criminalística e no resultado do trabalho pericial.

## 2. Referencial

Desde os anos 1980, uma onda de reformas vem atuando sobre o setor público em todo o mundo, atingindo uma ampla gama de economias, tornando-se, por assim dizer, um fenômeno globalizado, posto que vem envolvendo países de variados continentes e em diferentes estágios de desenvolvimento econômico. Alguns estudiosos, entre eles Bento (2003) e Paula (2009), apontam que os motivos dessas reformas se devem ao que se convencionou chamar de esgotamento do paradigma do estado do bem-estar, nos países desenvolvidos, e, entre nós, do Estado desenvolvimentista. De fato, o Estado ampliara bastante seu tamanho e leque de atuação, como consequência, as despesas públicas tornaram-se excessivas não apenas em função das áreas sociais, mas também em decorrência da própria magnitude do Estado, devido a sua onipresença em toda a vida social. Ademais, de posse de orçamentos cada vez maiores, a lógica governamental abstraiu-se da noção de custos, e estes, por sua vez, aumentaram muito desproporcionalmente à dinâmica do Estado, fragilizando assim sua eficiência e eficácia. Paralelamente, também a máquina burocrática estatal crescera de forma demasiada, tornando-se pesada e autorreferida, ou seja, voltada para si mesma. Dessa forma, os governos tornaram-se inaptos para resolver tanto seus problemas correntes quanto as demandas derivadas em razão do surgimento de novos atores sociais ou até mesmo pelo descontentamento de antigos atores (Bento, 2003; Abrucio, 2006).

Em razão dessa conjuntura, tanto o modelo de administração weberiano quanto o estado do bem-estar social foram incisivamente atacados e responsabilizados pela situação de calamidade financeira em que se encontrava a maioria das economias nacionais.

A administração burocrática até então havia sido o braço forte do estado do bem-estar, inclusive, assumindo o papel central na elaboração e implementação das suas políticas públicas (Osborne, 2006). Certamente agora haveria de receber parte da responsabilidade que lhe cabia na situação. Conforme Osborne, as críticas variavam desde a autores que a consideravam como uma paciente em estado terminal, quanto a uma mera expectadora das mudanças que estavam sobrevindo.

Bresser-Pereira (1998) alega que a ampliação do papel social e econômico do Estado, durante o século XX, não era condizente com a metodologia tradicional do modelo weberiano, fundamentado exclusivamente em controles hierárquicos e formais, uma vez que essa moldagem tornava o Estado lento, caro e ineficiente. Com efeito, aumentaram-se as críticas e as discussões a respeito do sistema. Em especial, as mais contundentes foram aquelas feitas pelos economistas liberais em relação ao dispendioso custo do aparelho estatal, o qual vinha necessitando, para se sustentar, de uma carga tributária cada vez mais elevada em contrapartida aos serviços prestados que continuavam morosos, dispendiosos e ineficientes.

Embora as críticas ao modelo vigente fossem antigas, nesta altura do jogo, ou seja, na conjuntura dos anos 1970-80, um arcabouço de doutrinas já havia tomado forma, ainda que não bem definida, e preparado o campo, arando-o com ideias e experimentações novas, e deixando-o extremamente fértil para novas proposições. A partir de então, com o devido suporte acadêmico e as preocupações governamentais, surgem os fundamentos da nova administração pública, ou administração pública gerencial.

Em regra, os arquitetos da nova administração pública partem da premissa-base de que as organizações do setor público funcionariam melhor caso adotassem determinadas lógicas, técnicas e procedimentos já em vigor nas empresas da iniciativa privada. Por exemplo, Osborne e Gaebler (1998) sugerem que a orientação permanente pelas lógicas da performance e do empreendedorismo deve ser o fio condutor das políticas públicas. Aliás, esse foi o tom que orientou a reforma administrativa ocorrida nos Estados Unidos no primeiro governo Clinton, que compreendeu o período de 1993 a 1996.

Dessa forma, à medida que o serviço público, com sua fórmula estritamente burocrática, era acusado de favorecer a corrupção e a ineficiência, em contrapartida, o setor privado passou a ser visto como o *locus* da eficiência e da qualidade, o que refletiu como uma imagem da sua superioridade. Por conseguinte, esse conjunto de fatores acabou sendo propício ao surgimento de uma nova doutrina administrativa para o serviço público, fundamentada em muitos dos paradigmas da iniciativa privada, tais como foco nos custos, contrato de gestão, ênfase nos resultados, flexibilização, planejamento estratégico e desempenho.

Essas características acabaram por imprimir à administração pública gerencial o conceito de uma disciplina com lógica própria, inicialmente centrada na reestruturação das organizações públicas com o intuito de torná-las mais eficientes, reduzir os custos e aumentar o desempenho. Decerto, não era objeto dessas mudanças substituir completamente o paradigma burocrático, mas, na medida do possível e do conveniente, flexibilizá-lo. É preciso reconhecer que, para determinadas deficiências existentes no setor público, podem ser encontradas soluções no ambiente da gestão privada. Por exemplo, a competição e os incentivos positivos são dois elementos que mantêm a iniciativa privada em permanente busca pela eficiência. No serviço público, em regra, isso não acontece. Portanto, cai bem a concepção de mecanismos que possam animar os atores do setor público a quererem melhorar a práxis cotidiana a fim de que saiam da rotina de mero cumprimento de regras e procedimentos. Nesse caso, uma das fórmulas que a nova administração pública importou da administração de empresas, e que tem aplicado com relativo sucesso, refere-se à premiação àqueles órgãos ou setores que conseguem cumprir determinados resultados ou que alcançam uma performance superior em relação a seus pares.

Em Minas Gerais, a administração pública gerencial tem início efetivo a partir do primeiro governo Aécio Neves, iniciado em 2003. Em termos institucionais, a implantação dessa política ficou conhecida como choque de gestão, a qual teve como objetivos primários promover o desenvolvimento do Estado, revertendo o déficit orçamentário por meio da redução de despesas e da reorganização e modernização do aparato administrativo estadual (Minas Gerais, 2003). Com base nos paradigmas da nova administração pública, novos valores e orientações para o modelo de Estado vigente estão sendo adotados, especialmente aqueles relativos à constante busca da eficiência e a orientação permanente para o alcance de resultados.

## 2.1 A administração por resultados

O pano de fundo dessas mudanças teve por base a implantação de um planejamento estratégico apoiado no modelo de administração por resultados, cujo principal objetivo corresponde a promover o alinhamento das diversas organizações públicas estaduais com os resultados de seus respectivos programas de políticas públicas. Com isso, visando a integrar os vários elementos que constituem a agenda estratégica, tais como estrutura, organizações, pessoas, informações, métricas e recompensas.

De acordo com Queiroz (2009), o desafio do governo mineiro se transformou em quebrar os padrões autônomos e fracionados das instituições públicas estaduais, fazendo-as convergir aos objetivos estratégicos do Estado e criar mecanismos consistentes de comunicação e harmonia para combater os conflitos e as resistências, por acaso, remanescentes. A fim de levar adiante esse plano, dentre outras diretrizes, o governo de Minas optou por promover o alinhamento das organizações públicas e dos servidores estaduais. O primeiro, com a finalidade de orientar os objetivos das organizações governamentais para com os resultados da agenda estratégica de governo; ao passo que o alinhamento de pessoas buscou envolver e comprometer os servidores com o alcance dos objetivos e metas de suas próprias instituições. Entre as ferramentas de gestão escolhidas para levar a efeito esses alinhamentos, foram adotados, respectivamente, o acordo de resultados e a avaliação de desempenho individual.

O acordo de resultados busca estabelecer uma nova relação entre os órgãos de governo responsáveis pela formulação das políticas públicas e as entidades e órgãos a eles vinculados. Trata-se de um instrumento jurídico que concede às entidades públicas liberdade para administrar seus próprios recursos — humanos, materiais e financeiros — a fim de que possam atingir os objetivos e resultados previamente combinados no contrato. O acordo de resultados oferece estímulos que visam a criar um sentimento de busca pelo melhoramento do desempenho da entidade contratada, além do mais, almeja promover maior flexibilidade, transparência de custos, qualidade e efetividade na prestação dos serviços públicos.

Para Batista (1999), um dos paradigmas da administração gerencial reside no reconhecimento do potencial humano como elemento estratégico para o desenvolvimento e o sucesso institucional; assim, torna-se necessário envolver todos os servidores no esforço de melhoria dos procedimentos de trabalho. Claro, se as pessoas são fundamentais às organizações, deve-se criar uma linha de coesão entre seus objetivos e os da organização.

Cientes da importância dos servidores públicos no processo de implementação do choque de gestão, mediante uma ação complementar ao acordo de resultados, os formuladores dessa política estabeleceram uma nova sistemática de administração de pessoal para os funcionários estaduais, partindo da premissa de que a melhoria do fator humano deveria ser a base do progresso da gestão pública (Vilhena et al., 2007). Com a avaliação de desempenho, espera-se implementar o modelo meritocrático na administração pública, com vistas a substituir o paradigma da progressão salarial em razão estrita do tempo na carreira pela progressão em função da eficiência e da produtividade do servidor. Em tese, a avaliação de desempenho não se restringe apenas a uma visão economicista. Segundo Alves (2006), essa metodologia também leva em conta a criação de incentivos e de meios de valorização de comportamentos proativos, embasados na iniciativa de cada servidor em consonância com as metas e os ideais da instituição em que atua, visando à presteza e à produtividade. Com isso, almeja valorizar e reconhecer o servidor cujas atividades são desenvolvidas de modo efetivo.

## 3. Metodologia

Esta pesquisa classifica-se como exploratória, descritiva e explicativa (Gil, 2007). Exploratória porque o tema nova administração pública ainda se encontra em processo de amadurecimento no Brasil, portanto, com conhecimento a ser desenvolvido em suas questões práticas. É descritiva porquanto revela as características do fenômeno estudado, inclusive apontando as possíveis correlações entre as variáveis encontradas (Vergara, 2009). Por fim, como pesquisa explicativa, além de revelar variáveis e suas possíveis correlações, esclarece que fatores influenciam e concorrem para o fortalecimento da nova gestão pública em um órgão público.

A pesquisa constou de fases bibliográfica, documental, observação participante, entrevistas e aplicação de questionários, cujo universo abrangeu, além de peritos criminais do Instituto de Criminalística, juízes de direito da varas criminais da justiça comum, promotores de justiça e defensores públicos, cuja amostra foi não probabilística, selecionada pelo critério de tipicidade. Ao todo foram abordadas 62 pessoas, sendo 30 servidores de linha (peritos), oito chefias de linha (peritos) e 24 clientes (juízes, promotores e defensores).

Não obstante sua natureza predominantemente qualitativa, esta pesquisa não tem a pretensão de generalizar os resultados encontrados.

## 4. Resultados da pesquisa

O Instituto de Criminalística é um órgão pertencente ao organograma da Polícia Civil de Minas Gerais, cuja organização material se divide em uma estrutura central, sediada em Belo Horizonte, e 61 seções regionais de perícias, distribuídas por 61 municípios do interior do estado. Essa estrutura conta com 527 peritos criminais em exercício que têm como atribuição e responsabilidade atender aos atuais 853 municípios de Minas Gerais, cuja população está estimada em 19.595.309 — conforme senso do Instituto Brasileiro de Geografia e Estatística (IBGE, 2010).

No que se refere à sua forma administrativa, como característica fundamental e histórica, o modelo do Instituto se assenta em uma base burocrática, pautada em uma estrutura rigidamente hierarquizada, controlada por regulamentos e tarefas bem definidas para cada ator de seu cenário interno.

## 4.1 O produto principal do Instituto de Criminalística: a prova pericial

Afora as persecuções penais envolvendo unicamente questões de direito, em todas as demais, sempre que a infração penal deixar vestígios, deverá ser feito o exame pericial. O Código de Processo Penal prevê diversos outros meios probatórios além do pericial, tais como a confissão do acusado e a prova testemunhal; entretanto, a prova pericial, por se pautar na técnica e na ciência, presume-se que tenha maior idoneidade e isenção, adquirindo, dessa forma, um valor especial dentro do processo.

A perícia criminal compreende o reconhecimento, a coleta e o exame de evidências físicas relacionadas a cenas de crime, cujas análises e interpretações servem para estabelecer ou negar a correlação entre uma ou mais pessoas e/ou objetos às circunstâncias que deram margem a um crime. A finalidade da perícia criminal é contribuir para o encontro da verdade, da forma mais precisa possível, a fim de prover o sistema de justiça criminal com respostas e informações altamente qualificadas e imparciais.

## 4.2 O Instituto de Criminalística e o choque de gestão

Partindo da proposição de um alinhamento entre desenvolvimento das pessoas, objetivos organizacionais e resultados das políticas adotadas, o governo mineiro entende que seria possível quebrar os padrões autônomos e fracionados dos órgãos públicos. Dessa forma, os faria convergir aos objetivos estratégicos do estado, criando ao mesmo tempo mecanismos consistentes de comunicação e harmonia para combater os conflitos e as resistências por acaso remanescentes nessas instituições, segundo advogam Vilhena, Martins e Marini (2006).

A fim de concretizar esse alinhamento, em especial nos escalões inferiores das agências públicas, o governo mineiro institucionalizou diversas ferramentas gerenciais, materializando várias delas nas próprias ações. Concomitantemente, disseminou e estimulou as mesmas práticas de gestão entre as suas unidades administrativas. Assim, planejamento estratégico, acordo de resultados, avaliações de desempenho individual e institucional, programas de capacitação profissional e de desenvolvimento de gestores, modelagem e atualização organizacional, entre outros instrumentos, cada qual com seus objetivos e mecanismos específicos de execução, passaram a estar presentes na pauta do primeiro escalão do governo.

Consoante se denota, as propostas da nova política são amplas e englobam melhoria da qualidade e eficiência do serviço público, alinhamento dos órgãos estatais para com o planejamento do governo, maior transparência das instituições públicas, além da criação de uma cultura voltada para a obtenção de resultados, em que se estimulam e valorizam os servidores, os dirigentes e os órgãos que cumpram suas metas e atinjam os resultados previstos (Minas Gerais, 2003 e 2007).

Assim, é na concretude dessas propostas que se poderão ver alinhadas as pessoas e as organizações com o ideal de um estado mais justo e efetivo. Naturalmente, os mecanismos de gestão empregados pelo órgão público também contam, sendo fatores determinantes para o seu aprimoramento institucional, com o propósito de atender às políticas públicas da sociedade em que se encontra inserido. Desse modo, não obstante a importância dos indicadores de desempenho, não será a mera criação desses instrumentos de controle e avaliação que terá o condão de alcançar a sintonia almejada. Conforme Kettl (2006), os gestores setoriais desempenham um papel importante, pois a avaliação de desempenho se condiciona à tomada de uma série de passos importantes, entre eles, a definição da missão da agência, das metas e dos objetivos a serem perseguidos.

Wilson (2000) alerta que bons resultados são alcançados por uma organização quando ela define claramente sua missão e suas metas. Uma vez definidos esses conceitos, cria-se uma linguagem comum na entidade, possibilitando a coesão entre gestores e servidores de linha. Missão, visão e metas fazem parte daquilo que se convencionou chamar identidade organizacional, ou a maneira como a organização escolhe para se identificar perante seu público.

Se, de um lado, o governo estadual teve êxito nas definições da visão, missão e metas do seu projeto de reforma (Lemos, 2009), na implementação, as evidências observadas indicam que na prática do Instituto de Criminalística não se pode afirmar o mesmo quanto à assimilação, disseminação e consolidação dos valores propagados pelo choque de gestão. Especialmente, no que tange à construção de um planejamento sólido, coerente e alinhado com as políticas de estado.

De fato, ao abordar diante dos servidores de linha o modo como a direção do órgão estabelece os rumos da instituição e dissemina seus valores, políticas e diretrizes organizacionais, considerando as expectativas de todas as partes envolvidas no processo, os resultados não se mostraram congruentes com a política macrogovernamental. O primeiro passo dessa abordagem ocorreu através da assertiva "O Instituto de Criminalística tem definida a sua identidade organizacional, que seria representada pela sua missão, sua visão de futuro e seus valores institucionais". Na sequência, foram apresentados os temas pertinentes ao compartilhamento e ao comprometimento desses valores entre a organização e os funcionários.

Com essas questões, procurou-se avaliar perante os servidores a percepção deles sobre a identidade organizacional da instituição e o que entendem a respeito desse valor. Embora esse tema esteja em voga entre as organizações e, de fato, seja essencial ao pleno aperfeiçoamento institucional, as respostas à proposição demonstraram uma fraca percepção dos peritos em relação ao desenvolvimento desses valores no Instituto de Criminalística, conforme apontam os depoimentos a seguir.

> O IC está em constante "espera" de alguma mudança. Sua missão (produzir provas objetivas) é realizada com dificuldade por diversas questões e, em meu entendimento, não há visão de futuro. (Perito 3)

> Não existe nenhuma missão definida. O que deveria ser a missão, a visão e os objetivos não são divulgados, nem cogitados pelos gestores do IC. Ou seja, os peritos fazem os laudos e os expedem dentro do prazo possível. (Perito 4)

> Falta planejamento estratégico, visão global, posicionamento definido pelos dirigentes etc. O IC não tem um LÍDER. Acho que não temos este PROJETO. (Perito 5)

Essa ausência de projetos institucionais demonstra que os administradores do Instituto de Criminalística não reconhecem o atual contexto da gestão pública. Por isso, ambos — ausência de projetos e administradores — foram incisivamente criticados pelos servidores de linha, alguns apontando esse fato como reflexo de uma lacuna de liderança.

Conforme Wilson (2000), para as empresas privadas, a definição de missão e metas ocorre de forma natural, tendo em vista que esses atributos compõem a cultura organizacional dessas entidades. Por outro lado, com as organizações públicas, isso não acontece comumente. No entanto, adverte esse autor que as organizações públicas também necessitam ter objetivos claramente estabelecidos. Se isso não ocorre, não se forma uma simbiose entre os servidores e a organização, podendo ocasionar perda de qualidade e dificuldade no alcance das metas. Além do mais, prossegue Wilson, uma vez que a cultura dos funcionários é conformada pelos imperativos das situações cotidianas vividas por eles, na ausência de uma estrutura organizacional consolidada, em que os papéis de cada ator estejam fracamente definidos, esses trabalhadores tendem a agir conforme suas predisposições. Predisposições essas advindas de suas experiências anteriores, sensibilizadas por padrões profissionais, ideologias políticas e talvez suas próprias características de personalidade (Wilson, 2000).

Assim, esses dados expõem uma fraqueza do Instituto no assunto, considerando que as políticas de desenvolvimento institucional deveriam ser planejadas pelo corpo diretor da instituição e, a partir de então, disseminadas entre os funcionários.

Com efeito, a consequência prática desses achados se revela em alguns diagnósticos feitos pelos próprios clientes do Instituto de Criminalística, por meio das observações a seguir:

> Às vezes, a gente sente que o trabalho da perícia é feito de uma maneira superficial. Os peritos poderiam ter se dedicado mais na análise e aprofundado mais, discutido mais as questões que são colocadas. Muitas vezes a gente sente que houve uma burocratização na elaboração da perícia. A perícia é feita, vamos dizer assim, pra atender a uma solicitação administrativa e não pra solucionar o caso e ajudar na descoberta daquilo que se está investigando. A gente sente que às vezes é mais pra cumprir um papel do que propriamente solucionar uma questão. (Cliente 13)

(...) teve uma manifestação lá no Instituto de Criminalística, já que é pra ser franco, onde os peritos se reuniram, ligaram pra juíza e pediram pra ela não mandar pra lá os pedidos de perícia em telefone celular porque estavam atolados de serviço. É como se eu [promotor] ligasse pro delegado e falasse pra ele deixar de atuar porque eu tô cheio de serviço. (Cliente 11)

Esse quadro revela, com base em Lipsky (2010), que os peritos criminais, em resposta às incertezas e pressões do seu ambiente, durante a rotina de trabalho, tomam decisões individuais que acabam se tornando a política pública efetiva executada em nome da Instituição. A segunda fala narrada aponta que a decisão dos servidores visou atender a suas necessidades imediatas (por meio da diminuição da demanda) em detrimento dos objetivos dos clientes (atender à demanda).

Segundo Lipsky (2010), diante da ausência de condições objetivas e claras de resultados aliada ao menor envolvimento das chefias, os servidores de linha fazem as suas próprias interpretações do trabalho. Ocasião em que podem aproveitar para ajustá-las a objetivos e situações específicas. Portanto, demonstra também que as decisões dos servidores de linha derivam das condições e situações de trabalho, do grau de envolvimento dos chefes e da oferta e demanda de recursos (Lipsky, 2010).

Através das análises de campo, observou-se ainda que as únicas ferramentas utilizadas de modo consistente no Instituto de Criminalística são a avaliação de desempenho individual (ADI) e o indicador de resultado, denominado "Tempo de conclusão de laudos periciais". Todavia, trata-se de instrumentos de uso compulsório (*top-down*), cujos formatos já vieram preparados e prontos para o uso da administração do órgão, uma vez que fazem parte do acordo de resultados firmado entre a Polícia Civil e a Secretaria de Estado de Defesa Social.

### 4.3 A avaliação de desempenho individual

A avaliação de desempenho individual (ADI) equivale a um dos elementos estratégicos no conjunto das ações do choque de gestão, tratando-se de um processo de avaliação prevendo instrumentos de premiação e punição. Começou a ser empregada no Instituto de Criminalística em 2008 e se baseia nos seguintes procedimentos.

Em tese, cabe à chefia imediata, por meio do documento Plano de Gestão do Desempenho Individual (PGDI), estipular as atividades e metas a serem, respectivamente, realizadas e atingidas pelo servidor durante o período de avaliação. Essas atividades e metas devem estar sujeitas a acompanhamentos periódicos pela chefia, a serem realizados ao longo do ano, ocasião em que a chefia deve ir cientificando o servidor, inclusive de eventuais deficiências, a fim de corrigi-las.

Findo o ano, a chefia imediata lança as notas da avaliação de desempenho para cada servidor e, na sequência, uma comissão avaliadora, formada pela chefia imediata mais um membro eleito ou indicado por aclamação pelos funcionários, faz uma reavaliação individual de cada nota dada ao servidor.

Para Lemos (2009), a ADI age como um estimulante do crescimento profissional do servidor, pois ela o induz a refletir e conscientizar-se do papel que representa dentro do contexto organizacional em que está envolvido. De fato, quando questionados sobre quais indicadores de desempenho monitoravam as suas atividades periciais, três peritos citaram expressamente a "avaliação de desempenho", enquanto outros seis indicaram que levavam em conta critérios da ADI na realização de suas atividades, inclusive relacionando-os à produtividade e à qualidade do trabalho.

Ao contrário, curiosamente, a maioria dos gestores tem um ponto de vista diferente a respeito desse instrumento, e apenas um relacionou a ADI com produtividade e qualidade do serviço. Dessa maneira, nas falas dos demais gestores entrevistados, a ADI ficou ausente do leque de ferramentas disponíveis que visualizam a fim de melhorar a produtividade e a qualidade dos serviços de seus subordinados e a do serviço público em geral.

Conforme se percebeu, na realidade, a mentalidade dessas chefias ainda continua voltada para o incrementalismo, posto que está direcionada para melhorias específicas que privilegiam a continuidade dos arquétipos de funcionamento da organização, via de regra, subordinados estritamente à teoria burocrática. Nota-se assim um descompasso entre a ação das chefias de linha e o pensamento gerencial da diretriz de governo.

Ademais, amplia esse descompasso o fato de que, no Instituto de Criminalística, a ADI vem ocorrendo em um momento único, precisamente às vésperas do encerramento do prazo, defrontando, por conseguinte, com a diretriz governamental. Ocorre ainda a tendência de maximização das notas, visando assim a se evitar questionamentos, debates e *feedbacks*, conforme se extrai dos seguintes depoimentos.

> A avaliação de desempenho deveria ser feita individualmente com cada funcionário, para que pudesse ter uma discussão sobre o que você faz, se está certo para na visão de chefia imediata e que na discussão houvesse o crescimento adequado de ambos. (Perito 22)

> Você apenas assina a ADI, após estar pronta. (Perito 23)

> Tem chefia que dá 100 pra todo mundo porque é mais cômodo do que entrar em embate com alguns. (Chefia 4)

Soma-se a isso a ausência, na instituição, de evidências objetivas quanto a esse indicador que possam balizar as ações de seus gerentes. Batista (1999:80) aborda que essas evidências estão baseadas em "(...) tabela ou gráfico com séries históricas da evolução de cada indicador; e comparação entre a evolução dos indicadores da organização com referenciais de excelência".

Em razão disso, não surpreende que cerca de 60% dos peritos tenham respondido que não recebem retorno (*feedback*) dos indicadores de desempenho que monitoram as suas atividades.

Ademais, se os produtos e serviços das organizações públicas devem satisfazer usuários e consumidores (Kettl, 2006), mecanismos que visam verificar a satisfação desses atores também devem interagir com as avaliações feitas pelas organizações públicas. Porém, à medida que as notas das avaliações individuais tendem a ser superlativadas, percebe-se que o sistema de avaliação adotado no Instituto de Criminalística objetiva mais a satisfação das chefias e comissões administrativas do que os anseios dos destinatários finais do produto pericial. Afinal, isso é o que se percebeu quando se fez o cotejo entre a prática adotada no IC e os depoimentos dos clientes, quando questionados sobre a qualidade dos laudos e a prestatividade dos peritos criminais.

Em grande parte, as deficiências relatadas pelos entrevistados ocorrem porque a ADI avalia o servidor sem avaliar o produto do seu trabalho, o laudo pericial. Não se vislumbra essa correlação. Isso não consta entre os critérios de avaliação.

De qualquer forma, esse conjunto de condições acaba refletindo sobre a qualidade do produto, tendo em vista o constatado em diversas declarações dos servidores e clientes.

### 4.4 O indicador de desempenho do Instituto de Criminalística

No setor público, indicadores de desempenho são ferramentas gerenciais que disponibilizam informações quantitativas que permitem avaliar a execução das atividades de uma organização e ou de uma política pública, podendo mensurar aspectos quantitativos ou qualitativos (Lemos, 2009).

Além da importância interna na gestão das organizações públicas, vista da perspectiva macrogovernamental, a principal função dos indicadores de desempenho é facilitar o acompanhamento e a avaliação dos objetivos, das metas e dos projetos desenhados para cada ação de governo, em especial, aqueles pactuados nos acordos de resultados. Para o governo mineiro, isso corresponde a alinhar as estratégias das agências estaduais às ações governamentais, cuja medida corresponde aos índices apontados pelos indicadores de desempenho elaborados para cada meta ou conjunto de metas acordados.

Durante muito tempo, organizações públicas, como o Instituto de Criminalística, tiveram seu desempenho avaliado exclusivamente pela sua conformidade às normas e aos procedimentos, pois sustenta Wilson (2000) que os processos podem ser observados, mas os resultados não podem, ou, quando podem, apresentam dificuldades e custos elevados.

Embora fosse uma necessidade antiga, foi somente a partir do acordo de resultados de 2008 que foram pactuados indicadores de desempenho para o Instituto de Criminalística. Entretanto, apenas em 2010 foi criado um indicador específico denominado "Indicador tempo médio de conclusão de laudos periciais", visando a mensurar o tempo de conclusão dos laudos. Mediante esse indicador, tornou-se possível, além da medição do volume total de serviços da organização, entre outras atividades, quantificar o volume setorial, inferir sobre a complexidade dos exames, analisar a produtividade individual, alocar funcionários conforme a demanda, realizar planilhas de custos e planejar a formação profissional.

Todavia, no caso específico do Instituto de Criminalística, a adoção desse parâmetro de desempenho não foi seguida de uma preparação institucional sistemática com vistas a estabelecer e a atingir os objetivos inerentes ao indicador. Portanto, não houve adequação das atividades-meio e fim, e não se fizeram os ajustes estruturais e funcionais que pudessem de plano suportá-lo. Na realidade, sua utilidade ficou restrita à mensuração de quantidade; não sendo aproveitada para fins mais amplos — a potencialidade mencionada no parágrafo anterior.

Paula (2010:518), fazendo um exame do choque de gestão, alerta sobre o seguinte: "(...) os gerentes públicos assinam o Acordo e se comprometem com suas metas, o que é alimentado pela expectativa de fazer jus a um bônus financeiro". Entretanto, mais adiante conclui a autora, "(...) se verifica que tanto os servidores quanto a população continuam excluídos da elaboração do planejamento e do estabelecimento dos objetivos e metas". Decerto é o que se percebe na ponta final desse processo, junto aos gestores e servidores de linha. Afinal de contas, quando os servidores de linha foram questionados a citar qual ou quais fatores os impediam de ter um melhor desempenho profissional, e desta forma contribuir para a maior qualidade dos serviços, as maiores reclamações recaíram sobre as questões relativas a (ausências de) estrutura física adequada, equipamentos/tecnologias e treinamento profissional. Portanto, trata-se de reivindicações relativas principalmente a condições de trabalho.

Por sua vez, nas entrevistas com as chefias, percebeu-se que elas se sentiam inibidas e despreparadas perante uma situação cujo resultado, à primeira vista, parecia-lhes previsivelmente destinado ao fracasso.

Retornando à percepção dos servidores, pelo que se pôde observar, as ações que precedem os fatos importantes na organização policial em estudo têm se resumido a reuniões entre chefias seguidas de notas informativas no boletim interno da Polícia Civil, em geral, noticiando sobre decisões tomadas. E esse fato se repete até em relação à divulgação das metas da organização, ainda que essas devessem ser bem compreendidas e comprometidas em todos os níveis da organização. Todavia isso não ocorre, pois, entre os servidores de linha pesquisados, 67% se ressentem da falta da divulgação das metas a serem alcançadas pela instituição.

De certo modo, esse caráter letárgico, displicente e ademocrático da organização em direção à administração baseada no desempenho (Kettl, 2006), em parte, explica os achados da pesquisa no que se refere ao pensamento dos servidores de linha quando o tema versou sobre indicadores de desempenho.

Assim, embora a maioria dos servidores pesquisados (77%) reconheça a existência de indicadores de desempenho monitorando as suas atividades e inclusive afirme (73%) que, no desenvolvimento dessas atividades, leva em conta esses indicadores, na outra extremidade, um percentual considerável discorda desses argumentos, respectivamente, 23% e 24%, sinalizando que não se importam com isso. Todavia, entre aqueles que afirmaram se balizar nos indicadores de desempenho, ao serem instados a especificar tais indicadores, apenas 43% fizeram referência ao indicador correto, muito embora nenhuma resposta tenha apontado o nome certo da ferramenta.

## 5. Conclusão

O choque de gestão corresponde a uma política pública cuja finalidade é transformar o perfil administrativo do serviço público estadual, visando melhorar o seu desempenho e a qualidade de vida em Minas Gerais. Para isso, essa política toma como referencial as concepções da nova administração pública, a qual propõe a adoção de valores e orientações para o setor público, pautados em princípios administrativos consagrados na gestão privada, tais como planejamento estratégico, avaliações de desempenho, reestruturação de carreiras. Os formuladores do choque de gestão, atuando a partir da instância superior de governo, esperam que as concepções e práticas idealizadas por essa política sejam aceitas por aqueles envolvidos no cotidiano do serviço público e, sobretudo, colaborem para a sua efetiva implementação.

Neste trabalho, para se entender a lógica da assimilação ao choque de gestão, foi necessário voltar-se para o processo interno do Instituto de Criminalística. A gênese organizativa dessa instituição pode ser revelada a partir da sua trajetória histórica, erigida para reproduzir o modelo weberiano. O Instituto de Criminalística foi condicionado por práticas e procedimentos da visão burocrática, os quais continuam sendo os únicos válidos para se atingir seus objetivos institucionais. Por conseguinte, a sua administração ainda se encontra norteada por reformas estruturais e pelo incrementalismo. Mais servidores, mais equipamentos, mais espaço físico e mais recursos financeiros são as únicas soluções avistadas para se alcançar os objetivos. São valores institucionalizados no órgão, portanto, são as práticas consideradas válidas para se atingir os fins.

Contrapondo-se a essa lógica, temos a visão dos formuladores do choque de gestão. Para esses, as organizações públicas não podem ficar inertes às transformações da sociedade. Elas têm de se modernizar, adotando novos valores e orientações que visam à busca da eficiência e à melhoria da qualidade dos serviços prestados de forma a consolidar um papel mais efetivo para a atuação estatal. Para tanto, as organizações públicas devem abandonar a ótica puramente burocrática e assumir posturas mais ativas e gerenciais, inclusive no que diz respeito à gestão dos servidores, onde deve ser privilegiado o comprometimento em preferência ao controle puro.

O choque de gestão, na medida em que se utilizou da força da lei, mudou vários aspectos da administração pública mineira. Assim, planejamento estratégico, contrato de gestão, avaliações e indicadores de desempenho, entre outras iniciativas, entraram na dinâmica das instâncias superiores dos órgãos de planejamento estadual e se tornaram importantes instrumentos de apoio às decisões políticas do governo. Condição que jamais houvera sido posta em execução. Apesar disso, no que se refere ao Instituto de Criminalística, a administração desse órgão não conseguiu incorporar aos seus conceitos as diretrizes aventadas pelo choque de gestão. Ou seja, quando confrontada a prática desse órgão com as propostas do choque de gestão, verifica-se que ainda não fazem parte da doutrina de seus gestores as inovações propostas pela nova administração pública que mudariam o eixo administrativo do Instituto de Criminalística, apoiado único e exclusivamente sobre o modelo weberiano, para pontos de vista mais amplos e objetivos. Por exemplo, uma vez concebidos e postos em execução, a avaliação de desempenho individual e o indicador de desempenho institucional, duas ferramentas gerenciais impostas pelo choque de gestão, tão logo transpostas para o Instituto de Criminalística, ganharam um viés de procedimento burocrático. Ou seja, esses indicadores tiveram suas essências modificadas, deixando de se debruçar sobre os processos gerenciais da instituição para ter como enfoque o cumprimento de regras e rotinas.

Isso aponta para um aspecto importante: o papel dos atores responsáveis pelas diretrizes da política dentro das instituições. No caso do Instituto de Criminalística, os resultados das análises de campo aportam para a existência de hiatos e divergências entre as ações dos gestores e os pressupostos do choque de gestão. De fato, os gestores ocupantes das posições-chave na hierarquia do Instituto de Criminalística ainda conduzem o processo diário dessa instituição conforme suas orientações pessoais, portanto, em prejuízo das políticas públicas emanadas do choque de gestão.

Por sua vez, os servidores de linha também têm as suas expectativas e aspirações em relação a essa política, e, consoante essas expectativas e aspirações, esses atores podem concordar, ou não, com o que está sendo proposto pelo choque de gestão.

Portanto, a implantação efetiva das diretrizes preconizadas pelo choque de gestão nos órgãos da administração direta está condicionada à adesão dos gestores e servidores a suas propostas. Se esses atores estiverem dispostos a trilhar os caminhos do choque de gestão, maiores serão os avanços dessa política. Caso contrário, se a adesão for fraca, mesmo que o choque de gestão use seu poder coercitivo para impor as suas diretrizes, todavia, *interna corporis*, cada órgão conduz a seu modo esse processo. Então, nessas situações poderão remanescer procedimentos antigos, que, de certo modo, serão resistências às novas diretrizes.

Desta forma, o papel da instância governamental deve ser o de convencer os diversos atores envolvidos na implementação da política (gestores e servidores) acerca da validade de suas propostas, a fim de se criar uma relação de forças mais favorável à implantação das políticas públicas. Uma etapa importante a ser vencida pelos formuladores será responder à pergunta: como fazer chegar aos gestores e servidores dos órgãos de linha a agenda política do governo? Fazer com que os escalões inferiores do governo adiram às ideias do choque de gestão, tornando mais efetiva a sua implementação é de vital importância, uma vez que eles, nas instâncias das quais participam, podem contribuir para a mudança institucional como vozes dissonantes dos discursos de manutenção do modelo tradicional de administração pública.

Uma estratégia para o desenvolvimento e o sucesso de um projeto de política pública reside em construir mecanismos de participação dos atores envolvidos, em que o arranjo institucional deve se realizar com base na cooperação e no diálogo transparente entre os formuladores e os executores. Essa proposta permite a formação de uma visão sistêmica pelos atores participantes do processo e os induz a abandonarem concepções compartimentalizadas presentes na sistemática de trabalho dos órgãos públicos como característica das administrações estritamente burocráticas. Além de tudo, isso diminui a assimetria de informação, tornando-se mais previsíveis os planejamentos e evitando-se comportamentos oportunistas.

## Referências

ABRUCIO, Fernando Luiz. Os avanços e os dilemas do modelo pós-burocrático: a reforma da administração pública à luz da experiência internacional recente. In: BRESSER-PEREIRA, Luis Carlos; SPINK, Peter (Org.). *Reforma do Estado e da administração pública gerencial*. 7. ed. Rio de Janeiro: FGV, 2006. p. 173-199.

ADORNO, Sérgio; PASINATO, Wânia. Violência e impunidade penal: da criminalidade detectada à criminalidade investigada. *Dilemas* — Revista de Estudos de Conflito e Controle Social, Rio de Janeiro, v. 3, n. 7, p. 51-84, jan./mar. 2010.

ALVES, Ana Carolina Timo. As reformas em Minas Gerais: choque de gestão, avaliação de desempenho e alterações no trabalho docente. In: SEMINÁRIO DA REDESTRADO SOBRE REGULAÇÃO EDUCACIONAL E TRABALHO DOCENTE, VI, 2006, Rio de Janeiro. Disponível em: <www.fae.ufmg.br/mestrado/cd_viseminario/trabalhos/eixo_tematico_1/as_reformas_em_mg_choque_gestao.pdf>. Acesso em: 18 mar. 2011.

BATISTA, Fábio Ferreira. *A avaliação da gestão pública no contexto da reforma do aparelho do estado*. Brasília, maio 1999. Disponível em: <www.ipea.gov.br/pub/td/td_99/td_644.pdf>. Acesso em: 11 jan. 2010.

BENTO, Leonardo Valles. *Governança e governabilidade na reforma do estado*: entre eficiência e democratização. Barueri: Manole, 2003.

BRESSER-PEREIRA, Luiz Carlos. Instituições, bom estado, e reforma da gestão pública. In: BIDERMAN, Ciro; ARVATE, Paulo (Org.). *Economia do setor público no Brasil*. São Paulo: Campus Elsevier, 2004, p. 3-15.

____. *Reforma do estado para a cidadania*: a reforma gerencial brasileira na perspectiva internacional. São Paulo: Ed. 34, 1998.

____. Uma reforma gerencial da administração pública no Brasil. In: PETRUCCI, Vera; SCHWARZ, Letícia (Org.). *Administração pública gerencial*: a reforma de 1995. Brasília: Editora UnB, 1999. p. 5-42.

GIL, Antônio Carlos. *Como elaborar projetos de pesquisa*. São Paulo: Atlas, 2007.

IBGE. *População de Minas Gerais*. Resultados do censo 2010. Disponível em: <www.ibge.gov.br/home/estatistica/populacao/censo2010/tabelas_pdf/total_populacao_minas_gerais.pdf>. Acesso em: 3 mar. 2012.

KETTL, Donald F. *A revolução global*: reforma da administração do setor público. In: BRESSER-PEREIRA, Luiz Carlos; SPINK, Peter (Org.). *Reforma do estado e da administração pública gerencial*. Rio de Janeiro: FGV, 2006. p. 75-121.

LEMOS, Carolina Siqueira. *Gestão pública orientada para resultados*: avaliando o caso de Minas Gerais. Dissertação (mestrado em administração pública) — Fundação Getulio Vargas, Rio de Janeiro, 2009.

LIPSKY, Michael. *Street level bureaucracy*: dilemmas of the individual in public services. Nova York: Russell Sage Foundation, 2010.

MINAS GERAIS. *Plano mineiro de desenvolvimento integrado*. Secretaria de Estado de Planejamento e Gestão, 2003. Disponível em: <www.planejamento.mg.gov.br/governo/publicacoes/plano_mineiro_des_integrado.asp>. Acesso em: 17 fev. 2011.

____. *Decreto 44559, de 29 de jun. de 2007*. Regulamenta a avaliação de desempenho individual do servidor estável ocupante de cargo efetivo e do detentor de função pública da administração pública direta, autárquica e fundacional do poder executivo estadual. Disponível em: <www.almg.gov.br/consulte/legislacao/index.html>. Acesso em: 17 abr. 2012.

OSBORNE, David; GAEBLER, Ted. *Reinventando o governo*: como o espírito empreendedor está transformando o setor público. Brasília: MH Comunicação, 1998.

OSBORNE, Stephen P. The (new) public governance: a suitable case for treatment? In: ____ (Org.). *The new public governance?* emerging perspectives on the theory and practice of public governance. Nova York: Routledge, 2006. p. 377-387.

PAULA, Ana Paula Paes de. *Por uma nova gestão pública*: limites e potencialidades da experiência contemporânea. Rio de Janeiro: FGV, 2009.

____. Por uma nova gestão pública: reinserindo o debate a partir das práticas possíveis. In: CUNHA, Alexandre dos Santos; MEDEIROS, Bernardo Abreu de; AQUINO, Luseni Maria C. de (Org.). *Estado, instituições e democracia*: república. Instituto de Pesquisa Econômica Aplicada. Brasília: Ipea, 2010. Disponível em: <www.ipea.gov.br/sites/000/2/livros/2010/Livro_estadoinstituicoes_vol1.pdf>. Acesso em: 28 jan. 2012.

PRZEWORSKI, Adam. *Democracia e mercado*: reformas políticas e econômicas na Europa Oriental e na América Latina. Rio de Janeiro: Relume-Dumará, 1994.

QUEIROZ, Roberta Graziella Mendes. *Choque de gestão em Minas Gerais (2003-2010)*: um exemplo de inovação no setor público? Dissertação (mestrado em administração pública) — Universidade Federal de Minas Gerais, Belo Horizonte, 2009.

VALLE, Vanice Regina Lírio do. *Direito fundamental à boa administração e governança*: democratizando a função administrativa. Tese (pós-doutorado) — Escola Brasileira de Administração Pública e de Empresas, Rio de Janeiro, 2010. Disponível em: <http://virtualbib.fgv.br/dspace/handle/10438/6977>. Acesso em: 25 fev. 2011.

VERGARA, Sylvia Constant. *Projetos e relatórios de pesquisa em administração*. 11. ed. São Paulo: Atlas, 2009.

VILHENA, Renata; MARTINS, Humberto Falcão; MARINI, Caio. Introdução. In: ____ et al. *O choque de gestão em Minas Gerais*: políticas da gestão pública para o desenvolvimento. Belo Horizonte: UFMG, 2006. p. 21-42.

____ et al. Uma agenda para o crescimento econômico e social. *Revista Gestão Minas* — construindo um novo tempo, Belo Horizonte, ano I, n. 1, p. 14-16, jul. 2007.

WILSON, James Q. *Bureaucracy*: what government agencies do and why they do it. Nova York: Basic Books, 2000.

Capítulo 12

# Modernização na criminalística do Departamento de Polícia Federal — o Projeto Pró-Amazônia/Promotec no Instituto Nacional de Criminalística

Maurício Siqueira Fagundes
Paulo Roberto Motta

O presente trabalho buscou avaliar, lançando mão de critérios qualitativos, se efetivamente aconteceu um processo de modernização no Instituto Nacional de Criminalística (INC), área responsável pelos serviços de perícias forenses no âmbito do Departamento de Polícia Federal (DPF), a partir do advento do Projeto Pró-Amazônia/Promotec. O referido Projeto foi firmado entre o governo do Brasil, de uma parte, e os governos da França e da Alemanha, de outra parte, e tem como objetivo primordial a promoção do reaparelhamento da Polícia Federal brasileira. A pesquisa foi conduzida considerando-se o período de tempo transcorrido entre os anos de 2001 e 2010. Além do reaparelhamento da criminalística, que diz respeito à aquisição de novos equipamentos com tecnologia de ponta, considerou-se também no presente trabalho, como parte integrante do suposto processo de modernização, as eventuais melhorias no relacionamento interpessoal entre peritos criminais com atuação no mesmo setor, a aquisição e a utilização de novas tecnologias, a necessidade de eventos de capacitação que permitissem a assimilação destas novas técnicas e a melhoria nas condições de trabalho e nas instalações físicas dos setores envolvidos.

## 1. Introdução

Segundo a doutrina liberal, as três atribuições primordiais do Estado, conforme referido por Paula (2009:28), são: prover a população em geral de serviços de segurança interna e externa, garantir o cumprimento dos contratos e prestar serviços essenciais de utilidade pública. Nosso foco neste trabalho, como atuantes no processo de provedores de segurança pública, será a primeira atribuição primordial do Estado.

Em nosso país, o baixo índice de esclarecimento dos crimes em geral pelas polícias, com a consequente falta de julgamento dos criminosos pela Justiça, é uma das principais causas da sensação de impunidade em diversas regiões do Brasil. Essa sensação de impunidade tem sido considerada por especialistas em questões de segurança pública relevante fator de estímulo ao aumento da criminalidade em nosso país.

Para mudar esta realidade, em que muitos brasileiros têm suas vidas ceifadas precocemente e o patrimônio público e privado sofre contínuas investidas, faz-se necessário elevado e contínuo investimento nos órgãos policiais de maneira geral e, de forma mais específica, nos serviços ligados à polícia científica ou perícia criminal, em termos de melhorias nos níveis de recursos humanos e recursos materiais, de forma a viabilizar a produção de provas mais robustas, com mais qualidade e celeridade.

Dentro deste contexto, em função do trabalho desempenhado em suas atribuições, pela resposta apresentada quando se trata do combate ao crime organizado, pela qualidade das provas apresentadas nos processos e também em função da exposição das operações policiais na imprensa e na mídia de uma forma geral, a Polícia Federal do Brasil foi bem avaliada pelo público em geral, quando foi considerada a instituição propriamente dita, como órgão do Poder Executivo Federal, e também quanto foram considerados seus servidores, os policiais federais.

Esse prestígio foi ratificado por recente pesquisa de opinião sobre a confiança nas instituições e nos profissionais, levada a efeito pelo Centro de Justiça e Sociedade (CJUS) da Escola de Direito do Rio de Janeiro, da Fundação Getulio Vargas (FGV Direito Rio), e pelo Ipespe.

O referido trabalho, organizado por Sérgio Guerra (2009:15 e 16), consolida a pesquisa acima referida e revela o nível de prestígio de algumas instituições e também de seus servidores junto à população adulta brasileira — resumo nas tabelas 1 e 2.

Tabela 1
Pesquisa de confiança nas instituições realizada entre 9 e 11-2-2009

| Posição | Instituição | Confia | Não confia | NS/NR |
|---|---|---|---|---|
| 1 | Forças Armadas | 82 | 12 | 6 |
| 2 | Escola | 82 | 14 | 4 |
| 3 | Polícia Federal | 72 | 22 | 6 |

Obs.: Percentuais arredondados, com margem de erro de 2,9%.
NS = Não souberam e NR = Não responderam.

Tabela 2
Pesquisa de Confiança nos Profissionais (%) realizada entre 9 e 11/2/2009

| Posição | Profissionais | Confia | Não confia | NS/NR |
|---|---|---|---|---|
| 1 | Professores | 89 | 7 | 4 |
| 2 | Policiais Federais | 71 | 22 | 7 |
| 3 | Promotores de Justiça | 71 | 22 | 7 |

Obs.: Percentuais arredondados, com margem de erro 2,9%.
NS = Não souberam e NR = Não responderam.

Cita ainda o mesmo trabalho: "O fato novo é a elevada confiança na Polícia Federal e nos Policiais Federais. Deve-se, em grande parte, às operações de combate a múltiplos tipos de fraudes realizadas desde a gestão de Márcio Thomas Bastos (...)". Efetivamente, temos observado uma nova forma de atuação das polícias em geral, e da Polícia Federal mais especificamente, que vem se valendo mais de recursos tecnológicos e de inteligência policial em suas ações de combate ao crime.

Entretanto, esta situação de prestígio e de confiança nem sempre foi assim. De forma recorrente, servidores mais antigos do Departamento de Polícia Federal — servidores que tomaram posse no Departamento de Polícia Federal na década de 1990 — comentam que a Polícia Federal teria passado por um processo de transformação organizacional, para melhor, na década passada. Segundo estes relatos, nos anos anteriores ao advento do Projeto Pró-Amazônia/Promotec, a Polícia Federal encontrava-se sucateada e sem condições favoráveis ao trabalho investigativo e também pericial que pudessem viabilizar o desempenho satisfatório do seu papel de Polícia Judiciária da União.

Associado ao processo de reaparelhamento da Polícia Federal, no período 2001-10 ocorreram dois concursos públicos para a carreira policial, os quais permitiram o acesso de novos servidores nos seus quadros. Em função do padrão salarial oferecido aos aprovados, à época, e também do nível exigido no processo seletivo, o qual envolveu prova de conhecimentos gerais, prova de conhecimentos específicos, provas físicas, testes psicotécnicos e exames médicos, além de curso de formação na Academia Nacional de Polícia (ANP), em Brasília (DF), os certames resultaram em seleção de pessoal que, não somente recompôs quantitativamente os quadros de pessoal do DPF, mas também elevou significativamente o nível da qualificação técnica dos servidores do Departamento de Polícia Federal.

Neste contexto, o problema que se buscou responder no corrente trabalho foi: ocorreu uma transformação organizacional, traduzida em um processo de modernização, no Instituto Nacional de Criminalística, a partir do advento do Projeto Pró-Amazônia/Promotec?

O citado projeto foi firmado na década de 1990 entre o governo brasileiro e os governos francês e alemão com o objetivo de melhor equipar a Polícia Federal brasileira para superar seus desafios, tendo sido investidos na primeira edição do projeto cerca de US$ 395 milhões, tendo como parceira a Sociedade Francesa de Exportação de Materiais, Sistemas e Serviços do Ministério do Interior (Sofremi).

No âmbito do Departamento de Polícia Federal, uma relevante fonte de recursos financeiros na década passada destinados a investimentos, por meio da aquisição de novos equipamentos e também destinados a custeio, visando à manutenção destas aquisições, foi o Projeto Pró--Amazônia/Promotec.

Acompanhando de perto esse suposto processo de modernização vivido após o advento do projeto, no qual muitos dos serviços e das atividades da Polícia Federal passaram por alterações, considerando ainda o ser humano como peça central em todo o processo laboral, aparece como uma nova necessidade a demanda por atualização e treinamento dos policiais.

Como consequência desse processo de atualização profissional, ocorreu uma valorização dos policiais federais envolvidos nas mais variadas tarefas, como a de identificação humana por processos de análise de DNA, operações no Microscópio Eletrônico de Varredura (MEV), identificação de locutores, entre outras atividades periciais recentes e que foram beneficiadas com modernos equipamentos, os quais exigem novas aptidões e constante capacitação dos peritos criminais com atuação na criminalística.

Considerando que as organizações sociais passam por processos de transformação, e que o DPF como um todo, e a criminalística em específico, foram de alguma maneira beneficiados com recursos do referido projeto, buscaremos fazer uma análise comparada dos aspectos afetos à modernização da perícia criminal do DPF, mais especificamente avaliar os reflexos destas mudanças no INC. A partir dessa análise, buscaremos entender se as ações da alta administração da Polícia Federal, no sentido de repensar o futuro e estabelecer o projeto, foram acertadas.

## 2. Referencial

As teorias que tratam do assunto transformações organizacionais defendem que essas mudanças, na forma de inovações, acontecem na maior parte das vezes de maneira gradativa e sem causar muitos impactos ou alterações profundas nos locais onde são implementadas, fazendo, assim, parte do cotidiano da maioria das empresas, sendo essas mudanças necessárias à sobrevivência das organizações em termos de manutenção dos seus níveis de competitividade e de valor de mercado. Estudiosos desses processos de mudanças e transformações organizacionais, tais como Marc Epstein e Roger Martin, categorizaram essa modalidade de inovações como mudanças incrementais, mudanças evolucionárias ou mudanças contínuas.

Os tipos/níveis de inovação, segundo Figueiredo (2009:30), se dividem de maneira didática em inovações, básicas, incrementais intermediárias, incrementais avançadas, arquiteturais e radicais. As inovações ou mudanças radicais são aquelas mais incisivas e que trazem em seus conteúdos mudanças no comportamento competitivo, sendo, assim, mais significativas e podem gerar resultados mais efetivos.

A categoria de mudanças radicais é a que envolve um maior nível de riscos agregados e requer grandes investimentos humanos e materiais em sua implementação. Porém, por outro lado, são as inovações que podem trazer em seu bojo grandes retornos para as instituições, uma vez que trazem mudanças na estrutura de negócios das corporações, impactando seus principais pilares. Reproduzimos no quadro 1 a Matriz de Inovação, esquema que apresenta a dinâmica da interação entre o modelo de negócios e a base tecnológica de uma instituição estudada, conforme estruturada por Epstein e colaboradores (2005:14):

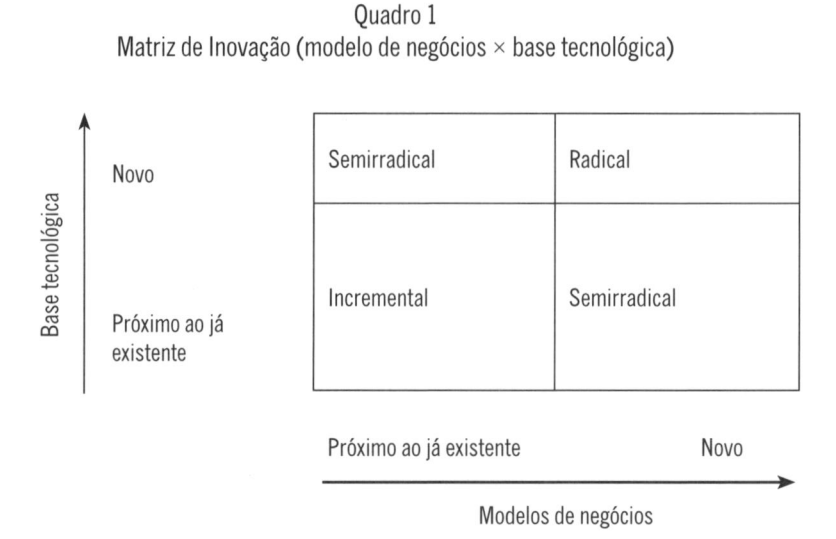

Quadro 1
Matriz de Inovação (modelo de negócios × base tecnológica)

| Base tecnológica | Modelos de negócios |  |
|---|---|---|
|  | Próximo ao já existente | Novo |
| Novo | Semirradical | Radical |
| Próximo ao já existente | Incremental | Semirradical |

Segundo o fluxo do quadro 1, o sucesso na criação de ideias inovadoras é função direta da utilização correta dos recursos da base tecnológica disponíveis na organização, plenamente integrados aos seus modelos de negócios.

Da análise da matriz de inovações, observamos que aquela categoria de mudanças que mais se aproxima da situação que hoje existe é a classe das inovações incrementais. Em situação oposta, como classe de inovações mais arrojadas e que mais se aproximam de uma nova situação ou novo patamar de ideais na organização, encontra-se a categoria das inovações radicais.

Em situação intermediária, as inovações semirradicais estão posicionadas entre as incrementais e as radicais, alcançando níveis medianos em termos de mudanças e de proximidade com a condição já existente e uma nova condição.

A separação em categorias de mudanças não diminui a importância das inovações como ideias potencialmente aproveitáveis, mas apenas as coloca didaticamente em posições diferentes em relação ao *status quo anti* das instituições estudadas, pois todas são necessárias em determinado momento da existência das organizações, atendendo a situações específicas.

Quando se fala em mudança, a ideia geral que pode estar associada ao pensamento das pessoas é aquela referente a uma alteração física previamente planejada, à reorganização do *layout* ou às alterações no ambiente de trabalho ou no mobiliário de maneira mais genérica.

Outro sentido em nossa mente, porém, deve ter a palavra transição, uma vez que esta se dá no nível de alteração de comportamento das pessoas, mudança de postura ou de atitude, sendo esse o estado mental que se deseja alcançar na maior parte das vezes em que se fala de transformação organizacional.

Na esfera pública de governo, as transformações geralmente não ocorrem com a mesma velocidade que na área privada. Na esfera pública buscam-se melhores condições de atendimento e principalmente uma melhor qualidade na prestação dos serviços provenientes da administração pública, tendo como um ideal a ser alcançado pelo setor público a agilidade desenvolvida nos processos das organizações pertencentes à área privada.

Citando trecho do artigo de Diniz e colaboradores (2009:27), que bem ilustra esta realidade na forma de desafio:

> Esse desafio é fruto da diferença entre os níveis de adoção de tecnologia encontrados no setor privado e no setor público, já que os elevados índices de adoção de tecnologia e de automação de processos operacionais, produtivos e administrativos no setor privado criaram um novo paradigma de eficiência que o setor público precisa alcançar.

Pode-se constatar, então, que é árdua a missão da administração pública de se modernizar pela mudança nas formas pelas quais o governo interage com o cidadão, com empresas da área pública, da iniciativa privada e com outros governos.

## 3. Metodologia

O universo da pesquisa são os peritos criminais federais (PCFs) lotados no Instituto Nacional de Criminalística. No entanto, no escopo do presente trabalho, consideramos como amostra as impressões de 20 peritos criminais federais que trabalham no INC.

Por meio de entrevistas estruturadas, foram ouvidas as respostas de 10 PCFs mais antigos — empossados como peritos antes de 2001, portanto com mais de 10 anos de serviço —, que, por serem mais antigos de Departamento, vivenciaram em sua carreira como servidor policial federal as fases anterior e posterior ao advento do Projeto Pró-Amazônia/Promotec e participaram da suposta mudança organizacional na criminalística da Polícia Federal. Igualmente, buscamos também as impressões de 10 PCFs mais modernos — empossados como peritos após 2001, mas com menos de 10 anos de serviço —, que contribuíram com uma visão mais de vanguarda e com sugestões de novas aquisições e tecnologias, considerando que as bases das tecnologias de microinformática evoluem muito velozmente em nosso mundo globalizado.

As categorias pesquisadas por meio das entrevistas realizadas foram: 1. ambiente de trabalho, 2. nível de satisfação dos servidores, 3. relacionamento interpessoal, 4. maior visibilidade e prestígio do cargo de perito criminal federal e do INC, 5. eventual aumento de produtividade, 6. melhoria na qualidade das provas materiais produzidas no órgão e 7. importância estratégica do projeto para o DPF.

As categorias pesquisadas foram distribuídas em cinco perguntas elaboradas a 20 peritos criminais federais, não identificados no trabalho, quais sejam:

1. Como as aquisições do Projeto Pró-Amazônia/Promotec afetaram o ambiente de trabalho, o nível da satisfação dos servidores e o relacionamento interpessoal dos PCFs que atuam no Instituto Nacional de Criminalística?

2. A maior visibilidade e o prestígio do cargo de perito criminal federal e do Instituto Nacional de Criminalística estão relacionados às aquisições do Projeto Pró-Amazônia/Promotec e à modernização da criminalística? De que forma?

3. No INC ocorreu aumento da produtividade e melhoria na qualidade das provas produzidas a partir das aquisições do Projeto Pró-Amazônia/Promotec?
4. Em termos estratégicos, qual a importância da reedição do Projeto Pró-Amazônia/Promotec para o INC?
5. Quais as suas sugestões de melhorias e de novas aquisições para o INC via Projeto Pró-Amazônia/Promotec?

## 4. Resultados

Apresentamos, a seguir, uma consolidação das informações obtidas dos entrevistados, separadas estas por itens presentes nos questionamentos realizados aos peritos criminais federais ouvidos:

### Item 1. Ambiente de trabalho, nível de satisfação dos servidores e relacionamento interpessoal

Quanto a este item, foi feita referência ao fato de que o cargo de perito criminal federal é essencialmente um cargo com atribuições técnico-científicas e, sem os meios necessários para o desenvolvimento de um trabalho técnico-científico, a satisfação pessoal dos servidores em seu ambiente de trabalho não pode ser plena. A respeito das questões remuneratórias, o nível de satisfação dos servidores foi sensivelmente melhorado a partir do reaparelhamento do INC proporcionado pelos recursos oriundos do Projeto Pró-Amazônia/Promotec, pois ocorreu um despertar por parte dos servidores do INC para buscar acompanhar o nível de qualidade que os novos equipamentos adquiridos propiciavam.

As rotinas de trabalho em alguns setores foram alteradas com os equipamentos instalados em determinadas áreas do INC. A título de exemplo, foram mencionadas as perícias em documentos quando se buscava analisar o cruzamento de traços. No passado, as técnicas eram imprecisas, mas atualmente os documentos questionados são examinados com a utilização do microscópio eletrônico de varredura, instalado em outro setor do Instituto. Este tipo de prática entre os servidores teve reflexos positivos no relacionamento interpessoal dos peritos criminais federais lotados no Instituto.

Nos setores de trabalho do INC mais vinculados a equipamentos e onde a utilização intensiva de tecnologia de ponta para a realização dos trabalhos cotidianos é mais presente, tais como os setores de Informática Forense, Audiovisual e Eletrônicos, Laboratório de Química Forense, Perícias Externas e Documentoscopia, o maior nível de aparelhamento e de modernização do parque de equipamentos trouxe reflexos positivos para o ambiente de trabalho. Essa atualização nos equipamentos e nos softwares também impactou positivamente o nível de satisfação dos servidores e, de alguma forma, o relacionamento interpessoal dos servidores desses setores do INC.

Os peritos criminais que trabalham no setor de Perícias de Informática relataram que houve aumento discreto no que diz respeito ao quesito relacionamento interpessoal, pois os trabalhos naquele setor do Instituto, por características do próprio serviço, são realizados de forma individual, só existindo laudos periciais assinados por dois PCFs em casos excepcionais. Neste setor do INC a regra é que os trabalhos periciais sejam recebidos, elaborados e assinados de forma individual, pouco existindo a figura do segundo perito, exceto em casos de maior complexidade, fato que refletiu na resposta obtida quanto ao quesito relacionamento interpessoal.

Já no setor de Documentoscopia, os novos equipamentos possibilitaram a discussão em pequenos grupos de exames periciais cujas análises se apresentavam mais complexas e até mesmo na realização de novos tipos de exames que não eram realizados antes naquele setor, o que permitiu o aumento no nível de relacionamento interpessoal entre os servidores. Também o setor de Perícias em Documentos do INC, cujo tipo de trabalho ali desenvolvido era considerado desinteressante pelos peritos criminais federais de outros setores, passou a presenciar uma nova situação. Após a chegada do novo parque de instrumentos, aumentou o interesse por parte dos demais servidores pelos serviços ali executados.

O setor de Perícias em Documentos passou a ser mais visitado por outros servidores, ocorrendo, assim, um despertar no nível de interesse pelas atividades ali desempenhadas após a chegada dos novos equipamentos. O referido setor é atualmente um dos mais demandados pelos visitantes externos ao Departamento de Polícia Federal.

Também foi destaque no setor de Perícias Documentoscópicas do INC o fato de os novos equipamentos demandarem treinamentos e cursos de especialização bastante específicos para os peritos criminais federais ali lotados, dada a necessidade do aprendizado para o correto manuseio desses equipamentos e dos softwares a eles relacionados. Esse fato também acabou trazendo reflexos positivos no nível de relacionamento interpessoal dos servidores ali lotados.

Um registro especificamente mencionado com respeito ao quesito relacionamento interpessoal, mas que não tem ligação direta com o projeto, foi o fato de que o aumento no número de peritos criminais federais, lotados no Instituto Nacional de Criminalística em um espaço de tempo relativamente curto, fez com que alguns colegas, que trabalham no mesmo prédio, não se conhecessem por trabalharem em horários diferentes ou mesmo em setores distintos dentro do Instituto, situação improvável na realidade anterior à construção da nova sede do INC. Dois servidores mais antigos apresentaram eventuais dificuldades em se adaptar à nova realidade instalada em seus locais de trabalho. Essas situações pontuais, vividas em maior ou menor intensidade nos diversos setores do Instituto, geraram segregação e de alguma maneira interferiram no relacionamento interpessoal entre os servidores lotados no INC.

## Item 2. Maior visibilidade e prestígio do cargo de perito criminal federal e do Instituto Nacional de Criminalística

Do ponto de vista dos peritos criminais federais mais modernos, a maior visibilidade do cargo de PCF e do Instituto Nacional de Criminalística estaria relacionada mais fortemente aos atuais seriados televisivos que apresentam a atuação da polícia científica no exterior, os quais exibem naquela mídia a atividade pericial sendo desenvolvida com alto nível de excelência do pessoal envolvido e com abundante e moderno equipamento disponível para os exames forenses. Essta situação em nada se assemelha à realidade vivenciada pela perícia criminal brasileira.

Os peritos criminais federais com menos tempo de Departamento, e que não conheceram, portanto, as realidades anteriores da criminalística do Departamento de Polícia Federal, também deixaram evidenciada a impressão de que o prestígio e a visibilidade atual do cargo de PCF, bem como do Instituto Nacional de Criminalística, estariam mais vinculados diretamente a questões de marketing, da capacitação técnica do perito criminal federal, do reconhecimento e postura do profissional junto à sociedade e junto aos seus pares e, principalmente, de como a perícia se relaciona com o público externo em geral. Por esse ponto de vista, o reaparelhamento do INC não teria sido fator determinante para o atual nível de prestígio alcançado pelo cargo de PCF e pelo Instituto Nacional de Criminalística.

Já pelo ponto de vista dos peritos criminais federais mais antigos, houve clara vinculação entre o aumento na visibilidade do cargo de perito criminal federal e do Instituto Nacional de Criminalística com as aquisições efetuadas à égide do projeto, em que estudantes universitários, imprensa e o público de visitantes externos em geral, tanto do Brasil como de outros países, saíam muito bem impressionados com o que lhes era apresentado.

A criminalística da Polícia Federal, que antes precisava sair em busca de apoio técnico e material em centros de conhecimento como universidades e laboratórios de outros órgãos públicos, hoje vem sendo procurada para prestar apoio logístico e técnico a essas instituições. Além de as aquisições realizadas aumentarem a visibilidade da perícia do DPF, o elevado nível intelectual e de formação do corpo técnico de peritos criminais também aumentou a visibilidade e o prestígio do cargo e do Instituto.

Esse atual panorama de excelência nas instalações físicas e no aparelhamento ali presente, segundo as opiniões coletadas, colocou o Instituto Nacional de Criminalística como centro de referência no Brasil e no exterior em sua área de atuação, plenamente equiparado, em termos qualitativos, aos mais renomados centros de ciências forenses do mundo.

A partir das aquisições ao amparo do projeto e da melhoria no nível de precisão dos trabalhos do Instituto Nacional de Criminalística, aumentaram também a confiança e a segurança dos operadores do direito e de áreas que demandam perícias do INC, como Ministério Público Federal e Poder Judiciário, com reflexos na visibilidade do cargo e também do INC. De uma situação anterior, onde havia dúvidas se a criminalística da Polícia Federal teria de fato condições de atender com qualidade e presteza determinadas solicitações de exames periciais, passou-se hoje a uma situação de credibilidade tal que os exames que transmitem mais segurança e conforto aos tomadores de decisão na esfera judicial de primeira instância são os realizados no INC.

### Item 3. Aumento de produtividade e melhoria na qualidade das provas produzidas pelo Instituto Nacional de Criminalística

Não houve unanimidade nas respostas fornecidas no que diz respeito ao aumento de produtividade no Instituto Nacional de Criminalística com as aquisições do Projeto Pró-Amazônia/Promotec no período considerado. Por outro lado, foi unânime a concordância observada quanto ao quesito melhoria na qualidade das provas produzidas pelo Instituto.

Em determinados setores do INC pesquisados, as aquisições realizadas fizeram com que houvesse até diminuição do nível de produtividade, em um momento inicial de adaptação. Esse fenômeno momentâneo se explicaria pela necessidade de os servidores aprenderem a trabalhar com os novos equipamentos, realizarem treinamentos específicos e se adaptarem às novas possibilidades de realização de exames periciais que se abriam dentro do Instituto Nacional de Criminalística.

O INC saiu de uma situação inicial em que as provas eram materializadas com alto nível de incerteza, havia elevada carga de trabalho acumulado, morosidade no atendimento das demandas, utilização de equipamentos improvisados, antigos e eventualmente compartilhados entre dois ou mais servidores, com softwares não licenciados para algumas aplicações, tudo isto gerando imprecisão nos resultados dos exames realizados, para um segundo momento, posterior às aquisições do projeto, no qual se vive uma realidade totalmente diferente. Nessa nova fase são realizados, por exemplo, exames de verificação de locutor no setor de Perícias em Audiovisual e Eletrônicos, e testes com resíduos de disparo de arma de fogo utilizando-se o microscópio eletrônico de varredura (MEV), análises estas que não tinham como ser efetuadas no período anterior.

Nesse segundo momento, o Laboratório de Química Forense tem sido convidado a participar esporadicamente de testes colaborativos em exames elaborados pela ONU. Nessas provas, o Laboratório de Química Forense do Instituto tem obtido índice máximo de acerto na caracterização qualitativa e quantitativa das amostras encaminhadas para análise. Para essas situações, os testes exigem avaliações do nível de preparação dos laboratórios e dos procedimentos do pessoal envolvido, certificação dos métodos analíticos e dos padrões utilizados, bem como a conferência com sistemas de calibração.

Esta melhoria na qualidade das provas produzidas pelo INC teve reflexos no fortalecimento da materialização dos delitos e no convencimento dos operadores do direito. A partir daí os magistrados passaram a tomar suas decisões de maneira mais segura, com melhor embasamento e deixando pouca ou nenhuma margem para manobras jurídicas, tais como a impetração de recursos judiciais protelatórios, dada a robustez das provas materiais produzidas a partir de então pela perícia criminal do DPF.

O aumento na produtividade de laudos elaborados no INC foi percebido mais intensamente nos serviços com maior automação de processos, a exemplo das áreas de Informática Forense e do Laboratório de Química Forense, onde os modernos equipamentos passaram a automatizar uma parcela do trabalho antes realizado manualmente pelos peritos criminais. Por outro lado, no caso do setor de Documentoscopia, como os novos equipamentos viabilizaram a realização de exames em documentos de maneira mais aprofundada e variada, os entrevistados lotados naquele setor perceberam uma diminuição na quantidade de laudos emitidos após a aquisição dos equipamentos.

Por suas características específicas de trabalho, o setor de Perícias Externas não elabora muitos laudos periciais, apesar de ter recebido equipamentos no escopo do projeto, a exemplo das viaturas antibomba especialmente preparadas, e trajes especiais para situações de risco de explosão. Assim, para esse setor, não há que se falar em aumento na produtividade de laudos periciais, mas sim no aumento na qualidade dos trabalhos realizados, em especial no quesito segurança dos peritos criminais federais que ali atuam.

Os peritos criminais federais mais modernos não souberam especificar, com relação ao questionamento relativo ao aumento de produtividade, se o incremento observado foi devido ao acréscimo no quantitativo de novos PCFs lotados no Instituto Nacional de Criminalística, ou à melhoria nos processos de trabalho proporcionada pelos modernos equipamentos adquiridos à égide do projeto, citando que o quesito produtividade precisa ser analisado dentro de contextos específicos. De fato, há solicitações de trabalhos periciais que demandam muitos dias de pesquisa, preparação prévia e saídas a campo dos peritos criminais federais, a exemplo de perícias de engenharia legal e de meio ambiente. Há também análises bem mais rápidas, como o caso dos testes preliminares de constatação de drogas e os exames de autenticidade de cédulas de real. Para os primeiros casos, o tempo de entrega é bem mais longo e a produtividade, por consequência, muito menor.

Sobre os quantitativos de laudos periciais produzidos, obtivemos nos registros históricos do Instituto Nacional de Criminalística dados referentes à produção e à produtividade média de laudos periciais ao longo de uma série temporal (2001 a 2010), agrupados de forma analítica (não segmentados por setor), que evidenciam a produção e a produtividade do Instituto Nacional de Criminalística no período sob análise, conforme ilustrado no gráfico 1.

Tabela 3
Produção e produtividade do Instituto Nacional de Criminalística

| Ano | Nº Laudos | Nº PCFs | Produtividade[1] |
|---|---|---|---|
| 2001[2] | 2170 | 54 | 40 |
| 2002 | 2823 | 54 | 52 |
| 2003 | 2830 | 66 | 43 |
| 2004[3] | 2762 | 72 | 38 |
| 2005 | 3277 | 86 | 38 |
| 2006 | 2909 | 116 | 25 |
| 2007 | 3688 | 143 | 26 |
| 2008 | 3087 | 151 | 20 |
| 2009 | 3688 | 148 | 25 |
| 2010 | 2175 | 160 | 14 |

1 Número de Laudos produzidos / Número de PCFs lotados no INC.
2 Ano do edital do penúltimo concurso público para o cargo de PCF.
3 Ano do edital do último concurso público para o cargo de PCF.

Gráfico 1
Produção e produtividade de laudos periciais do INC entre 2001 e 2010

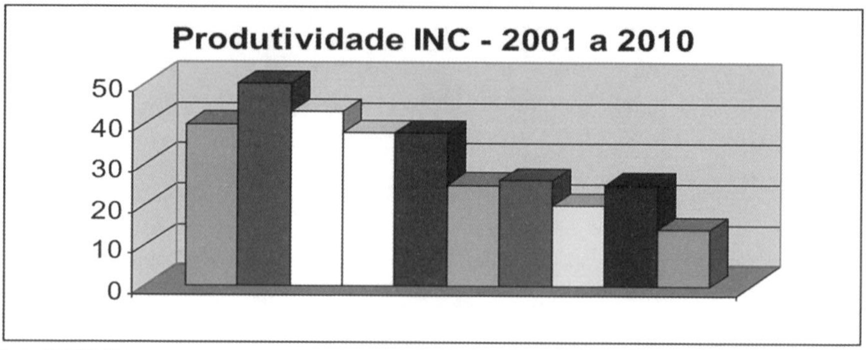

**Produtividade INC - 2001 a 2010**

Fonte: DPCRIM/INC.

Ressaltamos que nos anos de 2001 e 2004 ocorreram, respectivamente, as publicações dos editais para o penúltimo e para o último concurso público destinado a todos os cargos da carreira policial federal do Departamento. A partir destes fatos relevantes para o DPF, foram selecionados e convocados novos contingentes de servidores policiais federais para a carreira, inclusive peritos criminais federais concursados para a perícia do DPF. Entre esses novos PCFs aprovados, há servidores especialistas em 17 áreas diferentes de conhecimento.

Entretanto, especificamente no Instituto Nacional de Criminalística, a entrada de novos peritos criminais federais para a criminalística do Departamento não teve reflexos na produtividade de laudos periciais elaborados. Tal resultado pode ser eventualmente atribuído ao fato de haver a necessidade do aprendizado das novas funções aos recém-empossados, pela maior complexidade observada em alguns tipos de exames periciais e ainda pelo fato de alguns PCFs lotados no INC exercerem cargos de chefia e outros com atribuições eventuais de atender demandas específicas de obras civis do DPF e de ministrar aulas nos cursos de formação profissional da Academia Nacional de Polícia, momentos em que ficam sobrestadas as responsabilidades primordiais de elaboração de laudos periciais.

## Item 4. Importância estratégica

Unânime entre os entrevistados, no que diz respeito à importância estratégica do projeto para a criminalística, foi a referência feita ante a necessidade de uma fonte permanente de recursos para investimentos, de forma a se manter atualizado, por simples reposição, o parque tecnológico da criminalística do DPF, e com novas aquisições tanto de softwares como de equipamentos de hardware, e também de recursos destinados a custeio, de forma a viabilizar a manutenção dos equipamentos já adquiridos e em funcionamento, ainda que seja por via de financiamento(s) diferente(s) da(s) reedição(ões) do Projeto Pró--Amazônia/Promotec.

Uma vantagem citada, relativamente ao quesito importância estratégica do projeto para a criminalística, foi a respeito da alta qualidade dos equipamentos adquiridos, apesar de, por exigência contratual, serem estes necessariamente de fabricação/origem francesa ou alemã. Por outro lado, as aquisições que são realizadas pela via convencional dos processos licitatórios demandam um nível de detalhamento muito elevado do órgão público comprador e nem sempre os produtos oferecidos atendem às condições de preço e de qualidade desejadas pelos usuários.

Além disso, pelos meios tradicionais de aquisições de equipamentos, os serviços de manutenção dos bens adquiridos têm deixado a desejar. Nessa modalidade, além dos costumeiros problemas de contingenciamento de verbas orçamentárias, ocorrem também sistematicamente situações em que as liberações de recursos financeiros se dão no final do exercício anual, o que muitas vezes inviabiliza aquisições mais bem estruturadas pelo exíguo prazo disponível.

Em contrapartida, as aquisições do Projeto Pró-Amazônia/Promotec puderam ser especificadas em um nível de detalhamento mais condizente com a realidade dos serviços, e os resultados se mostraram satisfatórios para o atendimento das necessidades da criminalística da Polícia Federal, sendo também muito bem referenciados os serviços afetos à manutenção preventiva e corretiva dos itens adquiridos para a perícia do Departamento de Polícia Federal.

Também com relação à importância estratégica, os peritos criminais federais mais antigos e mais graduados na hierarquia do Instituto e também aqueles com cargos de chefia intermediária responderam que a situação ideal para o trabalho dos peritos criminais seria aquela em que os Setecs, em um primeiro momento, e também os Institutos de Criminalística das Polícias Civis dos estados, em momento posterior, pudessem alcançar o mesmo nível de excelência técnica do INC em termos de pessoal e de infraestrutura, tendo sido citado que o Instituto Nacional de Criminalística já teria alcançado o estado da arte em sua área de atuação.

Para que outros centros de criminalística possam alcançar esse patamar, são necessários investimentos que poderiam ser aportados através da reedição do Projeto Pró-Amazônia/Promotec, ou ainda por outra fonte diversa de investimentos. Na situação anterior ao projeto, muitas das solicitações de exames periciais recebidas nos Setecs eram repassadas das descentralizadas para o INC. Hoje só chegam para exames no INC algumas demandas muito específicas, já que atualmente os Setecs e Utecs possuem também significativa quantidade de equipamentos, bem como servidores capacitados para a realização dos exames periciais mais rotineiros.

Outra citação relevante com respeito à importância estratégica do projeto para o Instituto Nacional de Criminalística foi o fato de, a partir das novas aquisições realizadas, os peritos criminais federais lotados no INC passarem a ter melhores condições de desempenhar atividades voltadas à Pesquisa e Desenvolvimento, atribuição de grande importância para o Instituto e que estava ficando de alguma forma relegada a um plano secundário dentro do Instituto.

A partir dos resultados obtidos com essas pesquisas, onde são testadas as melhores soluções para a materialização das provas técnicas em termos de custos, em termos de velocidade de resposta, em termos de necessidades de capacitação, em termos de melhores técnicas e metodologias, há a divulgação pelo INC de instruções de serviço destinadas aos Setecs e Utecs. Essas instruções orientam procedimentos operacionais que têm melhorado a qualidade técnica dos laudos periciais e demais trabalhos executados pelos Setecs e Utecs localizados nas unidades descentralizadas da Polícia Federal.

Foi também importante para a manutenção da qualidade dos trabalhos técnicos elaborados a criação de Câmaras Especializadas, que são, em termos resumidos, um fórum de discussão de temas específicos das diversas áreas de conhecimento das ciências forenses. Nessas Câmaras Especializadas, os profissionais do INC com mais experiência no trato com os equipamentos adquiridos têm a oportunidade de manifestar suas opiniões, relatar novos conhecimentos e ajudar na resolução de casos mais difíceis.

Atribuição igualmente relevante para os PCFs lotados no Instituto Nacional de Criminalística é a de multiplicadores dos conhecimentos obtidos a partir das novas tecnologias recebidas. A prática do ensino na Academia Nacional de Polícia (ANP), em Brasília (DF), é fundamental para as novas turmas de policiais federais que vão passando pelos seguidos cursos de formação profissional. Em nível de treinamento, servidores de outros órgãos públicos e até de outros países têm sido convidados a participar de turmas para capacitações específicas.

Especificamente para as turmas dos cursos de formação de novos peritos criminais federais na ANP, os professores mais bem capacitados para o ensino, via de regra, são os que atuam no INC, pela grande experiência profissional já adquirida ao longo do tempo e pela especificidade das tarefas cotidianas realizadas. Há alguns servidores até novos no cargo, mas com bastante experiência profissional, incluindo muitos com titulação acadêmica de mestrado e doutorado, além de existir ainda a facilidade de esses peritos criminais já trabalharem e residirem na capital federal.

Ainda com relação às atribuições dos peritos criminais federais lotados no Instituto Nacional de Criminalística, por atuarem de forma mais específica em suas áreas de conhecimento, foi destacada a necessidade de esses profissionais estarem também atentos e disponíveis para buscar e avaliar novos equipamentos e tecnologias mais atuais para o enfrentamento ao crime organizado, tendo também como parâmetro de comparação as aquisições já realizadas para os diversos setores do INC.

## Item 5. Sugestões de melhorias e de novas aquisições

As considerações referentes às sugestões de melhorias e às novas aquisições variaram conforme as necessidades vislumbradas na lotação atual dos peritos criminais federais entre os diversos setores de trabalho existentes no Instituto Nacional de Criminalística. As respostas sempre levaram em consideração que se faz imprescindível a manutenção dos níveis de excelência já alcançados no Instituto Nacional de Criminalística e que o crime organizado busca estar sempre um passo à frente da Polícia em termos de aparelhamento e de utilização de novas tecnologias.

A título de exemplo, o setor de Perícias de Informática apontou a necessidade da aquisição de computadores com maior capacidade de processamento de dados, sistemas dedicados à extração remota de dados em operações policiais, aplicativos específicos para quebra de senhas, para recuperação de mídias fisicamente danificadas e para tratamento de arquivos criptografados, bem como recursos tecnológicos para perícias em *tablets*. Essas necessidades ocorrem em função da própria dinâmica tecnológica nessa área do conhecimento, quando, pela elevada velocidade no desenvolvimento de novas aplicações, algo que hoje é lançado como produto de elevada tecnologia pode estar obsoleto em um curto espaço de tempo.

Já o setor de Perícias de Engenharia Legal vem demandando equipamentos para serem acoplados em veículos aéreos não tripulados de forma a viabilizar trabalhos em obras de rodovias e ferrovias demandadas judicialmente. O setor de Perícias em Audiovisual e Eletrônicos, por sua vez, está buscando adquirir equipamentos para tratamento de imagens com tecnologia 3-D (imagens em três dimensões), utilizadas, por exemplo, nas perícias em locais de crime e em áreas de grandes tragédias, eventos estes que podem demandar a reconstrução digital do local da ocorrência verificada em aplicações de três dimensões.

Por seu turno, o setor de Laboratório de Química Forense está buscando viabilizar a aquisição de equipamentos mais sensíveis e adequados às análises em agrotóxicos, em medicamentos e em resíduos de pós-explosão para viabilizar a materialização das provas obtidas. Para o setor de Balística, a demanda atual é por câmaras fotográficas super-rápidas e por um radar Doppler, além de mais peritos criminais federais lotados no setor, conforme já mencionado.

A área de Perícias de Medicina e Odontologia Legal, por ter sido criada após as aquisições do projeto, está toda por ser estruturada. Uma nova etapa física do Instituto Nacional de Criminalística deverá ser construída para abrigar o IML e todo o parque de equipamentos a ele relacionado, necessários ao trabalho dos peritos médico-legistas e odontólogos da criminalística do DPF.

Como forma alternativa de se manter bem aparelhado o Departamento de Polícia Federal e, consequentemente, o Instituto Nacional de Criminalística, foi cogitada a possibilidade de se abrir nos Estados Unidos da América um "Escritório de Compras", nos moldes do que as Forças Armadas já têm em funcionamento naquele país. A partir dali seriam, então, adquiridos os mais modernos equipamentos produzidos no mundo para suprir a Polícia Federal do Brasil.

Uma crítica realizada, não especificamente com relação ao Instituto Nacional de Criminalística, mas quanto aos equipamentos adquiridos pelo projeto e repassados para as unidades descentralizadas, foi que os Setecs não foram consultados a respeito das suas necessidades específicas de materiais. Esse fato fez com que alguns equipamentos se encontrem hoje bastante subutilizados em alguns estados, e os mesmos bens eventualmente podem se mostrar muito necessários em outras unidades da Federação. Some-se a isso o fato de que alguns equipamentos enviados aos estados são sensíveis e carecem de capacitação e treinamento específico para o seu correto manuseio. Este prerrequisito nem sempre pode ser atendido pelos peritos criminais federais não lotados em Brasília, às vezes por questões de incompatibilidade com a agenda de trabalho do servidor, impossibilidade de liberação por parte das chefias e também por envolver despesas com deslocamento e pagamento de diárias, e a disponibilidade de recursos financeiros para custear essas despesas nem sempre coincide com o período de realização dos treinamentos em Brasília (DF).

## 5. Conclusões

Especificamente com relação ao processo de transformação organizacional vivenciado pelo DPF entre os anos de 2001 e 2010, mais exatamente no Instituto Nacional de Criminalística, com o advento do Projeto Pró-Amazônia/Promotec, as principais conclusões da pesquisa realizada por meio de entrevistas estruturadas, feitas com 20 peritos criminais federais lotados no Instituto Nacional de Criminalística, em Brasília (DF), foram as seguintes:

— Em setores do Instituto Nacional de Criminalística mais beneficiados com equipamentos e com softwares e, consequentemente, onde ocorreram as modificações mais evidentes e mais incisivas, portanto percebidas com mais intensidade pelos entrevistados e de maior impacto e relevância nos trabalhos ali desenvolvidos, entendemos, pela teoria acadêmica que estuda as questões de transformações nas organizações, que as mudanças ali observadas podem ser classificadas como mudanças semirradicais a radicais, dado o maior distanciamento da posição atual em comparação com a situação anterior, principalmente em termos de bases tecnológicas.

— Em setores do Instituto onde as aquisições de equipamentos e softwares foram mais modestas, os efeitos do projeto foram relatados com menor intensidade e as mudanças organizacionais não alteraram fortemente nem a base tecnológica e nem o modelo do negócio. As mudanças ali observadas, desta forma, podem ser classificadas na categoria das mudanças incrementais, ressaltando que essa classificação didática não diminui a importância dessas pequenas transformações para os setores por elas alcançados, ao longo do período de tempo considerado, na análise do presente trabalho.

— Faz-se necessária uma fonte de recursos para financiar a manutenção e a renovação do parque de equipamentos já em funcionamento no INC, bem como investimentos para fazer frente às aquisições dos novos hardwares e softwares de interesse para a criminalística do DPF, ainda que por vias distintas de novas reedições do Projeto Pró-Amazônia/Promotec, baseado no fato de que as tecnologias de ponta são muito dinâmicas e que a criminalística não pode correr o risco de ficar em descompasso e tecnologicamente defasada.

— Destaca-se, ainda, a melhoria na qualidade das provas produzidas no INC, a partir do reaparelhamento observado em alguns setores do Instituto, podendo também ser vinculada às aquisições do projeto a melhoria na visibilidade do cargo de perito criminal federal e do INC.

## Referências

DINIZ, Eduardo Henrique et al. O governo eletrônico no Brasil: perspectiva histórica a partir de um modelo estruturado de análise. *Revista de Administração Pública*, Rio de Janeiro, v. 43, n. 1, p. 23-48, jan./fev. 2009.

EPSTEIN, Marc et al. Driving success: how you innovate determines what you innovate. *Financial Times Press*, n. 1, p. 14, jul. 2005.

FIGUEIREDO, Paulo N. *Gestão da inovação*: conceitos, métricas e experiências de empresas no Brasil. Rio de Janeiro: LTC, 2009.

GUERRA, Sérgio (Org.). *Transformações do Estado e do direito*: novos rumos para o Poder Judiciário: o Judiciário segundo os brasileiros. Rio de Janeiro: Fundação Getulio Vargas, 2009.

PAULA, Ana Paula Paes de. *Por uma nova gestão pública*. Rio de Janeiro: Fundação Getulio Vargas, 2009.

Capítulo 13

# Descentralização administrativa: o caso da Coordenação Regional de Polícia Técnica do Planalto (BA)

Maurício dos Santos Mendes
Armando Santos Moreira da Cunha

O objetivo deste estudo foi descrever a maneira como o processo de descentralização administrativa se efetivou na Coordenação Regional de Polícia Técnica do Planalto (BA). Para isso, foram adotados os procedimentos de uma pesquisa bibliográfica. Por meio de observação sistemática, foi delineada uma descrição do funcionamento da Coordenação Regional do Planalto e foram empregadas técnicas de entrevista semiestruturada e de aplicação de questionário estruturado fechado para ouvir os dirigentes das coordenadorias vinculadas à Coordenação Regional do Planalto e os peritos que laboram nas coordenadorias envolvidas. Ao final do estudo foi possível concluir que o Departamento de Polícia Técnica (DPT) ainda não alcançou a descentralização que vem almejando desde 2004, processo que se iniciou com a interiorização das coordenadorias regionais.

## 1. Introdução

A Coordenação Regional do Planalto é uma das seis coordenações do interior, criada para dar suporte a cinco coordenadorias regionais da Polícia Técnica[1] (CRPT), quais sejam: Brumado, Guanambi, Itapetinga, Jequié e Vitória da Conquista, em virtude de se ter verificado uma

---

1. Cumpre esclarecer que cada uma dessas CRPT gerencia, em média, os serviços de perícias oficiais de 20 municípios.

demanda crescente pelos trabalhos periciais ao longo do processo de interiorização da polícia técnica pelos municípios baianos.

A reflexão sobre a necessidade de avaliação dos procedimentos dessa estrutura administrativa e de sua inter-relação com a polícia técnica da capital do estado foi motivada pela importância de que se reveste a atuação das coordenadorias no processo de sua interiorização. Dessa reflexão, surgiu o problema da pesquisa que fundamenta este capítulo: em que medida o processo de descentralização administrativa se efetivou na Coordenação Regional de Polícia Técnica do Planalto (BA)?

Diante de tal questionamento, o objetivo geral da pesquisa foi colher elementos que permitissem descrever a maneira como se desenvolveu o processo de descentralização administrativa na Coordenação Regional de Polícia Técnica do Planalto (BA) e se foram preenchidos os requisitos de uma efetiva descentralização. Nessa perspectiva, foram definidos, como objetivos intermediários da investigação: definir os conceitos de *centralização*, *descentralização*, *concentração* e *desconcentração*, analisar os principais aspectos e a relevância da descentralização administrativa para a administração pública, descrever o funcionamento da Coordenação Regional do Planalto (BA) e identificar, dentre as atividades administrativas realizadas pela coordenação, aquelas que apresentam as características da descentralização.

A hipótese norteadora da pesquisa foi a de que ainda não se tem um modelo administrativo totalmente descentralizado. Deve-se observar que, não obstante se constatar que as falhas da gestão do DPT já se mostravam desde 1995, quando se ensaiou a formação de uma estrutura descentralizada para a coleta de provas materiais que auxiliassem a Justiça no decorrer dos inquéritos e dos respectivos processos, a pesquisa se limitou ao período de 2007 a 2011, quando as dificuldades administrativas começaram a demandar medidas mais complexas. Portanto, a análise do material e as conclusões a que tal análise conduziu referem-se apenas aos dados relativos àquele período. A relevância deste estudo está no fato de que ele pode contribuir para ressaltar a necessidade de se concretizar a descentralização administrativa no DPT para otimizar os serviços prestados e melhor atender às demandas sociais.

Em virtude da grande extensão territorial do estado da Bahia, dentro de um universo de seis coordenações, a pesquisa foi feita apenas no âmbito da Coordenação Regional do Planalto e em cinco coordenadorias que lhe são subordinadas, vinculadas ao Departamento de Polícia Técnica da Bahia.

Os instrumentos da pesquisa de campo — entrevistas semiestruturadas e o questionário estruturado — foram aplicados a uma amostra constituída por peritos e outros profissionais, considerados representativos da população-alvo e selecionados entre os que servem nas CRPT ligadas à Coordenação Regional do Planalto.

Desse modo, foram entrevistados, por meio de roteiros semiestruturados, o coordenador da Coordenação Regional do Planalto, os coordenadores das CRPT subordinadas e autoridades do DPT em Salvador (diretor do Departamento de Polícia Técnica, vice-diretor do Departamento de Polícia Técnica e diretor de Polícia Técnica do Interior) diretamente envolvidas na questão estudada.

Os questionários, por sua vez, foram aplicados aos peritos oficiais criminais, médico-legais e odontolegais que servem nas organizações supramencionadas.

## 2. Descentralização: um conceito central na gestão pública

A descentralização administrativa tem sido a estratégia clássica adotada pelas organizações quando começam a crescer e, especialmente, quando têm de dispor de agências em um vasto território, como é o caso, por exemplo, do Departamento de Polícia Técnica (Bahia, 2009) no estado da Bahia, que possui uma extensão territorial de 564.830,859 km², pelos quais estão distribuídos 417 municípios (IBGE, 2012).

Na visão de Mintzberg (1995:213-214), a descentralização implica: "delegar para os níveis inferiores da hierarquia", passar "o controle dos processos de decisão para as pessoas situadas fora da linha hierárquica, que não ocupam posições de chefia" e "dispersão física dos serviços". Para as finalidades deste trabalho, o termo denota uma forma de delegação da execução do planejamento com uma parcela maior de autonomia no contato entre policial e cidadão.

Muitos autores, como Arretche (1996), acreditam que os processos de descentralização administrativa podem contribuir para maior democratização do acesso da população aos serviços públicos e para o aumento da eficácia destes serviços, principalmente no que diz respeito à sua gerência.

Descentralização, em sentido jurídico-administrativo, consiste em atribuir a outro poderes de administração. É o procedimento de retirar poderes de um centro para conferi-los a outras pessoas jurídicas ou órgãos que lhe sejam exteriores.

É, ainda, a outorga real de poderes, visando a, segundo Silva (1987:98), "descongestionar os órgãos do Estado que com a ampliação das tarefas atribuídas a eles não puderem mais dar conta delas, senão através de um processo de multiplicação orgânica".

De um modo prático, a organização vê-se obrigada a descentralizar: o diretor-geral, incapaz de abarcar todos os conhecimentos, delega uma grande parte do seu poder a outras pessoas — outros gestores, especialistas funcionais e, também, por vezes, operacionais.

Desse modo, são exemplos típicos de burocracias que devem se descentralizar (porque o seu ambiente é estável, mas complexo) as universidades, os hospitais e os órgãos de segurança pública, como o Departamento de Polícia Técnica.

Com base em Marcelino (1988), a descentralização baseada no tipo de autoridade transferida agrega três categorias: descentralização política, descentralização administrativa e descentralização fiscal, explicadas a seguir.

Para o supracitado autor, a descentralização é política quando, dentro de um mesmo sistema jurídico, há uma pluralidade de pessoas jurídicas, investidas de funções políticas (por exemplo, governos federal, estadual e municipal).

No que diz respeito à descentralização administrativa institucional, esta, por sua vez, ocorre quando a atividade, ou o seu exercício, se desdobra do corpo orgânico central da administração para outra pessoa.

Em resumo, a descentralização política caracteriza-se pela titularidade do poder político; a administrativa, pela capacidade administrativa, valendo aqui citar Souza (2002:434), quando ela afirma que,

> Enquanto alguns autores enfatizam a descentralização administrativa, outros veem a descentralização como uma questão política que envolve uma

efetiva transferência de autoridade para setores, parcelas da população ou espaços territoriais antes excluídos do processo decisório.

De qualquer modo, a ideia básica da descentralização, tanto em um, quanto em outro caso, é de descongestionamento de funções a qual é inerente à noção de autonomia.

A descentralização fiscal, por seu turno, "se refere ao conjunto de políticas desenhadas para aumentar as receitas ou a autonomia fiscal dos governos subnacionais" (Falleti, 2006:61).

Do exposto, infere-se que a descentralização fiscal dá aos governos locais e regionais alguma autonomia nas decisões sobre como gastar e como arrecadar, de forma que algumas responsabilidades lhes são conferidas no que tange aos cidadãos daquelas circunscrições que, se, por um lado, recebem os benefícios que estão implícitos em seus gastos, por outro, financiam pelo menos uma parte deles. Trata-se, assim, de uma forma de autonomia nas questões fiscais que permite se definir, localmente pelo menos, uma parte do tamanho global dos orçamentos.

Ao se optar por criar uma estrutura baseada em uma das categorias descritas, a organização deve avaliar suas consequências, ou seja, os impactos positivos e/ou negativos que podem ter para sua administração e para os serviços públicos a ser realizados.

Segundo Vasconcellos (1979), a atividade que objetiva criar uma estrutura para uma organização é influenciada por condicionantes externos (natureza da atividade, ambiente externo, objetivos e estratégias, fator humano) e componentes da estrutura (sistema de atividades, de autoridade e de comunicação).

Nessa perspectiva, os condicionantes para a descentralização são: o grau de diversificação tecnológica dos serviços, o grau de interdependência das atividades, o grau de diversificação de mercados e produtos, a frequência de execução da atividade, a clareza de objetivos e a facilidade em medir resultados, a importância da atividade em face dos objetivos, as mudanças ambientais e a necessidade de respostas rápidas, a dispersão geográfica e a dificuldade de acesso e comunicação, a dificuldade em interagir com o ambiente, o volume da demanda, as flutuações na demanda, a capacidade do fator humano, a estrutura informal e o clima organizacional e a história da organização.

Sobre isso, Souza (2002:437) afirma que "o principal constrangimento relacionado com a descentralização e com a prestação de serviços sociais está nas disparidades intra e inter-regionais". Continuando, essa autora comenta que isto "desmonta a hipótese implícita na literatura de que um círculo vicioso seria estabelecido por políticas descentralizadoras e que as virtudes da descentralização se distribuiriam equitativamente".

Por sua vez, considerando que a descentralização está fortemente relacionada ao *design* dos cargos, Mintzberg (2008) afirma que esta pode ser vertical (territorial) ou horizontal. Do mesmo modo, considera que, do fato de o poder sobre todas as decisões não precisar estar disperso no mesmo local, originam-se dois outros tipos de descentralização: a seletiva e a paralela.

Para Motta Filho (2008), a descentralização vertical pode também ser chamada de territorial, classificando-se como política (decorre da Constituição e cria entes autônomos politicamente), administrativa (decorre da lei e cria regiões, territórios, zonas, bairros e outros) ou judiciária (delimita áreas de competência de foro). Trata-se da descentralização feita por áreas geográficas.

Com base em Mintzberg (2008), pode-se inferir que a descentralização vertical diz respeito à delegação do poder de tomada de decisão aos escalões inferiores da cadeia de autoridade, da cúpula estratégica para a linha intermediária. A descentralização horizontal, por sua vez, consiste na transferência de poder dos gerentes aos não gerentes, ou seja, dos gerentes de linha aos gerentes de assessoria, analistas, especialistas de apoio e operadores.

O mesmo autor indica que, quanto mais o poder é atribuído ao conhecimento em oposição ao cargo, mais a estrutura torna-se horizontalmente descentralizada, apontando diferentes graus de descentralização horizontal, a saber: poder para os analistas, poder para os especialistas e poder para todos.

Quando o poder é para todos, tem-se a descentralização completa, pois o poder não está baseado em cargo ou conhecimento, mas na filiação. Todos participam igualmente da tomada de decisão. A organização é democrática.

Em qualquer dos casos mencionados, a descentralização é uma estratégia para reestruturar o aparato estatal, não somente com o objetivo de que, reduzido, ganhe agilidade e eficiência, mas também para aumentar a eficácia das ações das políticas sociais pelo deslocamento para esferas periféricas, com maior aproximação de seu público-alvo.

Com base no exposto, pode-se apresentar a descentralização como alternativa gerencial, que cuide de corrigir as falhas na administração tradicional, de modo que sua agenda seja parte integrante das diversas experiências que buscam romper com os limites daquele modelo como paradigma das organizações públicas.

## 2.1 A descentralização administrativa no setor de segurança pública

Pode-se observar que, ao longo da história brasileira recente, o processo de redemocratização progressivamente passou a colocar a descentralização como uma de suas principais bandeiras, no sentido de garantir maior eficiência na execução de políticas públicas. De acordo com Cavalcante (2011:1783), a literatura acerca do tema pode ser dividida em três fases, cada uma com objetivos distintos: a primeira abrangeu os anos 1960 e "enfatizava a descentralização como uma abordagem administrativa para o nível local de governo no âmbito da era pós-colonial"; a segunda ocorreu no início da década de 1980, quando a estratégia se voltava "para as regiões pobres com a finalidade de ampliar a participação no processo desenvolvimentista"; na terceira fase, representada pelo período atual, "a literatura foca os aspectos políticos da descentralização procurando compreender se ela, em suas diferentes formas e tipos, pode estimular a emergência da boa governança".

Reis (1995) estabelece uma relação entre o processo de descentralização e a democratização, partindo da premissa de que, quanto melhor a sociedade for informada sobre a gestão governamental, maior capacidade terá de interferir nos rumos da política de qualquer setor.

No entanto, entende-se que, embora a descentralização seja em geral vista como uma medida administrativa positiva, sua adoção não necessariamente implica maior democratização, já que aspectos cruciais da definição e da execução das políticas, muitas vezes, permanecem concentrados nos níveis centrais de decisão.

É importante destacar que, a depender de como seja implantada a descentralização, a prestação e a execução de serviços públicos podem ser mantidas e qualificadas com a melhor organização das coordenações e das coordenadorias, como as CRPT a serem estudadas. Esse aspecto, segundo Lima (2007), está na essência do modelo de excelência em gestão pública, voltado para a construção de organizações públicas de alto desempenho em substituição às atuais megaorganizações superdimensionadas.

Isso posto, resta esclarecer que, entre os serviços públicos até aqui mencionados, estão os que se relacionam com a segurança pública, como aqueles que são prestados pelo Departamento de Polícia Técnica na investigação de crimes, incluindo-se aqui os trabalhos realizados pelos peritos (especialistas).

## 2.2 A descentralização administrativa na polícia técnica

No âmbito dos serviços da segurança pública e da justiça, impõe-se o desafio de identificar e diagnosticar, com clareza, os problemas existentes, estudar soluções em linha com o processo de democratização da sociedade e efetivar um processo de reestruturação consistente e duradouro.

Considerando os propósitos deste capítulo, são abordados aqui, especificamente, os laboratórios forenses, institutos de criminalística e de medicina legal, existentes em cada unidade da Federação, encarregados de realizar as perícias nos delitos de competência da justiça estadual.

As sedes desses institutos normalmente estão localizadas nas respectivas capitais dos estados, havendo, nas principais regiões, divisões ou setores de criminalística e medicina legal, a fim de atenderem aos municípios do interior de cada estado.

A tais setores compete a realização de todos os tipos de perícias, para os quais estão estruturados, muitas vezes, atuando em áreas periciais definidas como federais. Para tanto, os institutos de criminalística possuem, em seus quadros, servidores com formação superior nas áreas de farmácia, ciências contábeis, química, biologia, veterinária, engenharia, economia, física, informática e geologia, dentre outras.

Todos esses profissionais são peritos oficiais, nomenclatura mais moderna dada aos peritos criminais, médico-legais e odontolegais (especialistas) (Espíndula, 2006). Essas pessoas são contratadas pelo Estado, por meio de concurso público, para exercer a função pericial, nos termos do art. 159 do Código de Processo Penal (CPP).[2]

O perito está inserido no contexto da administração pública, mais especificamente, da segurança pública, como auxiliar da justiça (Cabral, 2003). O trabalho desses profissionais é extremamente relevante, haja vista a importância da prova pericial para a convicção do magistrado, pois o fato de um processo chegar à Justiça sem um exame pericial é uma das razões que podem levar um juiz a absolver um réu por falta de prova.

Não obstante se tenha consciência disso, Espíndula (2006) chama a atenção para o fato de que, atualmente, uma série de fatores contribui para que se tenham estruturas administrativas que deixam muito a desejar no cumprimento da função pericial do Estado. Entre as principais deficiências, este autor elenca:

> 1 — falta de investimento em equipamentos e tecnologias; 2 — reduzido quadro de pessoal; 3 — falta de um programa de treinamento e atualização dos peritos; 4 — baixos salários pagos aos peritos; 5 — vinculação dos órgãos periciais às estruturas policiais. (Espíndula, 2006:60)

Ademais, deve-se salientar que, na atualidade, praticamente, só as capitais são relativamente atendidas com regularidade nos exames periciais necessários, deixando-se a maioria dos municípios do interior sem peritos oficiais.

Tal situação, de acordo com Mendes (2009), vem fazendo com que, em alguns estados da Federação, como a Bahia, por exemplo, esteja-se buscando a interiorização da polícia técnica e a criação de coordenadorias regionais que visem a atender, com qualidade, às demandas por

---

[2]. Art. 159. O exame de corpo de delito e outras perícias serão realizados por perito oficial, portador de diploma de curso superior (Brasil, 1941:19).

meio do pronto atendimento dos exames, trazendo celeridade às respostas que subsidiam o Judiciário, leia-se, a Justiça.

## 3. O caso da Coordenação Regional do Planalto

Desde 1976, o DPT foi oficialmente inserido nas atividades de polícia técnica no interior do estado, por meio da Divisão de Coordenação e Controle (DCC), que tinha, entre suas competências, a de coordenar, avaliar e orientar os programas e trabalhos cometidos aos órgãos regionais da polícia técnica.

Segundo Mendes (2009), com a Lei nº 6.074/1991, o DPT passou a se subordinar diretamente à Secretaria de Segurança Pública, tendo por finalidade a realização de perícias criminalísticas e médico-legais e a identificação civil e criminal.

Em virtude da crescente demanda pelos serviços periciais, visando a implantar efetivamente e a dotar o estado da Bahia de uma estrutura descentralizada de coletas de provas materiais que auxiliassem a Justiça no decorrer dos inquéritos e dos respectivos processos, a polícia técnica promoveu a renovação do seu quadro de pessoal.

Tal renovação se iniciou com um concurso, realizado no ano de 1995, quando foram lotados, na instituição, peritos em criminalística e em medicina-legal e designados para a capital e para o interior e, posteriormente, em 1999, conclamaram-se novos profissionais para tomarem posse e exercerem essas mesmas funções nas cidades-sede de regionais de Polícia do interior.

Em 20 de dezembro de 2004, por meio da Lei nº 9.289, cria-se a Diretoria do Interior do DPT que tem por finalidade coordenar, supervisionar e controlar as ações de polícia técnica, no interior do estado.

Por meio da efetivação da Diretoria do Interior do DPT, deu-se continuidade a planejamentos que envolviam, entre outros quesitos, a estruturação física de coordenadorias, o aparelhamento, a ampliação dos recursos humanos especializados e a melhoria da logística, com a finalidade de aprimorar o desempenho da polícia técnica nessas regiões.

A Diretoria do Interior de Polícia Técnica, subordinada diretamente à Diretoria Geral do DPT, atualmente, possui sua estrutura subdivida em nove coordenações, sendo três unidades gestoras (administrativas), situadas na capital do estado, funcionando no segundo andar do prédio do Instituto de Criminalística Afrânio Peixoto (Icap), que são: a Coordenação de Perícia Criminalística, a Coordenação de Perícia Médico-Legal e a Coordenação de Perícia de Laboratório Forense e seis grandes regionais de polícia técnica do interior, unidades gestoras denominadas Coordenação Regional do Oeste, do Nordeste, da Mata Sul, da Chapada, do Planalto e do Grande Recôncavo.

As coordenadorias, em número de 26, de fato, são unidades menores, distribuídas estrategicamente pelo interior do estado, com a finalidade de promover o atendimento das atividades relacionadas à perícia oficial em todos os 417 municípios baianos.

De acordo com o que se observa nas CRPT, subordinadas às mencionadas coordenações, faltam princípios básicos de gestão como a elaboração de diagnósticos dos problemas enfrentados, planejamento estratégico e monitoramento sistemático de resultados (Mendes, 2009).

A criação da Coordenação Regional de Planalto, resultante da reestruturação sofrida pelo DPT, em 2004, teve por objetivo descentralizar, supervisionar e dar suporte técnico, científico e administrativo às cinco coordenadorias regionais em atividade. No entanto, isso não tem sido observado na prática.

O município em que se localiza a sede da Coordenação Regional do Planalto, situado no Sudoeste do estado da Bahia, é Vitória da Conquista, cidade de características comerciais, agropastoris e industriais relevantes à época da criação.

A Coordenação Regional do Planalto funciona no Distrito Integrado de Segurança Pública (Disep), localizado na rua Humberto de Campos, n. 205, no bairro Jurema. Nesse prédio, a Secretaria de Segurança buscou, atendendo a planejamento do governo estadual, integrar órgãos de segurança, tais como a Polícia Militar, a Polícia Civil, a Polícia Técnica e o Corpo de Bombeiros, a fim de otimizar o atendimento das demandas policiais.

A área reservada ao DPT, no Disep, é subdividida em três salas, inicialmente projetadas para que ali funcionasse somente a administração da coordenação. No entanto, atualmente, tais salas são destinadas ao coordenador, ao atendimento e à realização de exames médicos de lesões.

O coordenador regional do Planalto tem, entre suas competências, de acordo com o inciso XVI do art. 42, do Decreto nº 10.186/2006:

a) planejar, organizar, dirigir, coordenar e controlar a atividade de polícia judiciária/técnica, no âmbito de sua competência;
b) cumprir e fazer cumprir as ordens e instruções emanadas dos seus superiores hierárquicos;
c) promover o suprimento dos recursos administrativos de material, pessoal e equipamentos necessários ao desempenho das unidades que lhe são subordinadas;
d) zelar pela disciplina, aplicando ou propondo a aplicação das penalidades previstas em legislação própria;
e) zelar pelos equipamentos e instalações físicas das Delegacias/PC e das Coordenações Regionais/DPT. (Bahia, 2006:39)

Não obstante, o coordenador regional evidencia que a execução de suas tarefas de planejamento, organização e direção é dificultada pelo fato de estar sobrecarregado por ações de execução, que deveriam ser realizadas pelos coordenadores das coordenadorias regionais, e também por atividades logísticas que realiza.

No que diz respeito aos recursos humanos, mencione-se que o setor competente está centralizado na capital do estado, razão pela qual existe uma perda de flexibilidade na mobilidade dos profissionais entre as coordenadorias, quando se trata de atender a fluxos de demanda elevada. Verifica-se também que a formatação dos últimos concursos públicos realizados engessou a transferência de profissionais entre coordenadorias regionais. Logo, o coordenador tem dificuldade de cumprir sua função no que tange ao suprimento de recursos humanos em sua área de atuação.

Ademais, tal fato gerou situações discrepantes. Por exemplo, enquanto um perito criminal da cidade de Jequié era responsável por 540 procedimentos (perícias internas e externas), na cidade de Vitória da Conquista, esse mesmo profissional atendia a 257 e, na cidade de Guanambi, a 96 procedimentos. Tais situações se repetem com relação às perícias médico-legais.

Nesse contexto, todos perdem, seja a instituição, que não consegue aperfeiçoar seus recursos, sejam os profissionais, que se sobrecarregam juntamente com seus gestores locais, originando uma divisão diante daqueles que não executam atividades para as quais estão preparados em virtude da carência de casuística local, privilegiando esses últimos.

Com relação à alínea *d* do inciso XVI,[3] do art. 42, é importante observar que não existe estrutura de corregedoria na coordenação regional, situação que impede a conclusão de procedimentos disciplinares naquela instância. Quando há necessidade de adoção de medidas disciplinares, faz-se uma comunicação à Corregedoria da Polícia, na capital, que desloca uma equipe para realizar os procedimentos administrativos necessários. Assim como em Vitória da Conquista, as demais coordenadorias possuem deficiências visíveis de estrutura.

Das cinco coordenadorias visitadas, verificou-se, em todas elas, que a Polícia Técnica funciona no interior de complexos policiais (Polícia Civil). Contudo, a Coordenadoria Regional de Itapetinga funciona no prédio da própria Polícia Civil, não possuindo unidade imobiliária autônoma para a realização dos seus serviços. Para esta última, o acesso se dá pela área de carceragem.

Na cidade de Vitória da Conquista, na avenida Brumado, n. 1500, no bairro Alvorada, existe um prédio no qual funciona a Coordenadoria Regional de Vitória da Conquista. Esse prédio compõe-se de mais de 15 salas e, atualmente, pode-se afirmar que, em relação à demanda, é apenas incipiente o número de equipamentos destinados à efetiva realização de exames periciais.

Para obedecer ao critério da padronização de procedimentos, tanto essa coordenadoria como todas as demais deveriam estar equipadas e estruturadas para atender de forma paritária com a estrutura da capital, mas o que se verifica é a carência de laboratórios, a precariedade da estruturação de uma gerência de recursos humanos, a ausência de orçamento próprio, além da falta de um programa de capacitação dos coordenadores por meio de cursos na área de gestão.

---

3. "(...) d) zelar pela disciplina, aplicando ou propondo a aplicação das penalidades previstas em legislação própria" (Bahia, 2006).

A consequência dos fatos mencionados é que muitos procedimentos complementares ou de natureza especializada são enviados à capital do estado, por meio de requisições de exames periciais.

Com o aumento da violência e dos índices de criminalidade, a cada dia se confirma a inquestionável importância da perícia criminalística, cuja utilidade hoje é reconhecida em todo o interior do estado.

A estrutura de Polícia Técnica existente na Coordenação Regional do Planalto para atender a supramencionada população, com base em relatório da Diretoria Geral do DPT, atualmente é composta por 25 peritos criminais, 16 médico-legais e três peritos odontolegais, além de 34 peritos técnicos (auxiliares de perícia) e apoio administrativo (secretárias, auxiliares de serviços gerais e outros).

Nas coordenadorias regionais ligadas à Coordenação Regional do Planalto são realizados os seguintes exames: perícias na área de crime contra a vida, de crime contra o patrimônio, de engenharia legal, de acidentes de veículos, de balística, identificação de veículos, perícias em celulares, documentoscopia e meio ambiente, como também perícia de constatação de maconha e cocaína.

Vale salientar que, segundo dados estatísticos da diretoria do interior, no período entre 2007 e 2010, a média de perícias médico-legais do interior é de 35.943 perícias/ano, enquanto as perícias criminais realizadas respondem em média por 34.322 procedimentos. A Coordenação Regional do Planalto respondeu por 5.325 das perícias médico-legais em média, ou seja, 14,82%, e 6.707 perícias criminais, ou 19,54% do quantitativo total do interior do estado.

Considerando o exposto, ficam evidentes as fragilidades operacionais para que os coordenadores regionais possam executar exames específicos, o que os obriga a encaminhar o material em análise para os institutos e para o Laboratório Central da sede, em Salvador.

Assim, a precariedade interfere no desenvolvimento administrativo gerencial dos coordenadores, posto que eles ocupam seu tempo realizando atividades não prioritárias, em desacordo com sua função administrativa, quando poderiam estar se dedicando, por exemplo, ao planejamento e à execução de projetos que lhes competem.

## 3.1 Percepções sobre os parâmetros da descentralização

Nas entrevistas com os coordenadores e com diretores das CRPT, foram exploradas as seguintes unidades de análise relacionadas ao tema: autonomia, controle, padronização, comunicação, transparência, orçamento e participação.

No que se refere à *autonomia administrativa*, percebeu-se que não existe consenso entre os coordenadores. Alguns afirmam que não têm, outros afirmam que têm, mas que é parcial. Os depoimentos dos membros da diretoria, por seu turno, deixam claro que, hoje, a autonomia da coordenação regional e das coordenadorias regionais é apenas administrativa.

Percebeu-se, nos depoimentos dos membros das diretorias, que o DPT, no que diz respeito à autonomia financeira, ainda contraria a Diretriz 11 do PNDH-3/2009, quanto a dotar os órgãos periciais de orçamento próprio, como forma de incrementar sua estruturação e assegurar uma produção qualificada da prova material.

Sobre o *controle e padronização* constatou-se que o controle dos resultados depende em grande parte da padronização. Todavia, não se pode dizer que esse requisito está preenchido nas coordenadorias pesquisadas.

Na verdade, verificou-se que o controle não é exercido sobre a qualidade do que se produz, mas tão somente sobre a quantidade em relação à demanda de determinado período de tempo. Por outro lado, outros relatos atestaram a falta de controle pelo poder central. Importa observar que, sem a padronização, é difícil exercitar o controle, e a necessidade dessa padronização é sentida e expressa pelos coordenadores das coordenadorias regionais.

No que tange à *comunicação*, apesar de as competências do coordenador regional estarem elencadas em lei, na entrevista realizada com um dos coordenadores regionais que estiveram na função entre 2007 e 2011, ele comentou que as atividades de planejamento, em sua gestão, eram prejudicadas pela deficiência de comunicação existente entre as coordenadorias e a centralização das ações de sua competência na Diretoria do Interior. Nas palavras dos coordenadores, também se percebe a dificuldade no que tange à comunicação com a Coordenação Regional do Planalto.

Assim, no quesito *comunicação* ainda não se pode afirmar a efetividade da descentralização do DPT. Ao contrário, as dificuldades de comunicação apontadas revelam a necessidade de descentralizar, de fato.

No que se refere à *transparência*, quando foram questionados se existe essa aproximação, em algum momento, tanto pela sociedade, como pelos profissionais das coordenadorias e pelos representantes políticos da respectiva região, foi observado que não se falou em gestão participativa quanto à população. Além disso, houve menção à insatisfação dos cidadãos, o que denota a inexistência de política pública participativa.

De alguns depoimentos inferiu-se que a população nem reconhece o DPT em sua cidade, tampouco conhece o trabalho da perícia. Portanto, não se pode falar em política pública participativa nem em transparência.

Nos poucos depoimentos dos que admitem alguma participação da população na administração das suas coordenadorias, observa-se que esta se limita ao apoio no que toca ao fornecimento de recursos materiais e financeiros irrisórios, por parte de políticos e autoridades locais, não exatamente de membros da comunidade. Isso foge ao objetivo de busca da solução dos seus problemas por meio de uma política pública participativa.

Sobre a *participação*, quando foram questionados se, como coordenadores, participam de algum movimento de planejamento da coordenação regional e das coordenadorias em que estão lotados, em alguma esfera, responderam que não participam.

Notou-se que o único coordenador que admitiu alguma participação referiu-se a reuniões internas, praticamente entre peritos oficiais e o coordenador da respectiva coordenadoria regional.

Os coordenadores da coordenação regional, por sua vez, admitem que o tipo de participação que se tem hoje é insuficiente para que se possa considerá-la característica de uma efetiva descentralização. Em alguns momentos da entrevista, ficou explícita a centralização do planejamento nos órgãos diretivos superiores.

Nas palavras do diretor do Interior, por exemplo, ficou subentendido que, nas reuniões mencionadas, das quais participam apenas os coordenadores das coordenações regionais, estes se limitam a passar para o diretor os problemas de suas coordenações, para que a última palavra seja dada por ele, no sentido da solução. Não se trata, então, de diagnosticar e planejar mudanças de forma descentralizada.

## 3.2 As perspectivas dos peritos criminais e médico-legais

A maior parte dos pesquisados (57%) acredita que não houve uma descentralização efetiva na administração da Coordenadoria Regional de Polícia Técnica do Planalto a partir de 2007. Isso se justifica pelo fato de que, não obstante a Coordenação Regional de Polícia Técnica do Planalto ter sido criada para proporcionar maior agilidade por parte da administração diante das dificuldades geradas pela demanda pericial do interior do estado da Bahia, a evolução dos procedimentos periciais, desde a sua criação, em 2004, não foi proporcional ao aumento de demanda, como também não evoluíram significativamente as estruturas físicas, de equipamentos e tecnológica necessárias à busca constante da eficiência dos procedimentos periciais.

Na questão que procura saber se a estrutura administrativa da Coordenação do Planalto permite um melhor funcionamento permanente dos níveis hierárquicos mais baixos (coordenadorias regionais), em virtude da celeridade na resolução de problemas e da maior proximidade da decisão em relação ao problema, repete-se a maior parte de respostas negativas (86%) por parte dos pesquisados. É importante frisar que essa tendência encontra lastro nas entrevistas realizadas com os cinco coordenadores regionais subordinados ao coordenador regional do Planalto, que emitiram opiniões relevantes quanto ao auxílio da Regional Planalto em suas administrações locais.

É oportuno salientar que as equipes periciais das cinco coordenadorias regionais subordinadas à Regional do Planalto desempenham suas atividades de forma satisfatória, atuando nos casos para os quais estão estruturadas para o desempenho de um bom trabalho pericial. Todavia, entre essas coordenadorias percebe-se a falta de padronização no critério estrutura.

No quesito que indaga se o pesquisado considera a Coordenação Regional do Planalto descentralizada, obteve-se o percentual de 71% de respostas negativas, devendo-se, porém, observar alguns fatores que contribuem para a visão desses pesquisados. Primeiro, deve-se lembrar que o objetivo inicial do DPT evoluiu para a desconcentração de serviços periciais, com o posterior avanço para a descentralização administrativa da gestão das coordenações regionais de polícia técnica, de modo a permitir uma ação ampla da direção da polícia científica voltada para o atendimento das demandas do interior do estado, para o que foram criadas as seis coordenações regionais de polícia técnica.

Os entrevistados não podem considerar descentralizada a estrutura de uma regional de polícia técnica, quando a realidade encontrada em seus locais de trabalho não está em consonância com os parâmetros estudados ao longo do referencial teórico deste trabalho.

Um percentual de 80% dos pesquisados negou que a Coordenação Regional do Planalto executa o planejamento das suas atividades e das ações a serem implementadas nas coordenadorias regionais a ela subordinadas (Brumado, Guanambi, Itapetinga, Jequié e Vitória da Conquista), o que está em total consonância com o que foi informado nas entrevistas pelos coordenadores.

Do mesmo modo, foram citados os condicionantes para a descentralização a fim de saber se estão atendidos na Coordenação Regional do Planalto. Foi alto o percentual de respostas negativas (86%), observando-se a carência de parâmetros atendidos pela Coordenação Regional do Planalto para ratificar seu nível de descentralização.

Os que responderam negativamente ressaltaram que os principais condicionantes não atendidos são: o grau de diversificação tecnológica dos serviços (85,74%), a clareza de objetivos e facilidade em medir resultados (85,71%) e as mudanças ambientais e necessidades de respostas rápidas (71,43%).

O questionamento realizado na sétima questão (sobre *participação*) objetivou determinar o grau de autonomia e o poder de decisão do gestor da Coordenação Regional do Planalto, sendo encontrado o percentual de 100%. Isso confirma a carência de estrutura física padronizada e dimensionada para os serviços periciais, de recursos financeiros necessários à efetivação da gestão, de capacitação contínua dos profissionais, incluindo-se no contexto cursos de gestão, já que os cargos de coordenação são direcionados para peritos oficiais com formação variada, interdisciplinar.

A descentralização administrativa é uma estratégia para reestruturar o aparato estatal, com o objetivo de ganhar agilidade e eficiência, além de aumentar a eficácia das ações das políticas sociais pelo deslocamento, para esferas periféricas, com maior aproximação de seu público-alvo. Com base nessa afirmativa, 71,43% dos pesquisados declararam que não verificam nas respectivas atividades profissionais a concretização desses objetivos.

A falta de autonomia por parte do gestor local e a falta de um planejamento estruturado, entre outras constatações feitas neste trabalho, permitem afirmar que a realização da perícia, ao longo dos municípios baianos, gera um conflito constante entre a busca da eficiência e a relação estrutura *versus* laudos periciais.

Os pesquisados negaram unanimemente que as decisões de alocação de recursos e execução de ações sejam tomadas mais frequentemente no âmbito da Coordenação Regional do Planalto. Diante disso, percebe-se que a ausência de autonomia foi ratificada pelos profissionais operacionais daquela coordenação. Esse fato é confirmado pela grande necessidade de acesso à Diretoria do Interior para decidir sobre execuções de caráter simples, tais como compras de materiais de consumo e pequenos gastos de manutenção, como também pela crescente demanda de ligações telefônicas dos próprios coordenadores regionais diretamente à Diretoria do Interior, quebrando a hierarquia em relação ao coordenador da Regional Planalto em alguns momentos, fato confirmado pela falta de operacionalidade e ineficiência das ações do coordenador local.

Sobre considerarem a participação do coordenador regional do Planalto inserida no contexto global de planejamento da Diretoria de Polícia Técnica do Interior (BA), as respostas foram 57,1% positivas.

A ausência de integração entre o coordenador da Regional Planalto e a Diretoria do Interior no período de 2007 a 2011 denota a falta de estrutura para a execução de uma boa gestão com características participativas, relacionadas às diretrizes a serem seguidas para o modelo de ação implementado na estruturação das coordenações e coordenadorias regionais.

Sobre a verificação de fiscalização por parte do coordenador regional do Planalto da qualidade dos serviços executados nesta coordenação os percentuais foram os mesmos: 57,1% positivas.

Os que responderam que existe fiscalização consideraram que esta recai sobre predominantemente a realização dos procedimentos periciais, que é uma demanda institucional direta, enquanto a fiscalização da evolução das condições de trabalho ofertadas, da capacitação contínua, da análise dos resultados relacionados com as carências evidenciadas, das ações do gestor local e a análise ampla da eficiência da coordenação não são avaliadas.

Dos pesquisados, 85,71% negaram ter conhecimento de um modelo de ação praticado na Coordenação Regional do Planalto, que, ao transferir a decisão para os agentes locais da administração das coordenações regionais, garanta que os órgãos regionais tenham autonomia para formular políticas específicas para os diversos territórios que compõem sua área de atuação, estabelecer prioridades e planejar o atendimento das demandas, aumentando, assim, a eficiência e a eficácia dos procedimentos. Isso encontra lastro na situação atual em que o gestor local não possui efetivamente recursos mínimos necessários à administração da Coordenação Regional do Planalto.

Sobre a Coordenação Regional do Planalto praticar ações que rompem com a ineficácia, o descaso e a grande morosidade do setor público na prestação de serviços, 70% dos pesquisados responderam positivamente, o que demonstra que a visão positiva prevalece. As ações negativas relacionadas a descaso e morosidade são contundentes quando externadas a respeito de qualquer organização ou profissional. Deve-se entender que, entre as diretrizes do PPA, o discurso governamental e a execução das ações que podem transformar a segurança pública e a perícia na Coordenação Regional do Planalto deve haver clareza e aproximação para que possibilitem a efetivação de resultados concretos que interfiram positivamente nos índices de solução dos processos penais com autoria, materialidade e decisões favoráveis à aplicação da Justiça.

## 4. Considerações finais

O estudo das definições do conceito de descentralização permitiu identificar na organização estudada características de descentralização administrativa, de forma parcial.

Ao pesquisar os determinantes e as vantagens da descentralização administrativa, concluiu-se que esta deve ser considerada como uma alternativa relevante para a administração pública, funcionando como um instrumento de democratização, capaz de promover o desenvolvimento de modelos econômicos e sociais mais justos, em virtude da mudança que se opera entre as relações entre o Estado e a sociedade.

A pesquisa de campo evidenciou que o discurso de eficiência no atendimento e nas etapas da estruturação da polícia técnica no interior se afasta das ações administrativas concretas que poderiam viabilizar essa evolução.

Também se constatou que as melhorias observadas nas coordenadorias subordinadas ao Planalto, no período estudado, foram inexpressivas, contrapondo-se à ideia de evolução estratégica ampla voltada para a melhoria dos serviços. Outro fato verificado durante a pesquisa se refere às altas demandas das coordenadorias regionais em relação ao pequeno número de profissionais nelas lotados.

Isso torna obrigatório reconhecer que a democratização tão almejada pela visão estratégica das organizações públicas, quando se motivaram a descentralizar os procedimentos periciais e sua gestão, não se tem confirmado, além de faltar uma contínua participação do corpo profissional no diagnóstico de dificuldades e soluções a serem implantadas no DPT para a modificação desse quadro de carência de investimentos, de planejamento, de formação dos profissionais e de integração das coordenadorias na transformação da realidade local.

Tanto as entrevistas quanto a observação participante permitiram concluir que o teor do discurso, contrastando com a ausência da democratização dos serviços periciais, mostra que a prevalência do investimento na estrutura do DPT da capital do estado em face das cidades do interior torna as estruturas de atendimento pericial no interior um serviço de segunda linha.

Quanto ao fator planejamento, verificou-se que sua ausência, além de dificultar o norteamento das ações do DPT para o futuro, também impede, no que se refere a seu quadro profissional, o controle e a avaliação continuada das metas a serem implementadas.

No que se refere à relação de proximidade entre as realidades locais e o gestor da coordenação do Planalto e de suas coordenadorias, reconheceu-se a falta de recursos, de estrutura e de legitimação das ações da gestão descentralizada, situação que afasta o gestor local da possibilidade de tomada de decisões, impedindo que faça parte de uma cúpula estratégica intermediária.

Constatou-se que, dentro do período estudado (2007-11), as gestões do DPT não conseguiram implementar medidas efetivas, visíveis e transparentes, de curto, médio e longo prazos, legitimadas pelo PPA do governo do estado.

O estudo também mostrou a necessidade de transferir atribuições para outros agentes, de maneira a permitir aos diretores o desempenho de suas funções estratégicas, viabilizando a evolução contínua das estruturas periciais descentralizadas. Ficou evidente a dificuldade que os gestores locais têm para fortalecer o conhecimento, por meio de cursos de capacitação na área de gestão e também em áreas procedimentais estratégicas.

A situação atual, revelada por esta pesquisa, mostra a necessidade de se transferir autoridade, autonomia, estrutura, recursos, que permitam monitorar continuamente as informações necessárias a uma boa gestão, o que torna fundamental a implantação de um sistema efetivo de gerenciamento de informações nas coordenações regionais integrado com as coordenadorias e com a diretoria do interior.

Logo, a organização do DPT deve ampliar a discussão interna sobre o assunto descentralização, democratizar as informações e permitir que o sistema não crie contrapoderes que impeçam a sua evolução. Estes têm que ser afastados por serem danosos ao departamento.

Quanto à padronização, ficou evidente que os mecanismos existentes não atendem à complexidade e à logística dos trabalhos periciais realizados nas 26 coordenadorias regionais de polícia técnica do estado da Bahia.

No que tange à comunicação, verificou-se que ela não estabelece uma sintonia entre os diversos níveis hierárquicos, suas coordenações e os níveis superiores da gestão, condição necessária para que o diagnóstico implementado para a melhora da qualidade dos trabalhos não sofra ruídos entre os diversos patamares da gestão.

Nesse ponto, vale repetir o problema desta pesquisa, que questiona: em que medida o processo de descentralização administrativa se efetivou na Coordenação Regional do Planalto?

Para responder a essa pergunta, devem-se recordar as considerações que tornam visível a necessidade de melhor estruturação e aparelhamento da coordenação regional do planalto: implantação da autonomia administrativa dos gestores regionais, construção do planejamento estratégico, implantação de um sistema eficiente de gerenciamento de informações periciais, melhoria dos sistemas de avaliação e controle, desenvolvimento de ações que promovam a participação dos profissionais de perícia nos processos de gestão, fortalecimento da logística necessária à materialização da prova pericial robusta e célere, baseada na qualidade dos trabalhos periciais, implantação de uma cadeia de custódia que permita fortalecer a relevância da prova pericial e a responsabilização diante das novas demandas do sistema de justiça criminal.

Deste modo, é possível afirmar que os serviços periciais estão parcialmente desconcentrados, ao longo das 26 coordenadorias; contudo, a Coordenação Regional do Planalto, órgão de administração superior regional, não está descentralizada administrativamente.

Portanto, urge que um novo trabalho seja elaborado, com mais aprofundamento, com o objetivo de apresentar uma proposta de modelo-padrão de descentralização para ser aplicado ao DPT para fortalecimento das ações da sua Diretoria do Interior, contribuindo, desse modo, para que este órgão possa atuar com a eficiência e a celeridade das quais a comunidade baiana tanto necessita.

## Referências

ARRETCHE, Marta. O mito da descentralização: maior democratização e eficiência das políticas públicas? *Revista Brasileira de Ciências Sociais*, São Paulo, n. 31, 1996. Disponível em: <www.fflch.usp.br/dcp/assets/docs/Marta/RBCS_96.pdf>. Acesso em: 20 jan. 2011.

BAHIA. Departamento de Polícia Técnica (DPT). Instituto Médico-Legal Nina Rodrigues. Disponível em: <www.dpt.ba.gov.br>. Acesso em: 29 fev. 2009.

____. Governo do Estado. *Decreto nº 10.186*, de 20 de dezembro de 2006. Aprova o Regimento da Secretaria da Segurança Pública.

Disponível em: <www.jusbrasil.com.br/ legislacao/76429/decreto-10186-06-bahia-ba>. Acesso em: 20 jan. 2011.

_____. *Decreto-Lei nº 3.689, de 3 de outubro de 1941*. Código de Processo Penal. Brasília-DF, Presidência da República, 1941.

_____. Secretaria Especial dos Direitos Humanos da Presidência da República. *Programa Nacional de Direitos Humanos (PNDH-3)*. Brasília: SEDH/PR, 2009. Disponível em: <http://portal.mj.gov.br/sedh/pndh3/pndh3.pdf>. Acesso em: 23 dez. 2011.

CABRAL, Alberto Franqueira. *Manual da prova pericial*. 3. ed. Rio de Janeiro: Impetus, 2003.

CARVALHO, Deusvaldo. *Orçamento e contabilidade pública*. 5. ed. Rio de Janeiro: Elsevier, 2010.

CAVALCANTE, Pedro. Descentralização de políticas públicas sob a ótica neoinstitucional: uma revisão de literatura. *Revista de Administração Pública*, Rio de Janeiro, v. 45, n. 6, p. 1781-1804, nov./dez. 2011.

ESPÍNDULA, Alberi. *Perícia criminal e cível*: uma visão geral para peritos e usuários da perícia. 2. ed. Campinas: Millennium, 2006.

FALLETI, Tulia. Efeitos da descentralização nas relações intergovernamentais: o Brasil em perspectiva comparada. *Sociologias*, Porto Alegre, ano 8, n. 16, p. 46-85, jul./dez. 2006.

IBGE. Instituto Brasileiro de Geografia e Estatística. *Área territorial oficial*. Disponível em: <www.ibge.gov.br/home/geociencias/areaterritorial/principal. shtm>. Acesso em: 3 jan. 2012.

LIMA, Paulo Daniel Barreto. *A excelência em gestão pública*. Rio de Janeiro: Qualitymark, 2007.

MARCELINO, Gileno Fernandes. *Descentralização*: um modelo conceitual. Brasília: Fundação Centro de Formação do Servidor Público (Funcep), 1988.

MENDES, Maurício dos Santos. *A descentralização dos procedimentos periciais no estado da Bahia*: a Coordenadoria Regional de Polícia Técnica de Jequié-BA. Monografia (especialização em gestão em segurança pública) — Centro Universitário da Bahia — FIB, Salvador, 2009.

MINTZBERG, Henry. *Criando organizações eficazes*: estruturas em cinco configurações. 2. ed. São Paulo: Atlas, 2008.

\_\_\_\_. *Estrutura e dinâmica das organizações*. Lisboa: Dom Quixote, 1995.

MOTTA FILHO, Sylvio Clemente da. *Direito constitucional*: teoria, jurisprudência e questões. 20. ed. Rio de Janeiro: Elsevier, 2008.

REIS, Fábio Wanderley. Governabilidade, instituições e partidos. *Novos Estudos Cebrap*, São Paulo, n. 41, p. 40-59, mar. 1995.

SILVA, Paulo Vieira da. Centralização: ainda uma variável conspícua na sociedade brasileira. *Revista de Administração Pública*, Rio de Janeiro, v. 21, n. 2, p. 92-104, abr./jun. 1987.

SOUZA, Celina. Governos e sociedades locais em contextos de desigualdades e de descentralização. *Ciência & Saúde Coletiva*, São Paulo, v. 7, n. 3, p. 431-442, 2002. Disponível em: <www.scielo.br/scielo.php?pid=S1413-8123200 2000 300 004&script=sci_arttext>. Acesso em: 20 nov. 2011.

VASCONCELLOS, Eduardo. Centralização × descentralização: uma aplicação para laboratórios de instituições de pesquisa e desenvolvimento. *Revista de Administração IA-USP*, São Paulo, v. 14, n. 2, p. 101-121, 1979.

VERGARA, Sylvia Constant. *Projetos e relatórios de pesquisa em administração*. 11. ed. São Paulo: Atlas, 2009.

Capítulo 14
# Competências e habilidades relevantes para um chefe de unidade descentralizada de perícia da Polícia Federal

Odair de Souza Glória Junior
Deborah Moraes Zouain
Valderez Ferreira Fraga

O trabalho tem por objetivo apreender e analisar o perfil de competências dos chefes das unidades descentralizadas de criminalística da Polícia Federal no Brasil, nos Setores Técnico-Científicos (Setecs) e Unidades Técnico-Científicas (Utecs), segundo a teoria de competências. A releitura desses fundamentos, incluindo habilidades sociais nesse escopo, fortaleceu o embasamento teórico viabilizando propor um perfil de competências gerenciais adequado, de acordo com as melhores práticas de gestão. A articulação das pesquisas bibliográfica, documental, observação e aplicação de questionário — pelo qual foi levantada a percepção dos sujeitos sobre suas funções — possibilitaram conclusões relevantes. Verificou-se que a implementação de um sistema moderno de gestão de pessoas ainda não está consolidada, pois existe carência de competências para que os chefes exerçam com excelência a função de gestores de Unidades de Perícia Técnica.

## 1. Introdução

O Código de Processo Penal preceitua que as atividades de perícia criminal, ou de criminalística, são indispensáveis quando o crime deixar vestígios. A criminalística se baseia em diversas ciências forenses para elucidar a materialidade, autoria e/ou dinâmica de um crime. No contexto do Departamento de Polícia Federal (DPF), a criminalística é exercida pelos peritos criminais federais (PCFs), os quais são os responsáveis pela materialização da prova criminal, no âmbito da Justiça Federal. Cabe aos peritos realizar atividades técnico-científicas de nível superior de descoberta, de defesa, de recolhimento e de exame de vestígios em procedimentos pré-processuais e judiciários.

A capital de cada estado da Federação e o Distrito Federal possuem uma unidade de criminalística denominada Setor Técnico-Científico (Setec), responsável pela coordenação e planejamento das atividades periciais no âmbito estadual. Em alguns estados, além do Setec fisicamente instalado na capital, julgou-se necessária a instalação de unidades de criminalística no interior, a Unidade Técnico-Científica (Utec). Os Setecs e Utecs compõem as unidades descentralizadas de perícia da Polícia Federal e todas elas são chefiadas por um servidor público federal, ocupante do cargo de perito criminal federal.

Ao longo da última década, a perícia criminal federal observou um aumento significativo da demanda de exames periciais, gerando uma necessidade iminente de ampliar o quadro de PCFs com vistas a consolidar sua cobertura nacional, instalar novas unidades de perícia e/ou ampliar as unidades até então existentes. No período de 2002 a 2009, por meio de concursos públicos, o efetivo de peritos criminais federais passou, aproximadamente, de 300 para 1.100.

Esse efetivo encontra-se distribuído nas 27 unidades da Federação. Apesar das peculiaridades de cada estado, observa-se que unidades descentralizadas de perícia da Polícia Federal equivalentes, ou seja, que possuem quantidade de peritos, estrutura física, equipamentos e casuística de exames semelhantes, exibem resultados de produtividade bastante distintos.

Isso demonstra com alguma clareza que, na perícia da Polícia Federal assim como em qualquer organização moderna, pessoas com perfil profissional compatível com as funções que exercem, envolvidas e comprometidas são vitais para o alcance dos objetivos estratégicos, tendo em vista que conseguem efetivamente entregar para a instituição as competências que possuem. Nesse sentido, presume-se que as competências gerenciais dos chefes dessas unidades irão influenciar diretamente nos resultados alcançados pelas equipes de perícia.

Nesses termos, supõe-se que, para uma influência positiva dos chefes, fazem-se necessárias reformulações no sistema de gestão e/ou a adoção de novos modelos de gestão de pessoas. Dentre esses modelos encontra-se a gestão de pessoas baseada em competências, a qual tem sido uma diretriz do governo federal brasileiro e cuja implantação — ainda não concluída — foi prevista no planejamento estratégico do Departamento de Polícia Federal (DPF), elaborado em 2007. É oportuno lembrar que, dentro do DPF, a implantação desse modelo de gestão não contempla o mapeamento das competências específicas ao perito na condição de chefe em um Setec ou uma Utec.

Nesse estágio do estudo, percebeu-se a necessidade de mapear o perfil de competências técnicas e comportamentais presentes nos chefes de Setec e Utec, de maneira a verificar a eventual defasagem no seu modo de atuação em comparação com as bases teóricas atuais de administração e gestão de pessoas. Do ponto de vista teórico, para mensurar essa defasagem, esta pesquisa recorreu à definição de competência na concepção de vários autores e buscou destacar uma visão consistente sobre os conceitos de competências para gestão.

Observou-se que o diagnóstico das competências-chave para exercer com qualidade a função de gestor de uma unidade de perícia criminal pode favorecer a identificação das lacunas de competências e habilidades que necessitam ser desenvolvidas entre os atuais chefes dos setores e unidades de perícia do DPF. Esses dados e o embasamento oriundo do referencial teórico podem possibilitar, ainda, a implementação de processos de identificação, avaliação, capacitação e seleção de peritos devidamente preparados para o exercício da gestão e capazes de entregar resultados mais adequados às demandas da sociedade. Por essa razão, sua discussão será contemplada no decorrer do presente trabalho.

Neste ponto, é importante esclarecer que um perfil por competências gerenciais adequado, de acordo com as melhores práticas de gestão, foi extraído do referencial teórico, enquanto o perfil de competências, considerado relevante e aspirado pelos peritos que ocupam a função de chefes, foi manifesto nas respostas às entrevistas e aos questionários da pesquisa de campo. A partir da integração desses dois perfis, o presente estudo buscou responder à seguinte questão: *quais são as competências técnicas e habilidades relevantes a serem desenvolvidas para e pelos peritos que exercem ou aspiram exercer a função de Chefia em unidade de perícia da Polícia Federal?*

## 2. Referencial teórico

### 2.1 Competência

O termo competência, com origem no latim, no final da Idade Média estava associado essencialmente à linguagem jurídica. O dicionário de língua portuguesa Aurélio define competência como: "atribuição, jurídica ou consuetudinária, de desempenhar certos encargos ou de apreciar ou julgar determinados assuntos: competência de um tribunal".

O conceito de competência foi proposto de forma estruturada pela primeira vez em 1973, em um artigo de David McClelland (1973) para a *American Psychologist*, cujo objetivo era aprimorar os testes de inteligência nos processos de escolhas de pessoas para organização. A abordagem que define competência como o conjunto de conhecimentos, habilidades e atitudes (CHA) que o indivíduo detém para executar trabalho com nível superior de desempenho é defendida por autores norte-americanos, dentre os quais McClelland (1973) e Boyatzis (1982). Para esse último pesquisador, as competências são características subjacentes à pessoa, que têm relação causal com o bom desempenho no trabalho.

Ainda que seja uma abordagem tecnicamente correta, corroboramos o entendimento de Dutra, Hipólito e Silva (1998), para os quais essa definição de competência, baseada apenas em CHA, é superficial, incompleta e passível de contestação. De acordo com Le Boterf (2003), competência não é um resultado, ou um conhecimento que se tem, nem tampouco é resultado de treinamento; é a prática do que se sabe em determinado contexto e se traduz em ação. Os autores europeus — por exemplo, Le Boterf e Zarifian — associam competência não a um conjunto de qualificações dos indivíduos, mas, sim, às realizações das pessoas, àquilo que elas provêm, produzem e *entregam* em um determinado contexto.

Na tentativa de aperfeiçoar o modelo CHA, Dutra (2001) propõe que seja agregada uma nova variável a este conjunto: a entrega, que pode ser definida como o valor agregado ao processo de trabalho. Ao longo do tempo, as habilidades deram lugar à caracterização de entregas requeridas dos indivíduos e as atitudes deram lugar aos comportamentos observáveis.

Ao investigar a produção científica sobre competência, observou-se que se trata de um tema complexo e ainda em construção. A partir da união das concepções dos autores norte-americanos e dos europeus, Carbone e colaboradores (2009) definem que as competências humanas são entendidas como combinações sinérgicas de conhecimentos, habilidades e atitudes, expressas pelo desempenho profissional dentro de determinado contexto organizacional e que agregam valor a pessoas e organizações. Dutra (2010) destaca o entendimento de agregação de valor como algo que a pessoa entrega para a organização e que permanece mesmo quando a pessoa sai da organização. Assim, a agregação de valor não é atingir metas de faturamento ou de produção, mas melhorar processos ou introduzir tecnologias.

A produção acadêmica não se restringe à competência do indivíduo, Prahalad e Hamel (1990) a elevam ao organizacional, referindo-se à competência como uma capacidade da organização que a torna eficaz, permitindo a consecução de seus objetivos estratégicos para que alcancem vantagem competitiva.

Vale salientar que os modernos sistemas de recursos humanos não focam suas ações na ideia de competências organizacionais, mas sim nas pessoas que compõem a organização, ou seja, a organização apresenta um perfil de competências que é definido pelo perfil de competências das pessoas.

A produção acadêmica sobre gestão por competências cresceu consideravelmente ao longo dos últimos anos. Uma das perspectivas sobre a qual o tema tem se concentrado versa sobre a abordagem da gestão por competências como parâmetro para as práticas de gestão de pessoas, abrangendo os temas de desenvolvimento, remuneração, carreira, recrutamento e seleção. Essa abordagem de competências, como articuladora das diversas funções da gestão de pessoas, é a mais adequada para estudar a realidade das organizações públicas.

A gestão por competências tem sido adotada por muitas empresas e organizações públicas como modelo de gestão que propõe orientar esforços para planejar, captar, desenvolver e avaliar, nos diferentes níveis da organização — individual, grupal e organizacional —, as competências necessárias à consecução de seus objetivos, conforme apontam Carbone e colaboradores (2009).

Uma tipologia usualmente adotada para classificar as competências humanas é dividi-las em competências técnicas e comportamentais. Aquelas estão associadas às dimensões do conhecimento e da habilidade; essas se relacionam com a dimensão da atitude. No contexto das organizações públicas, as peculiaridades do processo seletivo por meio de concurso público restringem, mas não inviabilizam que as dimensões da habilidade e da atitude dos candidatos sejam avaliadas. Um processo seletivo eficiente produzirá reflexos na composição de um quadro de servidores aptos às funções e, consequentemente, irá permitir que a organização alcance seus objetivos institucionais.

A captação de servidores, com perfil de competências compatível com as atribuições do cargo, é importante não somente no momento de ingresso na organização pública, mas também no momento de alocação desse servidor em posições estratégicas na instituição. Dentro dos propósitos da presente pesquisa, o foco é o perfil de competências adequado para que os servidores do cargo de perito criminal federal sejam capazes de, na função de chefes de unidades descentralizadas de criminalística, entregar os resultados esperados pela Polícia Federal e pela sociedade.

## 2.2 Competências gerenciais/liderança

Após percorrer o estado da arte sobre o tema competências, bem como seus conceitos complementares, observou-se a necessidade de um aprofundamento nas competências diretamente relacionadas com as boas práticas de gestão de pessoas, ora denominadas competências gerenciais. Para fins deste trabalho, as competências denominadas "gerenciais" incluem a figura do líder. Tal destaque torna-se pertinente porque a bibliografia pesquisada distingue chefe, gerente e líder.

Na busca pela definição do que é um bom gerente, os escritores mais conhecidos da literatura parecem enfatizar uma determinada parte do trabalho do gerente e excluir outras (Mintzberg, 2006). Em sua obra, Mintzberg (2006) compara as diferentes abordagens: para Tom Peters, bons gerentes são executores. Já Michael Porter sugere que são pensadores e enfatiza o aspecto "conceber" do bom gerenciamento. Para Blair (2006), quando um funcionário se torna gerente, ele ganha controle sobre seu próprio trabalho e passa a ter autoridade para gerar mudanças e impactos na maneira como sua equipe trabalha. No entanto, em organizações de grande porte, as ações do gerente podem ser limitadas pela cultura organizacional. Esse mesmo autor defende que um gerente deve possuir três faces: planejador de ações, provedor de informações e materiais e, por fim, protetor da equipe fornecendo a segurança necessária para seus subordinados. Blair destaca a importância de o gerente ter visão de futuro, transmitir à equipe valores de unidade e cooperação e fomentar o entusiasmo positivo para que a motivação e a alegria estejam presentes na equipe.

Gerenciar bem é ser capaz de, com tempestividade e precisão, lidar com incertezas e conduzir bem a sua equipe. O bom gestor focaliza os resultados e o desempenho da organização, sabe reconhecer os subordinados, propõe desafios a eles, mas também os conduz às suas realizações.

Observou-se que as competências essenciais para um gestor de pessoas serão determinadas pelo tipo de negócio em que ele atua. Além disso, para um mesmo negócio, estudos conduzidos por Bitencourt e Moura (2006) revelaram a existência de elasticidade das demandas de conhecimentos e habilidades gerenciais em função da opção estratégica adotada pela organização. Contudo, esses autores observaram que algumas competências gerenciais surgem independentemente do posicionamento estratégico da organização; são elas: postura ética, responsabilidade, compromisso, trabalho em equipe, atualização permanente e alinhamento aos objetivos organizacionais.

Na obra de Gramigna (2002), o modelo proposto pela autora elenca 15 competências que devem compor o perfil desejado: capacidade empreendedora, capacidade de trabalhar sob pressão, comunicação, criatividade, cultura da qualidade, dinamismo/iniciativa, flexibilidade, liderança, motivação/energia para o trabalho, negociação, organização, planejamento, relacionamento interpessoal, tomada de decisão e visão sistêmica.

Algumas competências gerenciais desejáveis são universais e mencionadas por autores distintos. A pesquisa bibliográfica revelou que a liderança é uma competência universalmente desejada nos gestores de equipes. Revelou, ainda, que nem sempre o gerente é um líder, de maneira que liderança e gerenciamento são conceitos distintos. Há autores que sugerem que a atitude do gerente é impessoal, às vezes até passiva, em relação às metas, ao passo que os líderes têm uma atitude pessoal e ativa em relação ao alcance dessas metas. Covey (2003), parafraseando Peter Druker, afirma: gerenciar é fazer as coisas do jeito certo; liderar é fazer as coisas certas.

O líder é aquele que serve de exemplo para um grupo e tem a capacidade de persuadir os membros desse grupo a espontaneamente cooperarem para um objetivo comum. O líder trabalha com pessoas comuns, porém, obtém resultados extraordinários com essas pessoas, pois sabe que sua visão se tornará a realidade se a mudança naquela direção for feita com adesão, contribuição e comprometimento de cada participante da equipe. A suposição de que "líderes autênticos" promovem um melhor desempenho individual de seus subordinados foi tema do estudo de Eboli, Cavazotte e Lucena (2012).

O líder deve possuir múltiplas habilidades, tanto de natureza comportamental quanto técnica, que, ancoradas em valores e atitudes, o permitam lidar adequadamente com ambiguidades (Vergara, 2007). Algumas dessas habilidades e qualidades passíveis de serem conquistadas pelos líderes são: reconhecer o valor das pessoas, aceitá-las como elas são, confiar nelas, comunicar-se com elas buscando estabelecer um significado coletivo dos diversos valores, crenças, hábitos e símbolos que definem a cultura organizacional, e aproximar-se de seus subordinados (Motta, 1999).

As organizações almejam pessoas capazes de abraçar uma causa e mobilizar outras a fim de que o conteúdo dessa causa se torne realidade. Há pessoas com habilidade de liderança intrínseca e outras que a desenvolvem ao longo do tempo. Na busca por melhores resultados, o desafio das organizações é identificar e desenvolver pessoas com potencial de liderança.

## 2.3 Estratégia organizacional e gestão por competências

Para que a área de gestão de pessoas possa orientar suas políticas, planos táticos e ações, é necessário estar devidamente alinhada com o planejamento estratégico. Nesse sentido, a gestão de pessoas baseada em competências deve estar em sintonia com os objetivos estratégicos da organização. No DPF, contraditoriamente, observa-se uma gestão de pessoas praticamente independente e desvinculada do planejamento estratégico. Em regra, os servidores desconhecem o teor do planejamento estratégico em vigor no órgão.

Com isso, as potencialidades dos servidores não são totalmente utilizadas em benefício do interesse público e dos objetivos institucionais. Para reverter esse quadro, a missão, a visão e os objetivos estratégicos devem ser previamente definidos e divulgados, e as pessoas devem ser estimuladas a participar do processo de implantação da gestão por competências.

A cultura da estratégia é tipicamente oriunda de organizações privadas em busca por vantagem competitiva. Ainda assim, a ferramenta do planejamento estratégico tem se mostrado igualmente necessária e viável na realidade de organizações públicas. Ainda que a realidade de uma instituição pública não contemple a exigência de retorno financeiro e a pressão de acionistas, cada vez mais a população conhece seus direitos e possibilidades como cidadão, gerando senso crítico apurado e a cobrança de um serviço bem planejado, executado e que minimize os desperdícios. O sucateamento da administração pública, seja em relação a tecnologia, recursos e competências das pessoas, seria facilmente identificado pela sociedade que clamaria pela privatização dos serviços, enfraquecendo o Estado.

Para evitar esse enfraquecimento, o governo federal tem priorizado o tema da gestão pública e da modernização administrativa no serviço público, por meio da valorização do planejamento, controle e avaliação dos serviços como forma de utilização eficiente dos recursos financeiros, de pessoal e físicos disponíveis em prol de um serviço público de qualidade que atenda as necessidades da sociedade.

O setor público exibe uma série de características próprias que não devem ser negligenciadas e que podem se configurar em limitantes na elaboração de seu planejamento estratégico. Pereira (2006:28) traduz essa preocupação quando afirma que "parte dominante da teoria, com sua visão econômica, coloca o lucro como objetivo primário das organizações dificultando a transposição de suas ideias para o setor público". Essa dificuldade de transposição não deve desencorajar o planejamento estratégico nas organizações públicas, mas, sim, deve destacar a importância de adequá-lo à cultura organizacional dessas organizações.

A análise da evolução histórica da gestão de pessoas na administração pública federal brasileira revela que ao longo dos anos houve algumas ações concretas do governo federal no sentido de modernizar a gestão de pessoas no serviço público. Uma dessas ações é a adoção do modelo de gestão por competências, o qual já é uma realidade em várias instituições públicas, tais como Banco do Brasil, Ministério da Justiça, Embrapa, CNEN, Antaq, Câmara dos Deputados, Casa Civil da Presidência da República e Aneel. Cada qual teve seu processo de implantação e dificuldades próprias, mas sem dúvida é um modelo que permite uma gestão de pessoas sintonizada com a estratégia organizacional e com as expectativas e necessidades dos indivíduos.

Em conformidade com a tendência global de modernização da gestão de pessoas, e seguindo uma diretriz emanada do governo federal, a Diretoria de Gestão de Pessoal do DPF teve algumas ações para implantar no órgão a gestão por competências, objetivando, entre outras coisas, alocar recursos humanos devidamente capacitados para o exercício de determinadas funções.

Essas ações, isoladamente, não são garantia de uma gestão pública de sucesso. Neste sentido, Dutra (2010) afirma que o atual grande desafio da gestão de pessoas é gerar e sustentar o comprometimento delas, o que só é possível se as pessoas perceberem que sua relação com as organizações lhes agrega valor. No serviço público há dois importantes desafios: a construção de mecanismos efetivos de motivação dos servidores e o alinhamento das atividades de gestão de pessoas às estratégias das organizações e às diretrizes gerais estabelecidas pelos governos (Pires et al., 2005). Um chefe bem preparado pode ajudar a concretizar esses desafios.

De acordo com o entendimento de Amaral (2008), a legislação e a estrutura organizacional burocratizada e altamente hierarquizada podem ser os responsáveis pela dificuldade de adequar a tecnologia da gestão de pessoas por competências à gestão pública.

Essa dificuldade, no entanto, não impede que modernas técnicas de gestão de pessoas sejam incorporadas ao serviço público. Neste sentido, Baroni e Oliveira (2006) defendem que, apesar da natureza legalista dos procedimentos do setor público que frequentemente oculta incompetências, há espaços para uma gestão inteligente. Gestão caracterizada pelos pressupostos da cooperação, iniciativa e responsabilidade profissional, permitindo que o investimento em capacitação e autonomia dos funcionários sejam critérios de sucesso também na administração pública.

## 3. Metodologia

A pesquisa se propôs a descrever as competências técnicas e habilidades relevantes para exercer a função de chefe de unidade de perícia da Polícia Federal, portanto, é predominantemente descritiva e complementarmente explicativa. Buscaram-se também dados quantitativos, especialmente no campo com questionários, para uma análise qualitativa dos mesmos, a fim de se obter maior consistência nos resultados, quando a análise de conteúdo — tendo como referência Bardin (1999) — desempenhou seu papel. O aspecto descritivo decorre do detalhamento das características de um determinado grupo humano, fenômeno ou do estabelecimento de relações entre variáveis. As pesquisas descritivas têm por objetivo levantar as percepções, atitudes e crenças de uma população (Gil, 1994:45). O aspecto explicativo decorre da preocupação em identificar os fatores que determinam ou que contribuem para que, neste caso, um chefe de unidade de perícia exercite boas práticas de gestão segundo a teoria de competências e obtenha os melhores resultados para a criminalística.

Em menor grau, a pesquisa apresentou características de cunho exploratório porque, embora se constate a presença de uma quantidade considerável de bibliografia sobre o tema gestão por competências, existe pouco material sistematizado que verse sobre as limitações desse processo de gestão na realidade de organizações públicas vinculadas à segurança pública. Em relação à temática criminalística, essa carência de estudos é ainda maior. Pelo fato de a pesquisa exploratória ser realizada especialmente quando o tema escolhido é pouco explorado e não possui hipóteses precisas e consolidadas (Vergara, 2009), a opção exploratória no presente trabalho foi considerada adequada.

A metodologia adotada para coleta de dados envolveu pesquisa documental e o emprego de questionários e entrevistas. Com essas múltiplas fontes de evidências empíricas buscou-se obter um cenário fiel das competências técnicas e habilidades relevantes para os PCFs que exercem a função de chefia em Setec e Utec.

## 4. Resultados da pesquisa

Para mapear o perfil das competências existentes nos gestores de Setecs e de Utecs, foram utilizados o instrumento do questionário e a técnica de entrevistas. A pesquisa de campo foi realizada entre maio e julho de 2011 e contou com a participação de 94% dos chefes de unidades de perícia da Polícia Federal. Esses chefes responderam a questões sobre o seu perfil pessoal e a questionários com questões fechadas escalonadas (escala *Likert*) objetivando indicar o grau de importância das competências para o desempenho de seu papel ocupacional, assim como o grau em que ele domina ou expressa tais competências, conforme dados da tabela 1.

Foram apresentadas aos respondentes um total de 49 competências e para cada uma delas foi proposta uma descrição sucinta, similar às exemplificações da tabela 2.

Para cada competência apresentada foi calculada a média dos graus de domínio e graus de importância apontados pelos chefes de Setec e de Utec.

Tabela 1
Escala de avaliação do grau de domínio e grau de importância das competências

| Grau | Grau de Domínio | Grau de Importância |
|---|---|---|
| 1 | Não tenho (não possuo a competência) | Nenhuma importância (competência irrelevante) |
| 2 | Pouco domínio da competência | Pouca importância |
| 3 | Médio domínio da competência | Média importância |
| 4 | Alto domínio da competência | Alta importância (competência necessária) |
| 5 | Domínio completo da competência | Extrema importância (competência imprescindível) |

Tabela 2
Exemplifica as descrições de competência propostas aos respondentes

| Competência | Descrição |
|---|---|
| Liderança | Conduz, orienta, persuade a equipe, inspira a confiança, é admirado pelos subordinados, suas ações o tornam uma referência positiva para a equipe. |
| Controle do Estresse | Mantém o controle em situações difíceis e extremas, mantendo o controle necessário para a ação. |
| Urbanidade | Atua com civilidade, é polido e cortês ao desempenhar suas atribuições. Trata o outro com educação, cordialidade e respeito. |

Os resultados obtidos nos questionários fizeram emergir *insights* do que poderiam ser questões relevantes a serem investigadas com maior profundidade. Com isso, desenvolveu-se um roteiro de entrevistas com o objetivo de aflorar aspectos subjetivos superficialmente contemplados através dos questionários. Portanto, de forma aleatória, cinco chefes de unidades de perícia foram submetidos a entrevistas com questões abertas para complementar as questões fechadas. Os resultados são apresentados a seguir.

## 4.1 Perfil dos chefes de Setec *versus* chefes de Utec

As peculiaridades das unidades de perícia levaram-nos a expor os resultados distinguindo-se as duas categorias de unidades, o Setec e a Utec. Alguns dos dados coletados referem-se a tempo (a idade dos respondentes, tempo de serviço etc.). Neste sentido, cabe reforçar que a pesquisa foi realizada entre maio e junho de 2011.

A média de idade dos chefes de Setec é superior à média de idade dos chefes de Utec. Mais da metade (54%) dos chefes de Setec possui mais de 46 anos de idade, ao passo que apenas 8% dos chefes de Utec estão nessa faixa de idade. Um terço dos chefes de Utec (33%) possui menos de 36 anos.

A maioria dos chefes de Utec (58%) possui menos de cinco anos de serviço policial; em contrapartida, a maioria dos chefes de Setec (63%) possui mais de 11 anos de serviço policial. Dentre os cinco chefes de Setec que possuem menos de cinco anos de serviço policial, quatro estão lotados em estados na região Norte do país (AC, AM, AP e RO) e um na região Centro-Oeste (MT). Com isso, a região Norte concentra os chefes de Setec com menos tempo de serviço policial.

A maioria dos chefes de Utec (67%) possui menos de cinco anos de atuação em perícia criminal, com menos de 10 anos este valor é de 88%; em contrapartida, a maioria dos chefes de Setec (63%) possui mais de 11 anos de atuação em perícia criminal. A maioria dos chefes de Utec (83%) possui menos de dois anos na função de chefe; em contrapartida, entre os chefes de Setec esse percentual é de apenas 30%. Não há chefes de Utec com mais de cinco anos na função de chefe.

A pesquisa demonstrou que, em média, os Setecs possuem maior quantidade de peritos do que as Utecs. Entre os chefes de Setec, 69% chefiam equipes com mais de 16 peritos. Os chefes de Utec chefiam equipes pequenas, a maioria (88%) possui no máximo 10 peritos em sua equipe.

O perfil de experiência em estados diferentes é semelhante entre os chefes de Setec e Utec. Quase a totalidade dos chefes de unidades descentralizadas de perícia trabalhou como perito em no máximo dois estados diferentes. Apenas 8% dos chefes de Utec e 7% dos chefes de Setec foram lotados em três ou mais estados distintos. O perfil de experiência na função de chefe em unidades diferentes é semelhante entre os chefes de Setec e Utec. Quase a totalidade dos chefes de unidades descentralizadas de perícia não exerceu a função de chefe em outra unidade. Apenas 13% dos chefes de Utec e 15% dos chefes de Setec exerceram a chefia em outra unidade de criminalística.

## 4.2 As competências gerenciais à luz do referencial teórico

Durante a construção do referencial teórico, buscaram-se autores que abordaram as competências ou atributos importantes para um gerente, um chefe de equipes ou um líder. Na elaboração do perfil de competências desejado, em conformidade com o entendimento de Gramigna (2002), definiu-se como quantidade ótima para se trabalhar o número de 15 competências. A partir das referências bibliográficas e considerando-se o objeto de estudo, são apresentadas na tabela 3 as competências gerenciais relevantes utilizadas como referência para a construção da pesquisa.

Tabela 3
Competências relevantes à luz do referencial teórico

| | Competências | | | | |
|---|---|---|---|---|---|
| 1 | Capacidade empreendedora | 6 | Dinamismo/iniciativa | 11 | Negociação |
| 2 | Capacidade de trabalhar sob pressão | 7 | Flexibilidade | 12 | Planejamento |
| 3 | Comunicação | 8 | Integridade/sinceridade/ética | 13 | Relacionamento interpessoal |
| 4 | Criatividade | 9 | Liderança | 14 | Tomada de decisão |
| 5 | Cultura da qualidade | 10 | Motivação/energia para o trabalho | 15 | Visão sistêmica |

Para os propósitos deste trabalho, ainda que quase a totalidade das 49 competências apresentadas aos respondentes tenham sido consideradas de alta ou extrema importância (entre os graus 4 e 5), necessitou-se criar um ponto de corte, para se obter as competências mais importantes dentre as importantes. Neste sentido, mantendo-se a quantidade ótima de 15 competências (Gramigna, 2002), a partir dos dados apreendidos na pesquisa de campo, as 15 competências mais importantes para um chefe de Setec, com os respectivos graus médios de importância de domínio, bem como a diferença entre esses valores são apresentados na tabela 4.

As 15 competências mais importantes para um chefe de Utec, com os respectivos graus médios de importância e de domínio, bem como a diferença entre esses valores são apresentados na tabela 5.

Tabela 4
As 15 competências mais importantes para os chefes de Setec

| COMPETÊNCIAS | Domínio | Importância | Diferença |
|---|---|---|---|
| Agir com bom senso | 4,37 | 4,96 | 0,59 |
| Ética | 4,89 | 4,96 | 0,07 |
| Imparcialidade | 4,56 | 4,89 | 0,33 |
| Controle do estresse | 4,04 | 4,78 | 0,74 |
| Análise e síntese | 4,30 | 4,74 | 0,44 |
| Gestão estratégica de pessoas | 4,00 | 4,74 | 0,74 |
| Tomada de decisão | 4,30 | 4,74 | 0,44 |
| Equilíbrio/racionalidade | 4,26 | 4,70 | 0,44 |
| Liderança | 3,74 | 4,70 | 0,96 |
| Trabalhar em equipe | 4,37 | 4,70 | 0,33 |
| Bom relacionamento interpessoal | 4,07 | 4,67 | 0,59 |
| Gestão pela qualidade e melhoria de processos | 3,93 | 4,67 | 0,74 |
| Autodesenvolvimento | 3,89 | 4,63 | 0,74 |
| Proatividade | 4,33 | 4,63 | 0,30 |
| Otimização do tempo | 4,04 | 4,59 | 0,56 |

Tabela 5
As 15 competências mais importantes para os chefes de Utec

| COMPETÊNCIAS | Domínio | Importância | Diferença |
|---|---|---|---|
| Agir com bom senso | 4,04 | 4,92 | 0,88 |
| Tomada de decisão | 3,88 | 4,79 | 0,92 |
| Gestão estratégica de pessoas | 3,71 | 4,75 | 1,04 |
| Imparcialidade | 4,38 | 4,75 | 0,38 |
| Trabalhar em equipe | 3,96 | 4,75 | 0,79 |
| Urbanidade | 4,58 | 4,75 | 0,17 |
| Pontualidade | 4,58 | 4,71 | 0,13 |
| Redação oficial | 4,29 | 4,71 | 0,42 |
| Análise e síntese | 3,79 | 4,67 | 0,88 |
| Equilíbrio/racionalidade | 3,96 | 4,67 | 0,71 |
| Bom relacionamento interpessoal | 3,88 | 4,63 | 0,75 |
| Controle do estresse | 3,67 | 4,63 | 0,96 |
| Ética | 4,63 | 4,63 | 0,00 |
| Legislação da Diretoria de Gestão de Pessoal | 3,46 | 4,63 | 1,17 |
| Liderança | 3,63 | 4,63 | 1,00 |

Nas tabelas 4 e 5 (que apresentam as 15 competências mais importantes na opinião dos chefes de Setec e de Utec), as competências com *gap* superior a 0,5 foram destacadas. Dentre essas competências, aquelas cujo grau médio de domínio foi inferior a 4 foram entendidas como competências que a organização deve buscar desenvolver nos atuais chefes. Nesse grupo, os chefes de Setec exibem três competências e os chefes de Utec exibem oito competências que merecem especial atenção para serem desenvolvidas. Essas competências permitem compreender melhor o que é específico do grupo humano a que se referem.

Durante o aprofundamento no referencial teórico adotado, observou-se que competências que descrevem um mesmo comportamento, habilidade ou atitude receberam denominações diferentes por parte dos autores. A partir da integração dos dados oriundos da teoria com os dados da pesquisa de campo chegou-se à tabela 6, a qual exibe o grau de importância indicado pelos chefes de Setec e de Utec para cada uma das 15 competências gerenciais extraídas da teoria.

Tabela 6
Grau de importância apontado pelos chefes para as competências relevantes extraídas do referencial teórico

| REFERENCIAL TEÓRICO | CHEFES DE SETEC | CHEFES DE UTEC |
|---|---|---|
| Capacidade empreendedora | 4,41 | 4,29 |
| Capacidade de trabalhar sob pressão | 4,78 | 4,63 |
| Comunicação | 4,48 | 4,50 |
| Criatividade | 4,41 | 4,29 |
| Cultura da qualidade | 4,67 | 4,25 |
| Dinamismo/iniciativa | 4,63 | 4,58 |
| Flexibilidade | 4,52 | 4,54 |
| Integridade/sinceridade/ética | 4,96 | 4,63 |
| Liderança | 4,70 | 4,63 |
| Motivação/energia para o trabalho | 4,52 | 4,46 |
| Negociação | 4,52 | 4,46 |
| Planejamento | 4,33 | 4,42 |
| Relacionamento interpessoal | 4,67 | 4,63 |
| Tomada de decisão | 4,74 | 4,79 |
| Visão sistêmica | 4,54 | 4,46 |

Dentre as competências/habilidades relevantes do referencial teórico, sete estão entre as 15 mais importantes para os chefes de Setec e cinco estão entre as 15 mais importantes para os chefes de Utec (grau de importância em destaque na cor cinza). Esse resultado revela compatibilidade entre teoria e prática, e destaca algumas das competências mais relevantes a serem desenvolvidas nos chefes de Setec e Utec.

## 4.3 Apreensão e análise das percepções extraídas das entrevistas

Dentre as percepções coletadas nas entrevistas de campo, foram destacadas as recorrentes e/ou fortes, das quais foi possível extrair os resultados a seguir:

1. Os chefes não reconhecem a existência de critérios objetivos e/ou baseados no mérito que sejam utilizados na indicação de peritos à função de chefe de Setec/Utec.
2. O tempo de experiência e a disponibilidade do perito são os fatores determinantes para definir qual perito será o indicado para assumir a chefia de Setec/Utec.
3. Os cursos de formação e capacitação que o DPF disponibilizou para os chefes não foram suficientes e adequados para o exercício da chefia de Setec/Utec.
4. O desafio pessoal, a oportunidade de amadurecimento profissional e o desejo de contribuir com a organização são os fatores que motivaram os peritos a assumirem a chefia de Setec/Utec.
5. O maior desafio para um chefe de Setec/Utec é gerenciar conflitos internos, gerir pessoas e motivar a equipe.
6. As competências relacionadas à gestão de pessoas são aquelas que os sujeitos da pesquisa apontaram como de extrema importância para o conjunto de atribuições que um chefe de Setec/Utec desempenha; no entanto, são aquelas que o DPF menos contribuiu para desenvolver.
7. A instituição necessita de ações de desenvolvimento, sobretudo para os líderes e em relação a competências comportamentais e relacionais voltadas especialmente à gestão de pessoas, destacada como o grande desafio dos mesmos.

## 4.4 Grau de domínio das competências *versus* produtividade e desempenho da unidade

Entende-se que uma unidade de perícia é eficiente quando consegue atender com tempestividade e qualidade as solicitações de perícia. A qualidade do atendimento é um parâmetro subjetivo cuja mensuração extrapolaria os propósitos deste trabalho. Porém, a tempestividade do atendimento pode ser avaliada mensurando o tempo médio de retenção das solicitações ou a quantidade de solicitações pendentes da unidade em uma determinada data. A variação da pendência de um Setec/Utec em um intervalo de tempo é a medida do desempenho que foi adotada nesta pesquisa. O período avaliado engloba a pendência inicial (PP1) da unidade e a pendência final (PP2). A produtividade pode ser obtida pela quantidade média de laudos produzidos por perito da unidade nesse período. Os resultados apresentados nas tabelas 7 e 8 refletem o desempenho e produtividade dos Setecs e Utecs calculados para o período de um ano (1º-8-2010 até 30-7-2011).

Tabela 7
Desempenho e produtividade dos Setecs *versus* graus de domínio e importância das competências atribuídos pelos chefes

| Sigla | PP1 | PP2 | Desempenho | Laudos por perito | Grau médio domínio | Grau médio importância |
|---|---|---|---|---|---|---|
| Setec/SR/DPF/RO | 190 | 77 | 59% | 70,9 | 3,79 | 4,90 |
| Setec/SR/DPF/ES | 211 | 89 | 58% | 57,6 | 4,84 | 4,84 |
| Setec/SR/DPF/AM | 234 | 106 | 55% | 60,3 | 3,57 | 5,00 |
| Setec/SR/DPF/SC | 321 | 167 | 48% | 72,2 | 3,55 | 4,29 |
| Setec/SR/DPF/DF | 242 | 131 | 46% | 53,8 | 4,47 | 4,86 |
| Setec/SR/DPF/PR | 353 | 221 | 37% | 72,9 | 4,63 | 4,61 |
| Setec/SR/DPF/BA | 244 | 166 | 32% | 56,2 | 3,37 | 4,08 |
| Setec/SR/DPF/PA | 181 | 136 | 25% | 57,0 | 4,37 | 4,53 |
| Setec/SR/DPF/MT | 205 | 169 | 18% | 73,5 | 3,33 | 4,08 |
| Setec/SR/DPF/SP | 1045 | 950 | 9% | 72,6 | 3,57 | 4,24 |
| Setec/SR/DPF/MS | 209 | 204 | 2% | 86,8 | 4,02 | 4,81 |
| Total Setecs | 5917 | 4894 | 17% | 52,1 | 3,97 | 4,47 |

Fonte: Cálculos efetuados a partir de dados extraídos do Siscrim e da pesquisa de campo.

Tabela 8
Desempenho e produtividade dos Utecs *versus* graus de domínio e importância das competências atribuídos pelos chefes

| Sigla | PP1 | PP2 | Desempenho | Laudos por perito | Grau médio domínio | Grau médio importância |
|---|---|---|---|---|---|---|
| Utec/DPF/SIC/MT | 97 | 30 | 69% | 90,4 | 3,88 | 4,55 |
| Utec/DPF/LDA/PR | 74 | 37 | 50% | 80,6 | 3,75 | 4,14 |
| Utec/DPF/RPO/SP | 69 | 38 | 45% | 73,0 | 3,96 | 4,12 |
| Nutec/DPF/FIG/PR | 351 | 232 | 34% | 150,6 | 3,29 | 4,84 |
| Utec/DPF/PFO/RS | 50 | 35 | 30% | 97,8 | 3,26 | 3,85 |
| Utec/DPF/DRS/MS | 139 | 102 | 27% | 90,8 | 3,40 | 4,53 |
| Total Utecs | 1662 | 1436 | 14% | 67,6 | 3,78 | 4,34 |

Fonte: Cálculos efetuados a partir de dados extraídos do Siscrim e da pesquisa de campo.

Os dados das tabelas 7 e 8 revelam que não há uma relação direta entre os graus de domínio e importância atribuídos pelos chefes de perícia às competências estudadas e aos resultados efetivos que estes gestores entregaram para o DPF. Na ferramenta de pesquisa utilizada — o questionário —, aqueles chefes que manifestaram maior autocrítica, tenderam a atribuir menor grau de domínio das competências apresentadas. Portanto, os chefes que se autoavaliaram com maiores valores de grau domínio das competências não necessariamente são aqueles cuja unidade apresenta maior produtividade e desempenho.

O grau médio de importância das competências se mostrou mais consistente na formulação de conclusões do que o grau médio de domínio.

## 5. Conclusão

A análise dos resultados desta pesquisa possibilitou perceber que, embora o referencial teórico indique a importância de se manter a relação do planejamento estratégico com a gestão de pessoas por competências, a prática da organização ainda não se desenvolveu nesse sentido, o que foi encontrado no discurso dos entrevistados.

A pesquisa de campo revelou, também, a existência de dois blocos de gerações distintas nos chefes de unidades de perícia da Polícia Federal. Um grupo de chefes de Utec, mais jovens e com menor tempo de experiência, e outro grupo, composto por chefes de Setec, com maior tempo de atuação na perícia e em gestão. A presença de duas gerações distintas gera lacunas de competências e as necessidades de capacitação igualmente distintas de acordo com o tipo de unidade de perícia.

Uma das contribuições do presente trabalho foi identificar as já referidas lacunas de competências profissionais entre os chefes de Setec e de Utec. Dentre essas, de acordo com as percepções extraídas da pesquisa de campo estão: gestão estratégica de pessoas, controle de estresse, urbanidade, flexibilidade e liderança. Cabe destacar que ao longo do trabalho observou-se que o nível de motivação das equipes — que é um parâmetro importante no contexto em que este estudo está inserido — está abaixo do desejável.

O perfil de competências gerenciais adequado, de acordo com as melhores práticas de gestão, foi extraído do referencial teórico. A pesquisa de campo possibilitou mapear o perfil de competências, considerado relevante e aspirado pelos peritos que ocupam a função de chefes em unidades de perícia. A partir da integração desses dois perfis, chegou-se ao grupo de competências técnicas e habilidades mais relevantes a serem desenvolvidas, para e pelos peritos, que exercem ou aspiram exercer a função de Chefia em unidade de perícia da Polícia Federal. Nesse grupo observou-se a presença significativa de competências comportamentais e relacionais, a saber: capacidade de trabalhar sob pressão, dinamismo, iniciativa, liderança, relacionamento interpessoal, tomada de decisão, integridade, cultura voltada à qualidade.

Além disso, o fator destacado como o maior desafio e o de maior importância na análise qualitativa da pesquisa trata da gestão de pessoas e das emoções e nuances individuais oriundas das mesmas. Com isso, pôde-se perceber o desejo dos líderes em desenvolver-se nesse quesito, aliado, inclusive, a uma consciência dos próprios *gaps*, o que pode favorecer a implantação de práticas de desenvolvimento na instituição, tendo em vista tal interesse e abertura.

Espera-se que a gestão por competências possibilite compreender melhor quais potencialidades devem ser estimuladas e desenvolvidas em um chefe de Setec ou de Utec com vistas a contribuir ágil e positivamente em favor da qualidade e da tempestividade de resposta dos exames periciais da unidade sob sua gestão. O DPF deve investir no desenvolvimento de um grupo de competências comportamentais e relacionais dos gestores da criminalística.

Os dados coletados, a síntese situacional das competências dos gestores da criminalística da Polícia Federal e a análise de resultados respeitaram os limites de complexidade, espaço e tempo. Mas percebe-se a possibilidade de uma retomada futura para encontrar resultados complementares em condições de favorecer conclusões adicionais e que permitam suscitar novos debates acadêmicos e entre gestores públicos que atuem em organizações análogas ao caso aqui enfocado. Os impactos dos atuais critérios de avaliação de desempenho, da cultura organizacional e da motivação dos servidores do DPF, na implantação da gestão por competências, são aspectos que poderão fomentar novas pesquisas.

Por fim, e em termos práticos, este trabalho almeja contribuir para transpor para dentro das instituições públicas federais, em especial o DPF, o sentimento de credibilidade que a sociedade espera, na condição de credora dos serviços prestados a ela pelos órgãos foco deste estudo, trazendo mais transparência e imparcialidade aos processos administrativos, em especial, àqueles ligados à gestão de pessoas, porque são fundamentais a uma prestação de serviços confiáveis.

## Referências

AMARAL, Roniberto Morato. Gestão de pessoas por competências em organizações públicas. In: SEMINÁRIO NACIONAL DE BIBLIOTECAS UNIVERSITÁRIAS, XV, 2008, São Paulo. *Anais eletrônicos*. Trabalhos orais. São Paulo, nov. 2008. p. 10-14. Disponível em: <www.sbu.unicamp.br/snbu2008/anais/site/pdfs/2594.pdf>. Acesso em: 3 ago. 2011.

BARDIN, Laurence. *Análise de conteúdo*. Lisboa: Edições 70, 1999.

BARONI, Margaret; OLIVEIRA, José Mendes. Desenvolvimento profissional e mobilização de competências no setor público. In: CONGRESSO INTERNACIONAL DEL CLAD SOBRE LA REFORMA DEL ESTADO Y DE LA ADMINISTRACIÓN PÚBLICA, XI, 2006, Ciudad de Guatemala. *Anais*. nov. 2006. p. 7-10.

BITENCOURT, Claudia Cristina; MOURA, Maria Cristina Canovas. A articulação entre estratégia e o desenvolvimento de competências gerenciais. *RAE eletrônica*, São Paulo, v. 5, n. 1, 2006. Disponível em: <www.scielo.br/pdf/raeel/v5n1/29560.pdf>. Acesso em: 4 maio 2010.

BLAIR, Gerard M. *Starting to manage*: the essential skills. IEEE, 2006. (Engineers Guide to Business, v. 8)

BOYATZIS, Richard E. *The competent management*: a model for effective performance. Nova York: John Wiley & Sons, 1982. Disponível em: <http://books.google.com.br/books?hl=ptBR&lr=&id=KmFR7BnLdCoC&oi=fnd&pg=PR11&dq=BOYATZIS,+Richard+E.+The+competent+management:+a+model+for+effective+performance.+New+York:+Jonh+Wiley,+1982&ots=wt4OTrOqTF&sig=VkkL_-22-ybJCKxRaPuJAKeH5Uc#v=onepage&q&f=false>. Acesso em: 4 maio 2010.

CARBONE, Pedro Paulo et al. *Gestão por competências e gestão do conhecimento*. 3. ed. 1. reimp. Rio de Janeiro: FGV, 2009.

COVEY, Stephen R. *Os sete hábitos das pessoas altamente eficazes*. 14. ed. São Paulo: Best Seller, 2003. p. 121-182.

DUTRA, Joel Souza. *Competências*: conceitos e instrumentos para gestão de pessoas na empresa moderna. 1. ed., 8. reimp. São Paulo: Atlas, 2010.

DUTRA, Joel Souza. Gestão de pessoas com base em competências. In: \_\_\_\_ (Org.). *Gestão por competências*: um modelo avançado para o gerenciamento de pessoas. 8. ed. São Paulo: Gente, 2001.

\_\_\_\_; HIPÓLITO, J. M.; SILVA, C. M. Gestão de pessoas por competências. In: ENCONTRO NACIONAL DA ASSOCIAÇÃO NACIONAL DE PÓS-GRADUAÇÃO E PESQUISA EM ADMINISTRAÇÃO — ENANPAD, 1998, Foz do Iguaçu. *Anais...*

\_\_\_\_ et al. *Gestão por competências*: um modelo avançado para o gerenciamento de pessoas. 8. ed. São Paulo: Gente, 2001.

EBOLI, Cristina; CAVAZOTTE, Flávia de S. Neves; LUCENA, Jeane. O impacto da autenticidade do líder e do foco em resultados sobre o desempenho no trabalho: um estudo com funcionários de um banco privado brasileiro. In: ENCONTRO NACIONAL DA

ASSOCIAÇÃO NACIONAL DE PÓS-GRADUAÇÃO E PESQUISA EM ADMINISTRAÇÃO, 2012, Rio de Janeiro. *Anais...*

GIL, Antônio Carlos. *Métodos e técnicas de pesquisa social*. São Paulo: Atlas, 1994.

GRAMIGNA, Maria Rita. *Modelo de competências e gestão de talentos*. São Paulo: Makron Books, 2002.

LE BOTERF, Guy. *Desenvolvendo a competência dos profissionais*. 3. ed. Porto Alegre: Artmed, 2003.

McCLELLAND, David C. Testing for competence rather than intelligence. *American Psychologist*, p. 1-14, jan. 1973.

MINTZBERG, Henry. O trabalho do gerente. In: MINTZBERG, Henry et al. *O processo da estratégia*. 4. ed. Porto Alegre: Bookman, 2006.

MOTTA, Paulo Roberto. *Gestão contemporânea*: a ciência e a arte de ser dirigente. 10. ed. Rio de Janeiro: Record, 1999.

PEREIRA, Sérgio Carlos de Sousa. *O planejamento estratégico na Marinha do Brasil*: o caso das Organizações Militares prestadoras de serviço (OMPS). Dissertação (mestrado) — Fundação Getulio Vargas, Rio de Janeiro, 2006.

PIRES, Alexandre Kalil et al. *Gestão por competências em organizações de governo*. Brasília: Enap, 2005

PRAHALAD, Coimbatore Krishnarao; HAMEL, Gary. The core competence of the corporation. *Harvard Business Review*, Boston, v. 68, n. 3, p. 79-91, maio/jun. 1990. Disponível em: <http://hbr.org/1990/05/the-core-competence-of-the-corporation/ar/1>. Acesso em: 20 maio 2010.

VERGARA, Sylvia Constant. *Gestão de pessoas*. 6. ed. São Paulo: Atlas, 2007.

____. *Projetos e relatórios de pesquisa em administração*. São Paulo: Atlas, 2009.

Capítulo 15

# Redes nas organizações públicas: o problema de controle

Osvaldo Silva
Joaquim Rubens Fontes Filho

As redes interorganizacionais têm se disseminado, nos contextos privados e estatais, como formas ou mecanismos de inter-relação ou interação cooperativa entre diversos atores e/ou organizações, governamentais e não governamentais. Representam uma nova proposta de solução de problemas complexos, a partir da redefinição de parâmetros que possibilitem um melhor compartilhamento de informações, conhecimentos e tarefas, de modo flexível e com melhor fluidez, apoiada no uso de ferramentas tecnológicas e tecnologia da informação, permitindo que essas interações sejam realizadas de forma descentralizada, com menores custos de transação e mais efetividade. A partir da identificação dos diferenciais do modelo em rede, este estudo discute a função controle nesse modelo, considerando dificuldades encontradas na confrontação das características de operação das redes aos aspectos formais da função controle, em particular no âmbito estatal.

## 1. Introdução

As transformações sociais e econômicas das últimas décadas têm impulsionado o Estado a ser sujeito ativo na coordenação das mudanças e das forças da sociedade, distante dos papéis formalista ou gerencialista que limitavam sua atuação. Transforma então sua responsabilidade não apenas ao fazer, mas em assegurar que essas forças e instituições da sociedade estejam coordenadas para, juntamente com o esforço do próprio Estado, responder às necessidades e expectativas da sociedade. Mas como compatibilizar o formalismo do modo burocrático ou o foco instrumental (eficiência) do gerencialismo com esse processo? Transformar instituições tradicionais em uma rede que integre as distintas forças requer a coevolução da doutrina, organização, treinamento e educação, logística e abordagens maduras para comando e controle. Isso demanda uma quantidade considerável de tempo e esforço.

Osborne (2006) identifica que o momento atual é marcado pela perspectiva da *new public governance* (NPG), caracterizada pela visão de que o Estado é o agente promotor ou indutor da satisfação das necessidades coletivas, e não apenas um mecanismo de garantia dos direitos individuais, a exemplo da propriedade e dos contratos, fazendo com que se forme um "estado plural".

Nessa perspectiva, uma das principais mudanças é a necessidade de cooperação e integração entre as entidades estatais com a iniciativa privada e a sociedade civil organizada, no sentido de que sejam potencializados recursos e otimizadas as intervenções, fazendo com que o modelo burocrático tradicional seja a cada dia posto de lado, cedendo espaço à gestão baseada em estruturas flexíveis e à integração através de redes.

Figurando como alternativa crescentemente viável de resposta a essas exigências surgem as redes que, de modo geral, propõem uma forma mais democrática, efetiva e flexível de atuação, tendo em vista que a substituição do modelo tradicional, baseado na autoridade racional-legal, observância extremada e dependente da hierarquia, e contratos relacionais, possibilita o alcance dos objetivos e resultados previstos pela organização por meio da composição, negociação e/ou pactuação, coordenação e cooperação entre atores, complementaridade e confiança, distribuindo a realização de ações e sua devida responsabilidade com base em suas atribuições e competências.

Entretanto, o modelo rede pode apresentar como desvantagem a fragilização dos mecanismos de controle, tanto relativos aos processos quanto aos resultados, uma vez que distribui as responsabilidades pela ação de resposta às demandas da sociedade entre diversos atores, não subordinados a uma hierarquia formal. Este estudo discute a função controle nas redes envolvendo o Estado, considerando as dificuldades encontradas na confrontação das características de operação das redes aos aspectos formais da função controle, em particular no âmbito estatal.

## 2. A necessidade de ruptura com o paradigma burocrático

Rememorando o conceito clássico de administração, Megginson, Mosley e Pietri Jr. (1998) indicam que administração é o trabalho envolvendo recursos humanos, financeiros e materiais para atingir objetivos organizacionais por meio do desempenho das funções de planejar, organizar, liderar e controlar.

Com relação especificamente à administração pública, Bresser-Pereira e Spink (2006) afirmam que há três modelos em destaque: a administração patrimonialista, a administração pública burocrática e a administração pública gerencial, a qual alguns autores chamam de pós-burocracia.

Costin (2010) analisa que a administração patrimonialista era o modelo de administração própria das monarquias absolutas, em que o patrimônio do rei se confundia com o patrimônio público, numa clara confusão de público e privado. Com a evolução do capitalismo, essa forma de administração se tornou insustentável, havendo a necessidade de se buscar uma separação entre o espaço público e o privado. Surge a administração burocrática, associada ao tipo ideal de dominação racional-legal de Max Weber, que buscava estabelecer o comportamento esperado pelo servidor ou administrador público na forma de regulamentos excessivos, enfatizando a impessoalidade, seja na forma de acesso ao serviço público, seja na progressão na carreira, além de tornar o conhecimento das regras um recurso de poder.

Osborne (2006) aponta que, após a Segunda Guerra Mundial, apesar do modelo burocrático aparentemente robustecido, os conceitos da administração de empresas começaram a ecoar na administração pública, em especial a ideia de descentralização política e administrativa — que possibilitava delegação de autoridade e maior autonomia, redução dos níveis hierárquicos, estabelecimento de confiança ao invés da desconfiança total, controles *a posteriori* e administração voltada para o atendimento ao cidadão, fazendo com isso germinar a *new public governance*.

Goldsmith e Eggers (2006) entendem que o modelo tradicional e hierárquico de governo simplesmente não atende as demandas desses tempos complexos e em rápida transformação. Culturas e modelos operacionais introvertidos são inadequados para abordar os problemas que, muitas vezes, transcendem os limites organizacionais.

Os preceitos da burocracia weberiana, baseados na racionalidade instrumental, política de comando e controle, impessoalidade, padronização de comportamento e formalismo, não mais se coadunam com as rápidas mudanças e demandas exigidas pela sociedade, que se volta, cada vez mais, para a adoção de novos conceitos de governança e *accountability* no que tange às práticas e políticas públicas.

Para Cruz, Martins e Quandt (2008), a interação do Estado com a sociedade fez-se necessária a partir do momento em que se percebeu que o governo, a sociedade e as organizações, com ou sem fins lucrativos, não possuíam condições individuais de alcançar bons níveis de satisfação dos interesses gerais, emergindo como alternativa a interação entre esses indivíduos. Pode-se inferir dessa observação que, no contexto atual, mais do que a estabilidade produzida pelo modelo burocrático tradicional, busca-se flexibilidade, especialmente mediante a integração, cooperação e colaboração de diversos atores, para que objetivos sejam alcançados com maior grau de eficiência.

Jany e Robinson (2012) afirmam que a falta de integração, tanto horizontal quanto vertical, tenderá a fragmentação, inconsistência e respostas caóticas às crises. Deve haver uma parceria ativa e contínua, bem como um ambiente de confiança, interação e cooperação. Para Pacheco (2010), as tendências apontam para o Estado rede, caracterizado pelo trabalho das organizações públicas em parceria (coordenação intragovernamental) e com ampla gama de atores não estatais, cabendo às mesmas o desempenho da liderança estratégica da rede, em busca da maximização do valor público.

O desafio que se apresenta é tornar possível a utilização das redes nas organizações públicas, tendo em vista que estas adotam predominantemente o modelo burocrático tradicional, com matriz baseada no sistema *top-down* (hierarquia vertical), enquanto a filosofia das redes opera de modo horizontal, bem como desmitificar a ideia de que somente a padronização de condutas e a realização de tarefas preordenadas, rotineiras e repetitivas são capazes de cumprir a missão da realização do interesse público.

## 3. Redes e organizações públicas

Coser e Machado (2006) identificam que a palavra rede, no âmbito da teoria das organizações, traduz o modo de coordenação, diferenciação e integração entre unidades organizacionais especializadas.

Para Agranoff e Mcguire (2001), as redes são como arranjos multiorganizacionais para resolver problemas, o que não seria atingido, ou pelo menos não seria facilmente atingido, por uma organização sozinha. Tais arranjos possibilitam maior flexibilidade e melhores respostas aos problemas de custos de transação, porém devem ser observadas com atenção questões voltadas a *accountability*, gestão e governança.

Segundo Borzel (1997), as redes são estruturas policêntricas, envolvendo múltiplas organizações ou partes delas, que se formam por relações estáveis, de natureza não hierárquica e interdependente, vinculando uma série de atores com um interesse comum em relação a uma política pública e que intercambiam recursos para concretizar esses interesses, reconhecendo que a cooperação é a melhor forma de atingir objetivos.

Moura (1998) afirma que a abordagem de redes, como expressão dos novos arranjos interorganizacionais emergentes, indica o incremento dos processos de interdependência entre atores e organizações e, particularmente, entre agentes públicos e privados. Ao mesmo tempo, identifica o esgotamento da capacidade de integração e coesão social das instituições representativas tradicionais, bem como da eficácia das organizações burocráticas e do modelo de planejamento global e centralizado.

Augustinis (apud Agranoff e Mcguire, 2007) afirma que as redes são empregadas para criar pontes que mitiguem lacunas e assimetrias informacionais entre e dentro das organizações. As redes não apenas oferecem oportunidades de se obter informação como um recurso compartilhado, mas também oferecem oportunidades de transformar informação em novas oportunidades de aprendizado e adaptação, de desenvolvimento de novas competências e de coordenação de esforços conjuntos como resultado de um processamento coordenado de informações.

Conforme aponta a análise de Goldsmith e Eggers (2006) ao tratar das redes no âmbito das organizações públicas, seu propósito é fornecer resposta descentralizada, flexível, individualizada e criativa para um problema público. Abordagens em rede produzem tanto oportunidades abundantes para melhorias significativas nos serviços públicos como grandes desafios gerenciais.

Segundo Agranoff e Mcguire (2001), as redes não estão fundamentadas no paradigma da autoridade legal, constituindo estruturas de interdependência, envolvendo múltiplas organizações ou suas partes, prevalecendo a confiança, propósito comum, dependência mútua, disponibilidade de recursos, atores de catálise e habilidade gerencial. A confiança traz motivação, competência, atuação colegiada e coesão no trabalho em rede, aliada à compreensão de como e quanto cada organização se esforça no sucesso global, balanceando forças sociais e interesses.

A despeito das aparentes vantagens competitivas e comparativas que as redes interorganizacionais apresentam, é necessário levar em consideração as indicações de Goldsmith e Eggers (2006) no sentido de que, apesar das evidentes e significativas vantagens da adoção do modelo de governo em rede, ele traz consigo um amplo conjunto de desafios.

No mesmo sentido, os estudos de Wegner e Padula (2012) indicam que, a despeito dos resultados expressivos e atraentes que o modelo de rede interorganizacional apresenta, é indispensável a análise dos casos de fracasso, de modo que o fenômeno possa ser melhor compreendido, ponderando suas facilidades e benefícios, com seus possíveis vícios e dificuldades.

Sobral e Peci (2008) apontam que, ao adotar o modelo de rede interorganizacional, o Estado ganha flexibilidade e busca um maior grau de eficiência em suas intervenções, numa tentativa de deixar para trás as antigas práticas cartesianas e calcadas em ações pontuais e pouco utilitaristas, que cultuam o processo e negligenciam o alcance dos resultados. Porém, não basta apenas planejar, organizar e liderar as ações dos atores envolvidos no processo, o controle também é uma função presente e necessária e que, no modelo em rede, requer atenção especial, sobretudo pelo caráter autônomo das partes envolvidas.

## 4. Redes nas organizações públicas: o problema do controle

O controle é uma das funções da administração que tem por finalidade o acompanhamento sistemático das atividades de uma organização de modo que eventuais problemas e desvios possam ser detectados para que sejam corrigidos e/ou sanados, excluindo ou minimizando problemas tendentes ao comprometimento dos resultados da organização. Boehs e Segatto-Mendes (2007) afirmam que os mecanismos de controle constituem elemento instrumental das estruturas e dos processos de governança nas relações de cooperação interorganizacional.

No campo da administração pública, o controle sempre ocupou função de destaque, tendo servido, inclusive, para viabilizar e consolidar modelos de gestão, como a possibilidade de intervenção direta do Estado na atividade econômica.

Fleury e Ouverney (2007) analisam que esse tema ganha um viés relevante diante das mudanças trazidas por novos modelos de organização porque os padrões burocráticos de controle, comumente utilizados e difundidos na administração pública, não encontram aplicabilidade ou não podem ser utilizados no modelo em rede, seja porque o contexto e as variáveis são bastante complexas, e/ou porque os atores envolvidos têm origens e naturezas diversas, na sua maioria autônomos e independentes, não havendo com isso, necessariamente, uma relação direta de comando e controle hierárquico como se dá no modelo racional-legal, base da função burocrática tradicional.

Cruz, Martins e Quandt (2008) ponderam que, ao se tratar da vertente do governo coordenado, conceito defendido por Goldsmith e Eggers (2006), que representa uma consequência da desconcentração através da prestação de serviços por múltiplas organizações, devem ser criados mecanismos de coordenação e controle para que o foco seja direcionado aos resultados desejados, além de permitir que haja um canal eficiente de comunicação evitando falas e/ou retrabalho.

Fleury e Ouverney (2007) indicam que nos espaços interorganizacionais caracterizados por relações de independência em rede a concepção de controle adquire uma nova dimensão, uma vez que não existem nesses espaços, de forma geral, atores capazes de estabelecer mecanismos de responsabilização e *accountability*, sendo os demais membros dotados de autonomia. O emprego do padrão burocrático de controle, além de apresentar sérios obstáculos, acarreta menor grau de flexibilidade da rede.

Para Provan e Kenis (2007), existe uma relutância entre estudiosos desse modelo em discutir e estabelecer mecanismos formais de controle, em virtude da pronta associação que é feita entre controle e burocracia — nos moldes do modelo tradicional. Sendo as redes, arranjos ou acordos de colaboração, cooperação, integração e confiança, advindos da necessidade contemporânea de quebra do paradigma burocrático de autoridade racional-legal, tais mecanismos de controle poderiam soar inadequados e/ou comprometer seu funcionamento, avaliação corroborada por Fleury e Ouverney (2007).

Como forma de tentar minimizar essa questão, Sobral e Peci (2008) afirmam que nas redes interorganizacionais deve ficar claro que o controle está voltado para duas missões essenciais: o monitoramento das atividades, comparando o desempenho real com o planejado, e a correção de qualquer desvio significativo, caso se conclua que as atividades estão sendo executadas de tal forma que interfiram ou comprometam o alcance dos objetivos conjuntamente estabelecidos, relegando a segundo plano o controle como mecanismo de vigilância e correção, num evidente esforço de demonstrar que o interesse está focado no objetivo estratégico e não no processo que conduz ao objetivo.

## 5. Considerações finais

Inicialmente, este trabalho buscou reforçar a necessidade de substituição do modelo burocrático tradicional por novos modelos ou formas de atuação do Estado, em virtude do novo contexto mundial, permeado pelas crescentes, e fragmentadas, demandas sociais e mudanças ambientais e tecnológicas, que se dão de maneira muito veloz, o que requer mecanismos flexíveis e ágeis de adequação, que não encontram par no modo burocrático clássico.

A rede interorganizacional, de modo geral, se apresenta como uma alternativa viável, pois propõe uma forma mais democrática, efetiva e flexível de atuação, tendo em vista que a substituição do modelo baseado na autoridade racional-legal, observância extremada e dependente da hierarquia e impessoalidade possibilita o alcance dos objetivos e resultados previstos pela organização por meio da composição, negociação, pactuação, coordenação, cooperação entre atores, complementaridade e confiança, além de possibilitar a agregação de valores através da inovação e da criatividade individuais, respeitadas sempre as delimitações preestabelecidas e pactuadas, as necessidades e as peculiaridades de cada envolvido, distribuindo a realização de ações e sua devida responsabilidade com base em suas atribuições e competências.

Cumpre destacar que o caminho para ampliar e consolidar a adoção das redes interorganizacionais por parte do Estado (poder público) como uma alternativa viável para atuação e intervenção em ambientes complexos, a exemplo da adoção de políticas públicas nas áreas de segurança, saúde, educação, necessita mais do que uma edição de atos normativos, ou seja, delimitações legais. É indispensável uma mudança da cultura organizacional, removendo da mente e dos corações as velhas soluções burocráticas tradicionais, em especial aquelas vinculadas ao controle, e implantando a crença em valores, princípios e objetivos estratégicos comuns, incentivando a inovação e a criatividade do elemento humano que compõe a organização.

Para minimizar as dificuldades de estabelecimento de mecanismos de controle, a literatura aponta para a necessidade de estabelecimento de sistemas híbridos ou mistos, baseados tanto em instrumentos tradicionais, a exemplo da formalização de procedimentos e estabelecimento de parâmetros de comportamento aceitáveis, de modo a diminuir incertezas e custos de monitoramento, quanto em elementos característicos de outros sistemas, notadamente a construção e concepção coletiva dos valores, princípios, ações e objetivos estratégicos.

Apesar de este estudo apontar para a existência de aparentes dificuldades de implementação da função controle no ambiente de rede, também evidenciou que a adoção da forma colegiada ou pactuada, preferencialmente, em todos os níveis organizacionais — tanto nas etapas de definição dos objetivos estratégicos, quanto na atribuição de tarefas, desenho de procedimentos, monitoramento, acompanhamento e correção de desvios — contribui para conferir legitimidade e corresponsabilidade, de modo que cada um saiba o que, quando e onde realizar sua missão, bem como se sinta parte efetiva dos resultados alcançados. Porém o tema certamente suscita e requer mais estudos sobre a questão do controle nas redes, tendo em vista que o ciclo do conhecimento funciona independentemente do encontro de possíveis soluções e é este o caminho que conduz a descobertas inovadoras e criativas.

## Referências

AGRANOFF, Robert; MCGUIRE, Michael M. Big questions in public network management research. *Journal of Public Administration Research e Theory*, v. 11, n. 3, p. 295-326, jul. 2001.

\_\_\_\_; \_\_\_\_. *Managing within networks*: adding value to public organizations. Washington, DC: Georgetown University Press, 2007.

AUGUSTINIS, Viviane Franco de. *Gestão em redes para a construção de políticas pública*: um estudo sobre as atividades de prevenção e repressão à lavagem de dinheiro no Brasil. Tese (doutorado em administração) — Escola Brasileira de Administração Pública e de Empresas, Fundação Getulio Vargas, Rio de Janeiro, 2011.

BOEHS, Carlos Gabriel Eggert; SEGATTO-MENDES, Andréa Paula. Identificação de mecanismos de controle em alianças estratégicas para desenvolvimento tecnológico: um estudo múltiplo de casos no setor metal-mecânico ao longo das fases do relacionamento. *Revista de Administração Contemporânea*, v. 11, n. 3, p. 199-221, jul./set. 2007.

BORZEL, Tanja A. What's so special about policy networks? An exploration of the concept and its usefulness in studying European governance. *European Integration online Papers (EIoP)*, v. 1, n. 16, 1997. Disponível em: <http://eiop.or.at/eiop/pdf/1997-016.pdf>. Acesso em: 6 dez. 2011.

BRESSER-PEREIRA, Luiz Carlos; SPINK, Peter Kevin (Org.). *Reforma do Estado e administração pública gerencial*. 7. ed. Rio de Janeiro: FGV, 2006.

COSER, Claudia; MACHADO DA SILVA, Clovis. Rede de relações interorganizacionais no campo de Videira-SC. *Revista de Administração Contemporânea*, v. 10, n. 4, p. 9-45, 2006.

COSTIN, Cláudia. *Administração pública*. Rio de Janeiro: Campus-Elsevier, 2010.

CRUZ, June A. W.; MARTINS, Tomaz S.; QUANDT, Carlos O. Redes de cooperação: um enfoque de governança. *Revista Alcance — Eletrônica*, v. 15, n. 2, p. 190-208, maio/ago. 2008.

FLEURY, Sônia; OUVERNEY, Assis Mafort. *Gestão de redes*: a estratégia de regionalização da política de saúde. Rio de Janeiro: FGV, 2007.

GOLDSMITH, Stephen; EGGERS, William D. *Governar em rede*: o novo formato do setor público. Brasília: Enap, 2006.

JANY, Eduardo; ROBINSON, Joseph M. Maximizando a eficácia da segurança pública. *Cadernos FGV Projetos*, n. 18, p. 54-62, jan. 2012.

MEGGINSON, Leon C.; MOSLEY, Donald C.; PIETRI JR., Paul H. *Administração*: conceitos e aplicações. 4. ed. São Paulo: Harbra, 1998.

MOURA, Suzana. A construção de redes públicas na gestão local: algumas tendências recentes. *Revista de Administração Contemporânea*, v. 2, n. 1, p. 67-85, jan./abr. 1998.

OSBORNE, Stephen P. The new public governance. *Public Management Review*, v. 8, n. 3, p. 377-387, 2006.

PACHECO, Regina Silvia. *A agenda da nova gestão pública*. Burocracia e política no Brasil: desafios para o Estado democrático no século XXI. Rio de Janeiro: FGV, 2010.

PROVAN, Keith G.; KENIS, Patrick. Modes of network governance: structure management and effectiveness. *Journal of Public Administration Reserarch and Theory*, v. 18, n. 1, p. 110, ago. 2007.

SOBRAL, Felipe; PECI, Alketa. *Administração*: teoria e prática no contexto brasileiro. São Paulo: Pearson Prentice Hall, 2008.

WEGNER, Douglas; PADULA, Antonio Domingos. Quando a cooperação falha: um estudo de caso sobre o fracasso de uma rede interorganizacional. *Revista de Administração Mackenzie*, São Paulo, v. 13, n. 1, p. 145-171, jan./fev. 2012.

Capítulo 16

# A eficiência da descentralização na computação forense do Departamento de Polícia Técnica do estado da Bahia

Saulo Correa Peixoto
Sylvia Constant Vergara

Este estudo objetivou verificar até que ponto o processo de descentralização adotado pelo Departamento de Polícia Técnica da Bahia foi eficiente no atendimento às demandas de perícias de computação forense geradas pelas Coordenadorias Regionais de Polícia Técnica do interior do estado. Apoiado por referencial teórico sobre descentralização e computação forense, apresenta dados provenientes de pesquisa documental realizada no Instituto de Criminalística Afrânio Peixoto e de entrevistas com juízes de direito e com peritos criminais. A correlação dos prazos que contemplam o conceito de eficiência definido pelos magistrados, clientes finais do trabalho pericial, com os prazos reais obtidos na pesquisa documental revelou alto grau de ineficiência, morosidade, inadimplência, além de realidades discrepantes entre capital e interior. A análise das entrevistas com os peritos criminais revelou, ainda, um cenário de insatisfação e desmotivação, indicando que o processo de descentralização praticado serviu, paradoxalmente, como uma ferramenta de viabilização e camuflagem da centralização do poder decisório. As implicações do estudo apontam para a necessidade de melhoria da gestão do Departamento de Polícia Técnica da Bahia.

# 1. Introdução

Este trabalho é resultado de estudos elaborados sobre a relação existente entre a descentralização e a eficiência no atendimento à demanda de perícias criminais oriundas do interior do estado da Bahia, num cenário de discrepância entre realidades central e periférica, no âmbito do Departamento de Polícia Técnica (DPT) deste estado. Todavia, manteve-se adstrito ao campo das perícias de computação forense, que reflete e ilustra, de forma expressiva, o cenário ocorrido nas demais áreas periciais.

O tema *descentralização* foi escolhido por ser o princípio norteador da reestruturação do órgão em estudo e, principalmente, por ser a solução proposta para garantir dimensões mínimas para ocupação de forma eficiente e padronizada de todo o território baiano.

Nessa perspectiva, foram criadas Coordenadorias Regionais de Polícia Técnica (CRPT), com vistas a fornecer estruturas administrativas e logísticas adequadas, que permitissem ao Departamento de Polícia Técnica da Bahia (DPT-BA) intervir e desenvolver o trabalho pericial com mais eficiência e eficácia, dotando o estado de uma estrutura descentralizada de produção de provas materiais. Tal ação auxiliaria a justiça no decorrer dos inquéritos e dos processos, promovendo a renovação do quadro tecnológico e de pessoal nos municípios do interior.

A prova pericial é produzida a partir de fundamentação científica e independe do testemunho ou da interpretação de pessoas, que podem incorrer em uma série de erros, desde a simples falta de capacidade em relatar determinado fato, até a situação de má-fé, em que exista a intenção de distorcer os fatos para não se chegar à verdade.

O art. 158 do Código de Processo Penal determina: "quando a infração deixar vestígios será indispensável o exame de corpo de delito, direto ou indireto, não podendo supri-lo a confissão do acusado". Essa determinação legal evidencia, de forma direta, a importância e a relevância que a perícia representa no contexto probatório, referindo-se, taxativamente, sobre a sua indispensabilidade, sob pena de nulidade de processos (Stumvoll, Quintela e Dorea, 2010).

Atualmente, todas as perícias criminais passíveis de ser realizadas do ponto de vista técnico-científico assim o são pela criminalística brasileira. O objetivo da criminalística é aplicar os conhecimentos e técnicas consagrados pelas ciências, para elucidação do caso delituoso em estudo, com o intuito de constatar o delito em si, estabelecer a identidade do autor e o respectivo modo de operação. O grande desafio é equalizar e disseminar tais conhecimentos e técnicas, de forma que a justiça praticada seja a mesma em todo o território nacional.

Nesse contexto, o crescimento do número de computadores interconectados, dos serviços disponíveis na internet, a ampliação da infraestrutura e a quantidade de softwares disponíveis para os mais diversos fins trazem como consequência o significativo crescimento dos crimes praticados por meio de computadores. A informática entrou nos lares de todas as famílias e os criminosos a utilizam para cometer crimes cada vez mais sofisticados e ousados. Diante de tal cenário, as técnicas de computação forense são procedimentos imprescindíveis no combate a esta "nova" modalidade de crime.

No estado da Bahia, as perícias de computação forense são centralizadas na Coordenação de Computação Forense do Instituto de Criminalística Afrânio Peixoto (Icap), localizado na capital do estado. Em virtude da grande demanda gerada pela capital e da quantidade exígua de peritos alocados para essa área pericial, o interior é praticamente privado desse importantíssimo instrumento de justiça, uma vez que o prazo para entrega dos laudos, na grande maioria dos casos, ultrapassa os prazos de tramitação processual e da persecução penal. Nesses casos, os clientes diretos da criminalística (Ministério Público, Polícia Civil e o Poder Judiciário) e a sociedade, por extensão, são privados da prova pericial, que ganha ainda mais relevância nos crimes virtuais, devido à complexidade da apuração desse tipo de delito, permitindo e/ou perpetuando a impunidade de criminosos especializados.

Nesse ínterim, a computação forense, como um campo de pesquisa relativamente novo no mundo, desenvolve-se rapidamente pela necessidade de a sociedade atuar no combate aos crimes eletrônicos. No entanto, conta ainda com poucos pesquisadores na área e poucas normas estabelecidas, mesmo dentro das instituições legais como o DPT-BA. Tal fato, associado à constatação de que as perícias de computação forense encabeçam a lista de perícias não atendidas em tempo hábil no interior do estado, justificou a escolha dessa área pericial como moldura do estudo apresentado.

Toda transformação deve começar de dentro para fora. Primeiro, mudar a casa; depois, mudar o mundo. Partindo dessa máxima, busca-se saber como as entidades públicas estão mudando sua casa, suas organizações, preparando-se para atender às necessidades da sociedade brasileira. Como elas estão se estruturando internamente? Como está sendo vivido esse processo de adaptação das entidades públicas às necessidades locais? Como o DPT-BA tem combatido os crimes ocorridos no interior do estado?

Diante de tais indagações, surgiu a necessidade de análise e avaliação dos procedimentos, do ferramental e da estrutura administrativa CRPT e de sua inter-relação com a polícia técnica da capital do estado. A perícia de computação forense é utilizada como exemplo expressivo do cenário da polícia técnica do interior do estado para se chegar ao problema que norteou a pesquisa: até que ponto a descentralização adotada pelo DPT-BA foi eficiente no atendimento das demandas de perícias de computação forense geradas pelas CRPT do interior do estado? Oferecer uma resposta a esse problema foi, então, o objetivo final do trabalho aqui apresentado.

O estudo ganha importância à medida que alerta para o cenário atual da criminalística vivenciado pelas cidades do interior do estado da Bahia. Os resultados podem ser utilizados para a melhoria da gestão do DPT-BA e como suporte para as decisões estratégicas, ressaltando, como achado mais importante, a evidenciação da necessidade de implementação efetiva de mecanismos de redução das desigualdades existentes entre as esferas centrais e periféricas. O estudo pode agregar, ainda, conhecimento sobre gestão no campo da computação forense, lacuna praticamente inexplorada no estado da arte.

## 2. A descentralização e suas diferentes abordagens: ênfase no Departamento de Política Técnica da Bahia

A descentralização é um tema vasto, controvertido e polêmico, tanto na literatura internacional quanto na nacional. De forma sucinta, este estudo intentou uma apropriação de um leque de entendimentos sobre esse conceito, buscando contemplar uma variedade de concepções valorativas acerca de seus aspectos conceituais, evolução e formas como podem ser utilizadas na administração pública. Em seguida, um arcabouço teórico voltado para a perícia de computação forense pavimentou o caminho para a correlação dos conceitos explorados e a aplicação em um cenário concreto: a perícia de computação forense nas CRPT do interior do estado da Bahia.

Discutir sobre a descentralização, invariavelmente, causa polêmica, uma vez que se trata de um processo complexo, multifacetário e geralmente gradual, estando presente em vários campos disciplinares. O tema é visto como mecanismo democrático, quando tratado pelas ciências políticas, que permite a autonomia política dos níveis locais e regionais, com vistas ao aprofundamento da democratização. No campo das ciências econômicas, a descentralização é percebida como transferência de responsabilidades das atividades econômicas públicas para o setor privado. No campo da sociologia, é entendida como um mecanismo para a autorização (*empowerment*) da sociedade civil, com o objetivo de incrementar a cidadania. Já no campo da administração pública, ela representa uma política para se dissolver o poder decisório e administrativo dentro das esferas públicas centrais, por meio da desconcentração, ou seja, da transferência de responsabilidade administrativa (Guimarães, 2000).

Também se verifica que a discussão sobre esse tema se baseia em dois planos: um jurídico e um político-institucional. No plano jurídico, a descentralização é tida como um processo que delega responsabilidades e poderes entre órgãos, ou dentro de um mesmo órgão, como sujeitos de imputação jurídica, vinculada à ideia de desconcentração, ou transferência de funções. De outra maneira, a descentralização é vista como quebra de um vínculo hierárquico preexistente e relaciona-se basicamente à ideia de competências exclusivas. Ela implica a ausência de intervenção de qualquer outro órgão ou instância.

No plano político-institucional, a descentralização é idealizada para desafogar o poder público, utilizando diversos recursos, que podem ser desde a simples desconcentração de atividades até a descentralização de poder decisório. Neste plano, é possível identificar três dimensões complementares: a social, a política e a administrativa.

No campo social a descentralização tem como foco a participação social na gestão pública. Ou seja, a sociedade passa a ter responsabilidade, na medida em que lhe são atribuídas parcelas de poder, competências e funções da administração pública. A descentralização política aparece como uma estratégia para redistribuição do poder político, do centro às periferias. Trata-se de uma tática política para democratizar o poder, ampliando a participação cidadã e multiplicando as estruturas de poder, com vistas à melhoria da eficiência da gestão pública. Na terceira e última dimensão, percebe-se a transferência de atividades, competências e funções entre qualquer âmbito, unidade, setor ou órgão, a exemplo do DPT-BA durante o processo de reestruturação da Secretaria de Segurança Pública no estado da Bahia.

Seguindo os princípios da descentralização administrativa, as polícias técnicas, ou polícias científicas, vieram a se tornar órgãos da administração pública presentes em grande parte dos estados brasileiros, cuja função se tornou, de modo geral, coordenar as atividades do Instituto de Criminalística, Instituto Médico-legal e, na maioria das vezes, do Instituto de Identificação da unidade da Federação da qual fazem parte. Estão subordinadas diretamente às secretarias de segurança pública (ou órgãos equivalentes), trabalhando em estreita cooperação com as polícias civil e militar. Têm como especialidade produzir a prova técnica (ou prova pericial), por meio da análise científica de vestígios produzidos e deixados durante a prática de delitos. Elas também editam normas, ações conjuntas e implementam políticas de atendimento à população.

Nesse contexto, em 1938, foi criado o DPT-BA, durante a reorganização estrutural da Secretaria da Segurança Pública deste estado, com a finalidade de planejar, coordenar, dirigir, controlar, fiscalizar e executar os serviços no campo da polícia técnico-científica, realizando perícias, exames, pesquisas e estudos, visando à prova pericial. O DPT-BA é composto pelo Instituto Médico-Legal Nina Rodrigues (IMLNR), pelo Instituto de Identificação Pedro Mello (IIPM), pelo Laboratório Central de Polícia Técnica (LCPT), pelo Icap — ao qual estão atreladas diversas coordenações especializadas, que atuam nas mais variadas áreas do conhecimento, como a Coordenação de Computação Forense — e pela Diretoria do Interior (DI), mais recente, criada em 2004 seguindo princípios de descentralização administrativa. Tal diretoria foi criada com a finalidade de coordenar, supervisionar e controlar as ações da polícia técnica no interior do estado. Distribuída em seis grandes regionais (Recôncavo, Nordeste, Oeste, Chapada, Mata Sul e Planalto), a DI atua nas áreas da medicina legal, odontologia legal e criminalística.

Estão agregadas às seis grandes regionais 26 CRPT de médio porte, distribuídas sistematicamente em todo o estado da Bahia. Têm como principais clientes as promotorias (Ministério Público) e os magistrados do interior, as delegacias (regionais, circunscricionais, especializadas e da mulher), a Polícia Militar (em inquéritos policiais militares) e, indiretamente, outros órgãos públicos, quando sua atuação é solicitada.

A concepção e o desenvolvimento do processo de reestruturação, do qual surgiu a DI, ocorreram com vistas a garantir dimensões mínimas para ocupação de forma eficiente de todo o território baiano, fornecendo estruturas administrativas e logísticas que permitissem ao DPT-BA intervir e desenvolver o trabalho pericial com mais eficiência e eficácia. À DI coube implantar efetividade na gestão das grandes regionais e das CRPT, dotando o estado de uma estrutura descentralizada de produção de provas materiais que auxiliassem a Justiça no decorrer dos inquéritos e dos respectivos processos, promovendo a renovação do quadro tecnológico e de pessoal nos municípios do interior do estado. Todavia, a estruturação das grandes regionais supracitadas, bem como das CRPT que as compõem, nunca chegou a pautar-se com clareza por um conjunto definido de prioridades, estabelecido a partir de diagnósticos consistentes e inspirados por princípios e valores estruturantes igualmente explicitados. Estes órgãos de perícia encontram-se sucateados, com efetivo reduzido ou até mesmo inexistente, desprovido de equipamentos modernos, treinamentos especializados e distante da comunidade científica.

Nesse ínterim, os peritos dos interiores, apelidados no meio como "clínicos gerais" pelo fato de executarem perícias criminais em diversas áreas e em grande volume, tendem a se tornar generalistas, meros classificadores de amostras, repetidores de rotinas e procedimentos a eles repassados, contrariando sua função precípua de análise científica dos vestígios produzidos e deixados na prática de delitos. O cenário se agrava bastante com o fato de a maioria dos exames técnicos e laboratoriais, indispensáveis à conclusão da perícia ou à reconstituição do fato delituoso, estar centralizada no Icap e no LCPT, ambos situados na capital do estado. Sob uma falsa cortina de economia de recursos, os prejuízos diretos com logística, combustível, pessoal, cadeia de custódia, protocolo, veículos, e os indiretos, como atraso na entrega de laudos, contaminação e extravio de amostras, prescrição de prazos, conferem descrédito à polícia técnica. Além disso, privam o Ministério Público, a Polícia Civil, o Poder Judiciário e, por extensão, a sociedade, da imparcialidade e objetividade da prova pericial, indispensável nos crimes que deixam vestígios, além de ir de encontro às diretrizes de descentralização e modernização do Plano Estadual de Segurança Pública (Ministério da Justiça, 2004) e do Programa Nacional de Direitos Humanos — versão 3 (Decreto nº 7.037, de 21 de dezembro de 2009).

Em virtude da grande demanda gerada pela capital e da quantidade exígua de peritos alocados no Icap para atender à área de computação forense em sua totalidade, o interior do estado é, praticamente, privado desse importante instrumento de justiça, a perícia de computação forense, uma vez que o prazo para entrega dos laudos, na grande maioria dos casos, ultrapassa os prazos de tramitação processual e da persecução penal. Por ser assim, os clientes diretos da criminalística (Ministério Público, Polícia Civil e Poder Judiciário) e a sociedade, por extensão, são privados da prova pericial, que ganha ainda mais relevância nos crimes virtuais, devido à complexidade da apuração deste tipo de delito e, desta forma, permite-se ou perpetua-se a impunidade de criminosos especializados.

## 3. Computação forense

Como decorrência de haver computadores (eventualmente embutidos em outros dispositivos) em toda parte, eles têm sido usados ora como meio para a prática, ora como alvo de crimes. Cabe à área da computação forense analisar esses equipamentos na busca de evidências de tais crimes.

Um sistema computacional é, basicamente, um ambiente que recebe solicitações de um usuário, realiza um processamento e mostra resultados utilizando equipamentos auxiliares. Nas etapas de processamento, o sistema faz uso de memórias de armazenamento de dados. Analisar esses dados armazenados em dispositivos eletrônicos é mais complexo do que parece. Primeiro, porque os dados são armazenados por programas e, assim, um simples texto, como o desta página, pode ser armazenado de várias formas, incluindo cifras e compactações que o tornam completamente ilegível às pessoas quando lido sem o prévio processamento pelo *software* apropriado. Recuperar os dados em forma apresentável pode ser um grande desafio.

Essa variação de armazenamentos de dados introduz a possibilidade de usuários não autorizados solicitarem a realização de processamento (operações) em nome de outros, em sistemas que estão longe do solicitante. Em adição, a própria troca de dados usando a internet tem se constituído em grande recurso para a prática de crimes, como a propagação de imagens de pornografia infantil (Eleutério e Machado, 2010).

Por fim, é possível caracterizar todas as situações anteriores como aquelas em que o computador foi instrumento de prática de crimes, são os ditos "*old crimes, new tools*". Todavia, a dependência da sociedade atual em relação aos sistemas computacionais faz com que a indisponibilidade de alguns desses sistemas gere grande transtorno. Portanto, disseminar vírus eletrônicos, acessar (sem a devida autorização) dados de sistemas computacionais e tornar indisponíveis sistemas governamentais ou empresariais são todos caracterizados como "*new crimes, new tools*", ou crimes puros de informática. Coletivamente, esses crimes têm sido chamados de crimes virtuais ou cibercrimes (Costa, 2011).

Nesse contexto, computação forense é considerada uso de técnicas científicas para encontrar, analisar e apresentar os resultados de exames em dispositivos computacionais usados como meio para a prática ou como alvo de crimes.

Do ponto de vista operacional, a perícia em dispositivos eletrônicos oferece desafios adicionais, a começar pela própria fragilidade física dos equipamentos, manipulados desde a coleta até a apresentação dos resultados. Todavia, mais importante é que, se não coletadas e manipuladas no momento e na forma apropriados, as evidências digitais podem ser "apagadas" por alguém com tempo e habilidade, sem deixar vestígios. Igualmente, pode-se "plantar" vestígios, dificultando a análise pericial.

Para a realização de um combate efetivo aos cibercrimes, as instituições policiais devem contar com laboratórios de computação forense em todas as suas unidades (Sousa, 2012). A estrutura de *softwares* e *hardwares* deve contemplar as necessidades mínimas de atendimento padronizado aos tipos de crimes mais comuns. Toda a estrutura precisa ser homologada para uso forense, e a documentação, como manuais e licenças, mantida constantemente acessível. Os equipamentos do laboratório necessitam estar sempre atualizados tecnologicamente, evitando incompatibilidades com as evidências apresentadas.

Todas essas questões fazem com que a apuração de crimes envolvendo a internet esteja em sua infância, requerendo legislação, cooperação e celeridade. O que dizer então das localidades que não são contempladas pela perícia de computação forense?

Demonstrar as consequências desse fato para a apuração criminal no interior da Bahia foi o grande desafio do percurso metodológico realizado.

## 4. Percurso metodológico

Trata-se de um estudo quanti-qualitativo que, com base na taxonomia apresentada por Vergara (2012b), pode ser classificado em explicativo quanto aos fins e em bibliográfico, documental e de campo quanto aos meios empregados na coleta de dados. O universo da pesquisa foi constituído pelas coordenações regionais, as CRPT, a coordenação da Computação Forense do Icap e as varas criminais de comarcas relacionadas.

A pesquisa bibliográfica foi realizada em bibliotecas e bases de dados virtuais no período compreendido entre novembro de 2010 e fevereiro de 2012, por meio da utilização de palavras-chave como: *administração pública, computação forense, criminalística, descentralização* e *eficiência*. A pesquisa documental foi realizada nos arquivos da Coordenação de Computação Forense, do Icap, das Coordenações Regionais do DPT-BA e das CRPT, entre os meses de março a dezembro de 2011. Foram levantadas todas as solicitações de perícias atendidas pela Coordenação de Computação Forense, do Icap, demandadas por todo o estado da Bahia, entre os anos de 2007 e 2011, bem como aquelas que não foram concluídas ou foram devolvidas. As pesquisas bibliográfica e documental contribuíram para entender o processo de descentralização praticado no DPT-BA e para avaliar a eficiência dos procedimentos periciais de computação forense para as CRPT.

A pesquisa de campo utilizou o método de entrevista focalizada semiaberta para a coleta de dados. Os sujeitos, selecionados para esta fase, foram divididos em dois grupos. O primeiro foi constituído por seis juízes de direito togados, que atuaram na vara criminal das comarcas de Jequié, Itabuna e Ilhéus entre os anos de 2007 a 2011. O segundo grupo foi composto por 25 peritos em atividade, lotados nas Coordenações Regionais do DPT-BA, nas CRPT, na Coordenação de Computação Forense do Icap ou que tinham ocupado cargos de relevância nesses setores no passado e hoje se encontram lotados em setores distintos, considerados representativos da população-alvo.

Os quadros 1 e 2 apresentam a caracterização dos sujeitos em questão. O quadro 1 apresenta a relação dos juízes, sujeitos do primeiro grupo. Esse quadro evidencia que os juízes selecionados possuíam, em sua maioria, apenas o título de bacharel em direito (prerrequisito para provimento do cargo), representando 66,7% dos entrevistados, enquanto os 33,3% restantes possuíam nível de especialização. Com relação ao gênero, percebe-se uma distribuição equitativa, sendo 50% dos juízes do sexo feminino e 50% do sexo masculino. O tempo médio no cargo é de 13 anos, para a amostra selecionada.

O quadro 2, por sua vez, apresenta a relação dos peritos criminais, sujeitos do segundo grupo. No que se refere à titulação, 24% dos sujeitos são doutores, 28% são mestres, 28% são especialistas e 20% são bacharéis. Depreende-se que apenas dois dos sete sujeitos que ocupam cargos comissionados, ou seja, 28,6%, possuem algum nível de pós--graduação. Com relação ao gênero, 32% dos peritos criminais em estudo são do sexo feminino e os 68% restantes são do sexo masculino. Quanto à formação, percebe-se uma multidisciplinaridade, com predominância de químicos (28%). O tempo médio no cargo é de 11,5 anos, para a amostra selecionada.

## Quadro 1
### Caracterização dos sujeitos do primeiro grupo: juízes

| CÓDIGO | TITULAÇÃO | SEXO | IDADE (ANOS) | CARGO | FORMAÇÃO | TEMPO NO CARGO (ANOS) |
|---|---|---|---|---|---|---|
| E101 | Bacharel | F | 62 | Juiz de Direito | Direito | 22 |
| E102 | Bacharel | M | 56 | Juiz de Direito | Direito | 15 |
| E103 | Especialista | M | 42 | Juiz de Direito | Direito e Economia | 5 |
| E104 | Bacharel | M | 55 | Juiz de Direito | Direito | 9 |
| E105 | Especialista | F | 39 | Juiz de Direito | Direito | 2 |
| E106 | Bacharel | F | 65 | Juiz de Direito | Direito e Sociologia | 25 |

## Quadro 2
### Caracterização dos sujeitos do segundo grupo: peritos criminais

| CÓDIGO | TITULAÇÃO | SEXO | IDADE (ANOS) | CARGO | FORMAÇÃO | TEMPO NO CARGO (ANOS) |
|---|---|---|---|---|---|---|
| E201 | Mestre | F | 57 | Perito Criminal | Biologia | 12 |
| E202 | Mestre | M | 40 | Perito Criminal | Direito e Engenharia Mecânica | 12 |
| E203 | Especialista | F | 53 | Diretor | Química | 25 |
| E204 | Doutor | F | 52 | Perito Criminal | Biologia | 18 |
| E205 | Doutor | M | 42 | Diretor | Farmácia | 18 |
| E206 | Especialista | F | 29 | Perito Criminal | Farmácia | 5 |
| E207 | Mestre | M | 35 | Perito Criminal | Ciências da Computação | 5 |
| E208 | Mestre | F | 32 | Perito Criminal | Fisioterapia e Direito | 5 |
| E209 | Doutor | M | 36 | Perito Criminal | Química e Farmácia | 5 |
| E210 | Especialista | M | 31 | Perito Criminal | Medicina | 5 |
| E211 | Bacharel | M | 65 | Coordenador | Medicina | 34 |
| E212 | Mestre | M | 48 | Perito Criminal | Engenheiro Civil | 12 |
| E213 | Bacharel | F | 50 | Coordenador | Química | 12 |
| E214 | Doutor | M | 37 | Perito Criminal | Biologia e Química | 5 |
| E215 | Especialista | M | 43 | Perito Criminal | Administração | 5 |
| E216 | Especialista | M | 29 | Perito Criminal | Química | 5 |
| E217 | Bacharel | M | 46 | Diretor | Matemática | 18 |
| E218 | Bacharel | M | 53 | Diretor | Química | 25 |
| E219 | Doutor | F | 44 | Perito Criminal | Biologia | 18 |
| E220 | Especialista | M | 37 | Perito Criminal | Direito | 5 |
| E221 | Mestre | M | 33 | Perito Criminal | Administração | 5 |
| E222 | Mestre | M | 39 | Perito Criminal | Contabilidade | 5 |
| E223 | Doutor | M | 41 | Perito Criminal | Biologia | 5 |
| E224 | Especialista | M | 49 | Perito Criminal | Química | 5 |
| E225 | Bacharel | F | 48 | Coordenador | Farmácia | 18 |

Inicialmente, foi feita a análise quantitativa dos dados obtidos na pesquisa documental. Esses dados foram tabulados, processados e categorizados por meio do princípio da estatística descritiva. Como critérios de análise foram utilizados: a) a distribuição por ano das perícias, conforme a data de requisição; b) a data de entrega do laudo; c) o *status* de conclusão, não conclusão ou devolução; d) a identificação da demanda entre capital e interior e, por fim, e) a análise do tempo gasto para conclusão do processo pericial. Para este último critério, o período foi contabilizado a partir da formalização da solicitação até a entrega do laudo pericial, com base nos critérios de eficiência emergidos das entrevistas.

Quanto à abordagem qualitativa, após a transcrição e a leitura do material das entrevistas foi realizada a análise de conteúdo por meio de grade mista, na qual foram definidas, preliminarmente, as categorias, com base no referencial teórico e no objetivo da pesquisa, sendo, em seguida, incluídas novas categorias surgidas durante o processo de análise da pesquisa no campo (Vergara, 2012a).

Por fim, todos os resultados obtidos foram confrontados com as teorias que deram suporte à investigação.

## 5. Resultados

Os resultados foram dispostos em três seções de acordo com os dispositivos utilizados para coleta de dados: entrevista com o primeiro grupo de sujeitos, seção em que se buscou definir o conceito de eficiência sob a percepção dos clientes finais do processo (juízes togados); pesquisa documental, relativa à distribuição e efetividade das perícias de computação forense realizadas na capital do estado; e entrevista com o segundo grupo de sujeitos, seção em que se buscou pôr à prova o processo de descentralização proposto na reestruturação ocorrida no DPT-BA, por meio da percepção da realidade de sua implementação pelos actantes diretamente envolvidos, os peritos criminais.

## Eficiência sob a percepção dos clientes finais

A administração pública brasileira é regida pelos princípios que estão elencados no art. 37 da Constituição Federal brasileira. Os princípios que originalmente integravam o texto constitucional eram os da legalidade, da impessoalidade, da moralidade e da publicidade. Em 1998 foi incluído um novo princípio ao rol dos já existentes, o da eficiência. Portanto, a eficiência deve nortear toda a atuação da administração pública, desde então. O vocábulo liga-se à ideia de ação, para produzir resultado de modo rápido e preciso.

Associado à administração pública, o princípio da eficiência determina que a administração deve agir de modo rápido e preciso, para produzir resultados que satisfaçam às necessidades da população. Eficiência contrapõe-se a lentidão, a descaso, a negligência e a omissão, características consideradas habituais da administração pública brasileira, com raras exceções (Medauar, 2000).

Dos pontos unânimes emergidos das entrevistas, foram depreendidos dois momentos cruciais para a utilização do laudo pericial pelos magistrados: o recebimento da denúncia do Ministério Público, com a concomitante instauração do processo penal, e a sentença. Um dos entrevistados (E103) afirma que "a perícia é indispensável para o recebimento da denúncia, caso contrário todo o processo pode ser anulado desde a origem", ratificando seu caráter indispensável à proposição da denúncia nos crimes que deixam vestígios, sob pena de nulidade do processo. Esse é o momento em que o laudo pericial se reveste de maior importância, pois sem ele o criminoso simplesmente não pode ser processado.

O segundo momento que os magistrados apontaram com unanimidade como de extrema utilidade para o laudo pericial é o ato da proferição da sentença, quando ele, o magistrado, apesar de ter assegurado seu livre convencimento sobre as provas produzidas por meio do art. 155 do Código de Processo Penal, utiliza, preferencialmente, o laudo pericial como fonte de esclarecimento do fato.

Tamanha é a importância que a legislação atribui à prova material que o Código de Processo Penal extrapola o capítulo do exame do corpo de delito e das perícias em geral e vai mais além, quando trata das nulidades, prevendo no art. 564, inciso III, alínea b, que "a nulidade ocorrerá nos seguintes casos (...) por falta das fórmulas ou dos termos seguintes: (...) o exame do corpo de delito nos crime que deixem vestígios, (...)". É inegável a relevância do laudo pericial para o processo criminal, demonstrado por diversos dispositivos legais.

Os magistrados apontam, ainda, no caso dos crimes cibernéticos, a necessidade de interpretação da forma de cometimento do fato criminoso, por um especialista. Trata-se não só de novas modalidades de crime, mas, e na maioria das vezes, do cometimento de conhecidos tipos penais utilizando a tecnologia como forma de assegurar a impunidade, a exemplo dos crimes de estelionato, "de pornografia infantil, estupro de vulnerável e corrupção de menores" (E104). A perícia criminal se mostrou imprescindível para apuração dos crimes cibernéticos, sob a pena da impossibilidade instrumental de punição dos criminosos.

Acerca da eficiência do laudo pericial emergiram das entrevistas dois aspectos fundamentais: prazo e qualidade do laudo pericial. O prazo aparece vinculado aos trâmites formais de recebimento da denúncia e instauração do processo penal, mais afeto aos trâmites formais e burocráticos. A qualidade nomeadamente aparece vinculada ao convencimento do magistrado e à proferição da sentença conforme explicitado nas falas a seguir:

> (...) O prazo legal de 10 dias da entrega do laudo é mero prazo legal e diz respeito à rotina de trabalho do perito e dos institutos. Para a justiça, contudo, é indispensável que o laudo esteja apensado ao processo no momento do recebimento da denúncia, sob pena de tornar-se ineficiente (...). (E106)

> (...) O laudo pericial, e em especial o laudo de computação forense, é indispensável para a materialidade do fato típico e do entendimento do *modus operandi*. Como profissionais formados em direito podem entender os meandros de um crime tecnológico sem a interpretação de um expert? Para isso servem os auxiliares da justiça! O processo não pode ser instaurado sem o laudo pericial, caso contrário o juiz terá imensa dificuldade em julgar corretamente. Portanto, o prazo ideal para o recebimento do laudo é qualquer data antes da instauração do processo. (...) (E105)

Apesar de não haver na legislação penal um prazo máximo rígido para entrega do laudo pericial, alguns prazos legais e entendimentos visam suprir essa lacuna. A partir da vigência da Lei nº 8.862/1994, o prazo para os peritos confeccionarem o laudo é de 10 dias, conforme determina o parágrafo único do art. 160 do Código de Processo Penal: "O laudo pericial será elaborado no prazo máximo de 10 dias, podendo este prazo ser prorrogado, em casos excepcionais, a requerimento dos peritos". Contudo, muitas perícias necessitam de exames complementares de laboratório, além de outras análises. Nesses casos, o perito só poderá começar sua análise global e respectiva confecção do laudo após ter todos esses resultados em mãos, o que demanda tempo. Portanto, no cotidiano da perícia nacional, esse dispositivo legal não é muito utilizado pelos peritos, tampouco pela Justiça, haja vista as condições de trabalho sempre aquém do ideal. Na realidade, os peritos procuram liberar seus laudos o mais rápido possível, guardando este recurso legal, inclusive o do pedido de prorrogação, como uma garantia mínima de manutenção da qualidade da perícia (Stumvoll, Quintela e Dorea, 2010).

Outros prazos ordinários considerados pelos juízes foram os prazos de conclusão do inquérito policial e o prazo de conclusão da instrução penal. Veja-se os depoimentos:

> (...) 81 dias é o prazo máximo real para a entrega do laudo pericial, ou seja, o prazo máximo para a conclusão da instrução criminal. Esse prazo jurisprudencial deve ser enrijecido, principalmente para os procedimentos ordinários. (...) (E104)

> (...) O prazo legal é importante e entendo que, sempre que possível, deva ser respeitado o prazo legal de 10 dias. Em caso de impossibilidade, a prorrogação deve ser bem fundamentada, mas nunca ultrapassando o prazo máximo de 81 dias. (...) Contudo, uma questão ainda mais importante do que o cumprimento dos prazos é a qualidade do laudo pericial. Tem laudos que só servem para constatar o óbvio, que qualquer leigo poderia fazer. O expert deve nos esclarecer o que não conseguimos ver. Deve nos dar elementos para julgar com segurança em um terreno que não temos segurança alguma! (...) (E103)

Os prazos para conclusão do inquérito policial são 10 dias ou 30 dias, conforme o investigado esteja ou não preso. Uma vez oferecida a denúncia, não há um prazo absoluto estabelecido legalmente para a conclusão da instrução penal. A Constituição Federal brasileira de 1988 dispõe, em seu art. 5º, inciso LXXVIII, "A todos, no âmbito judicial e administrativo, são assegurados a razoável duração do processo e os meios que garantam a celeridade de sua tramitação". Apesar de tamanha flexibilidade, extremamente variável a depender da tipificação criminal, a jurisprudência buscou suprir a lacuna do que seria o prazo razoável. Foi estabelecido então o prazo de 81 dias para a conclusão da instrução penal. O número de dias foi obtido pela soma dos prazos constantes no Código de Processo Penal para todos os atos do procedimento ordinário. Todos os magistrados entrevistados demonstraram-se inclinados ao entendimento de que este deve ser o prazo máximo para a entrega do laudo pericial, sob pena de inutilidade ou ineficiência do processo, entendidos como "eficientes" os laudos que forem entregues dentro deste limite temporal.

## Distribuição e efetividade das perícias de computação forense

Pode-se perceber a alta demanda de solicitações de perícias de computação forense, bem como a dificuldade que o modelo atual tem em conseguir atendê-las com eficiência. Diversos são os fatores que concorrem para a instalação desse quadro, dentre eles o déficit de pessoal, que gera sobrecarga de trabalho, subdimensionamento logístico, falta de capacitação dos gestores, sobreposição de interesses particulares sobre os organizacionais no processo decisório, entre outros motivos técnicos.

Ao analisar a tabela 1 percebemos que entre os anos 2007 e 2011 foram demandadas 1.229 perícias para a capital, e deste montante verifica-se, anualmente, um percentual irregular de 18%, 15%, 20%, 18% e 29%, conforme o passar dos anos. Tal investigação nos faz perceber que a demanda se torna crescente no decorrer dos anos, em especial em 2011, diante do aumento do acesso da população nesse período e, consequentemente, dos criminosos, ligados a estes mecanismos virtuais.

## Tabela 1
Distribuição das perícias de computação forense solicitadas na capital do estado entre os anos de 2007 a 2011 e respostas às solicitações das mesmas até o último ano, Salvador (BA), 2011

| Ano | Perícias concluídas | Perícias não concluídas | Perícias devolvidas | Total das perícias solicitadas | % em relação ao total de perícias solicitas |
|---|---|---|---|---|---|
| 2007 | 88 | 101 | 3 | 192 | 15 |
| 2008 | 84 | 134 | 1 | 219 | 18 |
| 2009 | 134 | 73 | 13 | 220 | 18 |
| 2010 | 111 | 134 | 1 | 246 | 20 |
| 2011 | 69 | 283 | 0 | 352 | 29 |
| TOTAL | 486 | 725 | 18 | 1229 | 100 |

Analisando detalhes da tabela 1, percebe-se que, além do crescimento do número de solicitações, cresce também o número de perícias não concluídas e, com velocidade semelhante, com o passar dos anos a quantidade de perícias concluídas decresce, após aumento pontual em 2009.

Fica constatado que mesmo o critério temporal não está sendo respeitado na solução das solicitações periciais. O problema não está no prazo, mas sim na maneira como está organizado administrativamente este setor e, consequentemente, no andamento jurídico dos processos que demandam respostas obrigatórias e imediatas dos peritos criminais. Segundo Stumvoll, Quintela e Dorea (2010), a questão do prazo deve realmente ser olhada de maneira paralela do ponto de vista administrativo, pois além das precárias condições de trabalho, existe um desajuste organizacional deste processo que impede o pronto atendimento, o fluxo e a qualidade do trabalho pericial.

Após realização de uma análise da relação conclusão, não conclusão e devolução das perícias entre os anos estipulados, torna-se necessário entender o que os resultados da pesquisa mostram em consonância com a interpretação dos autores estudados. O problema da ineficiência das respostas das perícias de computação forense está na maneira como se estrutura e organiza o DPT-BA. Ressalta-se o fato de que a descentralização da produção de provas materiais desse órgão ocorreu justamente na tentativa de auxiliar a Justiça no decorrer dos inquéritos e dos respectivos processos, buscando a renovação do quadro tecnológico e de pessoal nos municípios do interior do estado.

Atrelado a isto, percebe-se que a relação entre o atendimento das perícias da capital e do interior do estado mostra-se incoerente com as necessidades e demandas da última em relação à primeira. Essa situação faz com que a grande maioria dos crimes cibernéticos praticados no interior tenha seus prazos de investigação e apuração exauridos sem o auxílio do laudo, resultado da perícia. Tal análise é evidenciada na tabela 2.

Tabela 2
Distribuição do total de perícias solicitadas pela capital e pelo interior entre os anos de 2007 e 2011, Salvador (BA), 2011

| 2007-11 | Concluídas | % | Não concluídas | % | Devolvidas | % | Total | % |
|---|---|---|---|---|---|---|---|---|
| CAPITAL | 383 | 42 | 523 | 57 | 15 | 1 | 921 | 100 |
| INTERIOR | 103 | 33 | 202 | 66 | 3 | 1 | 308 | 100 |
| TOTAL | 486 | | 725 | | 18 | | 1229 | |

Assim, o que resta é um quadro onde mais da metade das perícias de computação forense não foi concluída até dezembro de 2011 e, pensando de maneira mais crítica, sabemos que essas perícias representam apenas uma das vertentes do total de perícias que permanecem estagnadas diante do processo dito descentralizador que, incoerentemente, centraliza atividades na capital do estado.

Sabe-se que no estado da Bahia as perícias de computação forense são centralizadas em uma coordenação especializada, situada na capital do estado. O fato é que uma análise apenas sobre a demanda não prova, por si só, a falta de privilégio do interior em relação à capital do estado neste sentido, percebido nas análises posteriores. Após análise dos termos gerais, ou numéricos, isso se torna mais claro quando colocados em percentual a relação entre as perícias solicitadas pela capital e pelo interior e o número de perícias originadas no interior não concluídas. Tal fato talvez fosse minimizado se houvesse, além da descentralização administrativa, uma desconcentração das atividades da capital para o interior, pois, dessa maneira, ela se constituiria como uma política de diluição do poder decisório e administrativo dentro das esferas públicas centrais, por meio da transferência de responsabilidade administrativa (Guimarães, 2000).

No entanto, o estudo restringe-se a comprovar a ineficiência do processo de descentralização aplicado ao DPT-BA, não se comprometendo a propor um novo modelo, o que não obsta a realização de inferências diante dos fatos aqui descritos.

## O processo de descentralização do DPT-BA e as perícias de computação forense

Percebe-se que o processo de descentralização proposto pelo DPT-BA em sua reestruturação privilegiou os aspectos mais procedimentais da descentralização, as transferências de competências e funções, ou seja, apenas a sua dimensão administrativa, omitindo-se quanto às dimensões política e social. Com o olhar voltado para o elenco das tipologias acerca da descentralização, pode-se afirmar que a reestruturação propunha, de fato, uma desconcentração, que se caracteriza pela ocorrência de transferência de responsabilidades administrativas do vértice estratégico para instâncias estratificadas, dentro da própria estrutura.

Todavia, analisando o conteúdo das entrevistas realizadas com o segundo grupo de sujeitos, fica evidente a dissonância entre o proposto e o realizado. Num recorte do problema, as perícias de computação forense demonstraram a ineficiência e, por vezes, a deficiência do processo de descentralização aplicado, evidenciado nas falas a seguir:

> (...) Ela fica na mesma estrutura. Claro que ela fica na mesma estrutura (...). (E208)

> (...) nós temos que analisar também que a nossa instituição é uma instituição relacionada à secretaria de segurança pública, é uma organização da administração direta, ela é explicitamente relacionada com a necessidade de hierarquia em todas as decisões, e a hierarquia faz com que muitas decisões estejam centralizadas na capital do estado. (...) (E219)

A pesquisa revelou que no DPT-BA predomina uma forma de organização e administração que obedece menos a razões técnicas e mais a critérios políticos, utilizados para manter coalizões de poder e atender a grupos preferenciais. Esses grupos dominam a máquina administrativa para garantir interesses próprios e a proteção mútua de seus membros. Nesse sentido, paradoxalmente, o processo de descentralização parece ter servido mais como uma ferramenta de viabilização e camuflagem da centralização.

Ocorre a chamada centralização administrativa quando o estado executa suas tarefas por meio dos órgãos e agentes integrantes da administração direta, conforme deixa claro um respondente quando diz que "a hierarquia faz com que muitas decisões estejam centralizadas na capital do estado. (...)" (E219).

Ao serem interpelados, especificamente, sobre o entendimento e a avaliação da computação forense no DPT/BA, os sujeitos da pesquisa apresentavam diferentes interpretações para o termo computação forense. Na maioria delas, a computação forense aparece como uma ramificação da criminalística, apoiada sobre os princípios da ciência da computação, com o objetivo principal de determinar a materialidade, a dinâmica e a autoria de ilícitos afetos à informática.

Contudo, algumas interpretações demonstram uma visão parcial da computação forense e, por vezes, equivocada. Para um grupo dos sujeitos, o conceito se restringe a uma ferramenta de suporte à análise de crimes que envolvem o ambiente computacional. Em outra interpretação incorreta, a computação forense aparece como uma área de TI, responsável pelo suporte administrativo e tecnológico do DPT/BA. Foi possível verificar ainda o entendimento de que a computação forense é meramente um departamento dos institutos de criminalística, parte divisional da estrutura organizacional. Esse entendimento é incrementado por uma visão distorcida das searas da criminalística e dos tipos periciais atendidos, conforme pode ser observado na seguinte fala: "computação forense é uma área dos institutos, onde se encontram os peritos responsáveis pelos exames em aparatos tecnológicos e em perícias de audiovisual e fonética" (E222). Cabe esclarecer que as perícias audiovisuais e fonéticas são realizadas pela Coordenação de Fonética Forense e Audiovisual, e não pela Coordenação de Computação Forense.

Ao analisar nas transcrições das entrevistas o seu conteúdo, é possível verificar que existe certo grau de desconhecimento por parte dos próprios peritos criminais acerca do papel e da importância das áreas da criminalística que não fazem parte da sua *expertise*, a exemplo da computação forense. Ainda que em menor número, esse grupo míope tem o poder de criar um sentimento de desconfiança na sociedade e arranhar ainda mais a imagem institucional.

## 6. Conclusão

A criminalística deve atuar no processo de geração e/ou transferência de conhecimento científico e tecnológico, em cada um dos ramos das ciências, com a finalidade de aplicação à análise de vestígios, visando a responder a questões científicas de interesse da Justiça. Nesse contexto, o DPT-BA é o órgão que detém a competência de planejar, coordenar, dirigir, controlar, fiscalizar e executar os serviços no campo da polícia técnico-científica no estado da Bahia, realizando perícias, exames, pesquisas e estudos, voltados para a produção da prova material.

Na busca de esclarecimento acerca das diversas abordagens da descentralização, foi possível constatar a existência de distintas dimensões do conceito. Contudo, mesmo levando tal fato em consideração, percebe-se certo consenso em torno de ideias centrais, como transferências de recursos financeiros e de poder decisório, controle periférico sobre a aplicação de recursos, aumento de responsabilidades, das competências e dos controles locais. A descentralização se apresenta, numa abordagem mais ampla e reflexiva, como um contínuo, no qual em um extremo inferior encontra-se a simples transferência de competências e no extremo superior a completa e complexa reestruturação de poder das decisões tomadas nas organizações.

Respondendo ao problema de pesquisa, o estudo identificou que o processo de descentralização praticado pelo DPT-BA se apresenta ineficiente no atendimento às demandas de perícias de computação forense geradas pelas CRPT do interior do estado, pois consegue atender apenas uma ínfima fatia da demanda existente e, ainda assim, sob uma estrutura pautada no improviso, dependente de provocação externa para andamento. Tal afirmação se sustenta no fato de a grande maioria dos crimes cibernéticos praticados no interior do estado ter os prazos de suas investigações exauridos sem o auxílio do laudo resultante da perícia. Fatores diversos concorrem para a formatação do quadro instaurado, dentre eles a centralização de procedimentos e recursos, o quadro funcional reduzido, que gera sobrecarga de trabalho, o subdimensionamento logístico, a falta de capacitação dos gestores, a sobreposição de interesses particulares sobre os organizacionais no processo decisório, entre outros motivos técnicos.

Ficou constatado que algumas perícias simplesmente deixam de ter importância quando não têm seus laudos oficialmente cobrados pelos magistrados e caem no esquecimento, aumentando a demanda reprimida e a insatisfação social. O quadro é alarmante e comprova que, no período analisado (recorte de aproximadamente quatro anos), mais da metade das perícias de computação forense solicitadas não foi concluída. Cabe destacar que a grande maioria das perícias que foram alvo de cobrança pelos magistrados se encontra concluída. Verifica-se um cenário caótico, de ineficiência crescente, reativo e de improviso, que busca como prioridade sanar contingências.

Dentre as consequências da ineficiência comprovada pela discrepância entre os prazos que contemplam o conceito de eficiência e os prazos reais, as entrevistas revelaram descrédito no processo por parte das autoridades requisitantes. Tal descrédito está materializado na redução contínua do número de solicitações de perícias de computação forense realizadas pelo interior, quando o cenário aponta, inversamente, para um esperado crescimento, ao passo que os crimes cibernéticos aumentam em maior escala nessas localidades. O cisalhamento da imagem institucional aparece como outra consequência da mesma causa, acompanhada por uma miopia institucional verificada na completa despreocupação por parte de DPT-BA com a opinião direta dos seus principais clientes, ou seja, a sociedade.

A centralização excessiva existente faz com que as decisões sejam tomadas de forma distanciada dos fatos locais e das circunstâncias, gerando mais um fator de ineficiência e um alto custo operacional. Pôde-se depreender ainda que os coordenadores do interior dependem dos superiores hierárquicos para tomar decisões, não tendo qualquer autonomia financeira ou funcional, e que os peritos criminais se encontram, em sua maioria, extremamente desmotivados e desestimulados.

As perícias de computação forense demonstraram a ineficiência e, por vezes, a deficiência do processo de descentralização aplicado no DPT-BA. É preciso voltar a atenção para a realidade das perícias oficiais no estado da Bahia, pois os crimes têm aumentado, em número e em grau de complexidade, em escala assustadora e, contraditoriamente, a situação da criminalística e a estrutura de atendimento das perícias parecem piorar com o passar dos anos. Tal fato é mais claramente verificado na discrepância entre as realidades da capital e do interior do estado, reflexo direto da concentração de poder e de bens.

Urge a necessidade de uma nova postura de gestão para o DPT-BA, pautada no enfoque participativo, na visão sistêmica, na aprendizagem contínua, na gestão estratégica competitiva, padronizada e abrangente, na prospecção de cenários e no controle da eficiência por indicadores específicos, buscando uma visão clara de futuro e uma administração consciente, qualificada, empreendedora e produtiva. Uma administração que venha a escolher seus gestores por competência técnica e não política, que estabeleça metas, as monitore, cobre resultados e avalie os *feedbacks*; que utilize e implemente as tecnologias disponíveis em suas atividades, que zele por uma boa política de recursos humanos, que busque uma dotação orçamentária adequada e que acredite na qualidade.

A adequada aplicação dos princípios da descentralização, o pleno exercício das funções administrativas e o entrelaçamento do planejamento estratégico à gestão pública por resultados podem garantir ao governo que os diversos servidores envolvidos em todo o ciclo policial estejam individualmente incentivados a contribuir para que o estado saia de um quadro de projetos não implementados e chegue a um cenário de desenvolvimento integrado. Com esta ação é bem provável que, futuramente, o estado alcance um cenário econômico, político e institucional eficiente e competitivo.

Com base nesta percepção, e cônscios das limitações, encerra-se o presente trabalho, tal qual o próprio entendimento sobre descentralização: inacabado. Mas, certamente, o estudo prosseguirá, objetivando a proposta de um modelo adequado ao atendimento das reais necessidades.

# Referências

COSTA, Marcelo Antonio Sampaio Lemos. *Computação forense*. 3. ed. Campinas: Millennium, 2011.

ELEUTÉRIO, Pedro Monteiro da Silva; MACHADO, Marcio Pereira. *Desvendando a computação forense*. São Paulo: Novatec, 2010.

GUIMARÃES, Maria do Carmo Lessa. Temas emergentes na administração pública: o debate sobre a descentralização de políticas públicas — um balanço bibliográfico. In: CONGRESSO BRASILEIRO DE PÓS-GRADUAÇÃO EM SAÚDE COLETIVA, VI, 2000, Salvador: *Anais...*

MEDAUAR, Odete. *Direito administrativo moderno*. 4. ed. São Paulo: Revista dos Tribunais, 2000.

MINISTÉRIO DA JUSTIÇA. *Planos estaduais de segurança pública*. Governo Federal, 2004.

SOUSA, Galileu Batista. Informática Forense. In: ESPINDULA, Alberi; GEISER, Gustavo Caminoto; VELHO, Jesus Antonio. *Ciências forenses*: uma introdução às principais áreas da criminalística moderna. Campinas: Millennium, 2012.

STUMVOLL, Victor Paulo; QUINTELA, Victor; DOREA, Luiz Eduardo. Criminalística. In: TOCHETTO, Domingos. *Tratado de perícias criminalísticas*. 4. ed. Campinas: Millenium, 2010.

VERGARA, Sylvia Constant. *Métodos de pesquisa em administração*. 5. ed. São Paulo: Atlas, 2012a.

_____. *Projetos e relatórios de pesquisa em administração*. 14. ed. São Paulo: Atlas, 2012b.

# Os autores

ÁLAN TEIXEIRA DE OLIVEIRA é doutor em controladoria e contabilidade pela Universidade de São Paulo (USP), mestre em ciências contábeis pela Universidade Federal do Rio de Janeiro (UFRJ) e mestre em administração pública com ênfase em criminalística pela Fundação Getulio Vargas (FGV), especialista em administração pública pela Fundação Getulio Vargas (FGV), pós-graduando em documentoscopia pela Academia Nacional de Polícia (ANP/DPF), bacharel em ciências contábeis pela Universidade Federal Fluminense (UFF) e bacharelando em filosofia pela Universidade Federal Fluminense (UFF). Perito criminal federal do Departamento de Polícia Federal e professor da disciplina de perícia contábil no curso de graduação em ciências contábeis do Centro Universitário La Salle do Rio de Janeiro (Unilasalle-RJ).

ARMANDO SANTOS MOREIRA DA CUNHA é doutor em gestão pelo Instituto Superior de Ciências do Trabalho e da Empresa (Portugal), mestre em administração pública pela University of Southern California (USA) e graduado em administração pela Escola Brasileira de Administração Pública e de Empresas da Fundação Getulio Vargas (FGV/EBAPE). Docente do quadro permanente da EBAPE desde 1972 e professor colaborador da Escola de Direito da FGV-RJ desde 2005. Coordenador acadêmico do Curso de Pós-Graduação em Administração Pública (Cipad), da FGV, e pesquisador e membro da coordenação do Programa de Estudos Fiscais da FGV/EBAPE. A partir de 2001, tem participado da coordenação de vários projetos de consultoria técnica desenvolvidos pela FGV para organizações do Poder Judiciário.

CLAUDETE TEREZINHA TRAPP é mestre em administração pública pela Escola Brasileira de Administração Pública e de Empresas da Fundação Getulio Vargas (FGV/EBAPE), pós-graduada em contabilidade pela Pontifícia Universidade Católica do Rio Grande do Sul (PUC-RS);

MBA Controller pela Fundação Instituto de Pesquisas Contábeis, Atuariais e Financeiras (Fipecafi/FEA/USP), graduada em ciências contábeis. Possui 14 anos de experiência na área financeira, período em que atuou principalmente na Auditoria Interna do Banco do Brasil S.A., com foco em auditoria baseada em riscos nos processos críticos de contabilidade, controladoria e risco global. É perita criminal federal, tendo atuado, principalmente, na elaboração de laudos periciais da área de perícias contábeis e econômicas, e, atualmente, atua no assessoramento ao gabinete do diretor-geral da Polícia Federal na implantação da gestão estratégica com foco em gestão de processos e de projetos e planejamento estratégico.

CLÁUDIO JORGE DA COSTA LIMA é perito criminal do Centro de Perícias Científicas Renato Chaves (CPC RC). Possui graduação em ciências contábil pela Universidade da Amazônia (Unama) e direito pela Estácio-FAP, mestrado em administração pública com ênfase em criminalística pela Escola Brasileira de Administração Pública e de Empresas da Fundação Getulio Vargas (FGV/EBAPE), pós-graduação em gestão pública com ênfase em contabilidade pública pelo Centro Universitário do Pará (Cesupa) e defesa social e cidadania pelo Instituto de Ensino de Segurança do Pará e pela Universidade Federal do Pará (Iesp/UFPA). Atualmente é secretário adjunto de gestão administrativa da Secretaria de Segurança Pública e Defesa Social do Pará. Já exerceu os cargos de diretor administrativo financeiro/CPC RC e assessor de orçamento, finanças e convênios da Polícia Militar do Pará.

CLÊNIO GUIMARÃES BELLUCO é mestre em administração pública pela Escola Brasileira de Administração Pública e de Empresas da Fundação Getulio Vargas (FGV/EBAPE), pós-graduado em metodologia do ensino superior pela Universidade de Brasília (UnB), graduado em ciências econômicas pelo Centro de Ensino Unificado de Brasília. É perito criminal federal do Departamento de Polícia Federal e exerceu as funções de chefe do Serviço de Perícias Contábeis e Econômicas-INC, de chefe da Divisão de Perícias-INC, de diretor do Instituto Nacional de Criminalística da Polícia Federal, e atualmente é diretor de logística da Secretaria Extraordinária de Segurança para Grandes Eventos/MJ.

DEBORAH MORAES ZOUAIN é professora titular da Escola Brasileira de Administração Pública e de Empresas da Fundação Getulio Vargas (FGV/EBAPE). Editora da *Revista Acadêmica do Observatório de Inovação do Turismo*. Coordenadora do Pibic/CNPq/FGV/RJ. Coordenadora dos Núcleos de Turismo, de Estudos da Gestão da Justiça e Segurança e de Estudos em Empreendedorismo e Esportes, da FGV/EBAPE. Pesquisadora do CNPq.

FERNANDO FERNANDES DE LIMA é mestre em engenharia civil pela Universidade Federal do Ceará (UFCE) e mestre em administração pública pela Fundação Getulio Vargas, especialista em docência do ensino superior pela Universidade Federal do Rio de Janeiro (UFRJ) e graduado em engenharia civil pela UFCE. Foi oficial de carreira do Quadro de Engenheiros Militares do Exército Brasileiro e atualmente é perito criminal federal do Departamento de Polícia Federal, tendo experiência na condução e gestão de diversas obras e na atuação em perícias criminais de diversas áreas. Dedica-se às áreas de determinantes e indicadores de desempenho aplicados à gestão da criminalística.

JOAQUIM RUBENS FONTES FILHO é doutor em administração pela Escola Brasileira de Administração Pública e de Empresas da Fundação Getulio Vargas (FGV/EBAPE), mestre em engenharia de produção pela Universdiade Federal do Rio de Janeiro (UFRJ), mestre em administração pública pela FGV/EBAPE, graduado em engenharia de produção pela UFRJ. Atualmente é professor da FGV, consultor da FGV Projetos e professor visitante de outras instituições internacionais. Tem experiência em pesquisa e consultoria nas áreas de gestão pública, planejamento estratégico e governança corporativa e das organizações. É pesquisador do CNPq, e tem mais de 80 trabalhos publicados em revistas, livros e congressos no Brasil e exterior.

JODILSON ARGÔLO DA SILVA é perito criminal federal. Mestre em administração pública pela Escola Brasileira de Administração Pública e de Empresas da Fundação Getulio Vargas (FGV/EBAPE). Pós–graduado em administração pela Universidade Federal da Bahia (UFBA). Bacharel em ciências econômicas pela Universidade Católica do Salvador (UCSal).

José Alysson Dehon Moraes Medeiros é mestre em engenharia de produção pela Universdiade Federal da Paraíba (UFPB), mestre em administração pública pela Escola Brasileira de Administração Pública e de Empresas da Fundação Getulio Vargas (FGV/EBAPE), graduado em engenharia civil pela UFPB. Atualmente é perito criminal federal do Departamento de Polícia Federal. Tem experiência na área de engenharia legal, em projetos e obras públicas e perícias de local de crime. Publicou em coautoria o capítulo de "Engenharia legal" do livro *Ciências forenses: uma introdução às principais áreas da criminalística moderna*. É autor do folheto de literatura de cordel *A peleja do diabo com o perito criminal*.

José Maria Machado Gomes é economista com doutorado em direito econômico e pós-doutorado em administração pública pela Escola Brasileira de Administração Pública e de Empresas da Fundação Getulio Vargas (FGV/EBAPE). Professor do Instituto Brasileiro de Mercado de Capitais (Ibmec/RJ), na graduação dos cursos de administração, economia, direito e relações internacionais, da pós-graduação *lato sensu* nos cursos de LL.M., MBA e CBA e pós-graduação *stricto sensu* do mestrado/doutorado da Universidade Gama Filho. Tem experiência nas áreas de negócios empresariais, atuando principalmente com os seguintes temas: concorrência, fusões e aquisições, reorganização societária, regulação setorial e economia de empresas.

José Viana Amorim é perito criminal federal na área contábil-financeira. Mestre em administração pública pela Escola Brasileira de Administração Pública e de Empresas da Fundação Getulio Vargas (FGV/EBAPE). Possui duas pós-graduações *lato sensu* na área de contabilidade e de auditoria (Unesc/RO e Fatec/RO). Bacharel em ciências contábeis pela Universidade Federal do Ceará (UFC). Foi auditor fiscal do estado de Rondônia e militar do Exército Brasileiro.

Lúcio Batista Mata é graduado em química com atribuições tecnológicas e licenciatura em química, ambas pela Universidade Federal do Rio de Janeiro (UFRJ), possui bacharelado em direito pela Universidade do Estado do Rio de Janeiro (Uerj), formação para o oficialato e especialização em ensino militar pela Escola de Administração do Exército, especialização policial pela Academia Nacional de Polícia e mestrado em administração pública pela Escola Brasileira de Administração Pública e de Empresas da Fundação Getulio Vargas (FGV/EBAPE). Atualmente é perito criminal federal do Departamento de Polícia Federal. Tem experiência na área de magistério, documentoscopia e análise química, atuando principalmente na realização de perícias criminais.

Luis César Gonçalves de Araújo é graduado pela Escola Brasileira de Administração Pública e de Empresas da Fundação Getulio Vargas (FGV/EBAPE), mestrado pela Universidade da Califórnia em Los Angeles (Ucla/USA), doutorado pela Escola de Admininistração de Empresas de São Paulo da Fundação Getulio Vargas (FGV/EAESP). Lecionou por 41 anos, sendo 20 anos pela FGV/EAESP e 21 anos pela FGV/EBAPE. É autor das seguintes obras: *Organização e métodos: uma pesquisa*, *Teoria geral da administração*, *Teoria geral da administração* em coautoria, *Organização, sistemas e métodos I*, *Organização, sistemas e métodos II*, *Gestão de pessoas* em coautoria, *Gestão de pessoas*, edição compacta, em coautoria, *Gestão de processos* em coautoria e *Ações estratégicas* em coautoria. É autor de nove pesquisas sobre gestão organizacional e, além de divulgar relatórios específicos sobre as pesquisas, abordou em seus livros momentos que considerou relevantes. É hoje consultor autônomo.

Márcia Aiko Tsunoda é perita criminal federal desde 2006. Mestre em administração pública com ênfase em criminalística pela Fundação Getulio Vargas (FGV, 2011). Graduada em engenharia de computação pela Universidade Estadual de Campinas (Unicamp, 1998). Atualmente é subchefe da área de gestão estratégica da Diretoria Técnico-Científica do Departamento de Polícia Federal (Ditec/DPF). Tem experiência em gerenciamento de projetos em empresas da área de telecomunicações. Foi representante da categoria na Diretoria Executiva da Associação Nacional dos Peritos Criminais Federais (APCF, 2011-12). Uma das autoras do livro *Sistema de gestão para a criminalística: uma proposta de Estruturação* (2011), atuou também como colaboradora na elaboração da publicação *Guia de serviços da Perícia Criminal Federal: uma visão panorâmica* (2011). Como realização pessoal, destaca em seu currículo esportivo ter completado uma prova de triathlon de 70,3 milhas (Ironman 70,3 Brasil, 2008).

MÁRCIO JACINTO DE SOUZA E SILVA é perito criminal da Polícia Civil de Minas Gerais. Mestre em administração pública pela Escola Brasileira de Administração Pública e de Empresas da Fundação Getulio Vargas (FGV/EBAPE), graduado em engenharia elétrica pelo Centro Federal de Educação Tecnológica de Minas Gerais; graduado em direito pela Faculdade de Direito da Universidade Federal de Minas Gerais (UFMG). Tem experiência como engenheiro nas áreas de projeto de equipamentos eletromagnéticos, de produção e de manutenção de subestações elétricas. Na área pericial, tem experiência em documentoscopia e em levantamentos de locais de crime.

MAURÍCIO DOS SANTOS MENDES atualmente é perito criminal do Departamento de Polícia Técnica do estado da Bahia (DPT-BA) e professor conveniado com o Ministério da Justiça, ministrando aulas na sua instituição pericial com carga horária de até 20h. Ministra disciplinas tais como perícias de crime contra a vida, perícias em engenharia legal, perícias em acidente de veículos. Atualmente, trabalha na Coordenação de Perícias de Crime Contra a Vida. Graduado em engenharia mecânica pela Universidade Federal da Bahia (UFBA, 1994) e direito pela Faculdade Batista Brasileira (FBB, 2011). É especialista em segurança pública pela Universidade do Estado da Bahia (Uneb, 2008); gestão em segurança pública pela Faculdade Integrada da Bahia (FIB/Estácio, 2009); prevenção da violência, cidadania e direitos humanos pela UFBA. É mestre em administração pública pela Fundação Getulio Vargas (FGV, 2012) com tema da dissertação voltado à administração com ênfase em criminalística: "Descentralização administrativa — o caso da Coordenação Regional do Planalto-BA".

MAURÍCIO SIQUEIRA FAGUNDES é perito criminal federal desde o ano de 2005. Atua no Departamento de Polícia Federal na área de perícias em crimes contra o meio ambiente e no Grupo de Contramedidas em Bombas e Explosivos do Setor Técnico-Científico da SR/ES. Foi servidor da Emater (DF) e do Banco do Brasil S.A. em Brasília (DF). Formado em engenharia agronômica pela Universidade de Brasília (UnB), MBA em negócios internacionais pela Universidade de São Paulo (USP) e mestre em administração pública pela Fundação Getulio Vargas (FGV-RJ).

ODAIR DE SOUZA GLÓRIA JUNIOR é mestre em administração pública pela Escola Brasileira de Administração Pública e de Empresas da Fundação Getulio Vargas (FGV/EBAPE), graduado em engenharia química pela Universidade Federal do Rio de Janeiro (UFRJ). Foi consultor técnico na Exxon Mobil e na Shell Gás. Atua como perito criminal federal no Departamento de Polícia Federal desde 2003, nas áreas de laboratório; documentoscopia; bombas e explosivos; balística e local de crime. Interesse pela temática de competências e liderança. Já atuou como tutor da disciplina gestão de pessoas no curso de atualização profissional (cap) para peritos criminais federais.

OSVALDO SILVA possui graduação em ciências econômicas pela Universidade Católica de Salvador (UCSal) e em direito pela Associação Educacional Unyahna, especialização em ciências criminais pelo Juspodivm e em direito público pela Universidade Salvador (Unifacs), especialização e mestrado em administração pública pela Escola Brasileira de Administração Pública e de Empresas da Fundação Getulio Vargas (FGV/EBAPE). Atualmente é perito criminal do Departamento de Polícia Técnica do estado da Bahia, e professor de direito penal e processo penal das Faculdades Ruy Barbosa e Social da Bahia.

PAULO ROBERTO MOTTA é doutor e mestre em administração pela Universidade de Carolina do Norte (EUA). Professor titular da Escola Brasileira de Administração Pública e de Empresas da Fundação Getulio Vargas (FGV/EBAPE). Consultor e conferencista de empresas de instituições públicas nacionais e internacionais, tendo conduzido mais de 700 trabalhos de ensino e consultoria no Brasil e em outros países. É autor de mais de 70 trabalhos publicados no Brasil e no exterior.

Rafael Guilherme Burstein Goldszmidt é doutor em administração de empresas pela FGV/EAESP, Mestre em administração de empresas pela FGV/EAESP e graduado em administração de empresas pela Universidade de Sorocaba. É professor do quadro permanente da FGV/EBAPE e coordenador do mestrado acadêmico em administração. Seus temas de interesse incluem vantagem competitiva, determinantes do desempenho das firmas, visão baseada em recursos, teoria institucional e métodos quantitativos aplicados à administração.

Ricardo Lopes Cardoso é professor adjunto da Escola Brasileira de Administração Pública e de Empresas da Fundação Getulio Vargas (FGV/EBAPE) e da Facudade de Administração e Finanças da Universidade Estadual do Rio de Janeiro (FAF/Uerj). É pesquisador produtividade CNPq (nível 2). Doutor em ciências contábeis pela Faculdade de Economia e Administração da Universidade de São Paulo (FEA/USP) (2005), mestre em ciências contábeis pela FAF/Uerj (2001). Academic Fellow da IFRS Foundation (2010). Consultor independente do CFC para disseminação dos IFRSs e organização do Glass (a partir de 2011). Coordenador, pela FGV, da equipe responsável pela revisão técnica da tradução das Ipsass (2010-11). Consultor independente do World Bank para colaborar no desenvolvimento do Rosc A&A Brazil (2012). Interesse de pesquisa em regulação e qualidade da informação contábil.

Roberto da Costa Pimenta é doutor em administração pela Escola Brasileira de Administração Pública e de Empresas da Fundação Getulio Vargas (FGV/EBAPE), mestre em administração pública (FGV/EBAPE) e especialista em administração pública (FGV/EBAPE). Engenheiro agrônomo pela Universidade Federal Rural do Rio de Janeiro(UFRRJ). Professor do quadro permanente do mestrado profissional em administração pública da FGV/EBAPE. Coordenador e pesquisador do Programa de Estudos em Gestão Cultural da EBAPE. Coordenador executivo do Programa de Capacitação em Projetos Culturais do Ministério da Cultura/FGV. Experiência em ensino e consultoria em empresas públicas e instituições governamentais no Brasil e no exterior.

SAULO CORREA PEIXOTO é mestre em administração pública pela Escola Brasileira de Administração Pública e de Empresas da Fundação Getulio Vargas (FGV/EBAPE); especialista em administração de empresas, metodologia do ensino superior, criminalística, auditoria fiscal e redes de computadores; e bacharel em ciência da computação. Atualmente é perito criminal do Departamento de Polícia Técnica do Estado da Bahia (DPT/BA), professor assistente da Universidade Estadual do Sudoeste da Bahia (Uesb), consultor do Serviço Brasileiro de Apoio às Micro e Pequenas Empresas (Sebrae) e coordenador do curso de graduação em sistemas de informação e de pós-graduação em gestão da TI da Faculdade de Tecnologia e Ciências da Bahia (FTC/BA).

SYLVIA CONSTANT VERGARA é doutora em educação pela Universidade Federal do Rio de Janeiro (UFRJ), mestre em administração pela Fundação Getulio Vargas, pedagoga pela Universidade do Estado do Rio de Janeiro (Uerj), com estágio na Beckman High School, Nova York. Professora titular da Escola Brasileira de Administração Pública e de Empresas da Fundação Getulio Vargas (FGV/EBAPE). Autora de três livros e co-organizadora de dois, todos publicados pela editora Atlas. Coordenadora das Publicações FGV Management.

VALDEREZ FERREIRA FRAGA é doutora em educação pela Faculdade de Educação da Universidade Federal do Rio de Janeiro (FE/UFRJ). Master em *Education and Human Development* — GWU-W, DC.USA. Especialista em educação do ensino de terceiro grau pela Universidade Estadual Paulista "Júlio de Mesquita Filho" (Unesp/SP). Bacharel em ciências jurídicas e sociais pelo Centro Universitário de Brasília (Ceub). Docente convidada da FGV/EBAPE e pós-graduação em comércio exterior (IE-Ecex/UFRJ). Consultora em transculturalidade e gestão de pessoas, diretora da Valore-RH, clientes: Banco Central, BBSA, Eletronuclear, Petrobras, Uerj, Mitsui, CDPI, publicações: jornais, revistas, anais, periódicos nacionais, internacionais, livro pela editora Manole 2. ed., 2009.

Este livro foi impresso nas oficinas gráficas da Editora Vozes Ltda.,
Rua Frei Luís, 100 – Petrópolis, RJ.